Veröffentlichungen des Deutschen Vereins für Volks-Hygiene.

Im Auftrage des Zentralvorstandes
in zwanglosen Heften herausgegeben
von
Dr. K. Beerwald, Berlin.

Heft XI.

Grundsätze der Ernährung

für Gesunde und Kranke.

Von

Geheimrat Prof. Dr. E. v. Leyden,
Berlin.

Nach einem im Berliner Verein für Volkshygiene gehaltenen Vortrag.

Mit 12 in den Text eingedruckten Abbildungen.

Erste Auflage.
(Erstes bis zehntes Tausend.)

München und Berlin.
Druck und Verlag von R. Oldenbourg.
1905.

Preis 30 Pfennig.

Von 100 Expl. an 25 Pf.
Von 200 Expl. an 20 Pf.
Von 500 Expl. an 18 Pf.
Von 1000 Expl. an 15 Pf.
Von 2000 Expl. an 12 Pf.

Eine Selbstbeobachtung Goethes.

Der große Dichter und Forscher war bekanntlich auch ein gewissenhafter und vorurteilsfreier Selbstbeobachter, der die Ursachen seiner verschiedenen Körper- und Geistes-Zustände mit klarem und sicherem Blicke erkannte. Ein Beweis hierfür ist auch ein Urteil, das er in „Wahrheit und Dichtung" über die Entstehung seiner Erkrankung am Schlusse seiner Leipziger Studienzeit fällt, das wir Heutigen geradezu als aktuell bezeichnen können, weil es mit den Forschungsresultaten der modernsten Wissenschaft überraschend übereinstimmt. Goethe sagt da:

> „Durch eine unglückliche Diät verdarb ich mir die Kräfte „der Verdauung; das schwere Merseburger Bier verdüsterte „mein Gehirn, der Kaffee, der mir eine ganz eigne „triste Stimmung gab, besonders mit Milch nach „Tische genossen, paralysierte meine Einge- „weide und schien ihre Funktionen völlig auf- „zuheben, so daß ich deshalb große Beängstigungen „empfand, ohne jedoch den Entschluß zu einer vernünf- „tigeren Lebensart fassen zu können."

Die moderne Wissenschaft hat nun den Bohnenkaffee, in vollster Übereinstimmung mit Goethe und in schärfstem Gegensatze zur landläufigen Meinung, speziell als einen gefährlichen Störer der normalen Verdauung festgestellt und nachgewiesen. Wir können also auch hier von Goethes Lebensweisheit lernen, wollen ihn aber selbst in diesem Falle nur insofern zum warnenden Beispiele nehmen, als wir allerdings „den Entschluß zu einer vernünftigeren Lebensart fassen". Eine solche vernünftigere Lebensart ist es, anstatt des bedenklichen Bohnenkaffees Kathreiners Malzkaffee zu trinken, der weder unsere Verdauung stört, noch Herz und Nerven angreift, sondern nach dem Urteile der ersten Autoritäten ein durchaus gesundes und angenehmes Getränk abgibt, das überdies noch den würzig-charakteristischen Kaffee-Geschmack besitzt, der ihm durch ein eigenartiges patentiertes Verfahren mitgeteilt wird.

Veröffentlichungen des Deutschen Vereins für Volks-Hygiene.

Im Auftrage des Zentralvorstandes in zwanglosen Heften herausgegeben von Dr. K. Beerwald, Berlin.

Heft XI.

Grundsätze der Ernährung

für Gesunde und Kranke.

Von

Geheimrat Prof. Dr. E. v. Leyden,

Berlin.

Nach einem im Berliner Verein für Volkshygiene gehaltenen Vortrag.

Mit 12 in den Text eingedruckten Abbildungen.

Erste Auflage.
(Erstes bis zehntes Tausend.)

München und Berlin.
Druck und Verlag von R. Oldenbourg.

Meine Damen und Herren! Das Thema meines heutigen Vortrages betrifft die Ernährung als Teil der ärztlichen Wissenschaft, und zwar einen wichtigen Teil derselben; ich hoffe, Ihnen aus meinen Kenntnissen und Erfahrungen manches mitteilen zu können, was für Ihre Gesundheit von Nutzen sein dürfte.

Bevor ich auf das Thema speziell eingehe, möchte ich Ihnen einige Gegenstände zeigen, welche für die richtige und erfolgreiche Ernährung der Gesunden und Kranken von Bedeutung sind. Diese Dinge betreffen die technische Seite der Krankenbehandlung resp. Krankenpflege, es sind Apparate und Einrichtungen, welche dem „Komfort", der Behaglichkeit, des Kranken dienen. Die technische Seite der Krankenpflege hat sich durch die Hingebung und den Eifer der Fabriken in den letzten Jahren wesentlich gehoben und ist jetzt zu einem bedeutungsvollen Hilfsmittel der ärztlichen Behandlung geworden: nicht wenig hat, wie ich wohl sagen darf, dazu die von mir im Jahre 1899 angeregte Ausstellung für Krankenpflege in der Philharmonie zu Berlin beigetragen.

Sie sehen auf der folgenden Seite Apparate, welche die Speisenaufnahme für schwer bewegliche und geschwächte oder sogar unbesinnliche Kranke möglichst erleichtern sollen: Schnabeltassen, Saugröhrchen, Speisennapf, Milchkocher, Eßbrett (auf dem Bette anzubringen) und Maßgefäße; ferner Vorrichtungen, welche dem bettlägerigen Kranken bezüglich des Lagers die Wohltat einer größeren Behaglichkeit gewähren sollen,

Fig. 1. Milchkocher.

Fig. 2. Speisennapf.

Fig. 3. Schnabeltassen.

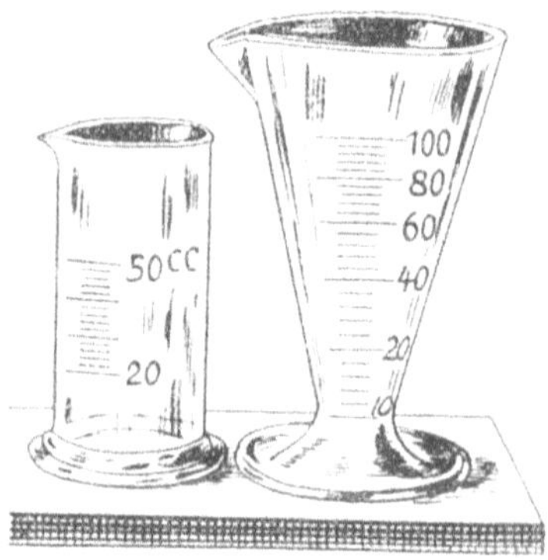

Fig. 4. Maßgefäße.

Fig. 5. Saugröhrchen.

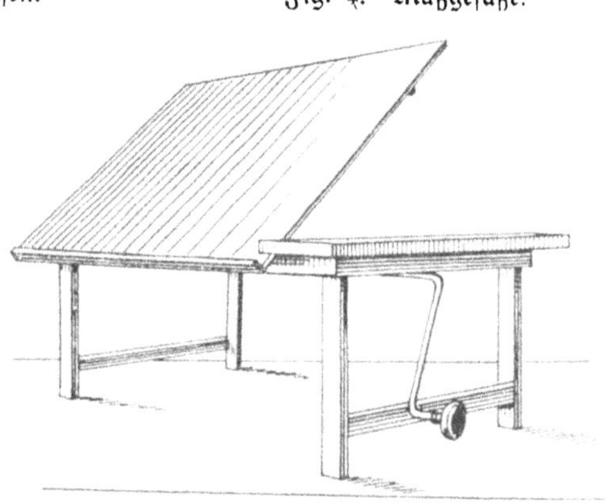

Fig. 6. Eßbrett.

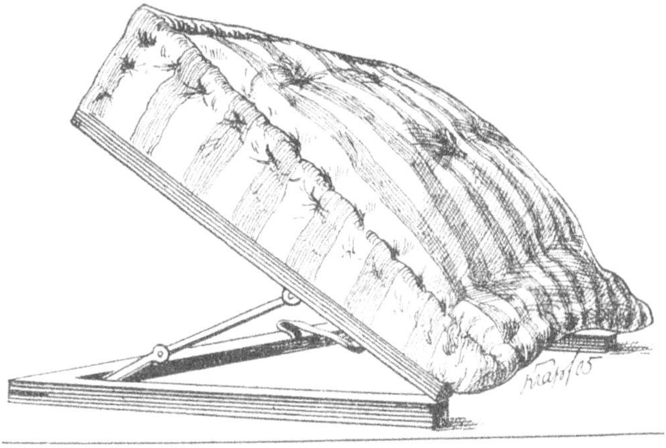

Fig. 7. Keilrahmen. Stützkissen.

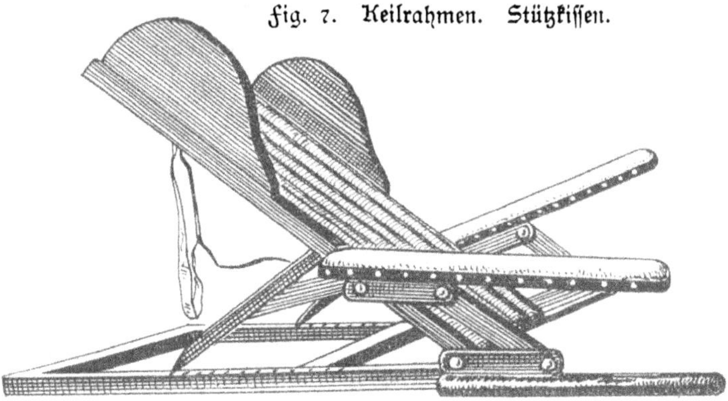

Fig. 8. Bett-Rückenlehne mit Armstützen.

Fig. 9. Zerstäubungsapparate. Räucherapparate.

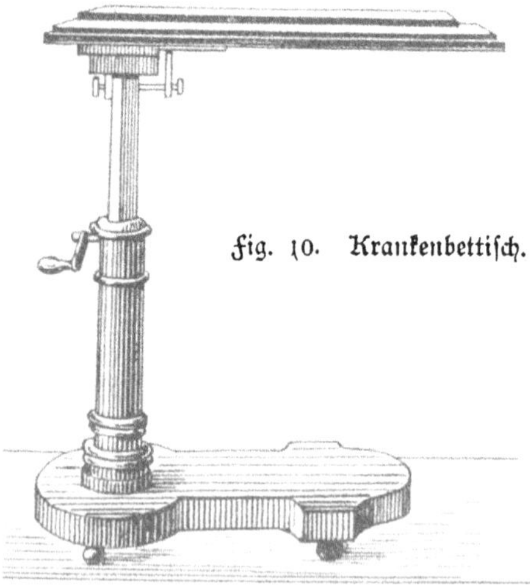

Fig. 10. Krankenbettisch.

wie Tische und Pulte zum Lesen und Schreiben, Keilkissen und verstellbare Rückenstützen, sowie endlich Zerstäubungsapparate zur Reinigung der Zimmerluft.

Auch die Nährpräparate haben in den letzten Jahren eine große Bedeutung für die Krankenernährung erlangt; die Zahl derselben ist sehr groß, doch hat fast jedes einzelne der Präparate sein bewährtes Anwendungsgebiet. Im einzelnen Falle das Richtige auszuwählen, ist Sache des behandelnden Arztes. Allen gemeinsam aber ist die sehr nützliche und für die Krankenernährung so wichtige Eigenschaft, daß sie relativ viel Nährstoff in flüssiger oder fein gepulverter Form enthalten, daß sie schmackhaft und leicht verdaulich sind; in der Regel werden sie den gewöhnlichen Speisen für Kranke zugesetzt, um deren Nährkraft zu erhöhen und den Appetit anzuregen. Folgende Präparate seien genannt: Liebigs Fleischextrakt, Maggis Bouillonkapseln und Milchsuppen, Fleischextrakt Puro, Tropon, Peptone verschiedenerlei Herstellung, Somatose, Nutrose, Pflanzeneiweiß, Aleuronat, Roborat, Glidin, Hämatogen, Hypophosphitsirup, Hämol, Hämogallol, Eisenmilch, Karniferrin, Sanatogen, Riedels Kraftnahrung, Hygiama, Galaktogen u. a. m.

Der Vollständigkeit wegen will ich auch bereits in der Einleitung auf eine Anzahl von wissenschaftlichen Schriften über das Thema der Ernährung hinweisen, Werke der auf diesem Felde bewährtesten wissenschaftlichen Autoritäten, so die Diätbücher bei Magen- und Darmkrankheiten von A. Ewald, Boas, Schlesinger, Gilberts Diabetesküche, Frau v. Raths Krankenküche, schließlich mein eigenes Werk über Ernährungstherapie.

Die große Bedeutung, welche die Ernährung für die menschliche Gesundheit hat, ist zu allen Zeiten erkannt und gewürdigt worden; dies beweisen die gesetzgeberischen Vorschriften über die Ernährung bei den alten Völkern (bei den Indern, Chinesen, Juden). Auch die Medizin der alten Kulturvölker hat der Diät eine große Bedeutung beigemessen. Der größte Arzt des Altertums, Hippokrates, hat der Krankenernährung in seinen Werken volle Beachtung geschenkt und ausführliche Anweisungen darüber gegeben. Das Kapitel über die „Diät (Lebensordnung) in Krankheiten" gehört zu den meist bewunderten seiner Werke. Noch heute sind Nachwirkungen seiner Anschauungen lebendig; das Krankensüppchen, sog. Ptisane, ist in letzter Linie auf Hippokrates' Lehren zurückzuführen. Auch die Medizin der Araber, die Medizin der Salernitanischen Schule, wußte die Diät zu schätzen, und Th. Sydenham, der berühmteste Arzt Englands im 17. Jahrhundert, sprach zuerst den Grundsatz aus, daß gewisse Krankheiten allein durch Diät geheilt werden können (z. B. die Gicht).

Dennoch basierten alle diese Anschauungen der älteren Ärzte über Ernährung nur auf sehr schwankenden und unsicheren Grundlagen; es fehlte ihnen der feste Boden, welchen allein die moderne Naturwissenschaft verleihen konnte. Erst dem großen Ernährungschemiker Justus v. Liebig († 1873 in München) gelang es, in dieser Hinsicht bedeutungsvolle Grundlagen durch seine klassischen

Untersuchungen zu schaffen. Von ihm datiert die heute noch gebräuchliche Liebigsche Suppe und der Liebigsche Fleischextrakt, ein Beweis, wie Liebig damals bereits das Bedürfnis erkannte, der Ernährung für Gesunde und Kranke, wo es nötig ist, durch chemische Präparate nachzuhelfen. J. v. Liebig stellte die erste wissenschaftliche Theorie der Ernährung auf und unterschied vier Gruppen von Nahrungsmitteln: die eiweißhaltigen Nahrungsmittel, die Kohlehydrate, die Fette und die Salze. Die Lehre, welche er über diese Urstoffe der Nahrungsmittel aufstellte, ging dahin, daß sie den Ersatz der einzelnen Gewebe, soweit dieselben durch den Lebensprozeß aufgebraucht werden, besorgen sollten. Er hatte dabei die bestimmte Vorstellung, daß durch die Lebensprozesse ein Aufbrauch von Körpersubstanzen fortwährend vor sich gehe, zu dessen Ersatz die neu aufgenommene Nahrung bestimmt sei. Auch diese geniale Anschauung hat nur allmählich im Publikum Fuß gefaßt. Wenn ich mich in meine Jugendzeit zurückversetze, so herrschte damals, selbst in Kreisen der Gebildeten, die Vorstellung, daß die Körpersubstanz des Menschen in sieben Jahren aufgebraucht sei und dann neu ersetzt werden müsse. Es ist dies ungefähr so, als wenn man ein Paar Stiefel sieben Jahre lang getragen hat und nach Ablauf dieser Zeit ein Paar neue anzieht.

Indessen wurde man sich alsbald darüber klar, daß der Verbrauch und Ersatz der Körpersubstanz ebenso fortlaufend sein müsse wie die Funktionen des Lebens selbst. Der Verbrauch der Körpersubstanzen ist eben durch den Fortgang der Lebensprozesse bedingt und hält mit diesen tagtäglich ununterbrochen Schritt. Der Lebensprozeß gleicht einem langsamen Verbrennungsprozeß. Geahnt wurde dies bereits von den ältesten Völkern der Erde, denn von ihnen wurde das Leben stets als Flamme versinnbildlicht, während man die umgekehrte Fackel als das Symbol des Todes darstellte.

Derjenige, welcher durch seine Entdeckung zuerst den Nachweis gab, wie dieser Verbrennungsprozeß vor sich geht, war wiederum ein berühmter Chemiker, Antoine Lavoisier[1]), der Entdecker des Sauerstoffes; er erkannte denselben als dasjenige Element, welches mit der Atmung in den Körper eindringt und hier die langsame Verbrennung der Körpersubstanz bewirkt. Damit war die Theorie des Lebens und des Bedarfes der Ernährung gegeben. Das menschliche Leben ist sonach der Ausdruck einer fortgesetzten langsamen Verbrennung, wobei bewegende Kräfte frei werden, aus welchen die Lebensfunktionen hervorgehen und woraus das Bedürfnis zur Aufnahme neuer Nahrungsmittel sich ergibt.

Nun aber entsteht die zweite Frage, wieviel verbraucht der Körper an Substanzen und wie groß muß der Ersatz dafür sein? Die erste Ersatztheorie ist ebenfalls von Justus v. Liebig entwickelt worden, wonach die einzelnen Gruppen der Nahrungsmittel bestimmt sind, die entsprechende Gruppe der verzehrten (verbrannten) Stoffe zu ersetzen. So sollte das Eiweiß die verbrauchten Eiweißsubstanzen in den Muskeln, den Drüsen und zum Teil auch in den Knochen ersetzen; die Kohlehydrate (Zucker und Mehlstoffe) wiederum sollten Respirationszwecken, der Atmung, dienen, also sozusagen das Heizmaterial abgeben, analog den Kohlen, die man in den Ofen hineinsteckt. Die Fette hingegen wären dazu bestimmt, die äußeren und inneren Formen resp. die Weichheit des Körpers zu bewirken, sie sollten als Polster und Einhüllung der menschlichen Organe dienen, und zwar äußerlich sowohl als auch innerlich.

[1]) Lavoisier starb zur Zeit der französischen Revolution auf dem Schaffot durch die Guillotine.

Diese sehr geistreiche Theorie von Justus v. Liebig hat sich allerdings nicht als richtig erwiesen, wenngleich sie auch heute noch vielfach festgehalten wird; galt doch bis vor nicht langer Zeit, entsprechend dieser Theorie, das Fleisch als das kräftigste Nahrungsmittel, welches die verbrauchte Substanz der Muskeln, des Herzens, der großen Drüsen, des Blutes, der Nervensubstanz ersetzte. Auf dem Speisetische spielte das Fleisch stets die Hauptrolle, weil es eben den Verlust an Eiweiß in allen Geweben des Körpers ausgleichen sollte. Die Auffassung Liebigs hat sich aber doch nicht ganz bewährt und ist gerade von der Münchener Schule stark bekämpft und korrigiert worden. An der Verbesserung dieser Lehre haben sich namentlich die berühmten Physiologen Münchens beteiligt: Karl v. Voit, Pettenkofer und nicht zum wenigsten unser Geheimrat Prof. Dr. Rubner. Die Verbreitung der neuen Ernährungslehre wurde für das Publikum dadurch unterstützt, daß sich gegen das tierische Eiweiß als Hauptnahrungsmittel eine Gegenströmung bemerkbar machte. Die Vertreter dieser Richtung nannten sich Vegetarianer. Wenngleich dieselben als eine Art Sekte zu betrachten sind, welche sich in paradoxen Anschauungen gefällt, so muß doch anerkannt werden, daß sie durch einen gewissen, freilich zu weit gehenden, aber nicht ganz unberechtigten Fanatismus dahin kamen, das Fleisch für nichts weniger als unerläßliche Bedingung einer normalen Ernährung, ja sogar eher als schädlich zu betrachten. Dieser letztere Schluß ist vollkommen falsch; und wenn der Vegetarismus sich rühmen will, nachgewiesen zu haben, daß allein mit Pflanzen eine normale Ernährung zu ermöglichen ist, so erinnere ich daran, daß, wie wir schon lange wissen, auch die Pflanzenstoffe Eiweiß enthalten. Wir wissen aus den Erfahrungen von der Ernährung derjenigen Tiere, welche nur Körnerpflanzen verzehren

(Pferd, Rind ɪc.), daß diese bekanntlich eine große Muskelkraft entwickeln. Ich will mit diesen Bemerkungen dasjenige abschließen, was ich überhaupt über den Vegetarismus beibringen wollte. Es ist nachgewiesen, daß jeder Mensch von Pflanzenkost leben kann und Fleischnahrung nicht unbedingt bedarf. Das Eiweiß aber ist und bleibt ein unerläßlicher Nahrungsstoff für alle Menschen und Tiere, daran hat auch die neueste, von Voit und Rubner begründete Theorie von dem gegenseitigen Ersatz der Nährstoffe nichts geändert.

Ersetzen können sich Kohlehydrate und Fett gegenseitig; bis zu einem gewissen Grade können auch Kohlehydrate für das Eiweiß eintreten. Allein unentbehrlich ist und bleibt das Eiweiß an sich. Allerdings kann der notwendigste Bedarf von Eiweiß auf 60 g, bei einzelnen sogar auf noch weniger pro Tag reduziert werden, während das gewöhnliche Maß auf 120 g veranschlagt wird. Dabei muß anerkannt bleiben, daß die unbedingt erforderliche Menge von Eiweiß auch durch Pflanzeneiweiß vertreten werden kann. Wir besitzen mehrere anerkannte, wirksame eiweißhaltige Nährpräparate, welche aus pflanzlichem Eiweiß bestehen (Roborat, Glidin). Die übrigen Für- und Gegengründe der ausschließlich pflanzlichen Nahrung beruhen auf willkürlichen Vorstellungen und Liebhabereien.

Ich kehre nach diesen Auseinandersetzungen, zu denen der Vegetarismus Anlaß gab, zu den Ernährungstheorien der wissenschaftlichen Forscher zurück. Die heute herrschende und allgemein anerkannte Theorie knüpft an die oben ausgeführten Vorstellungen über das Wesen des Lebens als eines Verbrennungsprozesses an und faßt die Funktion der Nahrungsstoffe als Mittel zur Wärmebildung (Wärmebewegung) auf. Es ist das große Verdienst der beiden berühmten Forscher Voit und Rubner gewesen, dies zuerst zahlenmäßig festgestellt zu haben. Durch ihre zahlreichen und mühevollen Untersuchungen wiesen sie und ihre Schüler nach, daß der Wert der Nahrungsmittel sich genau bemessen läßt, entsprechend ihrer Fähigkeit, bei der Verbrennung Wärme zu bilden. Wenn man nämlich gleiche Mengen verschiedener Stoffe verbrennt, dann kann man verschiedene Mengen Wärme daraus gewinnen. Wenn man z. B. 100 g Fett in einem Topf verbrennt, so wird etwa die doppelte Menge Wärme bei diesem Prozesse gewonnen, als wenn man 100 g Kartoffelmehl verbrennt. Dieses findet man dadurch, daß man die bei der Verbrennung erzeugte Wärme in eine bestimmte Wassermenge überleitet, mit einem wissenschaftlich geprüften Thermometer mißt und nun berechnet nach dem Grundsatz: die Erhöhung der Temperatur von 1 kg Wasser um 1 Grad C ist eine Kalorie. Verbrennt man Fett, dann ergibt sich die doppelte Wärmemenge, als wenn man gleiche Mengen Kartoffel- oder Eiweißpulver verbrennt. So ist es auch bei der Ernährung. 100 g Fett ernähren nach Voits und Rubners Feststellungen doppelt so stark wie 100 g Kartoffelmehl, weil sie im Körper die doppelte Menge Wärme entstehen lassen. Das geht so weit, daß sich die Nahrungsstoffe gegenseitig vertreten können, in Gewichtsverhältnissen, welche ihrem Brennwert entsprechen. 100 g Fett vertreten 200 g Stärkemehl oder ev. 200 g Eiweißsubstanz; nur eine gewisse, die oben bezeichnete Menge von mindestens 60 g Eiweiß bleibt, wie gesagt, unter allen Umständen erforderlich, diese kann nicht durch andere Nahrungsmittel vertreten werden. Man nennt diese Methode, den Wert der Nahrungsmittel zu bestimmen und zu vergleichen, die Kalorientheorie. Nach dieser Methode setzen wir auch fest das Nährbedürfnis des Menschen. Hierbei muß jedoch hervorgehoben werden, daß die gewöhnlichen Nahrungsmittel keineswegs aus reinen Nährstoffen bestehen, vielmehr besitzen die gebräuchlichsten derselben viel Wasser und von den genannten Nährwerten außer Salzen nur die folgenden Mengen, ausgedrückt in Prozenten:

	Eiweiß	Fett	Kohlehydrate oder Zuckerstoffe	Wasser
Rindfleisch	22,0	5,2	—	72,2
Milch	3,7	3,6	4,8	89
Ei	14,1	10,9	—	73,9
Schellfisch	17,1	0,3	—	81
Käse	27,6	20,5	5	46,8
Kartoffel	1,8	0,1	20,6	76
Roggenbrot	6	0,5	47,8	44
Erbsen	22,8	1,8	52,4	15

Wir gehen nun zu der Frage über, wie groß ist die Menge der reinen Nährstoffe, welche der Körper täglich verzehrt (verbrennt), und eine wie große Menge Nährstoff ist erforderlich, um diesen Verlust zu ersetzen, d. h. das Körpergewicht auf der gleichen Höhe zu erhalten? Einige berechnen den täglichen Verbrauch auf

120 g Eiweiß, 350 g Kohlehydrate, 150 g Fett.

120 g Eiweiß entsprechen etwa 500 g reinem Fleisch
350 g Kohlehydrate „ „ 600 g Brot
150 g Fett „ „ 200 g Butter.

Diese Mengen würden beim Verbrennen liefern 3000 Kalorien; wir sagen also: der Mensch verbrennt täglich 3000 Kalorien seiner Körpersubstanz und bedarf zu deren Ersatz ebenfalls

3000 Kalorien in der Nahrung. Ich bemerke, daß wir hierbei die Nährsalze nicht in Betracht gezogen haben, da sie keine Verbrennungswärme liefern. Es sei noch hinzugefügt, daß der Bedarf an Kalorien nach Alter und Körpergröße wechselt, daß fette Menschen weniger gebrauchen als magere, und endlich daß jede Bewegung und körperliche Arbeit den Wärmeverbrauch steigert und den Nahrungsbedarf erhöht. Diese Verhältnisse will ich jedoch nicht näher in Betracht ziehen, um nicht unverständlich zu werden; wir wollen die obigen 3000 Kalorien als mittlere Zahl festhalten.

Es gibt gute und schlechte Esser: Menschen, die sich sehr stark nähren und sogar in einem höheren Grade, als es notwendig ist. Dies nennt man „Überernährung". Wiederum gibt es Menschen, die sehr wenig essen, die infolgedessen ihr ganzes Leben hindurch nichts anderes als Haut und Knochen sind und sich doch ganz gut erhalten. Aber trotzdem muß gesagt werden, daß für einen Menschen, der sich gesund fühlt und gleichzeitig arbeitskräftig bleibt, doch ein mittleres Maß von Nahrung notwendig ist; auch dies Mittelmaß ist freilich nur annähernd zu bestimmen. Anderseits muß der Arzt hervorheben, wie ein ungenügender Ernährungszustand immer mit einem Verlust an Kräften verbunden ist, und wie der Körper, wenn er vorher mager und schlecht genährt war, nur durch eine bessere Ernährung an Gewicht und Aussehen *gewinnen* kann, so daß wir Ärzte bei unseren Patienten Grund haben, bezüglich des Körpergewichtes auf ein richtiges Mittelmaß zu dringen. Ich stehe auf dem Standpunkt, daß sich der Mensch auf *dem* Maße der Ernährung zu halten habe, wobei er sich wohl fühlt, so daß er dabei arbeits- und genußfähig bleibt, d. h. Freude am Leben und an der Arbeit hat.

Fig. 11.

Die große Magerkeit ist ebenso ungesund und zu Krankheiten disponiert wie die große Fettleibigkeit. Sie sind eigentlich schon eine Krankheit, das eine wie das andere.

Ich schalte hier ein Bild ein, das einige Patienten aus meiner Praxis mit den Gegensätzen verschiedener Ernährungsextreme vorführt. Der eine Herr auf dem Bilde, ein junger Russe von 34 Jahren, den ich behandelte, wog bei seinem Eintritt in die Kur nicht weniger als 478 Pfund. Er war in seinen Bewegungen stark gehemmt, war kurzatmig und untätig. Ich machte mit ihm eine Entfettungskur, wobei er in vier Wochen 40 Pfund an Gewicht verloren hatte; er fühlte sich sichtlich erleichtert und beweglicher. Dem Manne wurde aber die Geschichte zu langweilig: er entzog sich der weiteren Behandlung.

Als Gegenstück befindet sich auf demselben Bilde die Photographie eines anderen, ebenfalls russischen Herrn, der, in den sechziger Jahren stehend, nicht mehr als 100 Pfund gewogen hatte und in einem höchst elenden Zustande, unfähig zu Arbeit und Erwerb, zu mir kam; er erholte sich langsam und ging nicht unwesentlich gekräftigt in seine Heimat zurück. Dieser Herr wog also nicht viel mehr als den fünften Teil seines stattlichen Landsmannes; er sieht auf dem Bilde etwas stärker aus, als er wirklich ist, weil er in einer merkwürdigen Eitelkeit sich nicht ohne Überrock photographieren lassen wollte.

Sodann ist noch ein Dienstmädchen abgebildet, welches außerordentlich elend aussah und deren Herrschaft darüber Klage führte, daß das Mädchen fast gar nichts äße. Sie war ziemlich groß, wog aber nicht mehr als 25 kg. Ich versuchte, sie methodisch zum Essen zu bewegen, sie leistete aber passiven Widerstand und nahm nur wenige Pfunde im Verlauf von einigen Wochen zu. Als das Mädchen später in ihre Heimat, nach Pommern, zurückkehrte, begann sie ihre Schwester, die ebenfalls sehr schwach war, zum Essen zu zwingen. Sie sah also wohl die Notwendigkeit der Ernährung ein, hatte aber nicht die

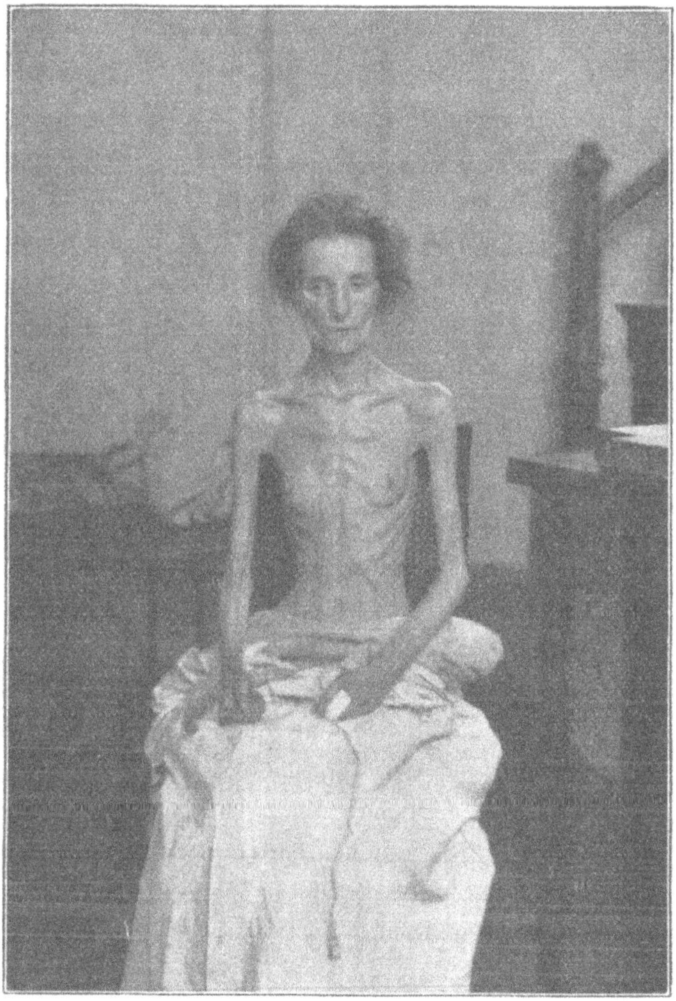

Fig. 12.

Überwindung, für sich selbst das Notwendige zu tun; jetzt ist sie ziemlich wohl genährt: sie wiegt jetzt 110 Pfund.

* * *

Nunmehr möchte ich einige Worte über die Ordnung der Ernährung und über die Zusammensetzung der Nahrung sagen. Das Ideal der Ernährung ist eine gemischte Nahrung, bestehend in Fleisch und Vegetabilien, welche letzteren allerdings nur relativ geringen Nährwert haben, wie Gemüse, Obst, Kompott und Salat; sie sollen mit den mehrwertigen Nahrungsmitteln zusammen gegeben werden zur Erleichterung der Verdauung. Dazu kommen als Drittes noch Fett und Salze (Nährsalze Lahmanns). Die Aufzählung der einzelnen Nahrungsmittel nach diesen Gruppen würde zu weit führen. Was die Ordnung der Ernährung betrifft, so ergibt sich diese aus dem traditionellen Gebrauch, den Sitten, wie sie bei fast allen Menschen und allen Völkern eingeführt sind. Die Regel bilden drei Mahlzeiten. Das erste Frühstück nehmen die meisten Menschen bald nach dem Aufstehen und beendigter Morgentoilette ein, gleichsam als eine Erfrischung, um sich den letzten Schlaf aus den Augen zu wischen. Nach der langen Pause des Schlafes ist das Nahrungsbedürfnis lebhaft. Meist wird Kaffee oder Tee gereicht, mit Gebäck, Brot oder Kuchen, ev. mit etwas Pikantem: gesalzenem Fleisch, Schinken, auch Sardellen und Sardinen, Ei mit Salz. Sodann nach 5 bis 6 Stunden kommt die Mittagsmahlzeit, welche die komplizierteste und nahrhafteste sein muß. Sie besteht gewöhnlich aus mehreren Gerichten, wie Suppe, Fleisch oder Fisch, Fleisch mit Gemüse oder Kartoffeln, Mehlspeise, Obst und Kompott. Die dritte Mahlzeit, das Abendbrot, folgt zwischen 7 und 8 Uhr. Die Gesamtmenge dieser Mahlzeiten beträgt für einen jungen, arbeitenden Menschen pro Tag etwa 2500 bis 3000 Kalorien (ein Pfund Fleisch entspricht 450 Kalorien, ein Pfund Brot gleich 1000 Kalorien, ein Liter Milch gleich 600 Kalorien). Die Verteilung dieser Wärmeeinheiten soll etwa so geschehen, daß nahezu die Hälfte auf die Hauptmahlzeit (Mittag, diner) kommt; die andere Hälfte fällt auf die beiden Nebenmahlzeiten, Frühstück und Abendbrot. Nun ist es vielfach Brauch, außerdem noch zwei kleine Zwischenmahlzeiten einzuschalten, das sog. zweite Frühstück, bestehend aus einem Brötchen mit Belag und nachmittags den Kaffee oder Tee (gegen 4 Uhr, afternoon-tea). Das zweite Frühstück am Vormittag wird bei denen notwendig, die zum Morgenkaffee nur wenig zu essen pflegen.

Zu den wichtigen Stoffen der Ernährung gehören außer den genannten Nahrungsmitteln noch der Sauerstoff der Luft, Wasser, Salze und Gewürze sowie die sog. Genußmittel zur Erquickung und Belebung, wie Kaffee, Tee, Kakao, Bier, Wein rc. Diese Stoffe enthalten nur wenige oder keine Werte, welche Verbrennungswärme produzieren, sind aber doch für die Ernährung unentbehrlich. Ihre Aufnahme in den Körper ist für den Lebensprozeß ebenso nötig wie die eigentlichen Nährstoffe. Der Sauerstoff erhält die „Flamme des Lebens". Ebenso unentbehrlich ist das Wasser, welches die Beweglichkeit der Säfte und die Weichheit des Körpers bedingt. Die Bedeutung des Wassers ergibt sich von selbst, wenn man berücksichtigt, daß es nicht weniger als 75% unserer Körpermasse ausmacht. Was die Salze betrifft, so braucht der Körper vor allem Kochsalz, Kalisalze, Kalk, Phosphor, Eisen. Ob andere Mineralstoffe, die noch sonst im Körper sind, wie Mangan, Arsenik rc., durchaus nötig sind, bleibe hier unerörtert. Das unstreitig wichtigste und unentbehrlichste Salz ist das gewöhnliche Kochsalz, wovon der Mensch pro Tag 10—15 g braucht.[1]) Die Genußmittel dienen

[1]) Hierauf bezieht sich das Sprichwort, daß man einen Menschen erst dann genau kennt, wenn man mit ihm einen Scheffel Salz gegessen hat.

dazu, die Ernährung erquicklich und angenehm zu machen, den Appetit zu heben. Eine richtige und vollständige Ernährung ist sicherlich nur möglich, wenn das Essen durch die Genußmittel angenehm, verdaulich und begehrungswert gemacht wird. Der Trieb zum Essen wird viel mehr durch den Appetit gegeben als durch den Hunger. Hunger und Appetit hat nicht bloß der Mensch, sondern auch jedes Tier; hierfür hat die Natur gesorgt. Den Zwecken der Natur entsprechend essen wir nicht, um unseren Appetit zu stillen, sondern Hunger und Appetit sind uns gegeben, damit wir essen und uns Leben, Gesundheit und Kraft erhalten. Der Ausdruck: „Ich kann nicht essen, wenn ich keinen Appetit habe", ist nur sehr beschränkt richtig; er würde, absolut befolgt, Leben und Gesundheit gefährden. Unter gewissen Umständen kann und muß der Mensch auch ohne Appetit essen, um sein Leben und seine Kräfte zu erhalten. Angeregt wird der Appetit durch die Gewürzmittel. Es kommt aber sehr wesentlich noch hinzu die appetitliche Anrichtung und Zubereitung der Speisen. Zu den Reizmitteln der Ernährung gehört direkt eine gewisse Mannigfaltigkeit und ein gewisser Luxus bei der Ernährung. Man hat den Luxus hierbei vielfach als etwas Verderbliches bezeichnet. Genauer betrachtet aber ist er eine Förderung der Ernährung, welche durchaus wünschenswert ist.

Zu den häufigsten und bekanntesten Genußmitteln gehören die alkoholischen Getränke, welche heute von vielen Seiten stark angefeindet und als schädlich, nicht selten sogar als giftig bezeichnet werden. Diese extreme Verdammung der alkoholischen Getränke kann ich nur als ein fanatisches Kampfmittel gegen den Alkoholmißbrauch anerkennen. Unzweifelhaft hat bis heute der Alkoholmißbrauch viele Existenzen, nicht nur in den niederen, sondern auch in den höheren Kreisen ins Elend gebracht, körperlich und geistig ruiniert. Es ist unstreitig ein edles Werk der Nächstenliebe, diesem verderblichen Mißbrauch entgegenzutreten. Die Erfahrung hat gelehrt, daß zur Durchführung dieses Kampfes die einfache Belehrung der betreffenden Volkskreise nicht ausreicht, sondern ein fanatisches Beispiel durch strenge Abstinenz gegeben und eine Furcht vor jedem Tropfen Alkohol als einem strengen Gift erregt werden muß. Auf der anderen Seite wollen wir aber nicht vergessen, daß der Alkohol, im richtigen Maße genossen, die Freude am Leben, den Genuß an den Mahlzeiten und auch den Lebensmut, die Energie und Tatkraft anreizt und insofern begehrenswerte, nützliche Erfolge erzeugt. Mehr noch ist in Krankheitszuständen der Alkohol in gewissen Dosen unentbehrlich zur Bekämpfung der Herzschwäche und zur Anregung des Appetits und des Lebensmutes. In der neuesten Zeit hat man außerdem der nachteiligen Wirkung übermäßigen Kaffeegenusses seine Aufmerksamkeit zugewandt, und das nicht mit Unrecht. Starker Kaffee kann in der Tat das Herz schädigen, und manche Malzkaffees sind wohl imstande, als Ersatz für Kaffee einzutreten.

Die gesundheitsgemäße Ordnung der ganzen Lebensweise knüpft sich an die drei wichtigsten Lebensbedingungen: Ernährung, Arbeit und Schlaf. Ordnung und Maß in diesen Dingen, die so sehr ineinandergreifen, schützt die Gesundheit, verlängert das Leben und übt zugleich die bedeutendsten Charaktereigenschaften, die Ordnung, die Mäßigkeit und die Selbstdisziplin. Überhaupt soll die Ernährung als eine wichtige Handlung, eine Pflicht gegen sich selbst betrachtet werden. Die gute Gesellschaft hat nicht ohne Grund bestimmte Regeln für die Einnahme der Mahlzeiten aufgestellt. Das Essen soll aber auch eine Quelle der Heiterkeit und der Freude sein. Die Mahlzeiten sollen endlich den Zusammenhang der Familie gestalten. Der häusliche Herd ist der Vereinigungspunkt der Familienglieder, Eltern und Kinder, sowie der intimen Freunde. Es ist somit die Bedeutung der Ernährung nicht nur vom physischen, sondern auch vom ethischen Gesichtspunkte aus zu würdigen. —

Wenn wir hier zunächst von der ästhetischen Bedeutung absehen und allein die physiologische ins Auge fassen, so läßt die Ernährung sich in die beiden Sätze formulieren:

1. daß die Ernährung das Leben erhalten soll zu einer gewissen Kraft- und Genußtätigkeit, und

2. daß sie die Aufgabe hat, vor Krankheit zu schützen.

Erhaltung der Gesundheit erfordert Sorge für gesunde Nahrungsmittel und eine gesundheitsmäßige Zubereitung. Auch die üblichen Nahrungsmittel können durch Verderben oder schädliche Beimengungen der Gesundheit gefährlich werden. In dieser Beziehung ist Fürsorge getroffen seitens der städtischen und staatlichen Verwaltungen durch die Marktpolizei, Schlachthäuser und Fleischbeschau. Hierdurch ist die Gewähr geboten, daß ungesundes Fleisch nicht zum Verkauf gelangt. Während man früher viel von Trichinen, Blasenwürmern u. a. m. sprach, hört man heute kaum noch etwas von derartigen Dingen.

Nur eines möchte ich hierbei noch hervorheben, nämlich den Mangel einer Fischbeschau. Eine amtliche Aufsicht in dieser Richtung besteht bis jetzt noch nicht. Ich habe auf meinen Reisen mehrfach die Beobachtung gemacht, daß fremde Reisende, welche krank werden, nicht ohne Grund den Genuß von Fischen, besonders Seefischen, angeklagt haben. Ich kann nicht anführen, auf welche Weise Seefische nachteilig wirken. Jedenfalls aber sind bei dem weiten Transport, namentlich im Sommer, die

Fische sehr leicht der Gefahr des Verderbens ausgesetzt, und es ist deshalb beim Einkauf solcher Fische stets Vorsicht geboten.

Zu den wichtigsten Nahrungsmitteln gehört die Milch, und zu den wichtigen Aufgaben der Hygiene die Fürsorge für eine gesundheitsgemäße Milch, die namentlich für Säuglinge eine große Bedeutung hat. Ich brauche hier nur an die prophylaktischen Vorschriften und Maßnahmen zu erinnern, welche sowohl von seiten des Staates als der Gemeinden, der Ärzte und Milchwirtschaften gemacht worden sind. (Soxhlet — Pasteurisieren.) Das Verfahren von Soxhlet besteht in Abkochung der Milch und sofortiger Aufbewahrung in Flaschen. Das Pasteurisieren besteht in Erhitzen der Milch auf 60° und während 20 bis 30 Minuten. Das bisher sehr geschätzte Soxhletsche Verfahren ist neuerdings als Ursache der Barlowschen Krankheit, einer Störung in der Körperentwicklung des Säuglings, angesehen worden.

Wir haben hiermit schon eine ganze Reihe von hygienischen Maßregeln besprochen, welche Krankheiten verhindern sollen durch die sorgfältige Wahl und Zubereitung der Speisen. Wir haben überdies in der gesunden Nahrung an sich ein Mittel, Krankheiten zu verhüten und den Körper gegen viele Krankheiten widerstandsfähig zu machen. Überhaupt wird ein gut genährter Mensch im allgemeinen etwaige Krankheiten besser überstehen als ein schlecht genährter, ja er wird weniger disponiert sein, von epidemischen und Infektionskrankheiten ergriffen zu werden.

* * *

Ich gehe nunmehr zu dem zweiten Teile meines Vortrags über, nämlich zu den Vorschriften über die Ernährung in Krankheitsfällen. Ich habe bereits vorher bemerkt, daß die Mediziner des Altertums, Hippokrates und Aretäus, sich eingehend mit dieser Frage beschäftigt haben; die Grundsätze, welche von der alten klassischen Medizin aufgestellt wurden, sind lange Zeit maßgebend geblieben.

Der Kranke erscheint der Umgebung als ein veränderter, als ein ganz anderer Mensch; er ist herabgestimmt, ihm fehlt die Lebensfreude, er kann nicht mehr arbeiten, er sucht das Bett auf; er, der sonst tätig war und schaffen konnte, ist jetzt auf die Teilnahme und Hilfe anderer angewiesen. Zu den auffälligsten und regelmäßigsten Zeichen des Krankseins gehört es, daß der Kranke keine Lust zum Essen hat und die Speisen verschmäht, die er sonst mit Lust zu sich nahm. Dieser veränderte Zustand scheint auch ganz besondere Maßregeln zu erfordern, namentlich eine ganz andere sparsame Ernährungsweise. Dem Winke der Natur folgend, gab die klassische Medizin des Hippokrates nur wenige und dünne Speisen; die Ptisane des Hippokrates ist unser heutiges Krankensüppchen, welches den Typus der Krankenkost darstellt. Die alte Medizin ging mitunter so weit, daß sie dem Kranken in den ersten Tagen gar keine Nahrung reichte, ja bis zur völligen Enthaltsamkeit stieg, d. h. sogar Getränke (Wasser) verweigerte. Es ist geschichtlich festgestellt, daß Philippus, der berühmte Arzt Alexanders des Großen, als dieser auf einem seiner vielbewunderten Kriegszüge erkrankte, diesem einige Tage lang gar keine Nahrung gab und ihn nur durch den Duft von Blumen und Früchten erquickte.

Lange Zeit behielten diese Prinzipien der Krankenernährung die Oberhand, ja man suchte noch im vorigen Jahrhundert sie durch wissenschaftliche Gesichtspunkte zu befestigen. Der Grundsatz: »Morbum nutris, non aegrotum«[1]) kam zur Geltung; er

[1]) Du ernährst die Krankheit, nicht den Kranken.

stützte sich hauptsächlich auf die Theorie des erhöhten Stoffumsatzes (Verbrennung) im Fieber; die Nahrung, sagte man, steigert die Verbrennung und damit auch die Fieberhitze. Die Entziehung der Nahrung sei eines der wichtigsten Mittel zur Bekämpfung des Fiebers. Diese Auffassung, welche ich noch bei meinem verehrten Lehrer, Prof. Traube, vertreten hörte, hat nur langsam den neueren, richtigen Anschauungen Platz gemacht.

Der Stoffumsatz vollzieht sich bei dem Kranken bis auf einige Einschränkungen nach denselben Gesetzen wie bei dem Gesunden. Der Kranke bedarf ebensogut der Nahrung, um den im Fieber noch gesteigerten Verbrauch seiner Körpersubstanz zu ersetzen. Bei dieser Gelegenheit möchte ich mich aber sogleich dagegen verwahren, als träte ich dafür ein, daß jeder Kranke vollgestopft und zum Essen gezwungen werden müßte. Das ist durchaus nicht der Fall. Die meisten Krankheiten haben ihre Bedeutung, ja ihre schlimme Bedeutung für den Organismus dadurch, daß die Fähigkeit zur Aufnahme und Verarbeitung der Nahrung durch die Krankheit sehr vermindert und sogar eine Zeit lang auf ein ganz geringes Maß zurückgestellt wird. Man hat dann vollen Grund, die Abneigung des Kranken als das Maßgebende anzusehen und ihm eben nur zu geben, was und soviel er zu sich nehmen mag. Allein dieses passive ärztliche Verhalten erleidet eine Änderung, sobald eine bessere Ernährung zur Notwendigkeit wird. Daher soll man den Kranken, auch zu der Zeit, wenn er noch appetitlos ist, nicht ganz sich selbst überlassen, er soll immer etwas Nahrung in bestimmten Zeitabschnitten erhalten. Man gibt dem Kranken zu Anfang, auch wenn er fiebert, alle zwei Stunden eine leicht bekömmliche Nahrung, wie z. B. Mehlsuppe, Schleimsuppe, Kaffee oder Tee mit Milch. Im weiteren Verlaufe der Krankheit wird dem

Patienten etwas Zwieback angeboten, später ein Ei. Man soll den Kranken nicht gerade zwingen, aber ihm zureden und ihm die bekömmliche Nahrung in möglichst schmackhafter und anregender Form darreichen, jedoch beileibe nicht überfüttern, weil man sonst noch schlimmere Folgen, wie Erbrechen und Durchfall, hervorrufen würde.

Um dies zu begründen, muß ich etwas näher auf die Vorgänge des Stoffwechsels in Krankheiten, namentlich in fieberhaften Krankheiten, eingehen. Die Erfahrung hat gelehrt, daß sich die Gefahr der meisten Krankheiten steigert, wenn der Kranke stark abmagert, ja daß eine erhebliche Zahl der Todesfälle unter dem Zeichen starker Abmagerung (Inanition) eintritt. Dies wurde früher, als ich noch Student war, als etwas Unvermeidliches angesehen, und viele Kranke sind an Schwäche zugrunde gegangen. Die ärztliche Wissenschaft ist nunmehr zu der Ansicht gekommen, daß hier aktiv einzugreifen sei. Und diese Ansicht hat sich in dem Satz konzentriert, daß der Kranke prinzipiell ebenwohl der Nahrung bedarf wie der gesunde Mensch. Der Kranke zehrt, ganz wie der Gesunde, von seiner Körpersubstanz und braucht einen Ersatz dafür. Wird ihm dieser Ersatz in zweckmäßiger Form und Menge zuteil, dann ist der Kranke, falls die Krankheit an sich gut verläuft, der Gefahr des Todes durch Erschöpfung und Konsumtion (Kräfteverbrauch) enthoben.

Nun entsteht die weitere Frage: Wodurch wird der kranke Körper aufgezehrt? Wir Ärzte bezeichnen die Aufzehrung des kranken Körpers als „Konsumtion". Diese ergibt sich viel weniger aus dem vermehrten Stoffumsatz im Fieber wie durch die verringerte Aufnahme an Nahrung. Und diese wiederum ist bedingt durch Mangel an Appetit und gestörte Verdauungstätigkeit des Magens und der Därme. Je länger die Störungen andauern und nicht beseitigt werden, je mehr, je länger zehrt der Kranke von seiner eigenen Körpersubstanz, d. h. er magert ab, er unterliegt der Konsumtion in ihrer ganzen gefährlichen Bedeutung.

Ich habe in meinen Vorlesungen und Diskussionen ein gewisses Paradoxon aufgestellt, dahingehend: wenn der Mensch eine Krankheit überstehen soll, dann muß er eben am Leben bleiben. Das klingt allerdings paradox, und das soll es auch sein; aber der Sinn der Sache ist der, daß, wer von einer schweren, langdauernden, aber heilbaren Krankheit heimgesucht wird, ungeheilt zugrunde geht, wenn er keine hinreichende Nahrungszufuhr erhält. Nun aber hängt die Konsumtion nur zum Teil von der Krankheit selbst ab, was freilich früher entschieden überschätzt worden ist. Am klarsten ist dies Verhältnis bei fieberhaften Krankheiten. Der Verbrauch an Körpersubstanz ist im Fieber nur wenig erhöht, während der Verbrauch durch die Körperbewegung oder geistige Tätigkeit wie in gesunden Tagen bei bettlägerigen Fieberkranken mehr oder minder fortfällt. Der Kranke gebraucht daher trotz des gesteigerten Stoffumsatzes nicht so viel Nahrung als der tätige Gesunde, er kommt mit $^1/_2$ oder $^2/_3$ der für den Gesunden erforderlichen Nahrungsmenge (Kalorien) aus.

Wenn es gelingt, dem Kranken die erforderliche Nahrungsmenge zuzuführen, so wird er eben nicht abmagern. Allein der Kranke ist nicht immer imstande, soviel aufzunehmen, zu verdauen und zu verbrauchen. Der Kranke magert deshalb ab, weil die Verdauungsorgane resp. die Verdauungssäfte bei den fieberhaften Krankheiten nicht imstande sind, dem Körper das Gleichgewicht zwischen Verzehrung und Ansatz des Eiweißes zu halten. Dazu kommt, daß der Appetit im Fieber fehlt, der Kranke hat eben keine Lust zum Essen. Ein Fieberkranker, der sechs Wochen lang krank war, ist zu schwach, um die Nahrung kauen und schlucken zu können. Er hat auch gar kein Bewußtsein von der Notwendigkeit des Essens. Und so würde der Patient in einer lange hingezogenen Krankheit zugrunde gehen, wenn es nicht trotz alledem gelingt, ihm so viel Nahrung beizubringen, daß er nicht zum äußersten abmagert.

Hier hat nun die Ernährungstherapie[1]) einzusetzen. Die Ernährungstherapie gehört zu dem Bereich der Krankenpflege im weitesten und im ärztlichen Sinne. Auch diese, die Krankenpflege, ist in den letzten Jahrzehnten sehr vervollkommnet und verfeinert worden. Die Krankenpflege im allgemeinen und die Ernährungstherapie bekämpfen die Krankheiten nicht direkt, sondern indirekt, indem sie die Kräfte des Kranken möglichst zu erhalten bestrebt sind und diejenigen Kräfte (physischen und moralischen), welche die Krankheit verzehrt hat, zeitig wenigstens zum Teil und langsam wieder zu ersetzen suchen.

Die direkte Behandlung der Krankheit geschieht durch die Mittel und Methoden der ärztlichen Wissenschaft; aber trotz aller Fortschritte nach dieser Richtung würde mancher Kranke, den wir jetzt heilen, ohne eine sorgliche Krankenpflege und ohne eine sorgfältige Ernährung nicht hergestellt worden sein. Mit Recht zählen wir daher heute die Krankenpflege und die Krankenernährung zu den wichtigsten Aufgaben der ärztlichen Behandlung.

Fast jede Krankheit zehrt am Kranken, es tritt Abzehrung ein, welche die Gefahr, die die Krankheit in sich birgt, noch steigert und schließlich zum Tode führen müßte. Diejenige Krankheit, welche durch fortschreitende Abmagerung (Abzehrung) von jeher bekannt und ausgezeichnet war, ist die Lungenschwindsucht, die verbreitetste Volksseuche, welche Tausende von Menschen-

[1]) Behandlung durch angemessene Ernährung.

leben im blühendsten Alter dahinrafft, und gegen welche sowohl Mittel der Prophylaxe wie der Therapie angewendet werden: aber den hauptsächlichsten Anteil an den Erfolgen der Behandlung hat hier, wie allgemein bekannt, die Ernährung, von welcher die Zunahme des Körpergewichts wesentlich abhängt.

Ein französischer Forscher, Chossat, hat in den vierziger Jahren des vorigen Jahrhunderts Versuche an Tieren angestellt über die Bedeutung resp. Gefahr der Abzehrung (Abmagerung, Konsumtion, Inanition), indem er Tiere hungern ließ. Er prüfte den Effekt der Abmagerung für jedes einzelne Organ (Herz, Lunge, Leber, Muskel, Blut ɿc.). Das für unsere heutigen Betrachtungen wichtige Resultat geht dahin, daß die Tiere, wenn sie 45 % ihres normalen Körpergewichts verloren haben, an der Inanition (Abmagerung) sterben. Wir können annehmen, daß die Verhältnisse beim Menschen, d. h. der Effekt der Abmagerung, nahezu die gleichen sind.

Ich habe schon, als ich junger Professor in Königsberg war, Typhuspatienten während des Verlaufs der Krankheit täglich gewogen und den Gewichtsverlust berechnet bei der damals üblichen Ernährung der Kranken. Es ergab sich, daß solche Kranken im Laufe von sechs Wochen von ihrem Körpergewicht nahezu die Hälfte verloren haben würden, also der Gefahr des Todes durch Inanition, Schwäche, direkt ausgesetzt waren. Es kann kaum bezweifelt werden, daß früher manche Typhuskranke, welche den Typhusprozeß bereits überwunden hatten, an Schwäche und Abmagerung zugrunde gegangen sind.

Ich glaube, dieses Beispiel ist geeignet, Ihnen die Bedeutung und Notwendigkeit einer sorgfältigen Ernährung der Kranken vor Augen zu führen. Denn bei vielen anderen, selbst fieberlosen Kranken ist der Vorgang im wesentlichen der gleiche.

Die Ernährungstherapie ist demnach ein sehr wichtiger Teil der Krankenbehandlung. Wir sollen bestrebt sein, den Kranken von vornherein an eine gewisse, nach Art und Maß vorgeschriebene Nahrung zu gewöhnen und ihm nicht durch Verbieten eine Abneigung und Furcht vor dem Essen einzuflößen. Hierdurch würde die im späteren Verlauf notwendige Ernährung wesentlich geschädigt sein. —

Nachdem wir bisher die Notwendigkeit und den Nutzen der Ernährungstherapie besprochen haben, kommen wir nun zu der Frage, auf welche Weise und auf welchem Wege die Ernährung des Kranken unter bezeichneten Umständen ins Werk zu setzen ist. Diese Frage ist nicht mit solcher Bestimmtheit zu lösen, wie sie aufgestellt wurde. Es kommt auf den einzelnen Fall an. Wir tun meist gut, qualitativ an das anzuschließen, was der Patient „von selbst" nimmt; wir suchen die Menge der dargereichten Nahrung allmählich zu steigern und andere kräftigere Nahrung hinzuzufügen; wir haben endlich die Aufgabe, eine für ihn bekömmliche und schmackhafte Form der Nahrung zu wählen und sie in angenehmer Weise darzureichen. Erfrischungen und Erquickungen kommen hinzu.

In der ersten Zeit der Ernährung Schwerkranker spielt die Milch eine wichtige Rolle und ebenso die künstlichen Nährpräparate. Milch ist für Kranke wie für Kinder eine vorzügliche Nahrung: sie ist flüssig, macht also keine Ansprüche an die Kaubewegung; sie ist die nahrhafteste flüssige Nahrung: wir rechnen das Liter zu 600 bis 700 Kalorien. Allein die Milch hat auch ihre Bedenken. Manche Patienten mögen sie nicht oder vertragen sie nicht oder sie brechen sie aus oder sie bekommen Durchfall. Diese Schwierigkeiten lassen sich meist überwinden, wenn man mit kleinen Portionen Milch (1/4 bis 1/2 l pro Tag) anfängt oder sie zusammen mit Tee oder Kaffee oder Kakao darreicht; ferner muß die Milch langsam getrunken werden. Auch können wir die süße Milch zum Teil oder ganz durch saure Milch oder Buttermilch oder russischen Kefir ersetzen.

Wird Milch absolut verweigert, so ist sie nur schwer und allmählich durch Mehlsuppen, Bouillon mit Ei zu ersetzen. Hier eignen sich besonders die künstlichen Nährpräparate, die das meiste Eiweiß in Substanz enthalten; sie sind imstande, das Fleisch zu vertreten, sie lassen sich der Bouillon oder anderen Suppen zusetzen, sie sind im allgemeinen schmackhaft und leicht verdaulich: wenn auch die absolute Nahrungsmenge derselben nicht groß ist, so helfen sie doch und bringen vorwärts und werden vom Patienten mit Vertrauen genommen.

Von den kompakten Speisen machen Zwieback, Kakes, englisches Brot, Semmel mit Butter den Anfang.

Die Nahrung wird zunächst alle zwei bis drei Stunden angeboten; in der Regel muß nachts auch einmal Nahrung gereicht werden, das erste Frühstück möglichst zwischen 6 und 7 Uhr.

Was die spezielle Auswahl der oben aufgeführten Speisen betrifft, so richtet sie sich allerdings großenteils nach dem Nährwerte, aber auch nach dem Geschmack und der Neigung des Patienten. Man hüte sich, dem Kranken etwas aufzudrängen, was ihm zuwider ist. Damit würde sich seine Lust und Bereitwilligkeit zum Essen wesentlich mindern. Momentan kann man den Kranken zu einem oder zwei Löffel Speise nötigen, ebenso wie zur Medizin, nicht aber zu einer Nahrung, die er verweigert, wenn sie ihm widerstrebt. Am meisten erweckt man die Lust und die Bereitwilligkeit zum Essen durch die Darreichung von etwas Schmackhaftem resp. Erquicklichem neben dem Nahrhaften. Hieraus ergeben sich die Grundsätze für die Zubereitung der Speisen resp. der Nahrung, mit welcher man den Kranken auffüttern will.

Die Art der Darreichung soll angenehm und appetitlich sein. Schon die alten Ärzte haben diese Anforderung anerkannt; einer der angesehensten Ärzte (ärztlicher Schriftsteller des Altertums), Aretäus, bemerkt, man solle dem Kranken die Nahrung in einem „schönen Gefäße" bringen. Wir erweitern dies heute zu der Anforderung, daß die Nahrung schön und sauber serviert sein soll. Ein sauberer Topf, eine saubere Schüssel, sauber gedeckt, ist für den Patienten erforderlich; die Geschirre, Löffel, Töpfchen, mit welchen man den Kranken füttert, habe ich schon oben erwähnt und zum Teil aufgezeichnet. Das Füttern des Kranken ist eine besondere Kunst, welche Übung, Ruhe und Geschick erfordert. Ich bemerke noch, daß man einen erwachsenen Kranken nicht mit Tee-, sondern mit Dessert- und Eßlöffeln füttern soll; Teelöffel verlohnen nicht der Mühe, überdies wird ein größerer Schluck (Eßlöffel) leichter geschluckt als ein kleiner. Weiterhin kommt das Krankentischchen in Betracht, auf dem die appetitliche Servierung stattfindet (Fig. 10). Hier ist ferner noch zu bemerken, daß man dem Kranken nicht zu große Portionen vorsetzen soll; er bekommt einen Schreck und ißt gar nichts. Daß alles Unappetitliche weggeräumt werden soll, daß der Kranke selbst vor dem Essen sauber zurecht gemacht wird u. dgl. mehr, sind selbstverständliche Dinge. Alles dieses und ähnliches gehört zum Komfort und zur Behaglichkeit des Kranken. Diese früher wenig berücksichtigten Dinge sind jetzt in ihrer Bedeutung anerkannt. Sie fördern die Behaglichkeit des Kranken, seine Lebenslust und seine Kraft, den Anforderungen der Krankenpflege und der ärztlichen Behandlung nachzukommen. Dies sind vielleicht kleine Dinge, aber die kleinen Dinge — »les petits soins« — sind in manchen Fällen für den Kranken das Wichtigste. Für manche Kranke hat das Luxuriöse den größten Anreiz, Champagner, Austern oder sonstige Raritäten. Auch sie gehören zum Komfort, sofern sie eben dem Patienten Freude und Lust bringen. Was dem Kranken nützt, seine Genesung fördert, ist eben, auch wenn es Luxus ist, erlaubtes und eventuell notwendiges Mittel der ärztlichen Behandlung.

* * *

Der Wohlhabende in seiner Krankheit wird sich selbstverständlich nach den allgemein als richtig anerkannten und erprobten Prinzipien (Vorschriften) der Krankenbehandlung richten. Wie aber steht es mit den Minderbegüterten? Auch hier kann eine zweckmäßige Belehrung viel Gutes schaffen. Eine zweckmäßige, gesunde Nahrung für Kranke läßt sich auch mit relativ wenig Kosten ermöglichen. Für diejenigen Unbemittelten aber, welche sich in Krankheiten auch nicht das geringste Maß des Erforderlichen leisten können, für diese treten die Werke der Wohltätigkeit und Nächstenliebe ein. Es ist vielleicht der schönste Ruhm des vergangenen und des jetzigen Jahrhunderts, die Werke der Wohltätigkeit in einem bisher ungeahnten Maße auch auf dem hier in Rede stehenden Gebiete gefördert zu haben.

Der Denkweise und den Anforderungen der modernen Mildtätigkeit entspricht es, daß wir die zur Heilung notwendige Krankenpflege nicht nur von dem Luxus und den Mitteln der Reichen abhängig sein lassen, sondern daß wir auch den Minderbegüterten und Armen soviel davon zugänglich machen, daß in gleichem oder fast gleichem Maße das Notwendige gegeben werden kann, soweit es eben für die in Rede stehende Krankheit zur Genesung notwendig ist.

Auch der Ärmste hat Anspruch auf einen gewissen Komfort[1]) in der Krankenbehandlung, auf einen gewissen Luxus in der Ernährung, soweit dies zu seiner Stärkung und Erhaltung notwendig ist. Dieser Einsicht hat man sich seit den letzten Jahrzehnten des vorigen Jahrhunderts im allgemeinen nicht verschlossen. Die Bestrebungen der Nächstenliebe, der Fürsorge für den Unbemittelten, das sind die Werke der Wohltätigkeit, welche den Abschluß des vorigen und den Beginn des jetzigen Jahrhunderts schmücken; sie haben sich auch auf das Gebiet der Krankenpflege und das Gebiet der Ernährung erstreckt. In den Krankenhäusern Berlins — und ich kann dies aus eigener Erfahrung besonders von den Kliniken der Charité rühmen — verdanken wir der einsichtsvollen Unterstützung der Direktoren gegenüber den früheren Zeiten große und wesentliche Fortschritte auf diesem Gebiete; bezüglich der Pflege, der Ernährung, Humanität und Sorgfalt sind unsere Kranken nach jeder Richtung hin und allen billigen Anforderungen entsprechend auf das beste versorgt. Die städtischen Krankenhäuser sind gewiß nicht zurückgeblieben. Ich gedenke hier ferner der öffentlichen Anstalten für die Ernährung der unbemittelten Kranken, als deren ruhmvolle ältesten die Volksküchen der Frau Lina Morgenstern genannt werden müssen. Auch die Stadt hat neuerdings analoge, reichlich ausgestattete Einrichtungen getroffen. Zu den schönsten Schöpfungen dieser Art gehört ferner die von Frau vom Rath in Berlin gegründete Krankenküche in der Brüderstraße, welche gegen geringen Entgelt den weniger bemittelten Kranken der Stadt sehr zweckmäßige,

[1]) Vgl. meinen Artikel „Über Komfort des Kranken". Zeitschrift f. Krankenpflege 1898.

kräftige, schmackhafte Nahrung liefert und zum Teil sogar in deren Wohnungen schickt. Diese wohltätige Schöpfung hat bereits in mehreren anderen Städten die Anregung zu gleichen dankenswerten Einrichtungen der Wohltätigkeit gegeben. —

Meine Herren und Damen! Hiermit schließe ich meinen heutigen Vortrag; ich habe nicht alles vorgebracht, was ich in bezug auf mein heutiges Thema zu sagen hätte; ich hoffe aber, daß ich die Bedeutung der Ernährungstherapie einigermaßen klar vorgelegt habe, und daß Sie manches aus dem Gesagten für Ihre eigene Ernährung in gesunden und kranken Tagen entnehmen resp. für Ihre Umgebung nützlich verwerten können.

HEINRICH TIMM

Maschinenfabrik

BERLIN SO. 16, Köpenickerstraße 99

baut als Spezialität:

Wäscherei-Maschinen eigenen bewährten Systems, wie: **Waschmaschinen, Spülmaschinen, Zentrifugen, Trockenapparate, Dampfmangeln usw.**

Einrichtung kompletter Anlagen für **Krankenhäuser, Irrenanstalten, Sanatorien, Kliniken usw.** (5)

Desinfektions- und Kochküchen-Anlagen.

Projekte, Kostenanschläge, sowie Kataloge auf gefl. Anfrage kostenlos!

Ein **heller** Kopf

glaubt nicht, daß er schon alles kennt, sondern ist stets bemüht, das Neue, was sich ihm bietet, ohne Vorurteil zu prüfen, und wenn das Neue sich bewährt hat, dies auch rückhaltlos auszusprechen.

Aus diesem Grunde bitte ich die folgenden Fabrikate zu prüfen und wenn sie, wie ich nicht zweifle, den Beifall der Hausfrauen finden, stets zu benutzen:

Dr. Oetker's Backpulver à 10 Pf. dient als Ersatz der Hefe, macht Kuchen und Brote locker, wohlschmeckend und leicht verdaulich.

Dr. Oetker's Vanillin-Zucker à 10 Pf. dient zum Vanillieren von Schokolade, Puddings, Milch, Saucen, Cremes und ersetzt die teure Vanille-Schote vollkommen.

Dr. Oetker's Puddingpulver, à 10 Pf., mit Milch gekocht, geben eine delikate Nachspeise für Kinder und Erwachsene.

Dr. Oetker's Gustin, bestes Puddingmehl, reich an knochenbildenden Substanzen und ein vorzügliches Mittel, um den Kindern große Mengen Milch zuführen zu können. In Pak. zu 15, 30 und 60 Pf.

Dr. Oetker's Salicyl à 10 Pf., bestes Konserviermittel für eingemachte Früchte; genügt für 10 Pfund! also sehr billig.

Dr. Oetker's Vanille-Saucen-Pulver à 10 Pf., gibt mit Milch eine delikate Vanille-Sauce, oder wenn man weniger Milch nimmt, eine feine Vanille-Creme. (4)

Dr. A. Oetker, Bielefeld, Institut für Küchenchemie.

Verlag von R. Oldenbourg, München und Berlin.

Das
Büchlein für die Mutter

Herausgegeben vom

Zentralkomitee (Abt. VI, Volksgesundheitspflege)

des

Bayerischen Frauenvereins vom Roten Kreuz

unter dem Protektorate

Ihrer Königl. Hoheit Frau Prinzessin Ludwig von Bayern.

VII und 182 Seiten, 8°, mit Textabbildungen.

Kartoniert Preis M. --,80.

Das Büchlein will jeder Mutter ein treuer Freund sein, an den sie sich in gesunden wie in kranken Tagen vertrauensvoll wenden kann, um sich für ihr und ihrer Kinder Wohlergehen Rat zu holen. Berühmte Männer der Wissenschaft und Frauen mit reicher Lebenserfahrung haben die verschiedenen Kapitel des Buches bearbeitet und sich bemüht, die reichen Schätze ihres Wissens allen Müttern in leichtverständlicher Form zugängig zu machen.

Verlag von R. Oldenbourg, München und Berlin.

Das Turnen im Hause.

Leibesübungen

zur Förderung und Erhaltung der Gesundheit für Jung und Alt.

In fortlaufender Reihenfolge

zusammengestellt und herausgegeben

von

Dr. med. K. Beerwald und **Gustav Brauer,**

Arzt, Berlin. städt. Turnlehrer, Leipzig.

Mit 177 Abbildungen in Holzschnitt.

Dritte, stark vermehrte Auflage.

Preis gebunden M. 2.80.

Das Buch ist aus der gemeinsamen Tätigkeit eines praktischen Arztes und eines erfahrenen Turnlehrers hervorgegangen und ist, außer für eigentliche Turner hauptsächlich

für gesunde Menschen beiderlei Geschlechts und jeden Alters bestimmt,

die sich durch häusliche, leicht auszuführende Leibesübungen erholen, kräftigen und gesund erhalten wollen.

Dasselbe ist systematisch in 5 Abteilungen (1. Freiübungen ohne Belastung der Hände, 2. Hantelübungen, 3. Stabübungen, 4. Keulenübungen, 5. Hausgerätübungen) gegliedert, in denen, je mit der leichtesten beginnend, allmählich zu den schwereren Übungen vorgeschritten wird. Jedesmal ist eine Übung für den Oberkörper mit einer solchen für den Unterkörper zusammengestellt, um eine Durcharbeitung des ganzen Körpers zu erreichen.

Das Neue und der Schwerpunkt des Buches liegen, außer in der großen Reichhaltigkeit und der Einteilung, darin, daß jeder Übung nicht nur eine ganz klare, eingehende Beschreibung, sondern auch eine nach photographischen Naturaufnahmen gefertigte Abbildung beigegeben ist, welche es auch dem turnerischen Laien ermöglicht, sich in kurzer Zeit mit den Übungen vertraut zu machen. Diese selbst sind in Morgen- und Abendübungen eingeteilt, und jeder Übung ist die den verschiedenen Altersstufen beider Geschlechter entsprechende Zahl der jedesmaligen Wiederholungen beigefügt.

Ich trinke Malzkaffee!

hört man heutzutage viele Leute sagen, „der Arzt hat mir's verordnet." — Wenn man aber näher zusieht, so ist es häufig gar kein Malzkaffee, was sie trinken, sondern einfach eine gebrannte Gerste, die sie für billiges Geld, offen abgewogen, vom Kaufmann als „Malzkaffee" erhalten haben. Ein solcher „Malzkaffee" ist natürlich ganz ungeeignet, an Stelle des schädlichen Bohnenkaffees als tägliches Getränk zu dienen, weil er keine einzige der wertvollen Gesundheits- und Geschmackseigenschaften besitzt, die den wahren echten Malzkaffee, d. h. den, der wirklich aus „Malz" hergestellt ist, vor allen andern Getränken so auszeichnen. Aber auch unter den Malzkaffees selbst herrscht ein großer Unterschied. Deshalb hat sich auch die moderne Wissenschaft im Interesse der Volksgesundheit mit der Prüfung und Begutachtung der Malzkaffees ganz besonders befaßt und auf Grund eingehender Untersuchungen Kathreiners Malzkaffee als den *einzigen* bezeichnet, der *alle* Bedingungen, welche hier in Frage kommen, in höchstem und vollkommenstem Maße erfüllt, weil er in erster Linie von allen Malzkaffees der *einzige* ist, der den charakteristischen würzigen Kaffeegeschmack besitzt, welcher ihm durch ein eigenartiges Verfahren mitgeteilt wird. Die amtlichen Gutachten der ersten Autoritäten lassen hierüber keinen Zweifel aufkommen. Man lasse sich also durch die Anpreisungen der vielen anderen Erzeugnisse, gleichviel in welcher Form diese an das Publikum herantreten, nicht täuschen, sondern man gehe ganz sicher — man verlange und nehme *nur* den echten Kathreiners Malzkaffee. Dazu merke man sich ganz genau, daß der echte „Kathreiners Malzkaffee" nur in *fest verschlossenen Paketen* verkauft wird, welche das Bild und die Unterschrift des Pfarrer Kneipp als Schutzmarke tragen.

Veröffentlichungen des Deutschen Vereins für Volks-Hygiene.

Im Auftrage des Zentralvorstandes
in zwanglosen Heften herausgegeben
von
Dr. K. Beerwald, Berlin.

Heft XII.

Kurpfuscherei und Aberglaube in der Medizin.

Von Dr. K. Doll in Karlsruhe
und
Oberstabsarzt Dr. Neumann in Bromberg.

Erste Auflage.
(Erstes bis zehntes Tausend.)

München und Berlin.
Druck und Verlag von R. Oldenbourg.
1906.

Preis 30 Pfennig.

Von 100 Expl. an 25 Pf. | Von 500 Expl. an 18 Pf.
Von 200 Expl. an 20 Pf. | Von 1000 Expl. an 15 Pf.
Von 2000 Expl. an 12 Pf.

Veröffentlichungen des Deutschen Vereins für Volks-Hygiene.

Im Auftrage des Zentralvorstandes
in zwanglosen Heften herausgegeben
von
Dr. K. Beerwald, Berlin.

Heft XII.

Kurpfuscherei und Aberglaube in der Medizin.

Von Dr. K. Doll in Karlsruhe
und
Oberstabsarzt Dr. Neumann in Bromberg.

Erste Auflage.
(Erstes bis zehntes Tausend.)

München und Berlin.
Druck und Verlag von R. Oldenbourg.
1906.

Über Kurpfuscherei und Heilmittelschwindel.

Von Dr. K. Doll, Karlsruhe.

Wer einen neuen Rock braucht, der geht zum Schneider, wenn man Brücken und Eisenbahnen baut, so beauftragt man mit der Ausführung Baumeister und Ingenieure, die die Sache gelernt haben und verstehen. Wird jemand, der nicht gelernter Ingenieur ist, es unternehmen, eine Eisenbahnbrücke zu bauen, von deren Sicherheit und Festigkeit Leben und Gesundheit der Reisenden abhängt? Und wenn er die Kühnheit dazu hätte, würde man es ihm erlauben? Ganz gewiß nicht.

Das wertvollste irdische Gut, das der Mensch besitzt, ist unstreitig seine Gesundheit. Was ist dagegen Reichtum, Stellung, Macht! Wer das nicht glaubt, wird es sofort merken, wenn ihm einmal Krankheit und Siechtum die freie Verfügung über seine Glieder rauben, wenn sie ihm den Genuß des Daseins, die Freude an der Arbeit vergällen, wenn sie seinen Plänen und Entwürfen als Hemmnisse sich in den Weg stellen.

Dennoch wenden sich viele Menschen, wenn ihre Gesundheit in's Wanken geraten ist, zur Wiederherstellung derselben an trübe und unlautere Quellen, d. h. an Heilschwindler und Kurpfuscher, statt an die berufenen und gelernten Vertreter der Heilkunde. Wie ist dieser Widerspruch zu erklären?

Da sind zunächst unsere unzureichenden gesetzlichen Bestimmungen zu nennen. Mißverstandene und übelangebrachte Begriffe von persönlicher Freiheit und Selbstbestimmung haben vor Jahren bei uns zur Einführung der sog. Kurierfreiheit geführt. Jedem beliebigen Menschen, jeder verbummelten und verkrachten Existenz ist es gestattet, an seinen Mitmenschen herumzukurieren und mit deren wertvollstem Besitztum, mit ihrer Gesundheit, Fangball zu spielen. Man verlangt hier keinen Nachweis über erworbene Kenntnisse und Vorbildung, ebensowenig über Unbescholtenheit und Lauterkeit der Gesinnung. Wer kranke Menschen behandeln will, braucht nichts zu wissen von dem wunderbaren Bau des menschlichen Körpers, von den Aufgaben und Leistungen seiner einzelnen Organe, von deren fortwährender gegenseitiger Beeinflussung, von diesem ganzen überaus feinen Getriebe, das unsere Lebensäußerungen in gesunden und kranken Tagen darstellen. Es sei noch einmal gesagt: eine Eisenbahnbrücke läßt man nur den bauen, von dem man alle Gewähr hat, daß er es von Grund aus versteht, aber an dem überaus empfindlichen Räderwerk des menschlichen Organismus läßt man ohne weiteres jede plumpe Hand herumfingern.

Nun ist zuzugeben, daß Kurpfuscherei auch früher getrieben wurde, ehe die Kurierfreiheit bestand. Gewiß, sie wird auch nie ganz aufhören, solange es skrupellose Spekulanten und leichtgläubige Menschen gibt. Nur muß verlangt werden, daß man sie sich nicht zu einem öffentlichen Unglück, zu einem Schaden am Volkskörper auswachsen läßt. Die breite Grundlage, auf der sie immer wieder Wurzel faßt, das ist die Unvollkommenheit der ärztlichen Kunst, mit andern Worten die Tatsache, daß es unheilbare Krankheiten gibt, welche die davon

Befallenen dauernd siech machen oder unaufhaltsam dem Tode entgegenführen. Könnten die Ärzte alles das leisten, was sie selbst so gerne möchten, so wäre der Kurpfuscherei längst aller Boden entzogen. Doch wie viele Probleme in der Medizin harren noch der Lösung, wie häufig ist erst nach langen Irrwegen die Wahrheit ergründet worden!

Freilich, die Kurpfuscher haben es besser. Sie brauchen sich nicht mit Skrupeln und Zweifeln zu plagen: sie können ja nach ihrer Meinung alles erklären und wissen alles ganz genau. Das gibt die Sicherheit im Auftreten und die Unverfrorenheit im Versprechen. Diese Eigenschaften wiederum imponieren dem geängstigten Kranken und seinen Angehörigen, sie verleiten zum Versuch mit dem angeblich sicher wirkenden Mittel. Die neu belebte Hoffnung macht frischen Mut und damit gesteigertes subjektives Kraftgefühl, und das täuscht nicht selten Erfolg vor. Aber dann folgt bald die bittere Enttäuschung, und der Rest ist Schweigen, Schweigen auch insofern, als von solchen Mißerfolgen und getäuschten Hoffnungen nicht gerne gesprochen wird, während es besser wäre, andere davor zu warnen.

Für den Arzt ist eine gewisse vornehme Zurückhaltung eine selbstverständliche Standespflicht, Prahlerei und Reklamesucht müssen ihm als gebildetem Menschen gänzlich fremd sein. Dagegen sind maßlose Großsprecherei, Lug, Trug und Verläumdung in Wort und Schrift, letzteres in unzähligen Zeitungsannoncen, Flugschriften und Broschüren, die von den Kurpfuschern täglich und stündlich zum Patientenfang gebrauchten Mittel. Daß seit einigen Jahrzehnten die Kurpfuscherei und der Heilmittelschwindel üppig emporgewuchert sind, unterliegt keinem Zweifel. Sie sind zu ausgedehnten, schwunghaften und sehr einträglichen Gewerbebetrieben geworden.

Bei Gelegenheit der amtlichen Erhebungen über das Heilpersonal im Deutschen Reiche in den Jahren 1876, 1887 und 1898 hat man sich bemüht, auch die Zahl der Pfuscher festzustellen. Die dabei ermittelten Zahlen bleiben hinter der Wirklichkeit jedenfalls noch erheblich zurück. So zählte man in Preußen ohne Berlin im Jahre 1876 269 Pfuscher, im Jahre 1887 deren 389 und im Jahre 1898 deren 1200. Ihre Anzahl hat sich also in 22 Jahren mehr als vervierfacht. In Berlin selbst kam im Jahre 1879 auf 34 Ärzte ein Pfuscher, 1895 schon einer auf 5 Ärzte. In manchen Bezirken Deutschlands übersteigt sogar zurzeit die Zahl der Pfuscher die der Ärzte.

Dabei sind aber nur diejenigen Personen annähernd gezählt, welche, ohne dazu approbiert zu sein, aus der Krankenbehandlung ein eigenes und ausschließliches Gewerbe machen. Bei ihnen ist das Spekulieren auf die Urteilslosigkeit der Menge und die Ausbeutung ihrer leidenden Mitmenschen nicht zu verkennen.

Eine andere Kategorie könnte man als Gelegenheitspfuscher bezeichnen. Man findet sie hauptsächlich in den Reihen der Heilgehilfen, Barbiere, Krankenpfleger und -Pflegerinnen und Hebammen. Hier wird die Gelegenheit des Verkehrs mit Kranken benutzt, um mit allerhand Verordnungen und Ratschlägen sich wichtig zu machen, die über die durch die Vorbildung gesteckten Grenzen weit hinausgehen.

Eine eigenartige Kategorie sind dann noch die Pfuscher aus Nächstenliebe.

Es herrscht in gewissen Kreisen die Übung, seinen leidenden Mitmenschen mit allerhand Ratschlägen und Mittelchen auch unaufgefordert beizuspringen. Namentlich spielen hier die Medikamente der homöopathischen Hausapotheken, Streukügelchen, die sog. elektrohomöopathischen Mittel des berüchtigten Grafen

Cesar Mattei eine große Rolle. Der Wunsch, seinen Nächsten mit Rat und Tat zu helfen, ist gewiß ein schöner Zug, und wenn er nicht existierte, wäre es um unser soziales Leben schlecht bestellt. Gerade in Krankheitsfällen als der Helfer und Retter zu erscheinen, hat augenscheinlich einen ganz besonderen Reiz. Ein spanisches Sprichwort sagt, daß in jedem Menschen ein Stück Arzt stecke, und es muß wohl so sein; denn sonst würde sich nicht jedermann seine sog. eigene Meinung über Gesundheit und Krankheit bilden können. Merkwürdigerweise gilt das nur für medizinische Verhältnisse; denn auf anderen Gebieten des Wissens und Könnens ist man nicht halb so kühn, dort richtet man sich weit mehr nach dem Urteil der Fachleute. Wie tief das Stück Arzt und der Drang, seinen Mitmenschen gegenüber sich als Arzt aufzuspielen, jedermann im Blut steckt, das illustriert in köstlicher Weise eine Anekdote aus der Renaissancezeit:

Alfonso d'Este, Herzog von Ferrara, fragte eines Tages im Gespräche mit seinen Freunden, welcher Beruf wohl die meisten Angehörigen habe. Der eine riet auf die Barbiere, der andere auf die Schuster, ein dritter auf die Bauern usw., bis Gonella, der Hofnarr, meinte: Ihr habt alle unrecht, die meisten Vertreter unter allen Berufen hat der Stand der Ärzte. Alle lachten, denn in Ferrara gab es nur drei Ärzte. Doch Gonella wiederholte seine Behauptung wie jemand, der seiner Sache ganz sicher war, und bot dem Herzog eine Wette auf hundert Zechinen an, daß er binnen 24 Stunden den Beweis für seine Behauptung erbringen werde. Der Herzog nahm lächelnd die Wette an.

Als Gonella am nächsten Tag aus seinem Haus trat, um sich nach dem Palast des Herzogs zu begeben, hatte er den Kopf verbunden wie jemand, der heftige Zahnschmerzen hat; er trug außerdem noch eine Nachtmütze und einen sehr großen Hut. Schon an der Türe seines Hauses traf er einen Bekannten, der ihn fragte: „Ja, Gonella, was hast du denn? Wie schaust denn du aus?“ — „Nichts als starke Zahnschmerzen“, war die Antwort. — „Lieber Freund, da weiß ich dir ein ausgezeichnetes Mittel, ich kenne das beste Rezept der Welt; drücke eine Feige aus, erwärme den Saft vorsichtig und reibe dir damit den kranken Zahn ein, der Schmerz wird sofort verschwinden.“ Und Gonella dankte verbindlichst, schrieb den empfangenen Rat samt dem Namen des gütigen Freundes in sein Taschenbuch und versprach, den Ratschlag zu befolgen. Dann ging er seines Weges. Doch von den vielen Vorübergehenden hielt ihn bald der eine, bald der andere an; jeder fragte ihn nach dem Grunde der sonderbaren Vermummung, jeder war imstande, ein unfehlbares Mittel gegen die Zahnschmerzen anzugeben, und Gonella notierte sich alles. Im Hofe des Palastes angekommen, sah er sich bald von den Dienern, bald von den Pferdeknechten und der Leibwache umringt, alle fragten ihn teilnehmend nach seinem Befinden, und jeder wußte ein neues Mittel zu sagen, und Gonella schrieb alle Mittel fein säuberlich auf. Nun stieg er die Treppe zum Saale des Herzogs hinauf. Kaum war er eingetreten, als ihm der Herzog zurief: „Ah, mein lieber Gonella, was hast du denn diesen Morgen?“ — „Hoheit, ich habe schreckliche Zahnschmerzen, ich habe die ganze Nacht nicht schlafen können.“ — „Gonella, da kenne ich ein wunderbares Mittel, es hat schon mir und sehr vielen anderen geholfen; ich habe es von einem Mönche aus dem griechischen Kloster erhalten; es gibt kein besseres Mittel auf der ganzen Welt.“ Der Hofnarr warf nun seine Mütze und Binde zu Boden und rief lachend: „Also auch Eure Hoheit sind Arzt, und hier habe ich die Namen aller anderen Ärzte notiert, die mir auf meinem Wege von meinem Hause bis hierher begegnet sind. Es sind über zweihundert, und ich habe doch nur eine einzige Straße passiert." Lachend zahlte der Herzog die verwetteten hundert Zechinen.

Mit der Pfuscherei aus Nächstenliebe befassen sich namentlich Personen in autoritativer Stellung. Dienstherrschaften behandeln ihre Dienstboten, Gutsherrschaften ihre Gutsleute und Gesinde, Offiziere ihre Soldaten, wohltätige Damen arme Handwerkerfamilien und ihre Scheuerfrauen, Lehrer und Geistliche, namentlich auf dem Lande, ihre Gemeindeglieder. Und woher schöpfen diese Leute ihre ärztlichen Kenntnisse? Aus ihrer eigenen Erfahrung, d. h. aus den paar Krankheitsfällen, die sie an sich selbst und ihren Angehörigen erlebt haben, vielleicht noch aus dem Konversationslexikon oder einem populär geschriebenen Doktorsbuch, in dem man fein säuberlich jede Krankheit alphabetisch aufschlagen und dahinter nachlesen kann, was dabei zu tun ist. Ja, wenn der Geist der Medizin wirklich so leicht zu fassen wäre, dann könnte man die Ärzte abschaffen. Wenn man aber einen gewissenhaften und aufrichtigen Arzt fragt, so wird er ohne weiteres bekennen, daß eifrigstes Studium und eingehendste Erfahrung durch ein langes Leben mit täglicher Beobachtung an kranken Menschen im entferntesten nicht ausreicht, um alles zu können und zu wissen. Ein über das richtige Maß hinausgehendes Selbstvertrauen wächst bekanntlich meist auf dem Boden des Nichtwissens oder des Halbwissens. Demgegenüber sei verwiesen auf den Ausspruch eines seinerzeit hochberühmten Arztes, des Joh. Peter Frank (1745—1821). Frank sagte, in seinen jungen Jahren hätten sich die Kranken vor ihm gefürchtet, im Alter aber hätte er umgekehrt sich vor den Kranken gefürchtet. Er wollte damit ausdrücken, daß mit zunehmendem Alter und wachsender Erfahrung ihm die Unzulänglichkeit unseres Wissens und Könnens immer deutlicher zum Bewußtsein gekommen sei. Man könnte nun einwerfen: Wenn nicht Eigennutz, sondern lediglich Menschenfreundlichkeit die Triebfeder ist, so kann doch gegen die unschuldige Freude, an Leidenden zu kurieren, nichts eingewendet werden. Ja, wenn diese Freude nur so unschuldig wäre! In so und so vielen Fällen wird aber direkt Schaden an Gesundheit und Leben gestiftet. Es kommt nicht allein in Betracht, daß im einzelnen Fall verkehrte Mittel gegeben und falsche Maßnahmen getroffen werden. Das wäre am Ende noch der geringste Schaden, denn zum Glück wird ein großer Teil der alltäglichen krankhaften Störungen von selbst, d. h. allein durch den Heiltrieb der Natur wieder gut. Es gibt aber auch eine Reihe von zunächst harmlos und unbedeutend erscheinenden Zufällen, wo schleuniges, sachkundiges Handeln und Eingreifen dringend not tut, wo jede Verzögerung der wirksamen Hilfe die Chancen eines günstigen Ausgangs verschlechtert. Hier kann die Pfuscherei aus Nächstenliebe direkt verderblich wirken. Statt vieler sei nur auf ein Beispiel verwiesen. Mancher steif gewordene Finger, manche verstümmelte Hand und mancher verkrüppelte Arm könnte davon erzählen, daß ein sog. Umlauf am Finger zunächst von unberufener Seite mit Zugpflaster oder aufgebundenen Zwiebelscheiben behandelt wurde, während ein Einschnitt, rechtzeitig ausgeführt, allem weiteren vorgebeugt hätte. Erst als die Sache schlimmer wurde, nahm man ärztliche Hilfe in Anspruch. Jetzt waren schwere chirurgische Eingriffe nötig, viele Schmerzen, langes Kranksein und schließlich geminderte Arbeitsfähigkeit waren die Folgen.

Kein verständiger Mensch wird die vorstehenden Ausführungen so deuten, als ob jegliche Laienhilfe als unzweckmäßig verworfen werden sollte. Es ist und bleibt jedermanns Pflicht und Recht, bei Unglücksfällen und plötzlichen Erkrankungen nach bestem Wissen und Können zu helfen, bis der herbeigerufene Arzt zur Stelle ist. Selbst aber den Arzt spielen zu wollen, ist in solchen Fällen verwerflich und ein Unrecht am Mitmenschen. Der Laie kann schon viel und Wichtiges leisten, wenn er den Kranken oder Verletzten in geeignete Verhältnisse versetzt, wenn er ihn von beengender Kleidung befreit, wenn er ihm für eine gute Lagerstätte sorgt, wenn er schmerzende Glieder bequem lagert, wenn er dem Erschöpften Nahrung und Erquickung reicht u. dgl. m. Auch später, wenn ein armer Kranker in geordneter ärztlicher Behandlung sich befindet, bleibt der Mildtätigkeit noch ein weiter Spielraum. Man beteilige sich nach der Anweisung des Arztes an der Pflege, man spende frische Bettwäsche, kräftige Nahrung und geeignete Erfrischung, man nehme sich seiner Angehörigen an — ein überreiches Feld für christliche Nächstenliebe. Das ist weit verdienstlicher und nützlicher, als wenn man bei armen Leuten selbst den Arzt spielt und sie mit homöopathischen Kügelchen oder sonstigem wertlosen Zeug beglückt — freilich ist es auch wesentlich beschwerlicher und es greift den Geldbeutel mehr an: Zudem ist unter unseren heutigen Verhältnissen kein Ort so einsam und abgelegen, daß nicht ärztliche Hilfe zu erlangen wäre. Unsere Armenfürsorge und unser Krankenkassenwesen sind derart organisiert, daß gerade den Unbemittelten ärztlicher Beistand leicht und kostenlos zur Verfügung steht.

Doch kehren wir zurück zu der schlimmen Sorte der Pfuscher aus Gewinnsucht und sehen uns einmal ihr Wesen und Treiben etwas genauer an: Eine bunt zusammengewürfelte, wenig vertrauenerweckende Gesellschaft findet sich da auf denselben Pfaden wandelnd. Meist sind es ungebildete Leute niederen Standes, doch treffen wir auch gelehrte Herren darunter, heruntergekommene Ärzte, Apotheker und Chemiker, sonstige verbummelte und gestrandete Existenzen aus studierten Kreisen. Bemerkenswert im Vorleben dieser Leute ist ein öfterer Berufswechsel. Nirgends kann man sie brauchen, nirgends tun sie gut, bis schließlich die Eröffnung eines Heilmittelgeschäftes relativ mühelos Gewinn verspricht. Bei den Ermittelungen über das Vorleben kommt auch zum Vorschein, wie erschreckend häufig hier Bekanntschaft mit dem Zuchthaus, dem Gefängnis oder sonst dem Strafrichter gemacht wurde. Wegen schwerer Vergehen bzw. Verbrechen waren bestraft in Berlin 29% der männlichen und 14,4% der weiblichen Pfuscher. Unterschlagung, Diebstahl, Hehlerei, Betrug, Sittlichkeitsvergehen, Kuppelei, Meineid sind unter den Delikten nicht selten. Unter den Pfuschern, über die der Karlsruher Ortsgesundheitsrat nähere Nachforschungen angestellt hat, sind reichlich 15% gerichtlich bestraft. Bei mehreren sind ganze Strafregister von 6, 8 selbst 20 Nummern zur Kenntnis gekommen.

Die Veröffentlichungen des Karlsruher Ortsgesundheitsrates gewähren auch sonst interessante Einblicke in den Betrieb des Heilmittelschwindels. Diese städtische Kommission ist seit 26 Jahren in dankenswerter und erfolgreicher Weise bemüht, hier belehrend und aufklärend zu wirken, in der richtigen Erkenntnis, daß die Bekämpfung der Kurpfuscherplage ein wichtiger Teil der öffentlichen Gesundheitspflege sei.

Vom Mai 1878 bis Oktober 1904 hat der Karlsruher Ortsgesundheitsrat 254 Warnungen und Bekanntmachungen gegen schwindelhafte Anpreisungen erlassen. Das stellt nur eine kleine Blütenlese aus dem ganzen üppigen Unkrautgarten dar;

denn als lokale Behörde mußte er sich auf die in den Karlsruher Zeitungen erscheinenden oder sonst speziell in Karlsruhe verbreiteten Schwindelannoncen beschränken. Beim Durchlesen dieser Veröffentlichungen mag man in seiner Eigenschaft als aufgeklärter Kulturmensch zunächst heiter gestimmt werden angesichts des handgreiflich törichten und absurden Zeuges, das da gegen alles Mögliche und Unmögliche angepriesen wird. Die Heiterkeit schwindet aber beim Weiterlesen bald, sie macht dem Gefühl der Entrüstung und der Scham Platz: Der Entrüstung über die Gewissenlosigkeit der Anpreisenden, die sich die Ärmsten der Armen, die Kranken und Siechen, zu Objekten der Ausbeutung aussuchen, dem Gefühl der Scham über die enorme Menge der Leichtgläubigen und Betörten, die sich ausbeuten lassen, über die Unsumme von Unwissenheit und Unbildung, die durch alle Schichten der Bevölkerung hindurch noch immer den Boden für den krassesten Aberglauben abgeben können. Behandelte doch noch am Ende des erleuchteten 19. Jahrhunderts ein Geistlicher die Fallsucht mit einem innerlich einzunehmenden Pulver von verkohlten Elstern. Die Elstern mußten aber in den Nächten zwischen Weihnachten und Neujahr geschossen sein! Immer noch gibt es Mütter und Großmütter, welche an den Nutzen der Zahnhalsbänder[1]) glauben. Der Karlsruher Ortsgesundheitsrat hat ein solches Zahnhalsband (von Fr. Rose) näher untersucht und festgestellt, daß es aus nichts besteht als aus schmalen Sammetstreifchen, in welchen je ein gelbes, mit Schwefel bestrichenes Kattunbändchen eingenäht ist. Von diesen Zahnhalsbändern, welche von den Kindern vom 4. Monat bis zum

[1]) Nr. 31 der amtlichen Sammlung der öffentlichen Warnungen des Ortsgesundheitsrates der Haupt- und Residenzstadt Karlsruhe. H. Braunsche Hofbuchdruckerei 1905.

3. Jahr unausgesetzt um den Hals getragen werden sollen, sagt der Ortsgesundheitsrat mit Recht, daß sie die ihnen zugeschriebene Wirkung selbstverständlich nicht haben, ihre Anwendung vielmehr gänzlich nutzlos ist. Ein Stück, kaum 20 Pf. wert, kostet 1 M. Noch zwei Beispiele: Ein gewisser C. Eggers[1]) empfahl im Jahre 1897 im Karlsruher Tagblatt ein „vielfach erprobtes Naturheilmittel", durch welches Rheumatismus ohne Medikamente in kurzer Zeit geheilt werden soll. Die Bekanntmachung des Ortsgesundheitsrates sagt darüber weiter: „Wer sich an Eggers wendet, erhält von ihm als Heilmittel vier Leinwandsäckchen mit Inhalt, von denen die beiden kleinen Säckchen in der Körperbekleidung (Hosentaschen) mitzuführen sind, während der Patient auf den beiden größeren des Nachts im Bett liegen soll. Auch verordnet Eggers Einreibungen mit heißem Rum. Im übrigen muß sich jeder Patient dem Eggers gegenüber durch Abgabe des Ehrenwortes verpflichten, keines der erwähnten Säckchen zu öffnen, und einen Revers unterzeichnen, wonach er im Fall der Zuwiderhandlung eine Konventionalstrafe von 2000 M. zu zahlen hat. Die Untersuchung der vier Säckchen ergab, daß deren Inhalt aus pulverisiertem Schwefel besteht, welchem in dieser Anwendung keinerlei Heilwirkung zukommt. Der Wert der in allen vier Säckchen eingenähten Schwefelmenge dürfte höchstens 1 M. betragen, während Eggers sich für eine einzige Beratung bis zu 5 M. bezahlen läßt."

Ein gewisser Joh. Wöhrle aus Friedrichshafen versendet auf briefliche Anfragen gegen Nachnahme des Betrages von 10 M. 50 Pf. als Bruchheilmittel ein Leinwandsäckchen, das an einer Seidenschnur um den Hals getragen werden soll und nach der Anweisung des Wöhrle niemals geöffnet werden darf,

[1]) Nr. 197 der Karlsruher Sammlung.

wenn der Erfolg sicher sein soll. Außerdem gibt Wöhrle verschiedene Verhaltungsmaßregeln und ordnet an, daß der Patient 12 Wochen lang Tag und Nacht ein gut sitzendes Bruchband zu tragen und daß er bestimmte Gebete zu verrichten habe. In dem Säckchen befindet sich ein Pappdeckel, auf den eine Anzahl Tierfüße, anscheinend von Maulwürfen, aufgenäht sind. Wöhrle ist wegen Körperverletzung, Diebstahls, Beleidigung und Übertretung der Gewerbeordnung bestraft.[1]) — Der Humbug des Gesundbetens, der vor noch nicht langer Zeit in der Reichshauptstadt berechtigtes Aufsehen und berechtigten Unwillen erregte, beweist, daß auch noch im 20. Jahrhundert und auch unter den sog. oberen Zehntausend die Borniertheit ihre Orgien zu feiern vermag.

Nun glaube man doch ja nicht, daß diese Heilkünstler jahraus jahrein etwa um der leidenden Menschheit willen die Spalten der Zeitungen mit ihren Annoncen füllen und Unsummen dafür ausgeben, wie auch für die Hunderttausende von marktschreierischen Flugblättern und Broschüren, die tagtäglich die Postboten in die Häuser tragen. Es kommt etwas Erkleckliches bei diesem Geschäft heraus, man muß es nur richtig verstehen und muß nur ja nicht blöde sein.

Ein gewisser Reinhold Retzlaff[2]) in Dresden kündigte periodisch in den Zeitungen ein unfehlbares Mittel gegen die Trunksucht an. Dasselbe kostete 9 M., bestand aus Enzianwurzelpulver und war natürlich vollständig nutzlos. Dieser Retzlaff, ein mehrfach u. a. wegen Betrugs mit einem Jahr Gefängnis, 300 M. Geldstrafe und Verlust der bürgerlichen Ehrenrechte auf die Dauer von einem Jahr bestraftes Individuum, hat

[1]) Nr. 210 der Karlsruher Sammlung.

[2]) Nr. 25 der Karlsruher Sammlung.

nachweislich in einem Vierteljahr über 6000 M. an Insertionskosten ausgegeben. Nach zuverlässigen amtlichen Erhebungen betrugen die Einnahmen aus dem Verkauf seines Schwindelmittels in einem Jahr über 300000 M. Wie viele sauer verdiente und mühsam zusammengesparte Groschen armer Arbeiterfrauen mögen unter diesen 300000 M. sein! Die angeblichen Trunksuchtsmittel, meist solche Bitterstoffe wie die Enzianwurzel, sollen ja den Säufern ohne ihr Wissen in den Getränken beigebracht werden. Retzlaff ist ja auch längst nicht der einzige, der so schlau war, auf gleiche oder ähnliche Weise gerade dieses ergiebige Feld zu beackern.

In den siebziger Jahren des vorigen Jahrhunderts las man in allen Zeitungen Reklamen für Dr. Ludwig Tiedemanns Pen-tsao-Präparate[1]) als Mittel gegen Schwächezustände und Geschlechtskrankheiten.

Tiedemann war weder berechtigt, den Doktortitel zu führen, noch sich als Apotheker zu bezeichnen, wie er tat. Er wurde wegen unbefugten Feilhaltens von Arzeneien vielfach bestraft, sein Geschäft war jedoch so gewinnbringend, daß ihn die gesetzlichen Strafen nicht von dem Weiterbetrieb abhielten. In den Jahren 1872—75 hat Tiedemann allein durch deklarierte Postsendungen 178758 M. zugeschickt erhalten; die sonst in dieser Zeit von ihm gemachten Einnahmen wurden ebenso hoch geschätzt. In den späteren Jahren hat sich sein Geschäftsumfang noch bedeutend vermehrt.

Daß der Handel mit Geheimmitteln ein blühendes Geschäft ist, mögen noch folgende Zahlen beweisen. Dieselben wurden vom schweizerischen Bundesrat in seinem Gesetzentwurf nebst Begründung zur Bekämpfung des Geheimmittelwesens zusammen-

---

[1]) Nr. 26 der Karlsruher Sammlung.

gestellt. Danach führt Frankreich jährlich beinahe 105 Millionen seiner „Spezialitäten" aus, England nimmt jährlich 12—14 Millionen Mark für seine Geheimmittelpatente ein. Allein im Jahre 1878 wurden aus Deutschland, Frankreich, Österreich und Italien 1505 metrische Zentner Geheimmittel und fertige Arzneimittel in die Schweiz eingeführt. Gemäß einer von Sachverständigen angestellten Schätzung repräsentierten diese im Minimum einen Ankaufspreis von 900000 Franken bis 1 Million und im Minimum einen Verkaufswert von 1500000 bis 1800000 Franken. Der schweizerische Bericht bemerkt dazu mit vollem Recht: „Hunderttausende von Franken wandern alljährlich aus den Taschen armer Leute, die kaum ihren kärglichen Lebensunterhalt aufbringen, in die Kassen schlauer Spekulanten."

Daß Zeitungsreklamen nur dann Erfolg haben, d. h. das kauflustige Publikum in Menge anziehen, wenn sie in Form und Inhalt zweckentsprechend abgefaßt sind, das weiß jeder Geschäftsmann. In diesem Punkt sind nun die meisten Kurpfuscher unübertroffene Meister. Der großen Masse imponiert das Geheimnisvolle, Mystische, Erotische. Häufig fallen schon die Namen der Erfinder der betr. Heilmethoden und Heilmittel durch ihren absonderlichen ausländischen Klang auf. So wurden seinerzeit in einer Broschüre mit dem Titel „Dr. Airys Naturheilmethode"[1]) Mittel gegen alle möglichen Krankheiten wie asiatische Cholera, gelbes Fieber, Krebs, Lungenschwindsucht u. a. angepriesen. Dabei haben aber die Nachforschungen ergeben, daß es einen Dr. Airy nie und nirgends gegeben hat. So stoßen wir auf ein angeblich aus Indien stammendes Hühneraugenmittel mit dem vielversprechenden lateinischen Namen Beneficium[2]), zu

[1]) Nr. 4 der Karlsruher Sammlung.

[2]) Nr. 13 der Karlsruher Sammlung.

deutsch Wohltat. Nun ist es gewiß eine Wohltat, wenn man seine Hühneraugen los wird. Da das Mittel aber nur aus parfümierter Essigsäure besteht, so macht der Karlsruher Ortsgesundheitsrat mit Recht dazu die ironische Bemerkung: „Daß die Essigsäure mit Nutzen gegen Hühneraugen angewandt werden kann, ist bekannt, ebenso aber auch, daß es nicht nötig ist, sie aus Indien zu beziehen, noch sie mit 2 M. 50 Pf. zu bezahlen, da dieselbe Quantität für 20 Pf. in jeder Apotheke zu haben ist."

Da gibt es ein Menyl[1]) ein wissenschaftlich klingender aber ganz willkürlich erfundener Name. Dasselbe soll rote Nasen dauernd und schnell weiß machen. Es ist nichts weiter als eine Schminke, bestehend aus Salizyl in Weingeist und Äther gelöst mit Zusatz von Speckstein und einem Parfüm von Wintergrünöl, kostet aber 5 M. bei einem wirklichen Wert von 75 Pf. Auch China muß herhalten und die beiden schönen Namen Pen Tsao[2]) und Po Ho[3]) liefern. Ersteres ist ein fuselhaltiger, alkoholischer Auszug von zuckerhaltigen sauern Pflanzenteilen mit etwas Bitterstoff aus unreifen Pomeranzen versetzt und wurde von dem früher schon erwähnten Dr. Ludwig Tiedemann um den schwindelhaft hohen Preis von 4 M. 50 Pf. für das Fläschchen gegen Schwächezustände und Geschlechtskrankheiten angepriesen. Das letztere, vorgeblich aus China bezogen, ist einfaches Pfefferminzöl, kostet 1 M. 50 Pf., während der Apothekenpreis für dasselbe Quantum 20 Pf. beträgt, und soll gegen Migräne, Gicht-, Kopf- und Zahnschmerzen gut sein.

Jetzt nur noch ein kleines Beispiel, wie solche merkwürdige Namen gelegentlich erfunden werden.

---

[1]) Nr. 7 der Karlsruher Sammlung. [2]) Nr. 26 der Karlsruher Sammlung. [3]) Nr. 12 der Karlsruher Sammlung.

Wallbrechts Laboratorium[1]) in Nürnberg versendet ein Wachholderpräparat als angeblich neues und vorzügliches Mittel gegen Gicht und Rheumatismus. Dieses Präparat ist auf den wunderlichen Namen „Repinujol" getauft. Was ist das? Nichts weiter als die Umdrehung des Wortes Juniper(us), der lateinischen Bezeichnung der Wachholderpflanze mit Anhängung der wissenschaftlich klingenden Endung ol. Daß hochtrabende, geheimnisvoll-fremdländische Bezeichnungen wie: Pulochrine, Haarfett des ungarischen Jägers, Paraischer Klostertrank, tropische Kräuterheilmethode, Mirakulopräparate, Lebensessenz, Nervenstärker, Nervenfluid und Nerven-Kraft-Elixier, englischer Wunderbalsam, antimiasmatischer Likör, Sonnenäther-Strahlapparat, Elektro-Voltakreuz, Oxydonor Viktory, Vitafer und Novavita, daß solche Bezeichnungen auf schwache und urteilslose oder durch Krankheit mürbe gemachte Gemüter schließlich ihre Wirkung nicht verfehlen, ist kaum noch wunderbar. Und gar, wenn man die zugehörigen, zuversichtlichen und unverfrorenen Versprechungen liest! Wenn davon nur der zehnte Teil wahr wäre, so müßte alles körperliche Ach und Weh längst aus der Welt verbannt sein.

Außer den schönen Titeln gibt es noch mancherlei andere Lockungen in den Kurpfuscherreklamen. Eine besondere Art derselben — man könnte sie indirekte nennen — kennzeichnet sich dadurch, daß der Heilkünstler sich nicht direkt anpreist, sondern eine fingierte oder wirkliche Persönlichkeit als Vermittler vorschiebt, häufig einen angeblich geheilten dankbaren Patienten.

Die folgenden Beispiele[2]) mögen dies erläutern: In verschiedenen Zeitungen erschien in regelmäßiger Wiederkehr eine

[1]) Nr. 232 der Karlsruher Sammlung.

[2]) Nr. 65 und 238 der Karlsruher Sammlung.

Annonce, worin ein angeblicher Lehrer Kopsch dem Dr. Reimann zu Berlin in rührender Weise dafür Dank sagt, daß er durch ihn von der Schwindsucht, an der er todkrank darniederlag, gerettet worden sei. Diese rührende Dankannonce stammte jedoch von dem Dr. Reimann selbst her, einem obskuren Arzte Berlins, der sich mit der Behandlung Kranker auf brieflichem Wege gewerbsmäßig befaßt. Oder in etwas anderer Form: Durch wiederholte Zeitungsannoncen erbietet sich ein gewisser Julius Henschel in Zechin bei Küstrin, Auskunft über die Heilung seines Sohnes, der mit 8 Jahren an Fallsucht, Krämpfen und Nervenleiden gelitten haben soll, zu geben. Wer sich dahin wendet, wird an den Spezialisten D. Mahler in Voorburg (Niederlande) verwiesen. Von diesem erhält man dann auf Verlangen Pulver und eine Salbe zugesandt, welche angeblich die obengenannten Krankheiten in drei Tagen ohne Rückfall heilen sollen. Die Mittel sind ganz wirkungslos, kosten aber 30 M. Auch sonst wird häufig durch Anfügung von Zeugnissen angeblich Geheilter versucht, Vertrauen zu erwecken. Der Ortsgesundheitsrat in Karlsruhe hat in einer ganzen Reihe von Fällen mühevolle und umständliche Nachforschungen nach den Ausstellern solcher Atteste angestellt. Das Ergebnis war ein verschiedenes: Einige Atteste waren frei erfunden, d. h. die unterschriebenen Personen existierten überhaupt nicht. Andere waren gefälscht, insofern als mit Änderungen des Textes oder Hinzufügungen zu demselben aus einfachen Bestellungen oder Empfangsbestätigungen Anerkennungsschreiben gemacht waren. In anderen Fällen war den Bestellern der Geheimmittel ein fertig formuliertes Dankschreiben zur Unterschrift vorgelegt worden, und es gab genug gedankenlose Leute, die ruhig ihre Namen darunter setzten. Endlich fanden sich auch richtige Anerkennungen, teils freiwillig, teils auf Ersuchen der Heilmittelhändler ausgestellt. Die betreffenden Personen glaubten und gaben ausdrücklich an, durch die verordneten Mittel Heilung oder mindestens Besserung erlangt zu haben. Das ist sehr wohl verständlich. Denn zum Glück heilen viele Krankheiten durch die Naturkräfte allein, auch ohne und selbst bei unzweckmäßiger Behandlung. Sodann halten sich nicht wenig Menschen für krank und leidend, die es gar nicht sind, oder sie sind es in anderer Weise als sie vermeinen. Hier tut der Glaube alles. Endlich kommt noch das große Heer der nervösen und hysterischen Beschwerden, die häufig schwere Organerkrankung vortäuschen. Sie waren von jeher das dankbarste Gebiet für alle möglichen Wunderkuren. Auch hier hilft alles, solange nur daran geglaubt wird.

Ein weiterer, in den Schriften der Kurpfuscher nicht selten angewandter Trick besteht darin, daß allerhand Krankheiten in den düstersten Farben, häufig stark übertrieben oder direkt unwahr, geschildert werden. Dem harmlosen Leser läuft es eiskalt über den Rücken, die eine oder andere aufgeführte Erscheinung glaubt er alsbald an sich zu spüren, um dann erleichtert aufzuatmen, wenn der zweite Teil der Schrift ihm sichere Heilung durch irgend einen Wundertrank in Aussicht stellt. Wie auch durch Vorspiegelung scheinbarer Heileffekte Täuschung bewirkt werden kann, mag folgender Fall lehren: Der „Heilmagnetopath“ Heinrich Vinnai in Bruchsal, früher in Bretten, hat großen Zulauf von Gallensteinkranken und solchen, die es zu sein glauben. Die Patienten müssen einen von Vinnai zubereiteten stark abführenden Tee und darauf ein Quantum Öl einnehmen. Danach sollen innerhalb 48 Stunden die Gallensteine in erweichtem Zustand abgehen. Richtig kommen auch nach Gebrauch dieser Kur eigentümliche kugelige Gebilde zum Vorschein.

Mit heimlichem Gruseln betrachtet der Patient die ihm so gründlich ausgetriebenen Quälgeister und fühlt sich sehr erleichtert. Zunächst vergißt er sogar die gleichzeitig erfolgende Erleichterung seines Geldbeutels. Die Kur kostet nämlich 60 M. Schade nur, daß die abgegangenen Kugeln im Entferntesten keine Gallensteine sind, auch keine Bestandteile von solchen enthalten. Es sind sog. Seifenkugeln, wie sie regelmäßig von Gesunden und Kranken ausgestoßen werden, wenn nach starkem Abführen Öl gereicht wird.

Vinnai hatte die Naivetät, einem Professor der medizinischen Fakultät in Heidelberg seine Geheimmittel zur Beseitigung von Gallensteinen zum Kauf anzubieten. Zur Probe und auf sein freiwilliges Angebot hin sollte er zunächst eine Anzahl Kuren an Kranken der medizinischen Klinik vornehmen. Dabei ergab sich, daß Vinnai nicht imstande war, Krankheiten überhaupt und speziell Gallensteinleiden festzustellen oder diese von anderen Krankheiten mit ähnlichen Symptomen zu unterscheiden. In keinem Fall gelang es ihm, Gallensteine zu beseitigen oder Besserung zu erzielen. Derartige Kuren, die starke Durchfälle im Gefolge haben, sind übrigens für schwächliche Personen immer schädlich. Direkt lebensgefährlich sind sie für solche, die etwa an Blinddarmentzündung oder Magengeschwüren leiden, welche gleich dem Gallensteinleiden von heftigen Schmerzen begleitet sind.[1])

Bei der übertriebenen oder unrichtigen Schilderung von Krankheitserscheinungen ist es namentlich auf diejenigen abgesehen, deren Gesundheit durch sog. Jugendverirrungen oder Geschlechtskrankheiten geschädigt ist. Da wirkt dann auch noch

[1]) Siehe Warnung des Karlsruher Ortsgesundheitsrates vom 12. September 1905.

die Heimlichkeit mit, denn es fällt augenscheinlich leichter, einem ungebildeten Heilkünstler sich schriftlich anzuvertrauen, als einem gebildeten Arzt Aug' in Aug' zu beichten.

Das bringt uns auf die briefliche Behandlung überhaupt, eine bei den Kurpfuschern sehr beliebte und von ihnen viel geübte Methode. Sie besteht meist darin, daß der Ratsuchende einen Fragebogen ausfüllen und darin Auskunft geben muß über sein Vorleben, seine Körperkonstitution, seine Beschwerden, Krankheitserscheinungen u. dgl. Der Heilkünstler gibt vor, aus den Antworten die vorliegende Krankheit erkennen und beurteilen und die zutreffenden Verordnungen geben zu können. Häufig ist das eitel Geflunker, wie schon daraus zu ersehen, daß nachgewiesenermaßen ganz schablonenmäßig allen dieselben Verordnungen gegeben werden. Aber selbst, wenn jemand ernstlich wollte, so wäre er meist nicht imstande, auf bloßen schriftlichen Bericht hin und ohne den Kranken selbst zu sehen und zu untersuchen, eine richtige Krankheitsdiagnose zu stellen. Er wird stets den größten Irrtümern und Mißgriffen ausgesetzt sein, um so mehr, als viele Kranke in einer falschen Auffassung ihres Leidens befangen sind und demgemäß berichten. Von gewissenhaften Ärzten wird deshalb ein derartiges Verfahren der brieflichen Fernbehandlung niemals geübt.

Gerne berufen sich auch die Heilmittelreklamen auf angeblich wissenschaftliche, empfehlende Gutachten von Ärzten, Apothekern, Chemikern u. dgl. Auch hier wird das gutgläubige Publikum meist getäuscht. Wer vermag auch die Zuverlässigkeit dieser Gutachten zu prüfen?

Es gibt in den sog. gelehrten Ständen dunkle Existenzen, welche für klingenden Lohn alles zu begutachten und zu empfehlen bereit sind. Einem sauberen derartigen Kleeblatt, dem

Dr. Johannes Müller, Dr. Heß und Dr. Theobald Werner, welche die Begutachtung von Geheimmitteln gewerbsmäßig betrieben, hat seinerzeit der Karlsruher Ortsgesundheitsrat scharf auf die Finger geleuchtet und hat durch schonungslose Bloßstellung ihnen das unsaubere Handwerk gründlich gelegt. Wie das geschah, ist in der Broschüre: „Die Geheimmittel und die Heilschwindler“ von Karl Schnetzler und Dr. Franz Neumann gar ergötzlich zu lesen. Andere Heilbeflissene nehmen die Wissenschaft lieber selbst in die Hand. Sie schreiben Broschüren und dicke Bücher, in denen dann schließlich die von ihnen erfundene Heilmethode als die allein seligmachende angepriesen wird. In manchen solcher Schriften ist der Ton erhabenster Gelehrsamkeit nicht übel getroffen. Sie können ihren Eindruck nicht verfehlen, zumal wenn sie noch mit gruselerregenden Abbildungen geschmückt und mit saftigen Ausfällen gegen die verblendete Schulmedizin und die unwissenden Ärzte gewürzt sind. Nimmt man aber das, was hier dem Publikum als Wissenschaft verzapft wird, etwas schärfer unter die Lupe, so entpuppt sich das Meiste als krasser Unsinn.

Für den ärztlichen Stand ist die Tatsache wahrlich kein Ruhmestitel, daß es Ärzte gibt, die sich von Kurpfuschern zu Handlangern und Strohmännern gebrauchen lassen. Diese Einrichtung findet man namentlich in gewissen modernen Großbetrieben, Instituten zur vorzugsweise brieflichen Massenbehandlung, die irgend ein neuerfundenes, für alle möglichen Krankheiten wirksames Heilverfahren auf die leidende Menschheit loslassen. Durch Anstellung von Ärzten, auch durch Vornahme chemischer Urinuntersuchungen bemühen sie sich, den Schein wissenschaftlicher Zuverlässigkeit zu erwecken. So „arbeiten“ z. B. die Berliner Gesellschaft „Vitafer“, Heilanstalt für Sauerstoffheilverfahren, und das Berliner Institut für Sauerstoffbehandlung „Novavita". Auch der berühmte oder berüchtigte Glünicke hielt sich als Stellvertreter einen ehemaligen Militärarzt mit 1000 M. Monatsgehalt, und auf seinem Korrespondenzbureau arbeiteten mehrere frühere Medizinstudierende für 200 bis 500 M. monatlich. Mit dem Betrieb seiner Heilfabrik erwarb sich Glünicke außerdem in wenigen Jahren ein Vermögen von 400000 M.

Es ist ein überaus betrübendes Kapitel, daß vorzugsweise die unheilbar Siechen und Kranken von den Kurpfuschern und Heilschwindlern ausgebeutet werden. Häufig behaupten diese direkt, alle sonst für unheilbar gehaltenen Leiden noch heilen zu können. Immer wieder tauchen falsche Propheten auf, welche sichere Hilfe bei Krebs und Lungenschwindsucht, diesen schlimmen Geißeln des Menschengeschlechtes, versprechen. Da werden manchem Verzweifelnden die letzten Ersparnisse aus der Tasche gelockt. Er gibt sie hin für ein Trugbild der Rettung, das man ihm vorgegaukelt hat. Daß ein geängstigter Kranker schließlich nach allem, auch nach dem Törichtesten greift, was ihm Hilfe verspricht, darüber wird niemand mit ihm rechten wollen. Für den aber, der aus Gewinnsucht und gewerbsmäßig solche trügerische Hoffnungen erweckt, fehlt eine halbwegs zulässige Beeichnung.

Bisweilen liest man auch Heilmethoden als operationslose angepriesen, das soll heißen, daß es bei ihrer Anwendung nie zur Notwendigkeit eines chirurgischen Eingriffes kommen kann. Das ist ein sehr gefährliches Versprechen; es kommt der den meisten Menschen begreiflicherweise innewohnenden Messerscheu verlockend entgegen. Es gibt nun einmal krankhafte Zufälle, wo nur das Messer Hilfe bringen kann. Häufig ist dabei

Gefahr im Verzug, der günstige Ausgang nur möglich, wenn schleunigst eingegriffen wird. Wenn nun in solchen Fällen — und das kann man immer und immer wieder erleben — durch Anwendung von Güssen, Kräuterumschlägen und ähnlichem Heilung versprochen und kostbare Zeit vertrödelt wird, so ist das eine Gewissenlosigkeit, die nicht scharf genug gebrandmarkt werden kann.

Es ist ein höchst unerfreuliches Bild, das im vorstehenden zu zeichnen versucht wurde: Torheit und Leichtgläubigkeit neben Krankheit und Not auf der einen Seite, Betrug und skrupellose Gewinnsucht auf der andern Seite, diese an jenen sich mästend.

Wie kann dem nun einigermaßen gesteuert werden? Gesetzliche Bestimmungen können hier wohl manches nützen. Im Großherzogtum Baden ist seit kurzem ein gegen das Pfuscherunwesen gerichtetes Gesetz in Kraft getreten. Danach sind in Baden alle Personen, welche, ohne hierzu approbiert zu sein, gewerbsmäßig die Heilkunde ausüben, verpflichtet, sich bei dem zuständigen Bezirksarzt an- bzw. abzumelden. Bei dieser persönlichen Anmeldung sind auch Angaben über den Bildungsgang, über besondere Art der Berufstätigkeit u. dgl. zu machen. Auch sind die nichtapprobierten Heilbeflissenen fortan gehalten, von gewaltsamen Todesfällen und strafbaren Handlungen, welche bei Ausübung ihres Berufes zu ihrer Kenntnis gelangen, den zuständigen Behörden persönlich Anzeige zu erstatten. Endlich haben jetzt auch diese Personen, wie die Ärzte seit lange, bestimmte Fälle von ansteckenden Krankheiten, die in ihre Behandlung kommen, dem Bezirksamt anzumelden. Die Unterlassung dieser Meldung sowie Zuwiderhandlungen gegen die zur Verhütung der Verbreitung dieser Krankheiten oder gegen die von der Polizeibehörde im einzelnen Fall angeordneten Sperr- und Sicherheitsmaßregeln sind mit Geld- bzw. Haftstrafen bedroht. Die letzteren Bestimmungen erscheinen in doppelter Hinsicht nicht unwichtig. Einmal bieten sie eine Handhabe, um der von den Kurpfuschern, namentlich soweit sie unter der Flagge der sog. Naturheilmethode segeln, häufig in maßloser und fanatischer Weise betriebenen Agitation gegen die im Interesse der Krankheitsverhütung (Schutzpockenimpfung, Desinfektionsmaßregeln u. dgl.) und der öffentlichen Gesundheitspflege erlassenen behördlichen Vorschriften entgegenzutreten. Dann ist von grundsätzlicher Bedeutung, daß hier mangelhafte Ausbildung und Unkenntnis nicht vor Strafe schützen. Denn in vielen Fällen werden die nicht approbierten Heilbeflissenen gar nicht in der Lage sein, die in Frage kommenden ansteckenden Krankheiten richtig zu erkennen und richtig voneinander zu unterscheiden.

Außerdem wird durch das neue badische Gesetz die schwindelhafte Zeitungsreklame erschwert. Inserate, welche täuschende Angaben über Vorbildung, Befähigung oder Behandlungserfolge enthalten, sind unter Strafe gestellt (bis 150 M.) Auch die Zeitungen, welche derartige Inserate aufnehmen, können bestraft werden, jedoch nur dann, wenn sie auf Grund einer ihnen behördlich erteilten Auskunft oder Warnung oder auch auf Grund des Inhaltes des Inserates wissen mußten, daß letzteres strafbar war.

Zu wünschen und anzustreben wäre vor allem für das ganze Deutsche Reich gültig das Verbot unlauterer Reklamen und der brieflichen Fernbehandlung.[1]) Damit

[1]) Der Entwurf des badischen Gesetzes enthielt auch das Verbot der Fernbehandlung. Bedauerlicherweise wurde aber diese Bestimmung von der zweiten Kammer bei der Durchberatung gestrichen.

würden der Kurpfuscherei zwei wichtige Lebensadern unterbunden.

Doch erwarte man von Polizeimaßregeln und Gesetzesparagraphen nicht zu viel. Die Hauptsache ist und wird immer bleiben die Belehrung und Aufklärung des Publikums, und diesem Zweck möchten auch die vorstehenden Zeilen dienen.

Weite Kreise des Volkes stecken eben noch knietief in mittelalterlichem Aberglauben. Der Zug zum Mystischen ist noch sehr verbreitet, was Wunder also, wenn er bei Kranken und Leidenden mit verminderter Schärfe des Urteils besonders stark hervortritt. Auch unsere sog. Gebildeten sind von dem Sauerteig naturwissenschaftlichen Denkvermögens noch recht unvollkommen durchdrungen. Dazu gehört eben die Erkenntnis, daß alles in der Welt streng gesetzmäßig aus Ursache und Wirkung sich abspielt unter Ausschluß übernatürlicher, übersinnlicher, magischer Kräfte.

Wenn wir also Kurpfuschertum und Heilmittelschwindel bekämpfen, so ist das in letzter Linie auch ein Stück des allgemeinen Kampfes für Bildung und Kultur gegen die finsteren Mächte des Aberglaubens und der Dummheit. Man hat einmal halb im Scherze, aber nicht mit Unrecht, den Verbrauch an Seife als einen Maßstab für den Wohlstand und die Kulturhöhe eines Volkes bezeichnet. Ähnlich könnte man sagen: Je weniger in einem Lande die Kurpfuscherei blüht, um so höher ist die durchschnittliche Intelligenz seiner Bewohner einzuschätzen.

Der Aberglaube in der Medizin.

Von Oberstabsarzt Dr. Neumann, Bromberg.

Wenn man behaupten wollte, daß der Aberglaube in der Medizin eine abgetane Erscheinung wäre, so wäre man sehr im Irrtum. Unter den geistigen Mächten, die unser Volk beherrschen, spielt der Aberglaube heute noch eine große Rolle, ja er ist so verquickt und verschwistert mit den mystischen Resten der Volksmedizin, daß es äußerst schwer hält, beide voneinander zu trennen. Der Aberglaube wird von der Wissenschaft bekämpft, keine medizinische Wissenschaft ist aber imstande, ein besserer Bundesgenosse in diesem Kampfe zu sein als die Hygiene. Wir setzen daher mit Recht die Aufklärung, die die Volkshygiene für das Volk bringen soll, in einen bewußten Gegensatz zum Aberglauben in der Medizin. Wollte ich den alten Aberglauben, den viele als überwunden erklären — er ist es aber nicht, er zeigt eine wunderbar zähe Lebenskraft und unaustilgbare Ausdauer —, wollte ich den alten Aberglauben schildern, ich müßte beim Ursprung der Menschheit beginnen; ich müßte von Arkanen und Geheimmitteln, von Totenschau- und Leichenaberglauben, von Teufelsspuk und Mondscheinzauber sprechen; von medizinischen Hexen und Dämonen berichten, die gut oder böse, je nachdem, das Sterben erleichtern, von Totenopfern, die gegeben werden müssen, damit nicht einer Leiche im Hause eine andere folge u. s. w. Die Magier und Geisterseher, die Sterndeuter und Astrologen sie stehen mit vielem Aberglauben in der Medizin in Zusammenhang. Ägyptischer und chaldäischer Aberglaube zeigt seine Spuren im Mittelalter in den Gottesgerichten und Gottesurteilen. Das Geißlerwesen hängt unmittelbar zusammen mit der mittelalterlichen Pest; Scharen jener christlichen Fakire, sagt Otto Henne am Rhyn, überschwemmten, von Italien ausgehend, ganz Deutschland und schwärmten bis nach Polen. Durch die wahnwitzige Buße der Selbstpeinigung glaubten sie den in der Strafe der Seuche hervortretenden Zorn Gottes abzuwenden. In Steinen und Pflanzen offenbaren sich wundertätige Kräfte, unter dem Galgen eines Erhängten erblüht die Wurzel Mandragora, ähnlich dem Alraun. Werwolf und Vampyr werden in Verbindung gebracht mit Krankheit und plötzlichem Tod. Auch die medizinischen Lehren von Faust und Paracelsus waren von Aberglauben nicht frei. Wundertätige Bilder ließen die kranken Menschen gesund werden, Opfer und Wallfahrt werden als Mittel gegen die Seuchen versucht. Vor hundert Jahren spielte in der Volksmedizin das Wahrsagen aus dem Kaffeegrund, Ahnungen und Visionen, die Totenuhr, die Sage von der weißen Frau eine große Rolle.

Und heute! Ist der medizinische Aberglaube ausgestorben? Nein — er ist es nicht —, er tritt zwar in einem neuen Gewande auf, auch er ist von der Kultur ergriffen. Aber auch heute noch dienen zahllose Pflanzen dem Aberglauben zur Heilung und zur Seuchenabwehr. Teile von Tieren werden auch heute noch als Amulette benutzt. Schlangenfett dient als Heilmittel. Der Mensch wird mit einer Glückshaube geboren, man näht ihm Teile der Nabelschnur in die Kleider, damit er glücklich bleibt, das erste Badewasser eines Mädchens wird den Kühen gegeben, damit diese gut gedeihen, bis zur Taufe darf in Ostpreußen nicht gesponnen werden, das Waldweiblein vertauscht die Kinder und legt einen Wechselbalg in die Wiege, die Eigenschaften der Paten gehen, wenn nicht durch Talismane vorgebeugt wird, auf das Kind über. Und so könnte ich noch viele Beweise des Aberglaubens, die auf Leben, Gesundheit, Krankheit und Tod des Menschen sich beziehen, anführen, ja ich behaupte nicht zu viel, wenn ich sage, daß andere Menschen viel mehr in dieser Beziehung wissen als ich. Man soll sich nur heutzutage nicht mit der Aufklärung brüsten. Bewußt und unbewußt spielt das Mystische in der Medizin eine größere Rolle als man glaubt. Die mystischen Darstellungen und Offenbarungen des Seelenlebens, die Ahnungen, d. h. das vorgebliche und bewußte Fühlen kommender Ereignisse, die auch in körperlichen Empfindungen sich wohlcharakterisiert ausdrücken, die Sinnestäuschungen, die im Wachen und Träumen von der abergläubischen Seele gedeutet werden, der Spiritismus, die Hypnose in ihren Auswüchsen, das Gesundbeten und Gesunddenken, die Fernheilkunde, sind sie nicht alle umgeben und umwoben vom medizinischen Aberglauben? Auch heute noch finden Bücher wie das sog. 6. und 7. Buch Mosis gläubige Leser, und wenn auch die Formen wechseln, die Dummheit trägt in Verbindung mit der Tradition, mit der Nachlässigkeit, der Denkfaulheit schließlich den gleichen Charakter wie in früherer Zeit. Wahr ist es, daß auch der sog. gelehrte Aberglaube sich gern in mystische Formen kleidet, Alchemie mit ihren Abarten wird auch noch heute getrieben; denn wie in alten Zeiten nach dem Stein der Weisen, nach dem Universalstoff, der materia prima oder dem aurum potabile, so suchen auch heute noch viele nach einer Universalmedizin — an angepriesenen Universalmitteln, Universalsalben fehlt es nicht, die das Leben verlängern und alle Übel heilen sollen. Auch heute sucht man nach einer Quintessenz, die den Menschen verjüngt, und schlägt man unsere Tageszeitungen und Zeitschriften auf, so findet sich eine Fülle von Inseraten oft sehr zweifelhaften Inhalts zur Geschlechtsverjüngung, zur Gesichtsmassage, zur Schönheitserlangung, die, abgesehen von ihrer wissenschaftlichen Wertlosigkeit, noch tief in den Spuren eines verrotteten, aber bis in unsere Tage hinführenden Aberglaubens wandeln. Vor mir liegt ein Buch mit dem schönen Titel: Die Phantasie als die Schöpferin des Kultur- und Staatslebens auf der Grundlage des Liebeslebens der Geschlechter. Der Verfasser nennt sich stolz einen Wahrheitsforscher, ein Organ des Geistesbundes vereinigter Wahrheitsforscher. Leider ist aber in der Schrift wenig oder gar keine Wahrheit — aber viel Irrtum und Aberglauben zu finden. Was ist Wahrheit, so dürfen wir auch hier mit Pilatus fragen! Wenn wir an Stelle des Aberglaubens, an Stelle des Wahns in der Medizin eine nüchterne Kritik setzen könnten, wenn wir den blinden Fanatismus, die Verblendung verhindern könnten durch eine voraussetzungslose wissenschaftliche Begründung, so wären wir der Wahrheit und dem Licht schon näher. Die Wahrheit ist nackt, der Aberglaube ist bekleidet mit allerhand mystischer Vermummung; es ist aber die Aufgabe der Wissenschaft, die Wahrheit zu enthüllen. Der Aberglaube verdrängt den Glauben, er verhindert das Wissen. Auf dem medizinischen Gebiet lassen sich sehr wohl die Grenzgebiete finden zwischen Glauben und Wissen — es ist ein uns durchaus ehrendes Bekenntnis, wenn wir frei und offen sagen: Das wissen wir, jenes nicht — hier ist der exakte wissenschaftliche Beweis, jenes ist eine Hypothese! Aber auch sie muß gestützt sein — auf eine wissenschaftliche Grundlage. Aberglaube heißt Afterglaube oder Überglaube, er glaubt Falsches oder Übersinnliches, Dinge, die unser Verstand nicht begreifen kann oder begreifen will, der Aberglaube tritt dort ein, wo der Zusammenhang der Dinge nicht klar erscheinen will; er geht in den guten Glauben dort über, wo der Zusammenhang zwischen Ursache und Wirkung uns geheimnisvoll erscheint, wo das Geheimnisvolle reizt zur Annahme der Einwirkung höherer Gewalten. Wenn der medizinische Aberglaube nur ungelöste Rätsel umschlösse, so müßte man ihn bestehen lassen in der Bekundung, daß unser Wissen Stückwerk ist; er zeigt sich aber mannigfach und auch heute noch bei längst gelösten Rätseln. Dort beruht er, wie Henne am Rhyn sagt, auf einem Denkfehler: er hält entweder etwas für richtig, was nicht richtig sein kann, oder — und das ist der weitaus schlimmere Fehler — er gibt sich gar keine Mühe, den wahren Grund der Dinge zu entdecken. Der Denkfehler wird zur Denkdummheit, zur Denkfaulheit.

Nicht was lebendig kraftvoll sich verkündet
Ist das gefährlich Furchtbare. Das ganz
Gemeine ist's, das ewig Gestrige,
Was immer war und immer wiederkehrt.

Und morgen gilt, weil's heut hat gegolten: Der Aberglaube ist das ewig Gestrige! Und doch zeigt er sich im bunten Wechselspiel, weil er das gesamte menschliche Fühlen, Denken und Handeln umfaßt. Aberglaube und Geisteswahn sind nahe verwandt. Ein Geisteskranker, der z. B. an Verfolgungswahnsinn leidet, wird heutzutage nicht mehr vom Teufel oder vom Fegefeuer verfolgt, sondern es sind elektrische Strahlen und elektrische Lampen, die ihn behelligen, die sein Inneres beleuchten, mit denen er durchleuchtet und somit verfolgt wird. So lassen sich auch im modernen medizinischen Aberglauben die Fortschritte moderner Kultur nachweisen. Wenn man dem Gebildeten den Aberglauben nicht verzeiht, kann man dem Volksaberglauben wie er sich in der Medizin darstellt, oft einen tiefen Sinn nicht absprechen — es handelt sich aber hier um die Deutung, und so will ich im folgenden für die Darstellungen der Volksmedizin, die zweifellos tiefe uralte Wahrheiten enthält, eine Deutung zu geben versuchen.

Der Aberglaube, in dem wir aufgewachsen,
Verliert, auch wenn wir ihn erkennen, drum
Doch seine Macht nicht über uns — es sind
Nicht alle frei, die ihrer Ketten spotten

singt Lessing. So ist auch zuzugeben, daß in mancher Weltweisheit, in manchem, was sich forschende Wissenschaft nennt, ein kleines Korn von Aberglaube steckt, weil die mystische Ecke, wie Biernacki sagt, aus der Menschenseele nicht verschwinden wird. Mysterien gedeihen nur im Finstern, es sei denn, daß ihre Bedeutung so geklärt sei, daß sie ein Mittel zum Zweck sind, ein Hilfsmittel zu ihrer Deutung. Und so werden wir denn auch zeigen, wie solche mysteriösen Dinge beeinflußt sind vom Zeitgeist.

Ich will gleich hier ein Beispiel aus dem praktischen Leben der Medizin geben. In unseren Ostprovinzen kennt man den dort heimischen Weichselzopf. An seine Erhaltung knüpfen und knüpften sich selbst in wissenschaftlichen Kreisen allerhand mystische Deutungen. In ihm konzentrieren sich, so sagten noch unlängst Ärzte, die in einer jetzt veralteten Anschauung begriffen waren, die Ausscheidungen der Krankheitsprodukte. Daher dürfe man an dem Weichselzopf nicht rühren, man müsse ihn sich entwickeln lassen. Ja, es gab auch einen verborgenen innerlichen

Weichselzopf, und ich habe solche „Diagnosen“ von alten Ärzten und vom Volk noch gehört.

Man weiß jetzt, daß der Weichselzopf nichts ist, als eine auf ungeheurer Unsauberkeit beruhende Verfilzung der Kopfhaare, zumal bei Frauen nach schweren Erkrankungen, und daß es nur ein Radikalmittel gibt — abschneiden. Aber gerade an diesem Beispiel kann man sehen, wie der Volksglaube beeinflußt gewesen ist durch angebliche wissenschaftliche Anschauungen. Es ist noch gar nicht so lange her, da galt es als falsch, bei Kindern, die an Scharlach und Masern erkrankt waren, die Wäsche zu wechseln. Die Luft und das Licht durften bei Pocken- und Krätzkranken nicht in das Zimmer hinein. Auch hier ist der Volksglaube gestützt worden durch die medizinische Anschauung, während wir heute auch bei diesen Kranken für ergiebige Luft, für Licht sind — wenn nicht gerade eine Augenaffektion dies verbietet — und in einem Wäschewechsel keinen Fehler mehr erblicken. Man vergleiche doch eine Wochenstube vor 50 Jahren und eine solche von heute, und man wird aus eigener Anschauung vielleicht schon eine Deutung finden, wie wir heute vieles als Aberglaube in der Wochenstube verlachen, was unsere Eltern und Großeltern noch als heilig hielten. Zweifelsohne verfehlen die Errungenschaften der Wissenschaft ihren Einfluß auf das Volk nicht, auch die Wissenschaft weist auf dem Umweg des Irrtums zur Wahrheit.

Im Geheimmittelschwindel, um ein anderes Beispiel zu zeigen, treibt der Aberglaube seine schönsten Blüten. Wer früher die Geheimniskrämerei der Marktschreier und Arzneimittelhausierer trieb, der treibt heute eine mächtige Preßreklame, die die Leichtgläubigen auf den Markt lockt, — ein internationaler medizinischer Spezialitätenhandel breitet heutzutage seine Fangarme polypenartig bis in das kleinste Dorf aus.

Auf dem platten Lande, wo der Arzt wenig hinkommen kann, wo die Apotheke fehlt, finden Wunderheilmittel ihren Absatz; der moderne Geheimmittelschwindel zeigt hier die gleichen Spuren wie im Mittelalter. Hier sollten die gebildeteren Elemente, Gutsbesitzer, Lehrer, Prediger, aufklärend wirken, wir finden aber, daß gerade sie oft die Vertreiber und Verbreiter derartiger Mittel sind. Die plumpe Verlogenheit, sagt Wernicke, vergesellschaftet sich dort mit einer zotenhaften und geschmacklosen Kalenderliteratur, in dieser Form tritt auch zum Teil die sog. Naturheilmethode auf, die die Arzneimittel gänzlich verwirft. Wo ist auch hier die Wahrheit, fragen wir wiederum mit Pilatus? Wenn wir den geschichtlichen Spuren folgen, so müssen wir auch hier wieder bekennen, daß das Suchen und Finden angeblicher Universalspezialitäten, wie sie sich z. B. in England z. T. in den sog. Patentmedizinen darstellen, unbewußt von den berufenen wissenschaftlichen Vertretern genährt worden ist. Ich sage unbewußt, denn der praktische Arzt sucht nach bestimmten Mitteln für bestimmte Krankheiten, und dieser Weg kann ihm ebensowenig versperrt werden wie dem Apotheker, der Spezialitäten und Reklamemittel in den Handel bringt. Wesentlich ist es aber, daß das Mittel, weil ihm ein angeblicher Wert beigegeben ist, der im abergläubischen, mystischen Dunkel durch Reklame und Marktschreierei noch erhoben wird, auf seinen wahren Wert geprüft wird — das haben zuerst der Karlsruher Ortsgesundheitsrat und das Berliner Polizeipräsidium getan. Das Volk hat daher, damit es eben von seinem medizinischen Aberglauben geheilt wird, ein Recht darauf, zu wissen, welchen Wert eine solche Universalspezialität hat! — Zwei Schädigungen sind es besonders, die der Aberglaube verursacht: Eine Schädigung am Geldbeutel und eine an der Gesundheit. Es wird eine enorme Summe Geld vom Volk für völlig wertlose Mittel verausgabt, es fehlt auch nicht an direkter Gesundheitsschädigung und an dem Schaden, der durch Versäumnis richtiger Hilfe entsteht. Ich versage es mir, solche Geheimmittel aufzuzählen, man braucht ja nur die Zeitungen zu lesen. Die gesetzliche Regelung der Geheimmittelfrage ist noch nicht ausgestaltet worden.

Auch auf diesem Gebiet kann der Deutsche Verein für Volkshygiene weniger etwas von der Gesetzgebung und der Polzeigewalt — sehr viel aber von der Belehrung des Volkes erwarten. Man nehme den Geheimmitteln ihren geheimen Nimbus und führe ihre Wirkung und ihren Preis auf ihren wahren Wert zurück — dann wird der Glaube an sie hoffentlich sinken; ohne Belehrung nützt ja auch die gesetzliche Vorschrift nichts, die oft umgangen wird.

Es gibt eine Reihe von Krankheiten aus den Gewohnheiten und Mißbräuchen des täglichen Lebens. Professor Dr. v. Hansemann in Berlin hatte sie u. a. in sechs populären Vorträgen, die im Jahre 1899 gehalten worden sind, zusammengestellt. Es waren volkstümliche Vortragskurse, die an der Zentralstelle der Arbeiter-Wohlfahrtseinrichtungen veranstaltet wurden. Die Ziele dieser Zentralstelle sind dieselben wie die des Deutschen Vereins für Volkshygiene. Beider Ziele gipfeln in einer fortgesetzten systematischen Belehrung des Volkes über die Schäden, wie sie aus einer falschen und mißbräuchlichen Lebensweise sich ergeben. Auch hierbei spielt der Aberglaube oft eine große Rolle — der Aberglaube in demjenigen Teil der Medizin, der sich Hygiene nennt. Soziale Hygiene treiben heißt die Schäden aufdecken, die sich aus einer Vernachlässigung der

Gesundheitspflege ergeben, soziale Hygiene treiben heißt den Aberglauben bekämpfen, wie er sich noch in so mancher Gewohnheit darstellt. Es ist z. B. ein z. T. durch die ungeheure Reklame genährter Aberglaube, daß in gewissen Nahrungsersatzmitteln, in sog. Nährmitteln und wie die Mittel alle heißen, eine besondere Nährkraft vorhanden sei, oder daß sie gar als Volksnahrungsmittel an Stelle unserer bisherigen Kost zu treten hätten. Ich will ihren Wert bei bestimmten Krankheitsformen durchaus nicht bestreiten, sie sind aber kein Nahrungsmittel an sich; dazu sind sie viel zu teuer und viel zu einseitig. Es gibt ja noch immer Leute, welche dem Aberglauben huldigen, Fleischbrühe sei ein Nahrungsmittel oder Alkohol sei ein solches. Beides sind Genußmittel — der Alkohol ist ein Nervengift. Es ist ferner ein Aberglaube, daß Fleisch die beste und kräftigste Nahrung sei. In der Tat wird der Wert des Fleischgenusses übertrieben, er ist in dieser Weise eine Luxusnahrung. Gicht, Nierenleiden und Gefäßverkalkung sind die Folgen übermäßigen Fleischgenusses. Nun darf man nicht in das Gegenteil verfallen und Vegetarianer werden. Ich kann das wichtige Kapitel der Ernährung hier und heute nicht erschöpfen und will nur kurz sagen, daß für den Menschen das Naturgemäße die gemischte Nahrung ist; der besonderen Wertschätzung des Vegetarismus hängen eben noch eine Reihe abergläubischer Vorstellungen an.

Es ist ein Aberglauben, zu meinen, wenn eine Krankheit auftritt, man müsse sofort etwas dagegen tun. Die Ärzte wissen es am besten, daß sie lediglich die Natur des Organismus zu beobachten haben, der in seiner segensreichen Mannigfaltigkeit eine Reihe von Abwehrbestrebungen zeigt, die allerdings nur von dem richtig gedeutet werden können, der eben die Natur kenntt. Nicht der sog. naturheilkundige Laie, sondern der denkende Arzt, gesichert und gereift durch die Jahrtausend alte Erfahrung der medizinischen Wissenschaft, ist der geborene Deuter, in welcher Weise das natürliche Heilbestreben des Organismus zu unterstützen oder zu ändern ist. Die Fälle der sog. Selbsthilfe der Natur sind den Ärzten ja keineswegs unbekannt — die Gegner der Arzneiverordnung behaupten dies aber — und dieser abergläubischen Behauptung muß der denkende Arzt entgegentreten. Es ist ein Aberglaube, zu meinen, daß man alle Leute abhärten solle, daß der unterschiedslose Gebrauch von Wasser, Luft, Licht, Bewegung allen Menschen heilsam sei. Diesem einseitigen Schematismus muß die sog. Naturheilmethode unzweifelhaft verfallen.

Die kritiklose Anwendung des sog. Wasserheilverfahrens hat vielen Menschen geschadet; mancher hat sich, wie Brodbek treffend sagt, schon zu Tode gebadet und gewaschen mit kaltem Wasser.

Dr. Robert Rumpe hat in einer volkstümlichen Schrift: „Wie das Volk denkt" allerlei Anschauungen über Gesundheit und Kranksein zusammengestellt. Wir greifen aus der Schrift einiges heraus, soweit es sich auf den Aberglauben in der Medizin bezieht.

Wie ich bereits andeutete, pflanzen sich im Volk hygienische Auffassungen, die berechtigt sind, bald fort. Es unterliegt z. B. keinem Zweifel, daß der Unterricht, der seit beinahe zwei Jahrzehnten, seit Esmarch, über erste Hilfe und über die moderne Wundbehandlung gegeben worden ist, Früchte getragen hat. Die antiseptische Versorgung einer Wunde ist zweifellos nahezu Allgemeingut geworden; daß Karbol, und wie die anderen Mittel alle heißen, bei Verwundungen anzuwenden seien, ist nahezu in

Fleisch und Blut des Volkes übergegangen. So kann man auch erwarten, daß die moderne aseptische Wundbehandlung ihren Einfluß auf den Volksorganismus nicht verfehlen wird. Allmählich wird auch hier die Erkenntnis reifen, und das, was die Wissenschaft lehrt, wird Allgemeingut werden. Solcher Unterricht beseitigt Irrtum und Aberglauben, er bringt und schafft Belehrung.

Dasselbe gilt auch von mannigfachen anderen Irrtümern, wie sie durch die immer mehr in das Volk gedrungenen Kurse über Krankenpflege allmählich beseitigt worden sind, und ich will auch zugeben, daß die Betonung von Luft, Licht und der anderen natürlichen Heilfaktoren, wie sie die Vereine für naturgemäße Lebensweise anfangs predigten, Erfolg gehabt hat.

Der Deutsche Verein für Volkshygiene hat einem modernen Bedürfnis in der Tat abgeholfen — er will den Wissensdrang des Volkes befriedigen — er will die Errungenschaften der medizinischen und hygienischen Wissenschaft umsetzen in die volkstümliche Form für das Bedürfnis des Volkes.

Der Aberglaube in der Medizin und Hygiene ist ein Gebiet, welches die Volkshygiene bekämpft, wie sie das Naturheilwesen, den Kurpfuschereibetrug bekämpft.

Wenn man als Arzt am Krankenbett, sagt Rumpe, sieht, wieviel Torheit und Unverstand sich in manchen Volksanschauungen kund gibt, so hat man nicht das Recht, sich mit einem überlegenen Lächeln über diese Dinge hinwegzusetzen, man hat die Pflicht, diesen Dingen nachzugehen, den Kern von der umhüllenden Schale zu lösen, das herauszugreifen, was sich als berechtigt darstellt, und das zu bekämpfen, was im Dunkel der Mystik und des Aberglaubens sich als falsch erweist.

Es ist ein Überglauben, daß die Augenentzündung neugeborener Kinder darauf beruhe, daß sie von der Hebamme oder Pflegerin oder den Angehörigen zu zeitig dem Licht ausgesetzt worden sind. Die Augenentzündung beruht auf einer Ansteckung mit Krankheitskeimen, sei es, daß diese bei der Geburt sich in die Bindehaut des Auges einpflanzten, sei es, daß durch Unreinlichkeit gelegentlich Eiterkeime in das Auge gelangten. Diese Augenentzündung der Neugeborenen führt zur Blindheit, und unsere Blindenanstalten sind ein trauriges Zeugnis jener mangelnden Verhütung. Auch der Säugling hat ein Recht auf Reinlichkeit und Licht. Tägliches Baden gehört daher zur notwendigen Arbeit am Säugling und intensive Pflege. Es ist ein krasser Überglaube, daß jedem Säugling das Zungenbändchen zu lösen sei. Oft machen spekulative Hebammen ein Geschäft daraus. Wenn das Kind die Zungenspitze bis zum Kieferrande bringt, dann kann es auch saugen, und das Bedenken, das Kind könne später nicht sprechen, hat sich als hinfällig erwiesen. Ist man in berechtigtem Zweifel, so frage man den Arzt. Viele Kinderkrankheiten entstehen lediglich aus Unreinlichkeit und nicht durch Hexerei und Besprechung. Speikind Gedeihkind ist ein altes Wort — die Natur ist klüger, als der Mensch — der kindliche Magen gibt eben die ihm durch mütterlichen Unverstand zu reichlich dargereichte Nahrung zurück. Es ist ein Überglaube, zu meinen, der Säugling würde verhungern. An den Krämpfen kleiner Kinder ist sehr oft die Überernährung oder falsche Ernährung schuld. Ich will heute nicht die Ernährungssünden bei den Säuglingen geiseln, obwohl ihre Zahl Legion ist und täglich gesündigt wird. Es ist ein Überglaube, alle Erkrankungen auf die Zähne zu schieben; es ist ein Überglaube, den Kindern Zahnsäckchen oder Zahnhalsbänder umzuhängen; es ist ein Aberglaube, die Schleimhaut der Zähne einzuritzen oder einzuschneiden, um damit das Zahnen zu erleichtern. Die Milchkruste der Kinder, der bekannte Kopfausschlag, wird oft als etwas Gesundes angesehen. Man darf ihn, so sagt das abergläubische Volk, nicht vertreiben, denn sonst schlägt die Krankheit nach innen. Die Milchkruste ist weitaus in den meisten Fällen die Folge mangelhafter Reinlichkeit.

Wenn ich über den Aberglauben bei der Impfung, dieser anerkannt segensreichen Einrichtung, sprechen sollte, so würde das Thema unerschöpflich sein. Der Impfzwang, sagt Rumpe sehr treffend, sollte im Volke ebenso anerkannt werden, wie der Schulzwang.

Die angebliche geistige Überbürdung, an welchem Begriff besonders viel Aberglauben hängt, kann sehr gut durch den notwendigen Schulsport, durch Turnen, Bewegungsspiele im Freien usw. wett gemacht werden. Das gilt hauptsächlich für die Entwicklungsjahre bei Knaben und Mädchen.

Auch hier spielt — vor allem in den Kreisen der Mütter — der Aberglaube eine große Rolle.

Es ist ein bekannter Aberglaube, daß Siebenmonatskinder mehr Aussicht haben auf Lebensfähigkeit als Achtmonatskinder. Diese Ansicht stammt von Hippokrates (460 v. Chr.) und hat sich als Aberglaube fortgepflanzt bis auf den heutigen Tag. Die Auffassung entbehrt aber jeglicher natürlichen Begründung.

Auch über Vererbung von Krankheiten sind die mannigfachsten und abergläubischsten Gerüchte entstanden. Erworbene Verstümmelungen der Eltern sind im allgemeinen nicht vererblich. Israelitische Knaben werden seit Jahrtausenden der Beschneidung unterworfen, seit Jahrtausenden durchbohren sich wilde Völker Ohrlappen, Nase und andere Körperteile — und doch tritt ebensowenig eine Vererbung ein, wie Verletzungen und Versehen während der Schwangerschaft der Frau eine solche bedingen. Auch eine Vererbung von Eigenschaften der Amme auf das von ihr gesäugte Kind gehören in das Reich der medizinischen Fabel. Wenn man etwas, wie man sagt, mit der Muttermilch eingesogen hat, so sind damit lediglich die Vererbungen der mütterlichen Eigenschaften aus der mütterlichen Eizelle gemeint; daß die Amme körperlich gesund sei, das ist ein richtiger Grundsatz, der vom Aberglauben nicht berührt wird. Nimmermehr kann aber aus einem Absonderungsprodukt der Brustdrüse eine seelische Eigenschaft übergehen, dann dürfte man ja von der Kuh-, Ziegen-, Esels- und Stutenmilch dasselbe erwarten.

Die Milchfrage kann ich hier nur streifen. Die Milch ist behext, oder die Kuh ist behext, sagt der Volksglaube, wenn Krankheiten aus dem Milchgenuß sich herleiten lassen. Dürfen wir nicht auch hier die leichteste Deutung dadurch geben, daß die Milch fast wie keine andere Flüssigkeit Krankheitskeime aller Art in sich aufnimmt, z. B. Typhuskeime? Sind ja doch gerade aus Molkereien mit Sammelmilch Typhusepidemien hervorgegangen.

Es hieße das ganze Leben des Menschen, sein Wohnen, seine Nahrung, seine Gewohnheiten, seine Kleidung erschöpfen, wollte man nachweisen, wie der Aberglaube eine große Rolle spielt. Der Aberglaube tritt auf — und nicht bloß bei den Ungebildeten, nicht nur bei den Unbemittelten — bei denen, die auf der Höhe des gesellschaftlichen Lebens stehen, ist er ebenso verbreitet wie bei den unteren Schichten.

Ich habe mich oft gefragt — ich habe dies in einem Vortrag: „Volkshygiene, Naturheilmethode und Kurpfuscherei" noch näher auseinandergesetzt — wie ist es bloß möglich, daß denkende und sonst vorurteilsfreie Menschen zu Ast und Gössel, zu Felke in Repelen pilgern können, wie ist es denkbar, daß Menschen, die es sehr übel nehmen würden, wollte man ihnen die Bildung absprechen, auf diesen — man verzeihe das harte Wort — Unsinn hereinfallen. Und ist es denkbar, daß Menschen, die auf der Höhe des Daseins stehen wollen, die vielleicht mit souveräner Verachtung auf tiefer Stehende herabsehen, allen Ernstes an das Gesundbeten, an das Gesunddenkenlassen glauben, diesen Unsinn auch noch verteidigen und mit angeblichen Vernunftgründen verteidigen wollen, was nichts als krasser Aberglaube ist?

Wie schön o Mensch, mit deinem Palmenzweige
Stehst du an des Jahrhunderts Neige
In edler, stolzer Männlichkeit
Mit aufgeschloss'nem Sinn, mit Geistesfülle
. . . Der weiseste Sohn der Zeit

so sang Schiller vor 100 Jahren. Und jetzt? Sind wir reif genug, den Aberglauben von uns zu weisen? Anscheinend nicht. Wenn die Wahrheit in einen Bund, in einen Strom des Lichtes zurückfließen soll, so muß auch auf dem medizinisch-hygienischen Gebiet das Streben darauf gerichtet sein, den Aberglauben abzutun und sich dem zuzuwenden, was vernünftig ist.

Der Deutsche Verein für Volkshygiene will das Licht, die Wahrheit bringen, er will scheiden lernen zwischen dem Dunkel des Aberglaubens und zwischen dem, was sich unerschrocken und lauter herauswagen darf an das Licht.

In unserer Zeit ist der Kampf entbrannt, wie nie zuvor zwischen Weib und Mann. Ich will keinen Abstecher unternehmen auf das Gebiet der Frauenbewegung, noch auf das der

Frauenemanzipation — das Weib rechnet von jeher zum schwachen Geschlecht — wenn es auch die Krone der Schöpfung ist. Ist dein wirklich so? Ist das Weib wirklich physisch und psychisch schwächer als der Mann? Ein Aberglaube ist auch hier zu beseitigen! Die Frau ist — darin stimme ich Rumpe gleichfalls bei — weit widerstandsfähiger als der Mann! Obgleich mehr Knaben geboren werden, gibt es schließlich mehr weibliche Personen als männliche. Man kann ja nun sagen, die Frau ist weit weniger Gefahren ausgesetzt als der Mann. Auch dieses mit nichten! Die Mutterschaft bedeutet für die Frau eine große Gefahr — und seit Semmelweiß wissen wir, daß dem Kindbettfieber mehr Frauen erlagen als Männer an Infektionskrankheiten. Die Frau erlangt trotzdem ein höheres Alter als der Mann, die Zahl der Witwen ist größer als die der Witwer. Das liegt nicht daran, daß die Witwer sich viel mehr verheiraten als die Witwen, sondern das liegt an der größeren Widerstandsfähigkeit der Frau! Es sterben in der Geburt mehr Knaben als Mädchen, die Sterblichkeit ist also schon zu einer Zeit erhöht, in der ihnen dieselbe Pflege zuteil wird wie den Mädchen. Ich will hier nicht mit Statistik langweilig werden und nur anfügen, daß die Fabel vom schwächeren Geschlecht eben eine Fabel ist, die auch zum Aberglauben gehört.

Wenn Rumpe in seinem angeführten Buche behauptet, daß sich über die Infektionskrankheiten im Volk schon eine gewisse Aufklärung bemerkbar macht, so möchte ich das doch nicht unterschreiben.

Im Gegenteil möchte ich sagen: Trotz aller Aufklärung herrschen noch in weiten Kreisen so wunderbare, oft so naive, so kindliche Anschauungen, daß man an Aberglauben zu denken gezwungen wird. Und wie so oft im Leben die Gegensätze aufeinanderfolgen: Die Lehre von den Bakterien hat überall eine Bazillenfurcht und Bazillennot gezüchtet — die ebenfalls Aberglaube genannt zu werden verdient.

Auch hier hat, wie überall auf dem großen Gebiet der Volkshygiene, die Belehrung einzusetzen — auch hier müssen die Errungenschaften der Wissenschaft nutzbar gemacht werden für das Volk.

Ist es nicht in der Tat gerade hier eine der dankbarsten Aufgaben der Belehrung, Wandel zu schaffen? Kann und wird nicht die Arbeit des Arztes, des Hygienikers, der Behörde tatkräftig unterstützt, wenn der Unverstand ausgerottet und dafür der Verstand eingeimpft wird? Ist es hier nicht greifbar jedem gegeben, daß er durch Befolgung der Verhütungsvorschriften sich, die Seinen und andere schützt?

An dem Überhandnehmen der Volksseuchen ist niemals etwas anderes schuld gewesen als die Gleichgültigkeit, der Unverstand, die Indolenz. Wir sehen es heute noch, wie ein ungebildetes Volk den berechtigten Maßnahmen der Behörden und Ärzte Widerstand entgegensetzt — wie dunkle Mystik, dicker Aberglaube und allerhand wunderbare Vorstellungen ihr Wesen treiben.

Bei uns ist es — auch nicht viel besser. Die Masern gelten heute als eine Krankheit, die alle Kinder gehabt haben müssen, sagt das Volk. Im Gegenteil, das ist nicht notwendig. Daß Scharlach schlimmer sei als Masern, weiß das Volk — daß aber die größte Gefahr der Ansteckung in der Abschuppungsperiode liegt — ist leider unbekannt, ebenso unbekannt wie es ist, daß die Nierenentzündung bei Scharlach eine Folge der Krankheit ist. Das Volk sagt: Der Scharlach ist nach innen geschlagen! Ebenso unbekannt ist es, daß Scharlachdiphtherie und echte Diphtherie zwei ganz verschiedene Krankheiten sind, daß das Behringsche Heilserum nur bei der echten Diphtherie hilft, bei der Scharlachdiphtherie machtlos abprallt! Ängstlich wird bei jeder Halsentzündung unterschiedslos gefragt, ob es nicht Diphtherie sei. Dabei werden die unglaublichsten Mittel von den Eltern und Angehörigen heute noch angewandt.

Auch bei der Tuberkulose, der verbreitetsten Volkskrankheit, hat die Erkenntnis von der Ansteckungsgefahr, trotzdem jede Dorfzeitung vielleicht die Tuberkulosekongresse und die Lungenheilstätten erwähnt, noch wenig Platz gegriffen. Das gilt auch von anderen Krankheiten, z. B. von den Geschlechtskrankheiten. Ist doch die Deutsche Gesellschaft zur Bekämpfung der Geschlechtskrankheiten daran gegangen, dem Beispiel des Deutschen Vereins für Volkshygiene folgend, durch Vorträge aufklärend zu wirken. Irrtümer aufdecken und Zöpfe abschneiden, heißt positiven Nutzen schaffen.

Die durch Irrtum zur Wahrheit weisen,
Das sind die Weisen,
Die im Irrtum beharren,
Das sind die Narren.

Auch bei anderen Krankheiten lassen sich Irrtümer in Menge aufdecken, die der Mantel des Aberglaubens deckt.

Der berühmte Arzt Hufeland hat vor vielen Jahrzehnten ein Buch geschrieben, ebenso berühmt seinerzeit wie später das von Bock vom gesunden und kranken Menschen. Hufelands unsterbliche Makrobiotik oder die Kunst, das menschliche Leben zu verlängern, sagt der Neubearbeiter Dr. Maury in der bei Hugo Steinitz, Berlin, erschienenen Volksausgabe, gilt noch heute als ein überaus wertvolles Werk.

Hufeland beginnt mit der Frage nach der Lebenskraft. Der Begriff scheint schwer zu deuten zu sein, die Lebenskraft spielt ja von jeher eine Rolle in der Medizin, so daß man scherzhaft sagen konnte:

Was man nicht wissen und deuten kann,
Das sieht man als die Lebenskraft an.

Die Lebenskraft ist die Summe aller jener Faktoren, die wir zum Leben brauchen, Luft, Licht, Wärme, Wasser, Arbeit, Ruhe, Nahrung. Alle diese natürlichen Faktoren, auf denen unsere Existenz notwendig beruht, bedingen die Erhaltung der Lebenskraft. Die Langlebigkeit, die Makrobiotik, ist, wie Hufeland sagt, die goldene Mittelstraße in allen Dingen, die aurea mediocritas. Dann ist nach Hufeland der Tod an Altersschwäche, an Lebensschwäche das Lebensziel, welches sozusagen gestattet ist.

Um es zu erreichen ist eines nötig: Mäßigkeit. Das ist keine neue Weisheit, wird man mir sagen. Nein, diese Weisheit ist uralt. Und doch, wie oft werden diese Weisheitsworte in den Wind geschlagen? Wie oft sind die Mäßigkeitsapostel Prediger in der Wüste? Das Geschöpf, was falsch lebt, wird früh zerstört, sagt Goethe.

Sei mäßig im Leben und fürchte den Tod nicht; das sind warnende Worte des alten Hufeland, die auch heute noch gelten! Wer dem Tod ins Angesicht schauen kann, der allein ist ein freier Mann, singt Schiller. Und doch, wieviel Aberglauben ist auch mit dieser Vorstellung verbunden! Qualvoll scheint der Todeskampf eines Sterbenden zu sein für die Umgebung, während doch ein gütiges göttliches Geschick den Sterbenden schon vor dem Todeskampf mit dem wohltuenden Nebel der Bewußtlosigkeit umgibt, das Bild des Überganges in die bessere Welt.

Und wie sonderbare Anschauungen sind noch im Volk vorhanden über Todeskampf und Todesnot? Wieviel mystische Begriffe spielen hier noch mit bei der gewaltsamen Trennung der Seele vom Körper! Alles dies ist nicht begründet — denn die Erfahrung hat nachgewiesen, daß alle, die dem Tode nahe waren und wieder zum Leben zurückkehrten, nichts vom Sterben gefühlt, sondern in eine wohltätige Ohnmacht versunken gewesen sind. Man darf von den Todeszuckungen, die nichts sind als natürliche Muskelreaktionen, nicht darauf schließen, daß der Sterbende alles dies fühlt, was die Umgebung als schreckhaftes Bild bemerkt. Der Krampfkranke, der Epileptiker fühlt seine Zuckungen auch nicht, weil er bewußtlos ist — er weiß nichts von dem, was wir angsterfüllt bemerken und an ihm beobachten.

Die Massage, wie sie heute heißt, ist uralt — die Streich- und Knetweiber sind also keine neue Erscheinung. Aber nicht die Massage selbst — wie wir sie anerkennen und wissen, sondern das geheimnisvolle Mittel, mit dem gestrichen wurde — das war die Hauptsache. Hören wir doch noch heute und lesen wir von Wunderölen und Wundersalben, als ob dem Mittel selbst irgendeine besondere Heilkraft innewonnen sollte.

Die Volkshygiene hat als solche mit der Behandlung von Krankheiten nichts zu tun. Damit und daß wir an unsere Lehrvorträge in der Regel keine Laiendebatten anschließen, unterscheidet sich ein Deutscher Verein für Volkshygiene von den sog. Vereinen für Naturheilkunde.

Wenn wir aber vom Aberglauben sprechen, so spielt dieser ja gerade in der Krankheitsbehandlung eine große Rolle. Er tut es heutzutage vielleicht nicht mehr in der alten Form, die durch Auflegen und Verzehren heiliger oder terischer Gebeine, durch ekelerregende, umständliche und unanständige Prozeduren, durch allerlei Teufelsspuk und Hexen mit und ohne Mondschein sich vollzog, er tut es in moderner Form.

Krankheitserkennung und Krankheitsbehandlung zeigen sich auch noch heute im mystischen Dunkel. Wenn der famose Schäfer Ast, zu dem Tausende pilgerten, die Diagnose aus abgeschnittenen Haaren stellt, wenn Gössel aus schmutziger Wäsche und abgelegten Beinkleidern in der Behandlung orakelte, so zeigt sich hierin nichts anderes als ein Aberglaube, ein Aberglaube, der die Tagespropheten nährt.

Neben dem Aberglauben in der Volksmedizin begegnen wir oft auch Jahrtausend alten Wahrheiten. Ich kann sie nicht alle anführen. Der Satz: der Schlaf vor Mitternacht ist der beste, ist ein alter Satz, und unsere moderne sogenannte Geselligkeit bei den oberen Zehntausend sollte ihn beherzigen. Der Satz: nach dem Essen sollst du stehen oder tausend Schritte gehen, stammt nach Bühmann's geflügelten Worten aus dem Jahr 1657. Ein voller Bauch studiert nicht gern, heißt es im fröhlichen Studentenlied — mit leerem Magen ist es aber auch kein Vergnügen! Mäßigkeit und Ruh' schließt dem Arzt die Türe zu — ist ein wahrer Spruch. Die Chinesen, deren Kultur uns ja neuerdings etwas näher gebracht worden ist, sollen ihren Arzt nur so lange bezahlen, als sie gesund sind. Wenn es wahr ist, so liegt darin ein volkshygienisches Moment von nachahmenswerter Bedeutung. Ein ganz altes Wort, das von Gellius (136 n. Chr.) herstammt, lautet: Krankheiten verhüten ist besser als Krankheiten heilen. Die Verhütung der Krankheiten hat dort, wo sie mit Nachdruck geübt werden kann, z. B. in unserer deutschen Armee, Erfolge erreicht. Ich will nur anführen, daß die

Erkrankungs- und Sterbeziffer in den letzten zwei Jahrzehnten um 50 % gesunken ist.

Wenn ich bei den Geisteskrankheiten ein Bild des Aberglaubens entrollen sollte, so müßte ich die traurige und schmachvolle Geschichte der Behandlung der Geisteskrankheiten berühren.

Es ist noch nicht so lange her, daß der Satz Geltung erhielt: der Geisteskranke ist ein Gehirnkranker. Wie haben jahrhundertelang die unglückseligen Geisteskranken in Gefängnissen und Ketten mit Verbrechern zusammen geschmachtet!

Wahrlich, eine jahrhundertelange Geschichte des medizinischen Aberglaubens!

Hat es neuerdings nicht erst wieder eines Protestes der Nervenärzte bedurft, als die Ansicht auftauchte, Geisteskranke seien lediglich von Dämonen besessen, so daß eine geistliche Behandlung dieses Dämonismus allein am Platze sei?

Das Volk erblickt noch heutzutage in dem Geisteskranken etwas Unheimliches, in Familien gilt es noch heutzutage oft als schimpflich und die noch immer vorhandene Scheu vor der Anstaltsbehandlung ist als ein Zeichen mittelalterlichen Aberglaubens anzusehen.

Ist es nicht, wie Rumpe sagt, als ob die Erkenntnis schwer Platz greifen will, daß die Geisteskranken zwar Kranke eigener Art, aber immerhin doch krank wie andere Kranke sind? Wenn es wahr ist, daß die Zahl der Geisteskranken, die Zahl der Nervösen in unserem neurasthenischen, d. h. auf gut deutsch nervenschwachen Zeitalter zunehmen soll, so ist diese traurige Wahrheit nur ein Anlaß mehr, uns zu kräftigen im Kampf ums Dasein. Wie werde ich energisch? so lautet eine Frage in den Zeitschriften! Was hilft gegen nervöse Belastung, gegen Reizbarkeit, Scheu, Platzangst, gegen unsicheres Auftreten usw.?

Ich möchte — ohne auf die angepriesenen wertlosen Schriften, die als Heilmittel gereicht werden, einzugehen — sagen: Durch Hebung deiner allgemeinen Widerstandskraft, durch Gesundung im hygienischen Sinn — durch hygienische Reinlichkeit und Mäßigkeit — durch Selbsterkenntnis, Selbstbeherrschung und Selbstveredlung. Zur Selbstveredlung gehört aber auch, daß man den törichten Aberglauben von sich wirft, daß man die wissenschaftlichen Errungenschaften auf sich wirken läßt, zumal wenn es heutzutage so leicht gemacht wird, sie zu begreifen. Unser Vereinsorgan, die „Blätter für Volksgesundheitspflege", bringen gerade für den Gebildeten so passende und praktische Aufsätze, an denen die besten medizinischen Autoritäten mitarbeiten, daß ich nur auf sie verweisen kann.

Ich will hiermit meine herben Worte gegen den Aberglauben schließen. Was ich gesagt, kann auf Vollständigkeit keinen Anspruch machen — es soll es auch nicht. Über den Aberglauben ließen sich Bände schreiben!

Ich glaube aber, gezeigt zu haben, daß ich dem guten Kern, der in dem steckt, was wir Volksmedizin nennen, Rechnung getragen habe. Wir Ärzte verdammen nicht den Glauben, wir bekämpfen den Unglauben, den Aberglauben, den Hang für das Mystische und Geheimnisvolle. Wir müssen ihn um so mehr verdammen, wenn wir imstande sind, durch die immer weiter fortschreitende Wissenschaft Licht in das Dunkel zu bringen.

> Ins Innere der Natur dringt kein erschaffener Geist,
> Glückselig, wem sie nur die äußere Schale weist.

Aber diese harte äußere Schale hat der sinnende und grübelnde Menschengeist kraft göttlicher Erleuchtung doch schon an vielen Stellen durchbrochen. Wenn der Deutsche Verein für Volkshygiene die Erfolge der Wissenschaft umsetzen will in die volkstümliche Geltung, so begeht er damit eine segensreiche Tat. Solange die medizinische Wissenschaft, hat Rudolf Virchow gesagt, nicht Volkswissenschaft wird, hat sie ihren Beruf verfehlt. Sie erfüllt aber ihren Beruf, wenn sie sich der Belehrung des Volkes widmet, wenn sie Aufklärung schafft über dunkle Fragen, über mystische, abergläubische Begriffe, deren sich ein sog. aufgeklärtes Jahrhundert eigentlich schämen müßte. Unterstützt man den Kampf gegen den medizinisch-hygienischen Aberglauben — dann stiftet man Glauben.

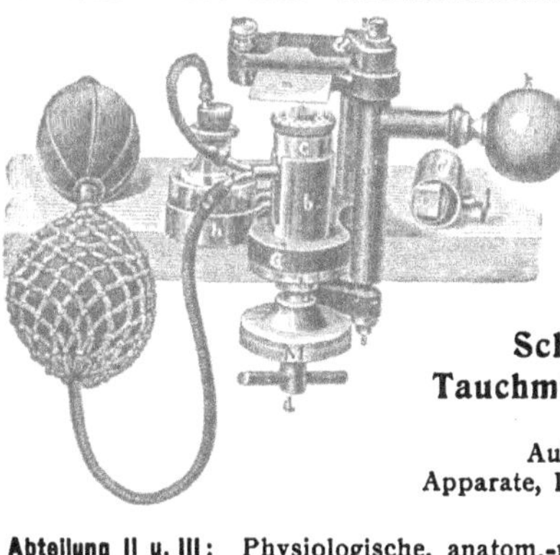

Veröffentlichungen des Deutschen Vereins für Volks-Hygiene.

Im Auftrage des Zentralvorstandes
in zwanglosen Heften herausgegeben
von
Sanitätsrat Dr. K. Beerwald, Berlin.

Heft XIII.

Die Pflege des Kindes in den zwei ersten Lebensjahren.

Von

Prof. Dr. Arthur Schlossmann,
Direktor der Klinik für Kinderheilkunde in Düsseldorf.

4., neu durchgesehene Auflage.
(36.—50. Tausend.)

München und Berlin.
Druck und Verlag von R. Oldenbourg.
1910.

Preis 30 Pfennig.

Von 100 Expl. an 25 Pf. | Von 500 Expl. an 18 Pf.
Von 200 Expl. an 20 Pf. | Von 1000 Expl. an 15 Pf.
Von 2000 Expl. an 12 Pf.

Veröffentlichungen des Deutschen Vereins für Volks-Hygiene.

Im Auftrage des Zentralvorstandes in zwanglosen Heften herausgegeben von Sanitätsrat Dr. K. Beerwald, Berlin.

Heft XIII.

Die Pflege des Kindes in den zwei ersten Lebensjahren.

Von

Prof. Dr. Arthur Schlossmann,
Direktor der Klinik für Kinderheilkunde in Düsseldorf.

4., neu durchgesehene Auflage.

(36.—50. Tausend.)

München und Berlin.
Druck und Verlag von R. Oldenbourg.
1910.

Inhalt.

Ein neugeborenes Kind in der Wiege, eine Menschenknospe, die hilflos auf ihrer Umgebung Güte und Sorgfalt angewiesen ist, was wäre wohl rührender als dieser Anblick?

Und du, dieses Kindes Mutter, du, in deren Leib sich dieses ewig neue Wunder der Menschwerdung zugetragen, bist du dir deiner Pflichten klar bewußt? Bist du selbst wirklich reif, ein Kind dein zu nennen? Bist du gerüstet und gewillt, für dieses Kindes Leib und Seele so zu sorgen, daß du dich dessen nie zu schämen brauchst?

Eine heilige Aufgabe ist es, ein Kind heranzuziehen, für die Entwicklung des kleinen Körpers zu sorgen und den sich bildenden Geist vor Schaden zu wahren. Unsere Kinder sind unsere Zukunft. Was wir für sie tun, tun wir uns. Was wir in des Lebens ersten Wochen und Monaten verabsäumen, können wir niemals nachholen. Ob unser Kind ein kräftiger, widerstandsfähiger Mensch wird, der sich und den Seinen zur Freude lebt, oder ob es ein dem Kampf ums Dasein nicht gewachsener Schwächling bleibt, die Entscheidung darüber fällt in des Lebens erster Zeit, in den ersten Wochen und Monaten.

Darum heißt es für euch, ihr Mütter: Laßt eure Liebe zur Tat werden, umgebt mit treuer Sorge den Säugling, aber richtet euch bei eurem Tun nur nach erfahrenem Rate! Vorurteile und Aberglaube, Gleichgültigkeit und Unwissenheit heißen die Gefahren, durch die jährlich Tausende von eben erst erwachten Menschenleben vorzeitigem Tode anheimfallen.

Bis zu dem Momente, wo das Kind geboren wird, führt es sein Leben in der Mutter und als Teil der Mutter. Die Stoffe, die zu seinem Aufbau nötig sind, werden ihm durch das mütterliche Blut zugeführt und diesem entnommen. Wohl versorgt und wohl verwahrt ruht das werdende Kind im mütterlichen Schoße. Mit der Vollendung der Geburt ändern sich mit einem Male die Verhältnisse. Nun heißt es für das Kind ein eigenes Leben leben. Jetzt muß es selbst atmen, um den Sauerstoff den Lungen zuzuleiten, den bisher das mütterliche Blut enthielt. Und die Stoffe, welche zur weiteren Entwicklung nötig sind, müssen dem kindlichen Körper von außen durch die Nahrung zugeführt werden.

1. Die Ernährung des Säuglings.

Die Ernährung, das ist der wichtigste Punkt, welcher nun über Wohl und Wehe des Kindes entscheidet. Von der richtigen oder falschen Ernährung hängt das Wohlergehen und das Leben ab. Und so viel man über die Frage der Säuglingsernährung gesprochen und geschrieben hat, so einfach und so kurz läßt sich der Inhalt alles zu Sagenden wiedergeben. „Stille dein Kind!" So lautet das lebenswichtige Gesetz, nicht ausgeklügelt von Menschenwitz, sondern geschrieben von der Natur mit unverkennbarer Deutlichkeit.

Natürliche Ernährung.

Stille dein Kind! denn nur dann bist du wirklich seine Mutter, wenn du ihm nicht nur das Leben, sondern aus deiner Brust auch die Widerstandskraft gibst, allen Schädigungen, die diesem Leben drohen, vollwertig und gerüstet gegenüberzutreten.

Stille dein Kind! denn du kannst es. Eine Frau, die kräftig genug ist, ein Kind auszutragen und zu gebären, ist auch kräftig genug, es zu nähren. Glaube nicht, was dir unwissende Nachbarinnen erzählen: weder Blutarmut noch Kreuzschmerzen, weder Nervosität noch sonst etwas soll eine gesunde Frau hindern, ihr Kind zu stillen. Die meisten Beschwerden werden im Gegenteil durch das Stillen behoben. Die Rückbildung der Unterleibsorgane vollzieht sich rascher und geordneter, wenn die junge Mutter nährt. Unterdrückt man den naturgemäßen Vorgang der Milchabsonderung, so kann der Körper der Frau viel eher Schaden nehmen. Auch pflegen die Schwangerschaften sich bei nicht stillenden Frauen schnell zu wiederholen. Es ist aber für Mutter und Kind besser, wenn die Geburtenfolge keine zu rasche ist.

Stille dein Kind! denn du hast Milch genug. Viele Mütter glauben, daß ihre Brust nicht ausreicht, daß die Milch nicht einschießt oder ähnliches mehr. Da heißt es, Vertrauen in sich selbst haben. Mütter, die trotz festem Wollen für ihr Kind nicht genug Nahrung haben, sind eine große Seltenheit und bilden eine Ausnahme von der Regel. Fast immer führt etwas Geduld sicher zum Ziele. Wenn das Kind nur erst kräftig saugt, so zieht es sich selbst die Milch herbei, und dauert es auch einige Tage, bis der Milchzufluß reichlicher wird, so schadet das durchaus nichts. Der Nahrungsbedarf des Neugeborenen ist ein geringer, und mit wenigen Tropfen des kostbaren

Naß, das der Mutterbrust entquillt, fristet der Neugeborene sein Leben. Manchmal hört man von „schlechter Milch" oder zu „schwerer Milch" sprechen; das ist grundfalsch. Die Milch der eigenen Mutter ist immer das beste, das geeignetste Nahrungsmittel für den Säugling.

Stille dein Kind! denn so hast du die beste Hoffnung, es wirklich gedeihen zu sehen. Keine künstliche Ernährung, keine andere Milch, kein Nährmittel, das sich mit dreister Reklame ankündigt, kommt der Muttermilch gleich. Es gibt nur eine wahre Kindermilch, und das ist die, welche eine gütige Natur dem Mutterbusen entquellen läßt. Nicht ohne zwingenden Grund darfst du sie deinem Kinde vorenthalten, denn das Gesetz der Natur gibt ihm ein Recht darauf. Kinder, die von ihrer Mutter gestillt werden, haben eine viel größere Aussicht, am Leben zu bleiben. Sie bieten Krankheit und Tod ungleich größeren Widerstand. Unnatürlich, d. h. nicht an der Mutterbrust genährte Kinder sterben in ungleich höherem Verhältnissatze im ersten Lebensjahre wieder ab. Die Durchfälle, die mit der Sommerhitze epidemisch einzusetzen pflegen, suchen sich ihre Opfer fast ausnahmslos unter den künstlich genährten. Aber nicht nur für das erste Lebensjahr, nein für das ganze Leben gibt die Mutterbrust dem Kinde erhöhte Kraft und Rüstigkeit.

Stille dein Kind! denn es gibt keine Nahrung, die so billig ist wie die natürliche, welche deine Brust gewährt, und zudem sparst du Arzt und Apotheker. Und welch enorme Bequemlichkeit für die Mutter bietet das Brustkind! Manche denken anders; sie meinen, es sei bequemer und einfacher, die Flasche zu geben, doch das ist zweifellos ein

Irrtum. Die stillende Mutter hat es viel leichter. Mühelos und ungefährdet wächst ihr das Kind heran, und sie kennt nicht die schlaflosen Nächte, die bangen Stunden der Sorge, die nur selten das Flaschenkind den Seinen erspart. Darum bedenke sich auch diejenige Frau, deren Beruf ihr das Stillen erschwert, genau, ehe sie sich für künstliche Ernährung entscheidet. Sorgfältig wäge sie die Vorteile gegenüber den Nachteilen, vergegenwärtige sich die Gefahren, denen sie ihr Kind aussetzt, und mache sich klar, daß oft in der einen Wagschale ein momentaner pekuniärer Vorteil, in der andern aber die Gesundheit ihres Kindes liegt.

Auch das Stillen freilich will nach wohlerwogenen Regeln geordnet sein, und in dieser Hinsicht merke man folgendes:

1. Schon vor der Geburt des Kindes heißt es vorsorgen. Die Brüste werden jeden Tag mit kaltem Wasser gewaschen und ängstlich vor jedem Druck, besonders vor dem schädigenden Korsett, behütet. Die Warzen sollen frei heraustreten; sind sie eingesunken, so versuche man mehrfach am Tage, sie herauszuziehen und die Haut um die Warzen herum, den sog. Warzenhof, durch Einfetten mit Cold Cream oder ähnlichem geschmeidig zu machen.

2. Etwa 6—12 Stunden nach der Geburt wird in der Regel die Hebamme zuerst das Kind der Mutter anzulegen versuchen. Kein Meister wird geboren, selbst das Trinken an der Mutterbrust will gelernt werden. Oft gehört etwas Geduld zu diesem Lehramt, denn manche Säuglinge stellen sich recht ungeschickt an. Doch bald sind die ersten Schwierigkeiten überwunden, das Kind macht an der richtigen Stelle die richtigen Saugbewegungen. Strömt

nun auch die Milch nicht gleich stark herzu, so verliere man ja die Geduld nicht. Manchmal vergehen Tage, bis die Saugbewegungen des Kindes den Reiz abgegeben haben, um die Brustdrüsen zu stärkerer Arbeitsleistung zu bringen. Man darf nicht etwa warten wollen, bis die Milch fließt, um dann das Kind anzulegen; nein, das Kind muß angelegt werden, damit die Milch fließt. Beim Stillen muß die Mutter dem Kinde behilflich sein. Mit der einen Hand hält sie den Kopf des saugenden Kindes hoch, während die andere Hand die Brust von der Nase des Kindes abdrängt (siehe Abbildung Seite 7).

3. In den ersten vier Wochen lege man das Kind 5—6mal täglich an, später womöglich regelmäßig 5mal. Mehr als 6mal die Brust in 24 Stunden zu geben, hat man unter allen Umständen zu vermeiden, wenn nicht der Arzt aus bestimmten Gründen einmal eine andere Anordnung trifft. Nachts muß eine Pause von mindestens 8 Stunden gehalten werden, um dem Magen Gelegenheit zum Ausruhen zu geben; denn ein Säuglingsmagen ist ein schwaches Gebilde, dem man nicht zumuten darf, unausgesetzt und ohne Pause zu arbeiten. Auch für die stillende Mutter ist durch diese Pause die nötige Nachtruhe gewährleistet. Zweckmäßig wird man abends um 10 oder $10\frac{1}{2}$ Uhr das letztemal die Brust reichen und erwartet dann früh das Erwachen des Kindes, das manchmal ruhig bis 8 Uhr oder länger schläft. Vor Ablauf der 8 Stunden, also vor 6 oder $6\frac{1}{2}$ Uhr früh, gebe man unter keinen Umständen wieder die Brust. Führt man diese Regel streng durch, so gewöhnt sich das Kind in wenigen Tagen an diese Ordnung. Die übrigen Mahlzeiten werden dann

auf den Tag ziemlich gleichmäßig verteilt, doch störe man den Schlaf des Kindes nicht um einer Viertelstunde willen.

4. Man gebe bei jeder Mahlzeit nur eine Brust. Diese soll das Kind ganz leer saugen. Das ist besser für den Säugling und für die Mutter. Weiß das

Kind, daß es beide Brüste bekommt — und Kinder sind klüger, als man denkt, und rasch schlecht gewöhnt, — so trinkt es nur, solange die Milch leicht fließt, und strengt sich nicht genug an, um die Brust auszusaugen. Der Rest der Milch ist aber am fettreichsten und nahrhaftesten, und auch die Stillfähigkeit läßt bald nach, wenn die Brüste andauernd nicht ganz geleert werden.

5. Man lasse das Kind nicht länger als 15 Minuten an der Brust. Häufig wird es in viel kürzerer Zeit, schon in 5 Minuten, und zuweilen auch noch rascher genug getrunken haben. Dann nötige man das Übersatte nicht, sich weiter den Magen zu füllen. Will man die Milchmenge kontrollieren, die das Kind an der Brust getrunken hat, so legt man es — ohne es auszupacken und ohne etwa ein Wäschestück zu wechseln — vor und nach dem Trinken auf die Wage, und der Unterschied zwischen beiden Summen ergibt die getrunkene Menge. Ein Zuviel wird von Brustkindern meist ohne Beschwerde vertragen, doch genügt eine Tagesmenge von 500—800 g, je nach dem Alter und dem Gewicht des Kindes, vollkommen.

6. Wenn das Kind schreit, so braucht der Grund hierfür nicht Hunger zu sein. Meist ist es umgekehrt: ein Allzuviel an Genossenem macht Leibschmerzen, und diese wieder veranlassen das Schreien. Jedenfalls darf kein Weinen und Schreien die Mutter dazu führen, das Kind außer der Zeit anzulegen.

Wenn eine Frau die hier gegebenen Regeln befolgt, wird sie von dem Stillen wenig Unbequemlichkeit, an dem Gedeihen ihres Kindes aber nur Freude haben. Für die Kost der stillenden Mutter gilt dabei die einfache Vorschrift: „Iß, was du zu essen gewohnt bist und was dir bekommt. Nur was dir selbst Beschwerden macht und nicht bekommt, ist auch für dein Kind nicht gut.“ Eine bestimmte Diät für stillende Frauen gibt es nicht. In dieser Richtung wurde früher viel gesündigt und den Müttern durch unnütze Einschränkung ihres Menüs die Eßlust ebenso genommen wie die Freude am Stillen durch den Zwang, Dinge hinunterzuschlucken, die ihnen widerstehen. Es bedarf durchaus nicht des Trinkens von großen Mengen Mehltrank und ähnlichem mehr. Man sorge nur für die Aufnahme der nötigen Flüssigkeitsmengen, und hierbei gibt das Durstgefühl schon den besten Anhalt. Als Getränk eignet sich Milch vorzüglich, dagegen meide man Wein und Bier, denn sie vermehren die Milchmenge nicht und können dem Kinde Schaden bringen. Sauere und pikante Speisen kann man dagegen unbedenklich genießen. Auch vor einem Zuviel an Nahrung sei gewarnt. Durch das Stillen werden alle Körperfunktionen günstig angeregt, damit auch der Appetit, und aus mancher zarten, bleichsüchtigen Frau ist während des Nährens eine kräftige, rotwangige Person geworden. Daher muß man auch darauf achten, daß man des Guten nicht zuviel tut und daß nicht etwa durch zu starke Nahrungsaufnahme ein zu reichlicher Fettansatz der stillenden Frau erzielt wird.

Die Kleidung sei bequem und leicht, nirgends darf sie einen Druck auf die Brust ausüben. Ein über dieselbe gelegtes Tuch schützt vor Durchnässung durch die ablaufende Milch.

Setzt die Periode während des Stillens wieder ein, so ist darin durchaus kein Grund für das Absetzen des Kindes zu sehen. Wird in einzelnen Fällen vielleicht der

Säugling einmal während dieser Tage etwas unruhig und nimmt er nicht so zu wie sonst, so gleicht sich das bald wieder völlig aus.

Wenn irgend möglich soll der Säugling 7—8 Monate ausschließlich gestillt werden, und dann beginnt man vorsichtig mit der Beifütterung. Aber auch wenn es auf die Dauer nicht angeht, das Kind vollkommen an der Brust zu behalten, sei es, daß dieselbe den erhöhten Ansprüchen doch nicht voll gewachsen sich zeigt, sei es, daß die Mutter — vielleicht aus beruflichen Gründen — viel außerhalb des Hauses gehalten wird, so darf der Nutzen einer auch nur teilweisen Brusternährung nicht unterschätzt werden. Jeder Tropfen Muttermilch, den das Kind erhält, ist für dasselbe von Bedeutung. Kann es daher nicht ausschließlich natürlich ernährt werden, so setze man doch neben der künstlichen Ernährung die natürliche solange und soviel als immer möglich fort.

Zur Verabreichung von Beinahrung oder zur völligen künstlichen Ernährung des Kindes entschließe man sich nur nach genauem Bedenken und nach langem Überlegen. Denn dieser Entschluß ist ein folgenschwerer. Wie oft kommt die Reue zu spät, und wenn dann nach Wochen oder Monaten das Kind elend und krank wird, wünscht sich die trostlose Mutter den Tag zurück, da sie aus nichtigen Gründen ihm die Brust entzogen hat. Sind nicht äußere Gründe ausschlaggebend, so befrage man vor der Entscheidung, wenn irgend angängig, den Arzt, ob es nicht möglich ist, dem Kinde die Milch der Mutter noch zu erhalten. Muß man aber zur unnatürlichen Ernährung, zur Ernährung durch die Flasche, übergehen, so sei die Mutter sich bewußt, daß sie nun durch vermehrte Aufmerksamkeit und Gewissenhaftigkeit versuchen muß, die erhöhte Gefahr, die dem Kinde dadurch droht, zu bannen.

Wenn irgend möglich, vermeide man den Übergang von der natürlichen zur unnatürlichen Ernährung in den heißen Monaten Juli und August. In diesen ist das Flaschenkind ganz besonders gefährdet und ein Wechsel oft verhängnisvoll.

Unnatürliche Ernährung.

Bei der unnatürlichen oder künstlichen Ernährung sucht man die Muttermilch durch die Milch eines Haustieres zu ersetzen. Das Tier, das dabei als Milchlieferant im wesentlichen in Betracht kommt, ist die Kuh. Der Kuhmilch völlig gleichwertig ist übrigens die Ziegenmilch. Was daher von der einen zu sagen ist, gilt auch für die andere.

Die Kuhmilch ist nun von der Natur dazu bestimmt, dem jungen Kalbe als erste Nahrung zu dienen. Die Verdauungsapparate eines neugeborenen Kalbes sind aber grundverschieden von denen des neugeborenen Menschen, ebenso beider Bedürfnisse an Nahrung. Und so ist es durchaus nicht erstaunlich, daß die Kuhmilch nicht ohne weiteres die Frauenmilch vollwertig zu ersetzen imstande ist.

Hierzu kommt noch etwas anderes. Das Kind an der Brust trinkt die Milch seiner Mutter *direkt*, unverändert, frisch, roh, körperwarm. Ehe aber die Kuhmilch aus dem Euter der Kuh in den Magen des Kindes kommt, hat sie einen weiten Weg zurückzulegen und geht durch viele Hände. Hierbei wird sie weder besser noch frischer.

Kuhmilch, die zur Ernährung von Säuglingen genommen wird, sollte von gesunden Tieren stammen, möglichst sauber gewonnen und möglichst frisch verabreicht werden. Die Milch, die man im allgemeinen kaufen kann, wird kaum einer dieser drei Bedingungen wirklich gerecht werden, und in der Minderwertigkeit der zu beschaffenden Kuhmilch liegt eine weitere Gefährdung für den unnatürlich genährten Säugling. Dagegen vermag ich in der Trockenfütterung keinen Vorzug für die Kindermilch zu erkennen. Der Umstand, daß man Kühen das ihnen so gesunde Grünfutter vorenthalten hat, sollte keine Mutter bestimmen, für teureres Geld sog. Trockenfütterungsmilch zu kaufen.

Will oder muß man zur künstlichen Ernährung eines Säuglings schreiten, so suche man sich eine möglichst gute, d. h. eine möglichst gut und sauber gewonnene, frische Milch zu verschaffen. Je rascher man sie nach dem Melken verarbeitet, desto besser ist es; denn da nur an wenigen Stellen und auch da nur ausnahmsweise und zu sehr hohem Preise eine Milch zu erhalten ist, die man Kindern, ohne sie zu gefährden, roh geben darf, so ist man darauf angewiesen, die Milch vor der Verabreichung an das Kind abzukochen.

Am zweckmäßigsten geschieht dies in einem sog. Soxhlet-Apparat: einem großen Blechtopf, der mit Wasser gefüllt ist und in den man sodann die schon für die einzelnen Mahlzeiten portionsweise mit Milch gefüllten Flaschen stellt. Auf die Öffnung der Flaschen werden kleine Gummischeiben gelegt. Nunmehr wird der Topf auf das Feuer gestellt und das Wasser etwa 5 Minuten im Sieden erhalten. Dadurch wird auch die in den Flaschen befindliche Milch zum Kochen gebracht. Nimmt man nun die Milchflaschen aus dem heißen Wasser heraus, so ziehen sich beim

Erkalten infolge des Luftdruckes die Gummiplatten etwas in die Flaschenöffnung ein und schließen auf diese Weise die Flaschen luftdicht ab. Der Vorteil des Soxhlet-Apparates besteht darin, daß man mit einmaligem Zurechtmischen und Kochen die sämtlichen Flaschen für den ganzen Tagesbedarf fertigstellt und daß die Flaschen hermetisch verschlossen bleiben bis zu dem Moment ihrer Verabreichung an das Kind. Es bedarf, wenn man die Soxhlet-Flaschen verabfolgen will, nur des leichten Anwärmens, und die Mahlzeit ist trinkfertig.

Da, wo ein Soxhlet-Apparat nicht verfügbar, hat man die Milch, sofort nachdem sie ins Haus gebracht ist, in einem verschlossenen Topf abzukochen und, wenn sie einige — etwa 5 — Minuten gekocht hat, zugedeckt und möglichst kühl zu halten. Je höher die Außentemperatur ist, zumal wenn es im Hochsommer in den Straßen und Wohnungen schwül und heiß ist, um so mehr wächst die Gefahr, daß die Milch Zersetzungen anheimfällt, d. h. sauer wird, um so ängstlicher ist dann auf die gegebene Vorschrift zu achten. Fehlt es an einem Eisschrank oder kühlen Keller, so stelle man den zugedeckten Topf mit der Milch in ein etwas flacheres Gefäß und setze dies in den Ausguß unter die Wasserleitung. Man läßt sodann beständig, am besten durch einen über den Hahn gezogenen Gummischlauch, Wasser auf den Grund des Außengefäßes laufen (siehe Abbildung S. 14). Auf diese Weise kann man die Milch frisch und kühl halten.

Nun hat die Erfahrung aber weiter gelehrt, daß junge Säuglinge die Kuhmilch unverändert überhaupt nicht vertragen. Wir müssen daher durch Beimischungen und Zusätze diese erst zu einem für Säuglinge wenigstens einigermaßen brauchbaren Nahrungsmittel machen. Und weiter ist die allergrößte Vorsicht in bezug auf die Menge, die wir dem Säugling geben, geboten. Während das Kind

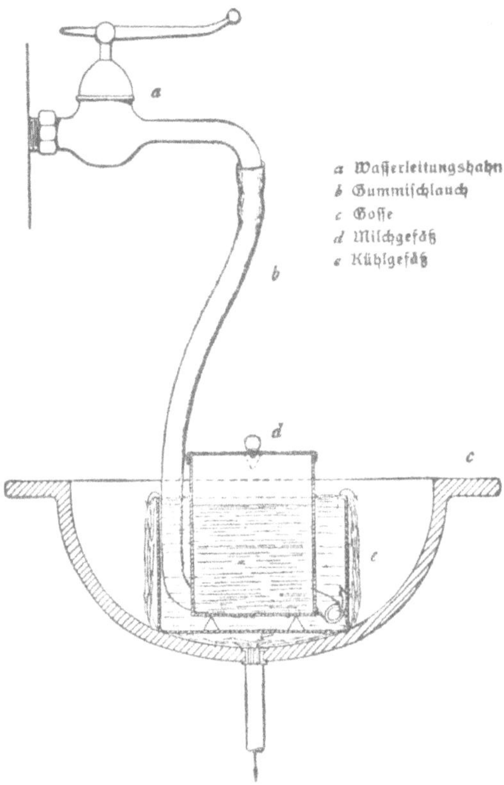

an der Brust sich nach Belieben sättigt und ihm etwas zu starke Mahlzeiten kaum Schaden zu bringen pflegen, zumal wenn sie nicht öfter, als wir angeraten, gegeben werden, bildet die Überfütterung für den künstlich genährten Säugling eine beständige und schwere Lebensgefahr. Vor dem Zuviel sei daher dringendst gewarnt. Die Überernährung, die Überfütterung ist für zahllose Kinder der Grund ihres frühen Todes.

Wir müssen deshalb die Kuhmilch, die wir jungen Säuglingen geben, entsprechend verdünnen und uns vor der Verabreichung einer zu großen Menge dieser verdünnten Milch hüten. Ich empfehle im allgemeinen, bei jungen Säuglingen die Milch zu gleichen Teilen mit Wasser zu verdünnen und langsam den Milchzusatz zu steigern, so daß man mit 7 oder 8 Monaten bei der reinen Kuhmilch anlangt. Voraussetzung bei solchem Vorgehen ist, daß das Befinden des Kindes andauernd ein normales und gutes bleibt, andernfalls ist sofort der Arzt um Rat zu fragen.

Um den Nährwert der Mischungen zu erhöhen, setzt man zweckmäßig der verdünnten Milch etwas Zucker, und zwar am besten Milchzucker, zu. Man würde sich dabei etwa an folgende Tabelle halten können:

Ein Kind erhält in 24 Stunden im:

Lebensmonat:	Milch:	Wasser:	Zucker:
1.	400 g	400 g	30 g [1])
2.	500 „	400 „	30 „
3.	550 „	350 „	30 „
4.	600 „	300 „	30 „
5.	700 „	250 „	30 „
6.	750 „	200 „	20 „
7.	850 „	100 „	20 „
8.	900 „	— „	Beinahrung
9.	1000 „	— „	Beinahrung

[1]) Ein gehäufter Eßlöffel.

Diese Mengen sind reichlich bemessen, und unter keinen Umständen sollten sie ohne Befragen eines Arztes überschritten werden. Dabei wird man auch bei der künstlichen Ernährung nicht mehr als höchstens 6, bei älteren Kindern am besten 5 Mahlzeiten in 24 Stunden geben. Die genannten oben angeführten Tagesmengen sind also auf 5—6 Mahlzeiten zu verteilen. Nachts muß eine Pause von ebenfalls mindestens 8 Stunden gemacht werden.

Soll die Nahrung ohne Vermehrung der Menge etwas gehaltreicher gestaltet werden, so empfiehlt es sich, der gesamten Tagesportion 100 g Milch weniger, dafür aber 100 g Sahne zuzusetzen. Die Mischungen würden dann wie folgt anzufertigen sein:

Lebensmonat:	Sahne:	Milch:	Wasser:	Zucker:
1.	100 g	300 g	400 g	30 g[1]
2.	100 „	350 „	400 „	30 „
3.	100 „	400 „	350 „	30 „
4.	100 „	450 „	350 „	30 „
5.	100 „	550 „	250 „	30 „
6.	100 „	600 „	200 „	20 „
7.	100 „	700 „	100 „	20 „
8.	100 „	800 „	—	20 „
9.	—	1000 „	—	—

Durch Hinzufügung der Sahne reichern wir die Milchmischung an Fett an und machen sie dadurch der Muttermilch, grob chemisch betrachtet, ähnlicher; denn ein wesent-

[1]) 30 g Zucker sind ein gehäufter Eßlöffel. Sahne, Milch und Wasser können auch im Meßgefäß gemessen werden; 100 g der Flüssigkeiten entsprechen 100 ccm.

licher Unterschied zwischen der Ernährung mit Frauenmilch und mit Kuhmilch ist der höhere Fettreichtum der Nahrung bei ersterer.

An Stelle des einfachen Wasserzusatzes wird vielfach Gerstenschleim oder Haferschleim genommen. Die Herstellungsarbeit der Kindernahrung erhöht sich hierdurch, ohne einen entsprechenden Nutzen zu gewähren. In der Regel wird man mit dem puren Wasserzusatz ebensogut auskommen wie bei Zufügung des Schleimes. Doch sind Bedenken gegen denselben nicht zu erheben. Die Herstellung des Schleimes wird bewerkstelligt, indem man einen Eßlöffel Gersten- oder Hafermehl mit wenig kaltem Wasser anrührt, alsdann mit einem Liter Wasser zum Feuer setzt und so lange einkocht, bis die Flüssigkeit auf $^1/_2$ Liter eingegangen ist. Zum Schluß wird der Schleim durch ein feinstes Haarsieb durchgeseiht.

Ältere Säuglinge, vom 4. Monat ab, kann man, wenn ihr Gedeihen zu wünschen übrig läßt, zuweilen ausgezeichnet durch Verabreichung von Buttermilch in die Höhe bringen. Diese Buttermilch soll möglichst frisch nach dem Buttern verwendet werden. Man fügt zu einem Liter derselben unter Umquirlen einen Eßlöffel Weizenmehl und einen Eßlöffel gewöhnlichen klaren Zucker hinzu, erhitzt diese Mischung auf dem Herde, bis sie dreimal aufgewallt ist, und füllt sie alsdann unter Umrühren in die wohl gereinigten Flaschen, die man verschlossen und kühl aufbewahrt. Doch leite man die Verabreichung von Buttermilch oder ähnlichen Nahrungsgemengen bei dem Säugling niemals ein, ohne vorher einen Arzt um Rat gefragt zu haben.

Ganz besonders zu warnen ist vor allen Mischungen, die unter dem Namen irgendeines Erfinders oder Fabrikanten trinkfertig in den Handel gebracht werden, z. B. Backhausmilch, Fettmilch und ähnliches. Diese fertig in Portionen zu beziehenden Milcharten sind teuer und haben nicht die Vorzüge, die von den Fabrikanten angepriesen werden.

Seit neuester Zeit haben zahlreiche vorgeschrittene städtische Verwaltungen sich mit der Herstellung **trinkfertiger Säuglingsnahrung** befaßt, und diese kann man nach Rücksprache mit dem Arzte wohl unbedenklich dem Kinde geben.

Vor der Darreichung soll jede dem Säugling gebotene Flasche wieder angewärmt werden. Man muß peinlich darauf achten, daß die Nahrung weder zu warm noch zu kalt gegeben wird. **Die Temperatur der Milch** soll der des menschlichen Blutes entsprechen, also ca. 37° C betragen. Durch 3—4 Minuten langes Einstellen der Flasche in einen Topf mit heißem Wasser unter häufigem Schütteln wird die Milch auf die richtige Temperatur kommen. Man kontrolliert sie dabei am besten, indem man die Flasche an das für Temperaturunterschiede besonders empfindliche Augenlid hält. Die Empfindung darf weder die der Wärme noch die der Kälte sein.

Der **Gummisauger,** mit Hilfe dessen die Nahrung gegeben wird, muß unmittelbar nach dem Trinken gründlich, am besten mit Salz, gereinigt und in frischem — ev. abgekochtem — Wasser aufbewahrt werden. Es sind ausschließlich kurze Sauger, die auf den Flaschenhals aufgesetzt werden, zu verwenden und die langen Sauger, die auf den Grund der Flasche herabgehen, zu meiden.

Während das Kind die Flasche trinkt, bleibe die Mutter bei ihm stehen und lasse die Flasche nicht aus der Hand; denn es ist gefährlich, das Kind beim Trinken sich selbst zu überlassen.

Trinkt der Säugling die Flasche nicht aus, so nötige man ihn nicht, biete auch den Rest nicht etwa später an. Was in der Flasche verblieben und nicht ausgetrunken ist, soll nicht wieder verwendet werden. Die Flaschen sind gründlich zu reinigen. Benutzt man zur Milchbereitung einen Soxhlet-Apparat, so spült man nach dem Trinken die Flasche nur aus, läßt sie mit Wasser gefüllt stehen und reinigt sie dann sorgfältig mit heißem Wasser, Soda und Bürste vor der nächsten Benutzung. Soll dagegen in derselben Flasche dem Kinde die nächste Mahlzeit gereicht werden, so achte man auf sofortige Entfernung aller Milchreste und säubere sie sorgsam.

Streng zu verbieten ist die Belassung des Gummisaugers nach dem Trinken im Munde des Kindes sowie die Verabreichung eines **Zulpes oder Lutschers.** Damit sind unter allen Umständen Gefahren für das Kind verbunden. Der säuerliche und widerliche Geschmack des Gummis führt zu Zersetzungsvorgängen im Munde, und manche Krankheit verdankt ihre Entstehung dieser leidigen und schwer zu bekämpfenden Angewohnheit. Nichts ist so geeignet, dem Kinde jeden in der Nähe befindlichen Ansteckungsstoff mit Sicherheit zuzuführen, wie eben dieser Lutscher, dem — feucht aus dem Munde des Säuglings fallend — der auf dem Boden befindliche Schmutz anklebt. Wird er nun selbst mit einem Tuche abgewischt, ehe er in des Kindes Mund zurückwandert, so bleiben doch noch übergenug der

Keime daran haften, um alle Krankheiten zu übertragen. Gesetzt aber auch den günstigsten Fall — daß nämlich eine sorgsamere Mutter durch Anbinden die Berührung des Bodens vermeidet —, so bleibt immer noch der Staub, welcher auf Bett und Kinderwagen fliegt und auf jeden Fall besser dem Munde des Kindes nicht zugeführt wird. Der Zulp ist also überflüssig und schädlich, und wer sein Kind nicht erst an den Sauger gewöhnt, hat nicht die Mühe und Last, es später wieder umgewöhnen zu müssen. Kein Kind schreit aus Sehnsucht nach dem Lutscher, wenn man ihm den Gebrauch dieses Trösters nicht erst künstlich angelernt hat.

Das **Auswaschen des Mundes** vor oder nach dem Trinken wird noch vielfach geübt, doch muß ausdrücklich hiervor gewarnt werden. Die leicht reizbare Schleimhaut des kindlichen Mundes verträgt derartige Eingriffe schlecht, so daß man besser seine Finger davonläßt. Sauber gehaltene Kinder bekommen auch ohne Auswaschen des Mundes keine Schwämmchen (Soor), das sind die weißen Pilzauflagerungen, die man auf Wangenschleimhaut und Zunge schlecht versorgter Säuglinge zuweilen aufsprossen sieht. Hält die Mutter ihre Brust immer rein, vermeidet sie den Zulp und säubert sie den Sauger beim Flaschenkinde vor dem Trinken peinlich, so braucht sie die Schwämmchen nicht zu fürchten, denn das Kind wird davor bewahrt bleiben. Zeigen sie sich trotzdem, so frage man den Arzt, denn die Schwämmchen sind nicht harmlos, sondern dem Kundigen ein Zeichen, daß etwas nicht in Ordnung ist.

Wollen wir uns also die **Grundlehren der unnatürlichen Ernährung** kurz ins Gedächtnis zurückrufen, so lauten dieselben etwa folgendermaßen:

1. Stille dein Kind, dann brauchst du die künstliche Ernährung nicht; denn diese ist nie so gut wie die natürliche.

2. Willst du Kuhmilch füttern oder beifüttern, so sei die Milch, die du hierzu verwendest, vor allem frisch.

3. Koche die Milch so bald als möglich ab, halte sie nach dem Kochen bedeckt und kühl, bis du sie deinem Kinde gibst.

4. Säubere die Milchflaschen und den Sauger peinlich genau.

5. Hüte dich vor dem Zuviel; ein Übermaß an Kuhmilch führt zur Erkrankung deines Kindes.

6. Halte des Nachts eine 8stündige Pause und glaube nicht, daß dein Kind hungert, wenn es einmal schreit.

Der beste Maßstab für die Güte der Ernährung — sei es nun die an der Brust, sei es die mit Tiermilch als Beinahrung oder einzige Nahrung — ist das **Wohlbefinden und Gedeihen des Kindes.** Das Wohlbefinden und Gedeihen eines Kindes erkennen wir an seinem Aussehen und Gehaben.

Die Haut des gut gedeihenden Säuglings sieht rosig aus und sitzt fest auf den Fettpolstern und der Muskulatur auf. Sie zeigt nirgends Rötung und wunde Stellen.

Der Bauch ist nicht aufgetrieben, die **Entleerung des Stuhles** erfolgt 1—3mal täglich. Die Menge und Häufigkeit des Stuhles richtet sich nach der Menge der gereichten Nahrung. Brustkinder, die sehr viel trinken, werden also auch öfter ausleeren, auch ist dann der Stuhl gehackt und spritzend. Solange ein Kind bei solchen Stühlen an Gewicht zu- und nicht abnimmt, liegt kein Grund zur Besorgnis oder etwa gar zum Abstillen vor. Ernster zu nehmen sind alle Unregelmäßigkeiten der Ausleerung beim künstlich genährten Kinde. Eine leichte Grünfärbung des Stuhles, zumal wenn dieselbe erst nach erfolgter Ausleerung in den Windeln eintritt, hat dabei zunächst nicht viel zu sagen. Bei jeder Vermehrung der Stühle an Zahl oder bei plötzlicher Veränderung ihres Aussehens oder ihres Geruches frage man aber baldigst den Arzt.

Bei Stuhlträgheit vermeide man Abführmittel aller Art, ebenso auch die Stuhlzäpfchen. Muß in dieser Hinsicht nachgeholfen werden — doch geschieht dies im allgemeinen zu oft und gewohnheitsgemäß —, so gebe man dem Kinde einen Einlauf von abgekochtem Wasser (100 bis 200 ccm), dem man einen gestrichenen Teelöffel Kochsalz zusetzt, oder ein Klistier von 50 g gutem Tafelöl. Die in den Darm einzubringende Flüssigkeit muß in beiden Fällen körperwarm sein.

Die Hauptsache für die Beurteilung, ob eine Ernährung deinem Kinde zusagt oder nicht, ist die *Gewichtszunahme*. Selbstverständlich verhält sich dabei nicht ein Kind wie das andere. Wir haben recht beträchtliche individuelle Schwankungen, und auch das Geburtsgewicht übt einen Einfluß auf die Gestaltung der Gewichtskurve aus. Brustkinder werden wohl immer regelmäßiger und in den ersten Monaten auch besser zunehmen als unnatürlich genährte, bei denen sich eher einmal Gewichtsstillstände finden.

Im allgemeinen nimmt ein Kind per Woche im:

1. Lebensmonat	zunächst etwa 200 g ab, dann je 200 g zu	5. Lebensmonat	je 150 g zu
2. Lebensmonat	„ 200 „ „	6. „	„ 130 „ „
3. „	„ 180 „ „	7. „	„ 120 „ „
4. „	„ 150 „ „	8. „	„ 110 „ „
		9.–12. „	„ 80 „ „

Das Durchschnittsgewicht beträgt somit bei einem Geburtsgewicht von 3200 g am Ende des:

1.	Lebensmonats	3800 g	7.	Lebensmonats	7450 g
2.	"	4600 "	8.	"	7850 "
3.	"	5250 "	9.	"	8200 "
4.	"	5850 "	10.	"	8500 "
5.	"	6450 "	11.	"	8750 "
6.	"	7000 "	12.	"	9000 "

2. Die Ernährung beim Übergang zur gemischten Kost und während des zweiten Lebensjahres.

Bei künstlich genährten Kindern beginnt man zweckmäßig am Ende des 6., bei Brustkindern am Ende des 8. Monats mit der Beifütterung anderer Kost. Das Brustkind ist, wie in vielen anderen Dingen, so auch darin vor dem Flaschenkinde im Vorteil, daß die Nahrung, die ihm aus der Brust der Mutter zufließt, roh und nicht durch Kochen verändert von ihm aufgenommen wird. Hierdurch werden ihm aber gewisse Stoffe zugeführt, die das unnatürlich genährte Kind infolge des Abkochens seiner Milch entbehrt.

Um beim Flaschenkinde eine gute Entwicklung des Knochenskeletts und eine reguläre Blutbildung zu erzielen, muß man sich daher früher zur Beigabe anderer Nährbestandteile entschließen. Hierdurch ersetzt man bis zu einem gewissen Grade die Stoffe, die sich in der rohen Milch finden und die durch das Kochen zerstört werden.

Früher pflegte man des Kindes Heil in der frühzeitigen Verabreichung von Fleischbrühe, Fleisch und vor allem von Eiern zu sehen. Heute aber wissen wir, daß die dem Kinde förderlichen Stoffe gerade in den vegetarischen Nahrungsmitteln zu finden sind. Nähre also dein Kind in den ersten zwei Lebensjahren vegetarisch und vermeide Fleisch, Fleischbrühe und auch ein Übermaß von Eiern! Als erste Zukost, die man dem Säugling gibt, empfiehlt sich die Verabreichung einer Mittagsmahlzeit, die aus frischem Gemüse bestehen soll.

Solche Gemüse, die sich als erste Nahrung eignen, sind: Spinat, Möhren, Kastanien, Kochsalat und — wenn es die Jahreszeit bietet — frische Schoten. Gelegentlich kann man auch einmal Kartoffelmus geben, doch hüte man sich, die Kinder täglich mit großen Mengen Kartoffeln zu füttern. — Die grünen Gemüse werden so zubereitet, daß man sie in Wasser mit etwas Salzzusatz ganz weich kocht, sie sodann mehrfach durch ein feines Sieb durchpassiert und mit einem Stich Butter verrührt. — Zur Bereitung von Kartoffelmus passiert man die in Salzwasser weich gekochten Kartoffeln durch ein Sieb und verrührt sie gut mit einem Stich frischer Butter und alsdann mit etwas Milch. — Kastanien werden geschält, 10 Minuten in Wasser aufgekocht, um auch die zweite Schale sorgfältig ablösen zu können, dann in Milch weich gekocht, durchpassiert und mit einem Stich Butter und einer Prise Salz verrührt. — Zu meiden sind bei der Zubereitung der für Kinder der ersten Lebensjahre bestimmten Speisen alle Gewürze.

Was die Menge anbetrifft, mit der man die Beifütterung grüner Gemüse beginnt, so genügt ein gestrichener Eßlöffel; später steigert man die Mittagsportion bis auf zwei gehäufte Eßlöffel. Man glaube übrigens ja nicht, daß das Kind das ihm Angebotene gleich nehmen wird. Auch das Essen und das Schlucken fester Substanzen will gelernt sein, und mancher Säugling macht dabei rechte

Schwierigkeiten. Vom ersten Spinat kommt weniger in den Magen des Kindes als in seine Umgebung, die durch die wieder heraus gesprudelte Mahlzeit grün gefärbt wird. Aber auch die Fähigkeit, das grüne Gemüse zu verdauen, stellt sich erst allmählich ein. Zunächst wird es im Darmkanal nur ausgelaugt, und in der Ausleerung finden wir Teile der gereichten Nahrung nur wenig verändert wieder. Da wir hierauf vorbereitet sind, schreckt uns aber diese Wahrnehmung nicht.

Bis gegen Ende des ersten Lebensjahres bleiben wir für die Mittagsmahlzeit bei den genannten Gemüsen und erweitern dieses Menu des Kindes nur durch Aufnahme von gekochten Früchten. Birnen, Äpfel, die letzteren am meisten, da sie das ganze Jahr erhältlich, sind hierfür am geeignetsten. Die Früchte werden gekocht, durchpassiert, gezuckert und als feines Mus dem Kinde gereicht. Die übrigen Früchte mit Steinen (Pflaumen, Kirschen), sowie die mit feinen Kernen (Heidelbeeren, Preißelbeeren) sind weniger für die zwei ersten Lebensjahre geeignet, doch kann man ihren Saft zu einer trefflichen und gern genommenen Beinahrung auch schon in den ersten Lebensjahren verwenden. Das Kompott soll nicht zu kalt sein und entweder an Stelle des Gemüses oder nach dem Gemüse gegeben werden. Die Flasche, die sonst als Mittagsmahlzeit gereicht wurde, fällt natürlich aus. Die in ihr enthaltene Milchmenge kann den anderen Portionen zugelegt werden. Das Brustkind erhält gleichfalls eine Mahlzeit weniger und kann sich nunmehr mit viermaligem Anlegen begnügen. Will man den Säugling dabei ganz von der Brust absetzen, so läßt man nach und nach immer eine

Mahlzeit mehr ausfallen und gibt statt dessen die Flasche. Die Mischungen werden dabei wie auf Seite 15 u. 16 angegeben gemacht.

Zu Beginn des zweiten Lebensjahres wird an Stelle der Abendflasche eine zweite feste Mahlzeit verabreicht, die am besten aus Milchspeisen besteht. Man koche 10—15 g Grieß oder Reismehl oder schottisches Hafermehl in 200 g Milch gut weich, fügt eine Prise Salz und etwas Zucker bei und kann auch hierzu dem Kinde etwas Fruchtsaft geben. Gegen Ende des zweiten Lebensjahres kann man die Abendmahlzeit auch gelegentlich durch ein Ei oder Eierspeisen aus einem Ei (Rührei, Omelette) ersetzen. Zur Morgenmahlzeit gibt man, sobald das Vorhandensein von Zähnen dem Kinde das Kauen ermöglicht, ein oder zwei Zwiebäcke oder eine entsprechende Menge Semmel.

Allmählich erweitert sich die Zahl der Gemüse, die der erhöhten Kaufähigkeit entsprechend gegeben werden können. So kommt hinzu: Spargel, Blumenkohl, Braunkohl, Schwarzwurzel u. a. m. Auch können jetzt rohe Früchte gut gereinigt und geschält und nach Entfernung der Kerne gegeben werden.

In der zweiten Hälfte des zweiten Lebensjahres würde sich also der Tagesplan für die Ernährung eines Kindes folgendermaßen gestalten:

1. Frühstück: 200 g Milch, 2 Zwiebäcke.

2. Frühstück: 200 g Milch, 1/2 roher Apfel, 1 Zwieback.

Mittagessen: 2 Eßlöffel Gemüse, 1 bis 1 1/2 Eßlöffel Kompott.

Vesper: 200 g Milch.

Abendbrot: Milchspeise mit Fruchtsaft.

Besonderer Getränke außer der Milch bedarf das Kind nicht. Man hüte sich, es an das gänzlich überflüssige Wassertrinken zu gewöhnen. Bier und Wein, überhaupt jedes alkoholische Getränk, ist Gift für das Kind und ihre Verabreichung unter keinen Umständen und unter keinem Vorwande zulässig (stärkende Tokayerweine und ähnlicher Unfug mehr!!!). Auch Kaffee und Tee sind in diesem Alter schädlich.

3. Entwicklung des Kindes.

Bei einer verständigen Ernährung, für die wir im vorstehenden die nötigen Anhaltspunkte gegeben haben, entwickelt sich das Kind in normaler Weise. Über die Gewichtszunahme im ersten Lebensjahre haben wir bereits gesprochen (siehe Seite 22). Im zweiten Lebensjahre ist der Ansatz an Masse naturgemäß ein geringerer, zumal jetzt das Kind durch vermehrte Bewegung das „Milchfett" wieder abarbeitet. Man rechnet für das ganze zweite Lebensjahr auf eine Zunahme von etwa $2^1/_2$ Kilo.

Während der Neugeborene ca. 50 cm lang ist, mißt das Kind am Ende des ersten Lebensjahres ca. 75 cm, am Ende des zweiten Lebensjahres ca. 80 cm. Aber das Wachstum an Gewicht und an Länge ist keineswegs das einzige Zeichen der fortschreitenden Entwicklung des Kindes in den ersten zwei Lebensjahren, sondern es verändert sich in dieser Zeit körperlich und geistig nach jeder Richtung, und eine Reihe von wichtigen Funktionen und Fähigkeiten bildet sich aus, durch die sich der Mensch vom Tiere unterscheidet: Verstand, Sprache und aufrechter Gang.

Die Entwicklung der Verstandeskräfte geht von der Geburt an stetig vor sich. Nichts ist falscher als die Geistesfähigkeiten des Säuglings zu unterschätzen und infolgedessen zu meinen, daß man dem „unverständigen" Kinde in allen Dingen nachgeben müsse. Die Erziehung des Menschen hat vielmehr mit dem ersten Tage des Lebens zu beginnen. Was man in früher Jugend versäumt, ist schwer oder nie nachzuholen.

Nach außenhin zeigt sich die Zunahme der Verstandeskräfte zunächst in der Fähigkeit, Gegenstände zu fixieren. Dies nämlich muß der Neugeborene erst lernen, und manche Mutter ist daher in der ersten Zeit besorgt, ihr Kind schiele. Ein weiteres Zeichen der geistigen Entwickelung ist das Erkennen der Umgebung und der Personen, die mit dem Kinde in dauernde Berührung kommen. Bereits im zweiten Vierteljahr des Lebens sind die Fähigkeiten des Säuglings nach dieser Richtung hin zumeist schon gut ausgebildet. Ein nicht zu unterschätzender geistiger Fortschritt bekundet sich auch in der Fähigkeit, Dinge zu greifen, die meist im 3.—4. Monat erworben wird. Allerliebst sind die ersten täppischen Versuche, die begehrenswerten Gegenstände zu erfassen. In den aufmerkenden Mienen und den lebhaften Bewegungen zeigt sich die Erregung des Kindes, doch nach ganz falscher Richtung greifen die Händchen. Gelingt es endlich, das Ziel zu erreichen, so ist die Befriedigung in den Augen deutlich zu lesen, und meist wandert das so mühsam Erfaßte direkt in den Mund. Die geistige Arbeit, welche der Säugling bei diesen Versuchen leistet, ist eine große.

Die Sprache entwickelt sich derart, daß nach dem ersten Vierteljahre das Lallen beginnt, im vierten Vierteljahre die ersten Worte gesprochen werden und am Ende des zweiten Jahres schon ein ziemlicher Wortschatz erworben ist; auch beginnt das Kind am Ende des zweiten Lebensjahres begrifflich zusammengehörige Worte zusammenzusprechen, also mit einer richtigen Satzbildung. Dabei vermag es aber nicht alle Laute gleich deutlich auszusprechen, läßt daher die schwierigen Buchstaben fort oder ersetzt sie durch andere. Das klingt ja sehr eigenartig und nett, aber es ist durchaus falsch und unverständig, wenn nunmehr die ganze Umgebung des Kindes die fehlerhafte Aussprache annimmt, statt ihm richtig und korrekt vorzusprechen. Man halte daher alle Personen, die mit dem Kinde in Berührung kommen, davon ab, das kindliche Lallen nachzuäffen und sorge, daß dem Kinde fehlerlos vorgesprochen wird. Die Entwicklung der Sprache tritt aber auch — besonders bei ersten Kindern, die nicht von ihren Geschwistern lernen können — oft später ein, ohne deshalb auf die gesamten geistigen Funktionen einen betrübenden Rückschluß zu rechtfertigen. Man sorge sich daher nicht, wenn ein Kind von zwei Jahren noch wenig spricht; oft holt es das Versäumte durch Geschwätzigkeit im späteren Leben reichlich ein.

Der Säugling soll übrigens in geistiger Hinsicht nicht übermäßig angeregt werden. Man beschäftige sich also nicht zu viel mit den kleinen Kindern und versuche nicht vorzeitig, mit ihnen zu spielen oder ihnen allerhand Kunststücke beibringen zu wollen. Auch während des ganzen zweiten Lebensjahres schone man den kleinen Geist nach Möglichkeit und setze nicht seinen Ehrgeiz darein, das Kind frühreif und altklug zu machen. Ebenso in bezug auf das Sitzen, Gehen und Stehen schränke jede Mutter ihren leicht ausartenden Ehrgeiz ein. Bis zur Vollendung des sechsten Lebensmonats soll der Säugling überhaupt nicht, dann nur mit größter Vorsicht und für kurze Zeit aufgesetzt werden und bloß, wenn er selbst den Wunsch hierzu zu erkennen gibt. Das Kind faßt dann mit den Händen an die Wände des Wagens oder seines Lagers oder nach den entgegengehaltenen Armen der Mutter und zieht sich selbst richtig in die Höhe.

In der ersten Hälfte des zweiten Lebensjahres kommt das Kind allmählich zum Stehen und Gehen; auch hier hüte man sich, nicht durch vorzeitiges Anstacheln der Lauflust Schaden zu stiften. Alles ergibt sich von selbst. Das Bedürfnis zu gehen ist so groß, daß es sich ganz von allein Bahn schafft, wenn nur erst Knochen und Muskeln genügend weit in der Entwicklung vorgeschritten sind.

Wenn nun das Kind beginnt, sich selbst zu setzen und aufzustellen, achte man sehr darauf, daß es nicht aus dem Kinderwagen oder aus dem Bett herausstürzt. Im Wagen darf es dann keinen Augenblick mehr unbeaufsichtigt gelassen werden und das Bett ist mit einem Gitter zu versehen oder der Korb, in dem das Kind ruht, auf den Boden und auf eine weiche Unterlage zu stellen. Ist es aber, wie wohl in den meisten Familien, unvermeidbar, das Kind im Wagen oder anderer gefährdeter Lage für Momente allein zu lassen, so unterlasse man nie, es anzubinden. Das geschieht am zweckmäßigsten so: unter den Armen des Kindes legt man um seinen Körper einen lose geschnallten Riemen, den man durch zwei, je an einer Seite des Wagens befestigte Schlingen zieht. Diese seien gerade so groß, daß sie einesteils die Bewegungen des

Kindes möglichst wenig beeinträchtigen, anderenteils das Hinauslehnen verhindern. Bänder sind hierzu nicht geeignet, da sie ein Öffnen durch das Kind selbst ermöglichen.

Wenn das Kind in der Epoche des Kriechens und des ersten Laufens ist, so ist ganz besondere Vorsicht geboten, um die schädlichen Folgen, die die Nähe und innige Berührung des Bodens mit sich bringen, zu meiden. Auf dem Erdboden, in den Glinzen und Ritzen der Dielen und dem Staube, der sich hier findet und durch die Stiefel der Erwachsenen immer wieder in die Zimmer hineingebracht wird, finden sich Krankheitserreger, die an den Fingern des Kindes haften und von ihm in Nase, Mund und Haut gebracht werden. Auch der Erreger der Tuberkulose dringt auf diese Weise häufig genug in den Organismus gesunder Kinder. Man beachte infolgedessen die Regel, Kinder nie in Wohnungen kranker Personen auf dem Boden herumkriechen zu lassen, den Boden peinlich sauber zu halten und am besten dem kriechenden Kinde ein großes Laken, auf dem es sich bewegen kann, unterzulegen. Sehr zweckmäßig begrenzt man den Bewegungsraum des Kindes durch einen Laufkäfig.

Je nach der Art, in der sich bei dem einzelnen Kinde das ganze Knochenskelett aufbaut, kommt es früher oder später zur Bildung und zum Durchbruch der Zähne. Meist zeigt sich zwischen dem 7. und 9. Monat zuweilen früher und manchmal auch wesentlich später der erste Zahn in der Mitte des Unterkiefers. Unmittelbar darauf pflegt der zweite mittlere untere Schneidezahn zu erscheinen. 3—9 Wochen später scheinen zunächst die oberen Schneidezähne, und zwar erst die beiden mittleren, dann die beiden seit lichen durch. Zwischen dem 12. und 15. Monat kommen die zwei seitlichen unteren Schneidezähne und die vier ersten Backzähne, auf beiden Seiten unten und oben je einer; zwischen 18. und 24. Monat folgen endlich die vier Augenzähne. Die letzten vier Backzähne, die zur Komplettierung des Milchgebisses fehlen, pflegen erst zu Anfang des dritten Lebensjahres durchzukommen.

Der Durchbruch der Zähne wird nun als Ursprung aller möglichen Krankheitszustände betrachtet. Von schwerem Zahnen sollen die Kinder Zahnfieber, Zahndurchfall, Zahnhusten, Zahnkrämpfe und alles mögliche andere bekommen. All' dies ist aber Aberglaube, darum merke sich jede Mutter: Ein gesundes Kind bekommt seine Zähne ohne jedes Zeichen von Krankheit! Durchfall, Husten, Fieber, Krämpfe u. a. mehr sind Zeichen von ganz bestimmten Erkrankungen und haben mit dem Zahndurchbruch nichts zu tun. Schiebe daher keines dieser Krankheitszeichen, wenn sie je bei deinem Kinde auftreten sollten, auf das Zahnen, sondern frage sofort den Arzt, der den Grund der Krankheit erkennen und das Nötige zur Heilung tun wird. Die falsche Meinung, daß das Zahnen mit allerhand gesundheitsschädlichen Störungen einhergeht, führt häufig dazu, daß die Krankheit, die sich auf diese Weise äußert, nicht rechtzeitig erkannt und behandelt wird. Je zeitiger du den Arzt befragst, desto sicherer wird er das Leiden heilen können.

4. Die Wartung.

Luft und Licht sind unentbehrlich für das Gedeihen des Kindes! Das sonnigste, schönste, luftigste Zimmer einer Wohnung soll das Zimmer sein, in dem das Kind lebt.

Das beste Zimmer ist für das Kind gerade gut genug. Schon den Neugeborenen braucht man nicht ängstlich, wie früherer Aberglaube meinte, vor Luft und Licht zu schützen.

Im Mutterleibe freilich war das Kind beständig von einer gleichmäßigen Temperatur umgeben, nämlich von der des mütterlichen Blutes, das ist ca. 37 Grad Celsius. Es ist daher auch nötig, den Neugeborenen zunächst vor Kälte und vor Temperaturschwankungen zu schützen. Ebenso aber hüte man sich, ihn zu überhitzen, d. h. in dem Zimmer eine Backofentemperatur künstlich herzustellen und den Säugling mit zahlreichen Kissen zu bedecken. Eine leichte Decke über dem Steckkissen genügt. Bei Kühlwerden des Körperchens greife man lieber zu einer Wärmflasche. Das Zimmer soll nicht wärmer als 16 Grad Reaumur = 20 Grad Celsius gehalten werden. Schon nach 8—10 Tagen kann man bei normal geborenen Kindern die Zimmerwärme langsam auf 15 und 14 Grad Reaumur = 19—17 Grad Celsius sinken lassen.

Im Sommer öffnet man im Nachbarzimmer oder auch im Zimmer selbst schon am zweiten Tage die Fenster. Doch auch im Winter ist für ergiebige Lüftung des Raumes, in dem das Kind liegt, am besten durch Öffnung der Tür nach einem gelüfteten und wieder erwärmten Nebenraume zu sorgen. Dem Lichte aber gewährt man vom ersten Tage an Zutritt. Die Augen des Neugeborenen sind natürlich noch etwas lichtscheu, und man muß das Kind daher so stellen, daß sein Gesicht vor direktem Sonnenlicht geschützt bleibt.

Sonst aber heißt es, Licht und Luft an den Säugling heran lassen. Wie eine Blume sich nicht entwickelt im

Schatten und im dumpfigen Raume, so sind Licht und Luft für das Gedeihen des Kindes unentbehrlich. Im Sommer bei schönem Wetter kann man schon nach 8 Tagen beginnen, den Säugling ins Freie zu bringen. Im Winter geborene Kinder müssen einen sonnigen Tag für den ersten Ausgang abwarten, und in der Regel wird man dann kaum vor 4 Wochen das Kind in die freie Luft bringen können.

Sobald aber der Säugling an die Luft gewöhnt ist, bringe man ihn bei einigermaßen gutem Wetter regelmäßig heraus. Vor Kaltwerden der Füßchen mag man im Bedarfsfalle das Kind durch eine in den Wagen gelegte Wärmflasche schützen. Scharfer Wind und strenge Kälte werden ihn freilich in unserem Klima häufiger als uns lieb ist, ins Zimmer bannen. Im Sommer jedoch soll das Kind möglichst in der freien Natur leben.

Man braucht übrigens das Kind durchaus nicht im Freien herumzufahren, sondern man stellt den Kinderwagen an einen windgeschützten Platz still hin, sei es im Garten oder sei es auf einer Veranda oder einem Balkon. Im Sommer soll das Verdeck möglichst selten heraufgeschlagen werden, weil sonst gerade in der Nähe des kindlichen Kopfes eine stagnierende und schwüle Luft sich festsetzt. Die Gardinen des Kinderwagens sollen möglichst wenig zugezogen werden.

Bei der Auswahl des Kinderwagens ziehe man einen solchen mit heller Plane vor, da er im Sommer die Hitze besser abhält. Schafft man für das Kind ein Bett an, so achte man darauf, daß es leicht zu reinigen ist. Als Unterlage und auch als Kopfkissen sind nicht Federn zu verwenden, sondern am besten Roßhaar.

Der Neugeborene wird in den meisten Teilen Deutschlands etwa drei Monate lang im Steckkissen gehalten. Auch das Steckbett soll nicht aus Federn sondern aus Roßhaaren bestehen, die Zudecke desselben aus einer Watteschicht. Häubchen sind im Zimmer überflüssig.

Der Windelvorrat sei nicht zu knapp bemessen. Sobald das Kind naß ist oder Stuhlgang gehabt hat, ist es sofort trocken zu legen. Die sorgsame Pflegerin erkennt ohne weiteres, wenn dieser Moment eingetreten ist, da der Säugling in der Regel unruhig wird und durch schlängelnde Bewegungen andeutet, daß er sich unbehaglich fühlt. Das Kind ist alsdann sofort aufzupacken und die nasse Windel durch eine frische zu ersetzen. Hat das Kind Stuhl gehabt, so wird es mit Watte abgewaschen und etwas eingepudert. Am besten eignet sich hierzu eine Mischung von venezianischem Talg, Bärlapsamen und Zinkoxyd zu gleichen Teilen, die man sich in der Apotheke machen läßt. Ein gutes im Handel erhältliches Streupulver ist der sog. Vasenolpuder. Läßt man das Kind längere Zeit naß oder schmutzig liegen, so wird die Haut angegriffen und das Kind wird wund. Bei sehr empfindlicher Haut empfiehlt es sich überhaupt, die Umgebung des Afters leicht einzufetten (Cold Creame, Lanoline); besonders wird das bei den künstlich genährten Kindern häufig nötig sein. Unter keinen Umständen soll eine Windel wieder verwendet werden, ehe sie gründlich ausgewaschen und wieder gut getrocknet ist. Der Verbrauch an Windeln ist mindestens auf 10—15 Stück pro Tag zu berechnen. Die übrige Wäsche ist womöglich täglich zu wechseln. Um das Verschlucken von Knöpfen unmöglich zu machen, muß die Wäsche in dem Bereich der Händchen des Kindes am besten keine oder nur sehr sorgsam angenähte Knöpfe haben.

Reinlichkeit und Hautpflege sind ja mit die Grundlage für das Gedeihen des Kindes, darum sind kleine Kinder täglich zu baden. Schon der Neugeborene wird sobald als möglich nach der Geburt gebadet, um den Körper gründlich zu reinigen. Das erste Bad soll 28 Grad Reaumur = 35 Grad Celsius warm sein. Die Temperatur muß mit einem richtig gehenden Thermometer gemessen und nicht nach dem Gefühl festgestellt werden. Das zum Baden zu verwendende Wasser muß rein sein, denn die Haut des Neugeborenen ist und bleibt durch das ganze Säuglingsalter hindurch empfindlich. Nach dem Bade wird das Kind vorsichtig abgetrocknet und in den ersten Tagen des Lebens das Lager, in das es nunmehr gelegt wird, durch eine Wärmflasche vorgewärmt.

Ganz besondere Aufmerksamkeit ist in den ersten Tagen der Nabelschnur zu schenken, jenem Teile, an dem der kindliche Körper mit dem mütterlichen zusammenhing. Die Nabelschnur ist durch Bedecken mit sauberer Watte und durch Umlegung einer Binde ängstlich vor jeder Verunreinigung zu schützen. Die eingetrocknete Nabelschnur fällt in der Regel zwischen dem 6. und 10. Tage ab. Doch muß man auf den Nabel selber noch längere Zeit mit besonderer Sorgfalt bei der Reinigung des Kindes achten; denn der Nabel stellt in den ersten Tagen des Lebens gewissermaßen eine offene Tür in den Körper des Säuglings dar, und allerhand Krankheitserreger können durch denselben ihren Einzug halten. Darum heißt es, die Tür gut verwahren.

Das tägliche Bad wird am besten auch durch das ganze zweite Lebensjahr beibehalten, nur geht man vom 10. Tage an etwa auf 34 Grad Celsius und nach etwa 8 Wochen auf $32^1/_2$ Grad Celsius = 26 Grad Reaumur herunter. Älteren Säuglingen kann man zweckmäßig am Schluß des Bades mit Hilfe einer kleinen Gießkanne über Brust und Rücken einen Überguß mit Wasser, das 1 bis 2 Grad kälter als das des Bades ist, machen. Vor allzu kalten Waschungen und Übergüssen sei gewarnt, da sie ein zu starker Nervenreiz für kleine Kinder sind. Zur Reinigung der Kinder verwendet man eine milde nicht parfümierte Seife. Das Waschen am Abend ist überflüssig.

Besondere Sorgfalt verwende man von früh an auf die Nägel. Der Schmutz an diesen ist sorgsam zu entfernen und durch rechtzeitiges Schneiden dem Zulangwerden vorzubeugen. Die Kinder kratzen sich sonst leicht, und die empfindliche Haut neigt zur Bildung von kleinen Eiterbeulen, sog. Furunkeln, durch die das Wohlbefinden stark gestört wird und die unter Umständen sogar zu einer Lebensgefahr werden können.

Die Augen sollen beim Baden nicht mit dem Badewasser, sondern mit Watte ausgewaschen werden, die in reinem Wasser angefeuchtet ist. Die Reinigung des Mundes unterbleibt, wie schon erwähnt, bis zum Durchbruch der Zähne. Ist das Gebiß erst einigermaßen komplett, so reinige man es täglich mit einer kleinen, sehr weichen Zahnbürste, jedoch in der Regel ohne Zahnpulver.

Im Alter von 4—6 Monaten beginnt man, das Kind an Sauberkeit zu gewöhnen, indem man es abhält. Der

Erfolg wird größtenteils durch die Aufmerksamkeit und Geschicklichkeit der Pflegenden bedingt.

5. Krankheitsverhütung und -Bekämpfung.

Richtige Ernährung und gute Körperpflege sind die besten Mittel, Krankheiten zu verhüten. Ein sauber gehaltenes Brustkind wächst heran, ohne kaum je des Arztes zu bedürfen.

Um die Pocken, jene furchtbare Krankheit, die früher regelmäßig ihren Todeszug durch Deutschland hielt, zu bekämpfen, verlangt ein verständiges Gesetz, daß jedes Kind vor Ablauf des auf das Geburtsjahr folgenden Kalenderjahres geimpft wird. Bei der Impfung wird die Haut leicht geritzt und in die so entstehenden Gewebsspalten etwas Kälberlymphe eingerieben. Nach einigen Tagen bilden sich mit durchsichtigem Inhalt gefüllte Blasen, die, wofern sie nicht durch Kratzen des Kindes gereizt und verwundet werden, in etwa zwei Wochen eingetrocknet sind und abfallen. Die Impfung ist ein harmloser Eingriff, der völlig unschädlich ist, der aber das Kind vor der Möglichkeit schützt, von einer schrecklichen Seuche ergriffen zu werden. Man achte daher nicht auf das törichte Geschwätz ungebildeter und halb gebildeter Menschen, welche in der Impfung den Grund für alle möglichen Erkrankungen sehen. Man lasse vielmehr das Kind frühzeitig impfen und meide die heißen Monate. Auch ist unter allen Umständen zu verhindern, daß die Impfstellen von Fingern und Nägeln des Kindes berührt werden. Zweckmäßig legt man um die Ellenbogengelenke zu dieser Zeit eine Manschette aus Pappe, durch welche die Biegung des Armes verhindert und das Kratzen unmöglich gemacht wird.

Das erste Lebensjahr ist ein sehr gefährdetes insofern, als in keinem andern Lebensalter die Sterblichkeit eine so hohe ist als in diesem. Die Todesursache liegt meist in verschleppten Magendarmerkrankungen, die sich zumal in den heißen Sommermonaten häufen. Die Tatsache, daß es größtenteils unnatürlich genährte Kinder sind, die dabei zugrunde gehen, weist schon darauf hin, daß die Nahrungsaufnahme eine große Rolle bei der Entstehung dieser Krankheitszustände spielt; doch sei auch die verderbliche Wirkung der stagnierenden Luft in schlecht gepflegten Wohnungen nicht unterschätzt. Die Überhitzung ist für die Säuglinge verderblich, und sie fallen nicht selten einer Art Hitzschlag zum Opfer. Bei heißem schwülem Wetter sorge man daher für möglichste Durchlüftung der Zimmer und für ordentlichen Durchzug. Auch sollen die Kinder dann sehr leicht bekleidet und unter keinen Umständen warm zugedeckt werden. Möglichst entblößt, läßt man sie viel strampeln.

Ängstlich aber achte man auf jedes erste Krankheitszeichen: Fieber, Erbrechen und Durchfall sind in dieser Zeit ganz besonders verhängnisvolle Symptome. Sofort befrage man den Arzt und setze, bis derselbe erschienen, mit der Verabreichung von Milch aus. An Stelle derselben gibt man bei starkem Durstgefühl nur abgekochtes und wieder abgekühltes Wasser oder wenig gesüßten Kamillentee.

Vor allem aber hüte dich, wenn du dein Kind liebst, den erbetenen oder unerbetenen Ratschlägen kluger Nachbarinnen Folge zu geben, oder aber auf eigene Faust mit den Heil- und Nahrungsmitteln Versuche anzustellen, welche eine aufdringliche Zeitungsreklame dir anpreist. Nur der Arzt vermag zu helfen, und ihm sollst du vertrauen. Aber willst du Krankheit überhaupt für dein Kind meiden und somit des ärztlichen Rates womöglich gar nicht bedürfen, so gibt es hierzu nur ein Mittel, und das heißt: Stille dein Kind!

Für Kinder

ist die richtige Wahl des täglichen Getränkes von größter Wichtigkeit. Sie bedürfen eines vollständig unschädlichen und dabei angenehmen und milden Getränkes. Ein solches — für Frühstück und Vesper gleich geeignet — ist Kathreiners Malzkaffee. Er ist das denkbar beste, gesündeste und angenehmste Getränk und von bedeutenden Ärzten empfohlen.

Kathreiners Malzkaffee ist nur echt im geschlossenen Paket in der bekannten Ausstattung mit Bild und Namen des Pfarrers Kneipp und der Firma Kathreiners Malzkaffee-Fabriken.

Veröffentlichungen des Deutschen Vereins für Volks-Hygiene.

Im Auftrage des Zentralvorstandes
in zwanglosen Heften herausgegeben
von
Sanitätsrat Dr. K. Beerwald, Berlin.

Heft XIV.

Kolonisation in der Heimat.

Vortrag,
gehalten in der Generalversammlung des Deutschen Vereins
für Volkshygiene in Berlin am 21. September 1907
von

Obermedizinalrat Prof. Dr. Max Gruber
München.

Zweite Auflage.
(Sechstes bis fünfzehntes Tausend.)

München und Berlin.
Druck und Verlag von R. Oldenbourg.
1908.

Preis 30 Pfennig.

Von 100 Expl. an 25 Pf. | Von 500 Expl. an 18 Pf.
Von 200 Expl. an 20 Pf. | Von 1000 Expl. an 15 Pf.
Von 2000 Expl. an 12 Pf.

Veröffentlichungen des Deutschen Vereins für Volks-Hygiene.

Im Auftrage des Zentralvorstandes in zwanglosen Heften herausgegeben von Sanitätsrat Dr. K. Beerwald, Berlin.

Heft XIV.

Kolonisation in der Heimat.

Vortrag,
gehalten in der Generalversammlung des Deutschen Vereins für Volkshygiene in Berlin am 21. September 1907
von

Obermedizinalrat Prof. Dr. Max Gruber
München.

Zweite Auflage.
(Sechstes bis fünfzehntes Tausend.)

München und Berlin.
Druck und Verlag von R. Oldenbourg.
1908.

Hochgeehrte Frauen und Herren!

Gesundheit! Es gibt keinen wertvolleren Besitz für ein Volk! Und kein Volk braucht Gesundheit notwendiger als unser deutsches, das jeden Augenblick bereit sein muß, das, was es in friedlicher Arbeit mühsam erringt, gegen neidische Feinde mit dem Schwerte zu verteidigen!

Eine ungeheuere Umwälzung hat sich in den letzten 50 Jahren mit unserem Volke vollzogen: aus einem ackerbautreibenden Landvolk sind wir ein Gewerbe und Handel treibendes Stadtvolk geworden. Und dieser Umwandlungsprozeß ist noch immer in vollem Gange. Jahr für Jahr wachsen unsere Städte um Zehntausende und Hunderttausende von neuen Bürgern durch Geburt und Zuzug, während das flache Land kaum imstande ist, seine Kopfzahl zu behaupten. Dadurch ist die altbewährte Grundlage unseres völkischen und staatlichen Seins verlassen. Nicht mehr die ländliche Bevölkerung, sondern die städtische ist heute die wichtigste Stütze der wirtschaftlichen Macht des Reiches, und von Jahr zu Jahr in höherem Grade wird die städtische Bevölkerung auch zur wichtigsten Quelle seiner Wehrkraft!

Die Beschaffenheit unserer Stadt- und Industriebevölkerung verdient daher die größte Aufmerksamkeit aller derjenigen, denen die Zukunft unseres Volkes und unseres Reiches am Herzen liegt. Wieder und wieder müssen wir fragen und prüfen, wie es mit ihrer Gesundheit stehe, müssen wir insbesondere darüber sichere Auskunft zu erhalten suchen, ob die Städter ebenso, wie früher die Bauern, imstande sind, der Nation dauerndes Leben und Gedeihen zu verbürgen?

Sind es nützliche Organe, was an unserem Volkskörper unter unseren Augen mit solch unheimlicher Geschwindigkeit wächst, oder sind es bösartige Geschwülste, welche das Leben der Nation bedrohen?

Manchem wird die Sorge überflüssig erscheinen, da es ja längst erwiesen sei, daß das deutsche Volk wie die anderen europäischen Völker, trotz des rapiden Wachstums seiner Städte, in diesen fünfzig Jahren viel gesünder geworden ist; ja daß gerade viele der größten Städte heute gesünder sind als das flache Land.

In der Tat, wenn wir uns an die allgemeine Sterbeziffer halten, finden wir nur Günstiges. In den preußischen Städten z. B. betrug die Sterbeziffer im Jahrfünft 1851—55 31,5 ‰, im Jahrfünft 1896—1900 nur mehr 22,2 ‰. Sie ist somit in 50 Jahren nahezu um ein Drittel kleiner geworden und hat etwas stärker abgenommen als die Sterbeziffer des flachen Landes, welche in derselben Zeit von 29,8 ‰ auf 22,2 ‰, also um etwas mehr als ein Viertel zurückgegangen ist. In Berlin war die Sterblichkeit schon im Jahrfünft 1896—1900 auf 18,1 ‰ gesunken, um im letzten Jahrfünft 1901/06 weiter auf 16,5 ‰ herabzugehen. Sämtliche deutsche Großstädte mit mehr als 200000 Einwohnern hatten im letzten Jahrfünft eine mittlere Mortalität von 18,0 ‰, alle deutschen Großstädte mit 100000 bis 200000 Einwohnern eine solche von 17,7 ‰.

Auch dann, wenn wir, durch das gleichzeitige Sinken der Geburtenziffer doppelt mißtrauisch gemacht, der bekanntlich äußerst trügerischen allgemeinen Sterbeziffer kein Vertrauen schenken, sondern genauer nachforschen: die lebende Bevölkerung und die Verstorbenen in gleicher Weise nach Geschlecht und

Alter scheiden und für jede Bevölkerungsgruppe gesondert die Sterbeziffer berechnen, kommen wir zu einem nicht minder günstigen Befunde: in allen Altern und bei beiden Geschlechtern[1]) ist die Sterblichkeit der Städter, ganz ebenso wie die der Landbewohner erheblich kleiner geworden. Es bleibt kein Zweifel übrig: unsere heutigen städtischen Bevölkerungen sind viel langlebiger als jene vor 50 Jahren!

Dürfen wir somit unsere Sorge als überflüssig erklären? Dürfen wir mit der soeben gemachten Feststellung die Akten über die von uns gestellte Frage beruhigt schließen?

Ich will auf diese letzten Fragen zunächst mit einer Tatsachen antworten.

Stadt und Land zeigen von altersher charakteristische Unterschiede, wenn wir die Sterblichkeiten der Altersklassen und Geschlechter vergleichen.

Die Städte zeigen als auffälligste Züge in der Regel eine hohe Sterblichkeit der Säuglinge sowie der Kinder in den ersten Lebensjahren und eine hohe Sterblichkeit der Männer im Alter der vollen Erwerbsfähigkeit vom 25. bis zum 60. oder 65. Lebensjahre.

Über die Säuglings- und Kindersterblichkeit brauche ich hier nicht viel zu sagen. Es ist als sichergestellt zu betrachten, daß die hohe Säuglingssterblichkeit vor allem durch den Mangel der Mutterbrust und durch ungenügende oder fehlerhafte Pflege bedingt ist. Die Bestrebungen, unsere Zustände in diesen Richtungen zu bessern, sind im vollen Gange.

Dagegen müssen wir uns mit der hohen Männersterblichkeit in der Stadt eingehend beschäftigen. Sie wurde bisher allzu-

[1]) Mit unwesentlichen Ausnahmen.

wenig beachtet, obwohl sie gewiß kein geringerer Schaden ist als eine hohe Sterblichkeit der Säuglinge.

Die hohe Sterblichkeit der städtischen Männer ist eine Erscheinung, die anscheinend in allen Kulturländern wiederkehrt. Vor mir liegen die Zahlen für Preußen, England, Schweden, Dänemark, Hessen usw. Man kann schätzen, daß die Sterblichkeit der 25—60 Jahre alten Männer in der Stadt im Mittel um rund 50 Prozent höher ist als die der gleichaltrigen Männer auf dem Lande![1])

Es ist nun eine weitere überaus merkwürdige Tatsache, daß sich an der Größe dieses Unterschiedes zwischen den Männersterblichkeiten in Stadt und Land seit 30 und 50 Jahren wenig — sozusagen nichts! — geändert hat. Soviel ich sehen kann, macht nur Schweden eine Ausnahme. Ich werde auf sie zurückkommen.[2])

[1]) Nach der neuen, aufs sorgfältigste gearbeiteten Sterbetafel von C. Ballod (Sterblichkeit und Lebensdauer in Preußen. Zeitschr. d. Kgl. Preuß. Statistischen Landesamtes, Jahrgang 1908) betrug 1900/1901 in den Großstädten die Sterblichkeit der Männer im Alter von 25—30 Jahren 118,7 30—35 J. 141,5, 35—40 J. 149,7, 40—45 J. 158,8, 45—50 J. 158,6 50—55 J. 153,2, 55—60 J. 148,8, 60—65 J. 143,0, wenn die Sterblichkeit der gleichaltrigen Männer auf dem Lande gleich Hundert gesetzt wird.

[2]) Am auffallendsten ist die Veränderung in Stockholm. Wird die gleichzeitige Sterblichkeit auf dem Lande gleich 100 gesetzt, dann beträgt die Sterblichkeit in Stockholm:

Männer	1851/1860	1891/1900
25—30 Jahre	229,0	111,7
30—35 „	278,6	133,0
35—40 „	286,9	154,0
40—45 „	284,9	170,1
45—50 „	267,7	173,1
50—55 „	230,9	167,2
55—60 „	191,0	151,5

(Nach Gustav Sundbärg, Bevölkerungsstatistik Schwedens 1750—1900, Stockholm 1907, berechnet.)

In Dänemark z. B. war im Jahrzehnt 1840/49 die Sterblichkeit der 25—65 jährigen Männer in den Provinzstädten im Mittel der Altersgruppen um 58,5 % im Jahrzehnte 1890/1900 um 51,75 % höher als in den Landgemeinden.[1]) Der Unterschied ist also nur um 6,75 % kleiner geworden, trotzdem inzwischen die Sterblichkeit in den dänischen Städten um ein volles Drittel gesunken ist. Es ist eben in derselben Periode auch auf dem Lande die Sterblichkeit um 30 % niedriger geworden.

Ganz ähnlich liegen anscheinend die Verhältnisse in Preußen. Auch hier scheint sich an dem Unterschiede der Sterblichkeit der Männer in Stadt und Land in den letzten 30 Jahren nicht viel geändert zu haben, indem auch hier die Abnahme der Sterblichkeit auf dem flachen Lande nahezu Schritt gehalten hat mit jener in der Stadt!

Diese Tatsache muß uns aus doppeltem Grunde aufs höchste überraschen. Bedenken wir erstens, daß unsere Städte hauptsächlich durch Zuzug vom Lande wachsen, und daß es im großen und ganzen ohne Zweifel die geistig und körperlich Rüstigeren sind, die in die Stadt wandern. Während des rapiden Wachstums der Städte muß daher die angeborene körperliche Tüchtigkeit der erwerbstätigen Männer im Durchschnitt in der Stadt besser, auf dem Lande schlechter geworden sein. Man müßte schon deshalb eine relativ weit stärkere Abnahme der Sterblichkeit in der Stadt erwarten. Ferner müssen wir bedenken, welche ungeheuren Anstrengungen in den Städten, vor allem in den Großstädten, gemacht worden sind, um die Gesundheitsverhältnisse zu verbessern durch Wasserleitungen, Kanalisationen, Straßenherstellung usw. usw., durch die Bauordnungen,

[1]) Nach Prinzing, Handbuch der medizinischen Statistik, Jena, Fischer 1906, S. 471, berechnet.

welche von Jahrzehnt zu Jahrzehnt strenger geworden sind. Der größte Teil der Städter wohnt heute schon in neuen, unter der Herrschaft dieser verbesserten Bauordnungen entstandenen Häusern.

Gewiß, auch auf dem flachen Lande ist in allen diesen Richtungen vieles besser geworden. Aber im Durchschnitte dürfte hier die Besserung doch viel bescheidener sein. Denken Sie z. B. an die Schilderungen der ländlichen Verhältnisse im Osten Preußens, die uns von Kennern geliefert worden sind. Erinnern Sie sich ferner daran, daß unsere großartige Arbeiterschutzgesetzgebung in bedeutend höherem Grade den vorwiegend in der Stadt lebenden Industriearbeitern zugute gekommen ist als den landwirtschaftlichen Arbeitern. Nehmen Sie dazu die auch im Verhältnis zu den Preisen unvergleichlich höheren Löhne in der Stadt! Man sollte glauben, daß all dies der städtischen Gesundheit einen ungeheuren Vorsprung gegeben haben müsse.

Und trotzdem die Sterblichkeit der Männer in der Stadt noch immer um 30% höher als auf dem Lande und trotzdem auch in *absoluten Zahlen* die heutige Sterblichkeit der erwerbstätigen Männer in der Stadt kaum niedriger, vielfach sogar höher als die Sterblichkeit der männlichen Landbewohner vor 30 und vor 50 Jahren.[1])

Die Hebung des Wohlstandes und die dadurch ermöglichte Verbesserung der Ernährung und Bekleidung, die Zunahme der Reinlichkeit, die größere Schonung der Arbeitskraft, ferner jene

[1]) Nach *Ballods* Berechnungen ist noch heute die mittlere Lebenserwartung der 25 jährigen Männer auf dem Lande im „rückständigen" Ostpreußen um 4,03, im „rückständigen" Westpreußen um 5,28 Jahre größer als die der 25 jährigen Männer in Berlin (40,44, 41,69 u. 36,41 Jahre).

hygienischen Maßregeln, die sich über das ganze Land erstrecken, wie z. B. die Schutzimpfung gegen die Pocken, haben also allerdings zur Verminderung der Sterblichkeit in Stadt und Land geführt, und zwar mit einer Raschheit und in einem Ausmaße, welche niemand zu träumen gewagt hätte; aber anderseits müssen wir uns das zugleich beschämende und betrübende Geständnis machen, daß wir an die dem städtischen Leben spezifisch eigentümlichen Schädlichkeiten mit unseren Gegenmaßregeln offenbar noch kaum herangekommen sind!

Es scheint sogar so, als ob keine Hoffnung bestände, daß wir auf den von uns bisher eingeschlagenen Wegen ihnen näher kommen könnten. Es ist wenigstens sehr auffallend, daß auch England, wo der Aufschwung des Wohlstandes und der öffentlichen Gesundheitspflege um so viel früher eingesetzt hat als bei uns, in dieser Richtung bisher nicht viel weiter gekommen ist als wir. Auch dort überragt die Sterblichkeit der vollkräftigen Männer in der Stadt noch immer weitaus die des Landes!

Auch bei einer anderen Probe auf die Gesundheitsverhältnisse als bei der mit Hilfe der Sterblichkeitsziffern zeigt sich, daß wir der spezifisch städtischen Schädlichkeiten noch nicht Herr geworden sind. Noch immer scheint es mit der Militärdiensttauglichkeit in der Stadt erheblich schlechter bestellt zu sein als auf dem Lande. Im Mittel der Jahre 1902 und 1903 waren im Deutschen Reiche von 100 auf dem Lande geborenen und in der Land- und Forstwirtschaft tätigen Stellungspflichtigen 58,1 % tauglich, von 100 Stadtgeborenen und nicht mit Landwirtschaft Beschäftigten aber nur 52,65 %, also um mehr als 5 % weniger. In Berlin verhielt sich's im Jahre 1903 gar so, daß von 100 auf dem Lande Geborenen und in Land-

und Forstwirtschaft Beschäftigten 57,18 % tauglich waren, von 100 Stadtgeborenen und anderweitig Beschäftigten aber nur 40,71 %!

Leider ist auf diese Zahlen nicht allzuviel zu geben, da der Stellungsstatistik, wie sich mehr und mehr herausgestellt hat, die gröbsten Mängel anhaften. Wir werden erst dann eine ausreichende Grundlage zur Beurteilung der körperlichen Beschaffenheit der Nation erhalten, wenn die Musterung mit unvergleichlich größerem Zeitaufwande und mit viel mehr Gründlichkeit als heute unter genauer Protokollierung der Befunde vorgenommen werden wird, und wenn wir, was ich bereits wiederholt angeregt habe, einen Gesundheitskataster bekommen: wenn für jedes Kind beim Eintritt in den Kindergarten oder in die Schule ein Gesundheitsbogen angelegt wird, in den die Ergebnisse der eingehenden periodischen Untersuchungen durch die Schulärzte, später die Befunde bei der Stellung eingetragen werden.

Was sind das nun für Schädlichkeiten in der Stadt, die allen unseren Bemühungen trotzen? Nur wenn wir dies zu ermitteln imstande sind, dürfen wir auf Erfolge in der Zukunft hoffen.

Lassen Sie uns untersuchen, wie weit wir mit Hilfe unserer heutigen geringfügigen und mangelhaften Kenntnisse zum Verständnis der verwickelten Verhältnisse vordringen können. Wenn wir uns auch nur im Dunkel tastend vorwärts bewegen können, werden wir doch, wie ich Ihnen voraussagen darf, sehr bald auf Zusammenhänge stoßen, deren Erkenntnis, wie mir scheinen will, unser Denken wie unser Wollen aus ihrer Ruhe aufpeitschen muß!

Es wird Ihnen schon aufgefallen sein, daß ich bisher immer nur von der hohen Sterblichkeit der Männer in der

Stadt gesprochen habe. In der Tat gibt es keine ähnlich durchgreifende hohe Sterblichkeit der städtischen Frauen, wieder eine Tatsache, auf welche ich den größten Nachdruck legen möchte.

Wenn man die Sterblichkeit der einzelnen Altersklassen der erwachsenen Frauen in Stadt und Land vergleicht, so findet man im Verhältnis zu dem bei den Männern Beobachteten überhaupt nur geringfügige Unterschiede, und die vorhandenen fallen durchaus nicht alle zugunsten des Landes aus. Fast in allen Ländern findet man die Sterblichkeit der Frauen zwischen 25 bis 35 und 40 Jahren in der Stadt niedriger als auf dem Lande. In den Altern zwischen 35 bis 60 und 70 Jahren pflegen die Sterbeziffern in Stadt und Land nahezu gleich oder in der Stadt mehr oder weniger, aber meist nicht beträchtlich höher zu sein; im hohen Alter endlich ist die Sterblichkeit der städtischen Frauen in der Regel wieder merklich kleiner als die der ländlichen.[1])

Das Stadtleben ist also für die Frau bei weitem nicht so schädlich als für den Mann. Jedenfalls ist es keine so über=

---

[1]) Für Preußen z. B. ergibt sich auf Grund von Ballods Zahlen, daß, wenn die Sterblichkeit der betreffenden Altersklasse auf dem Lande gleich 100 gesetzt wird, die Sterblichkeit der Frauen in der Großstadt beträgt: 25—30 Jahre 94,2, 30—35 J. 97,1, 35—40 J. 101,8, 40—45 J. 104,7, 45—50 J. 116,5, 50—55 J. 109.5, 55—60 J. 107,1, 60—65 J. 98,4. — Nur in 8 Provinzen Preußens ist die Lebenserwartung der 25 Jahre alten Frauen in der Stadt geringer als die der Frauen auf dem Lande (um 0,63 bis 2,15 Jahre); in 4 Provinzen ist sie größer (um 0,20—0,74 Jahre)! — Dagegen ist in allen 12 Provinzen Preußens die Lebenserwartung der 25 jährigen Männer auf dem Lande erheblich größer als in der Stadt. Am größten ist der Unterschied der mittleren Lebensdauer in jenen Provinzen, wo die ländlichen Verhältnisse am reinsten erhalten sind: die Lebenserwartung der 25 jährigen Landbewohner ist in Westpreußen um 6,83 Jahre, in Ostpreußen um 7,13 Jahre größer als die der gleich alten Städter dieser Provinzen!

wältigende Schädlichkeit, daß nicht andere Momente mit ihrem der Gesundheit günstigen oder ungünstigen Einflusse in den Sterbeziffern zum Vorscheine kommen könnten. Es sei hier sogleich gesagt, daß die größere Sterblichkeit der Frauen im Alter von 25 bis 35 und 40 Jahren auf dem Lande ohne Zweifel hauptsächlich auf die dortige größere eheliche Fruchtbarkeit zurückzuführen ist. Daneben scheint auch die schwere Arbeit in Feld und Stall der Frau schädlich zu werden.

Die geringe Schädlichkeit des Stadtlebens für die Frau führt uns zu wichtigen Schlüssen.

Die Frau atmet dieselbe Luft wie der Mann! Sie lebt in der Stadt wie er im geschlossenen Raume! Der „Mangel an Luft und Licht", die „schlechte Luft in der Stadt", jene Gründe, mit denen wohl auch viele von Ihnen sofort bereit gewesen sein werden, die höhere Sterblichkeit der Männer in der Stadt zu erklären, können also dabei nicht das Ausschlaggebende sein, so wenig zuträglich sie sind! Dem Leben in einer modernen assanierten Stadt an sich kann somit — der landläufigen Meinung entgegen! — überhaupt keine **überwältigende** Schädlichkeit zukommen! Wir wissen ja auch, daß wir durchaus kein Recht haben, von spezifischen Stadtkrankheiten in dem Sinne von Krankheiten, die nur in der Stadt vorkommen, zu sprechen, denn alle jene Krankheiten, die in unseren Städten hausen, kommen auch auf dem Lande vor und können dort gelegentlich ebenso große Verheerungen anrichten als in der Stadt. Dies gilt insbesondere auch von der Tuberkulose!

Woher kommt dann aber die so erheblich höhere Sterblichkeit der städtischen Männer? Wodurch unterscheidet sich die Existenz der Männer in der Stadt von jener der Männer auf dem Lande so durchgreifend?

Zunächst scheint es, daß wir kaum etwas anderes finden können als die Verschiedenheit des Berufes. Auf dem Lande ist der größte Teil der Männer mit Ackerbau und Forstwirtschaft beschäftigt, dagegen in der Stadt nur der kleinste. Nun wissen wir, daß es außer dem Berufe des evangelischen Geistlichen keinen anderen gibt, der eine geringere Sterblichkeit aufweisen würde, als der des Landwirts.

In England z. B. beträgt die Sterblichkeit der 25 bis 65 Jahre alten Farmer und Gärtner bei Standardberechnung, d. h. bei rechnerischer Ausgleichung der Unterschiede in der Altersverteilung der einzelnen Berufsklassen nur 55 % von der durchschnittlichen Sterblichkeit der erwerbsfähigen Männer im Alter von 25—60 Jahren; die Sterblichkeit der Feldarbeiter nur 63 %.

Es könnte scheinen, als ob damit die Antwort auf unsere Frage schon gefunden wäre. Sie würde lauten: Die höhere städtische Männersterblichkeit ist die Folge der höheren Sterblichkeit der städtischen Berufe. Als praktische Folgerung ergäbe sich dann: Fortschritte der Stadthygiene müssen künftighin hauptsächlich auf dem Gebiete der Berufshygiene angestrebt werden!

Gewiß steckt darin ein guter Teil Wahrheit. Sicherlich haben die mit den verschiedenen Berufstätigkeiten verbundenen Schädlichkeiten großen Einfluß auf die Lebensdauer, und ohne Zweifel müssen wir alles in unseren Kräften Stehende tun, um diese Schädlichkeiten zu beseitigen.

Bei gar manchen Berufen liegt ihre grobe Schädlichkeit klar zutage. Wenn die Steinbrucharbeiter in England die vergleichweise Sterblichkeit 118, die Nadelschleifer 141, die Glasbläser 149 haben[1]), so wundern wir uns nicht darüber da wir wissen, daß diese Arbeiterkategorien große Mengen von scharfkantigem Staub einatmen müssen. Die hohe Sterblichkeit der Maler und Anstreicher, 112, der Arbeiter in chemischen Fabriken, 131, der Töpfer, 171, erscheint genügend erklärt durch die Gifte, insbesondere Blei, mit denen sie es zu tun haben.

Wenn wir gründlich suchen, finden wir schließlich bei jedem Berufe bestimmte, ihm eigentümliche Schädlichkeiten. Ist aber erkennbar, daß die Schädlichkeit aller anderen Berufe um so viel größer ist als die der Land- und Forstwirtschaft, daß sich daraus allein die Unterschiede in den Sterblichkeiten zureichend erklären ließen? Und hat denn der Beruf des Landwirts nicht auch seine Schädlichkeiten?

In der Tat stoßen wir mit der Erklärung auf arge Schwierigkeiten, sobald wir eine genauere Analyse der Schädlichkeiten in den verschiedenen Berufen im Vergleiche mit der Landwirtschaft vornehmen.

Wir wollen dies an einigen Beispielen zeigen.

Bei den ungelernten Arbeitern finden wir hohe Sterblichkeiten. So ist in England — ich muß immer englische Zahlen anführen, da es meines Wissens keine gleich tief eindringende deutsche Statistik gibt! — die vergleichsweise Sterblichkeit der Taglöhner und Dienstmänner 122, die der Kohlenträger 153, die der Straßenverkäufer 165, die der Hafenarbeiter 184. Man sagt, dies rühre von deren Hungerlöhnen und elenden Lebensbedingungen her. Ich frage aber, welche Bevölkerungsklasse ist schlechter gezahlt und lebt kümmerlicher als die der Feldarbeiter

[1]) Alle Zahlen über die Berufssterblichkeit in England stammen aus H. Westergaard, Die Lehre von der Mortalität und Morbidität. 2. Auflage. Jena, Fischer, 1901.

oder der Ziegelbrenner, und doch beträgt die Sterblichkeit der ersteren nur 63, die der letzteren nur 74 $^{9}/_{9}$ der durchschnittlichen. Und bei uns im Reiche steht es mit den Landarbeitern offenbar nicht viel anders; dies lehren die niedere Sterblichkeit und die hohe Militärdiensttauglichkeit auf dem Lande in Ostelbien.

Wenn man hört, daß die Schmiede, die Eisen- und Stahlindustriearbeiter und die Maschinenbauer ziemlich hohe Sterblichkeiten haben, so erklärt man dies mit der großen körperlichen Anstrengung, die ihr Beruf erfordert. Aber wir finden zahlreiche, sehr anstrengende Berufe mit relativ geringer Sterblichkeit. Die Arbeit des Heizers auf der Lokomotive gehört gewiß zu den anstrengendsten und auch sonst nicht zu den gesündesten, aber die Sterblichkeit der Lokomotivheizer in England beträgt doch nur 81 % des Durchschnittes. Wie schwer und in mancher Hinsicht auch sonst ungesund und gefährlich ist die Arbeit der Bergleute in den Kohlengruben; ihre Sterblichkeit beträgt aber trotzdem in England nur 77 %. Und wie schwer ist die Feldarbeit, das Düngen und Pflügen und Ernten, die Arbeit im Weinberg, die Stallarbeit, das Holzführen im Winter usw.! Wir haben ja gehört, wie schädlich sie für die Frau sind. Und trotzdem: wie niedrig die Sterblichkeit der männlichen Landarbeiter.

Für die hohe Sterblichkeit der Droschkenkutscher (115) und sonstigen Fuhrleute (128), der Seeleute (138) macht man die Unbilden der Witterung verantwortlich, aber der Landwirt ist ihnen nicht weniger ausgesetzt.

Bei anderen Berufen wieder sollen die starke Anspannung der Nerven und die beständige Aufregung das Schädliche sein. Ihr gegenüber wird das friedliche Leben des Bauern gerühmt. Diese Schädlichkeit soll natürlich nicht geleugnet werden, aber es darf nicht unbeachtet bleiben, daß ein Beruf, der gewiß mit die höchsten Anforderungen an das Nervensystem stellt, der des Lokomotivführers, in England zu denen mit geringster Sterblichkeit gehört (81).

Der sitzenden Lebensweise in geschlossenem Raume wird eine große Schädlichkeit zugeschrieben; gewiß mit Recht. Aber die Berufe mit dieser Lebensweise können uns die hohe städtische Sterblichkeit nicht erklären, denn sie haben fast alle nur eine mittlere Sterblichkeit; einzelne sogar eine recht geringfügige, z. B. Schuster 92, Kontorpersonale 91,5, Rechtsanwälte 82, Lehrer 60.

Wenn es der lange Aufenthalt in freier Luft wäre, der das Leben des Landmanns so gesund macht, dann müßten seinem Berufe an Zuträglichkeit jene anderen Berufe am nächsten kommen, welche im Freien ausgeübt werden, aber gerade die meisten von diesen zeigen die ungünstigsten Verhältnisse. Ich habe die Taglöhner und Dienstmänner, die Droschkenkutscher und sonstigen Fuhrleute, die Fährmänner und Seeleute, die Straßenverkäufer und die Hafenarbeiter schon erwähnt. Fast alle Freiluftberufe zeigen viel höhere Sterblichkeiten als die Stubenberufe, obwohl unter jenen einige sind, wie der der Fuhrleute, welche scheinbar sehr wenigen und geringen Schädlichkeiten ausgesetzt sind. Überhaupt geht die Sterblichkeit keineswegs parallell mit der erkennbaren Gefährlichkeit des Berufes. Wir finden unter den scheinbar wenigst gefährlichen Berufen nicht wenige, welche betreffs der Höhe ihrer Sterblichkeit die gefährlichsten weit überragen. Ist es nicht erstaunlich, daß die Textilindustriearbeiter 105, die Buchbinder 106, die Drechsler und Tapezierer 109, die Friseure und die Metzger 110, die Büchsenmacher 123, die Schornsteinfeger 131 Sterblichkeit haben und die Kohlenbergleute nur 77!

Kurz und gut, mit den landläufigen Erklärungen der verschieden hohen Berufssterblichkeiten stimmt es nicht, und insbesondere bleibt es uns zunächst noch immer ziemlich rätselhaft, warum denn die Landwirte so außerordentlich günstige Gesundheitsverhältnisse zeigen. Es müssen noch andere Einflüsse tätig sein, um die Sterblichkeit der Landwirte von derjenigen der meisten anderen Berufe so gewaltig zu scheiden.

Man muß zu zweifeln anfangen, ob es denn wirklich so liegt, wie wir vorhin angenommen haben, daß die städtische Sterblichkeit deshalb ungünstiger sei, weil sich die schädlicheren Berufe in den Städten anhäufen; ob es sich nicht umgekehrt verhält, so, daß die nicht landwirtschaftlichen Berufe zum erheblichen Teil deshalb schädlicher erscheinen, weil sie überwiegend in den Städten ausgeübt werden und unter gewissen allgemeinen Einflüssen des Stadtlebens stehen.

Wenn wir eine eingehende Statistik der Berufssterblichkeit hätten, brauchten wir nicht hin und her zu raten. Man muß dringend wünschen, daß alle Anstrengungen gemacht werden, die großen Schwierigkeiten dieser Aufgabe zu überwinden. Beim Versuche ihrer Lösung müßte unbedingt die Sterblichkeit der einzelnen Berufe nach dem Wohnsitz der Berufstätigen (Land und Stadt) gesondert berechnet werden.

Da ein nicht unerheblicher Teil der nicht landwirtschaftlich Berufstätigen heute noch auf dem Lande lebt, dürfte es übrigens nicht überflüssig sein, darauf hinzuweisen, daß ihr Leben, verglichen mit dem der Bauern und ihrer Knechte, abgesehen vom Berufe viel Städtisches an sich hat: sie sitzen wie die Städter zumeist in den geschlossenen Teilen der Ortschaften beisammen; sie sind viel weniger seßhaft als die Bauern, sie sind in ihrer Jugend gewandert und reisen und wechseln ihren Wohnsitz auch im reifen Mannesalter viel häufiger als diese; ihr Einkommen oder Lohn besteht zu einem viel größeren Teile aus Bargeld als der des Landmanns; um nur einiges zu nennen!

Neuerdings sehen wir uns also zurückgedrängt zu der Frage: Wo steckt die große Schädlichkeit des Stadtlebens für die erwachsenen Männer?

Offenbar müssen wir in einer anderen Richtung suchen als bisher. Fragen wir uns einmal ganz allgemein ohne Rücksicht auf Stadt und Land: Welche Schädlichkeiten gibt es, die auf die erwachsenen Männer erheblich stärker einwirken als auf die erwachsenen Frauen?

Um die Antwort brauchen wir leider nicht verlegen zu sein! Indem wir sie geben, müssen wir allerdings rücksichtslos Dinge ins helle Licht setzen, die man gewöhnlich absichtlich zu verdunkeln sucht.

Die Männer setzen sich zwei Schädlichkeiten in unvergleichlich höherem Grade aus als die Frauen: der geschlechtlichen Ansteckung und dem Alkohol. Welche Verwüstungen im Körper diese Übel anzurichten vermögen, fangen wir endlich voll zu erfassen an. Wir wissen heute, daß ihre Wirkungen durchaus nicht in dem erschöpft sind, was von krankhaften Störungen unmittelbar auf sie bezogen werden kann.

Mit der Syphilis z. B. hängen, wie wir erst jetzt erkannt haben, zwei Krankheiten aufs engste zusammen, die wir früher als etwas durchaus Selbständiges angesehen haben: die Tabes und die progressive Paralyse; die letztere, wie es scheint, die scheußliche Frucht von Syphilis und Alkohol im Vereine. Vielleicht noch schlimmer ist die allgemeine Schwächung der Widerstandskraft des Körpers, welche Alkohol und Syphilis bewirken, so daß der Körper zur leichten Beute für andere Übel wird.

Wenn es gelänge, nachzuweisen, daß beide Schädlichkeiten auf die Männer in der Stadt ausgedehnter und heftiger wirken als auf die Landleute, dann hätten wir wohl unsere Aufgabe, die hohe Männersterblichkeit in der Stadt zu erklären, so ziemlich gelöst.

Wenn man diesen Nachweis versucht, verspürt man aufs neue schmerzlich, wie gering unsere sicheren Kenntnisse über die Verbreitung dieser entsetzlichen Übel noch sind. Es ist unmöglich, exakte Zahlen beizubringen, und man ist auf mehr oder minder unsichere Schätzungen angewiesen. Immerhin wissen wir — wie ich glaube — genug, um behaupten zu dürfen, daß im allgemeinen bei den meisten europäischen Völkern in der Tat beide Momente, venerische Ansteckung und Alkoholmißbrauch, in der Stadt viel verbreiteter sind als auf dem Lande.

Was die venerischen Krankheiten betrifft, so haben die wenigsten Laien eine Vorstellung davon, wie verbreitet sie in unseren Städten sind.

In Dänemark besteht seit längerer Zeit die Pflicht der Ärzte, anzugeben, wie viele Fälle von Geschlechtskrankheiten jährlich in ihre Behandlung kommen. Da ergab sich z. B. für die zehn Jahre 1886—1895 im Mittel, daß von je 100000 Einwohnern des platten Landes jährlich 38, von 100000 Provinzialstädtern 300, von 100000 Kopenhagenern 2010 — d. h. rund 2 Prozent! — wegen solcher Krankheiten behandelt wurden.[1])

Ein grelles Licht auf unsere deutschen Verhältnisse wirft eine höchst dankenswerte Erhebung der preußischen Regierung. Im Jahre 1900 wurde an sämtliche preußische Ärzte die Anfrage gerichtet, wie viele venerisch Kranke sie an einem Tage,

[1]) Blaschko, Hygiene der Prostitution. Weyls Handbuch der Hygiene, S. 22.

am 30. April dieses Jahres, in Behandlung gehabt hätten. Nur ein Teil der Ärzte antwortete. Die gewonnenen Zahlen bleiben deshalb weit hinter der Wirklichkeit zurück. Das Ergebnis ist, daß von je 100000 erwachsenen Männern auf dem flachen Lande 79,5, dagegen in Berlin, um nur diese eine Stadt zu nennen, 1419,3, d. h. 1,4 % an diesem einen Tage wegen venerischer Erkrankung in Behandlung waren! Je größer die Stadt, um so größer der Prozentsatz der Erkrankten; ein Resultat, das niemanden verwundern wird, der städtisches Leben kennt.

Die Verbreitung der Geschlechtskrankheiten in der breiten Masse der städtischen Bevölkerungen scheint zuzunehmen. Nach den Ausweisen des Berliner Gewerks-Krankenkassenvereins erkrankten venerisch 1892—1895 jährlich im Mittel 536 von 10000 männlichen Kassenmitgliedern, darunter 102 an Syphilis, 1896 bis 1900 664 bzw. 121, 1901—1902 747 bzw. 159, 1903 830!

Lassen Sie mich nur noch eine Zahl anführen, welche Ihnen zugleich die schauerlichen Folgen der syphilitischen Ansteckung deutlicher machen soll. In den 25 Jahren 1875—1900 wurden in die preußischen öffentlichen Irrenanstalten aufgenommen aus Berlin allein 21976 Paralytiker oder jährlich 524 von einer Million Einwohner. Dagegen war die Zahl der Paralytiker aus den Provinzen Schlesien, Hessen-Nassau, Westfalen und Rheinprovinz nur zwischen 30 und 106 pro Million Einwohner.[1]) Ärzte, welche die Verhältnisse genau kennen, schätzen, daß nur eine kleine Minderzahl der Männer in der Stadt ohne venerische Erkrankung durchs Leben kommt, und es ist eine außerordentlich verhängnisvolle Tatsache, daß in keiner männlichen Berufs-

[1]) Grunau, Frequenz, Heilerfolge und Sterblichkeit in den öffentlichen preußischen Irrenanstalten 1875—1900. Ref. Allgem. Zeitschrift für Psychiatrie, 63. Bd. (1906).

klasse venerische Erkrankungen häufiger sind als unter den akademisch Gebildeten. Nach einer kaum anfechtbaren Statistik erkrankt in Berlin alljährlich etwa ein Viertel der akademischen Jugend an Geschlechtsleiden, und in den anderen großen Universitätsstädten dürfte es kaum besser stehen!

Und nun zum Alkoholismus. Ein wie großer Teil der männlichen Bevölkerung unter dem Alkohol mehr oder weniger schwer leidet, zeigt ziffernmäßig die auf Angaben der Ärzte beruhende dänische Statistik[1]), nach welcher 6,7 % der im Alter von 20 — 85 Jahren verstorbenen Männer direkt oder indirekt am Alkohol zugrunde gegangen sind, gegen 0,8 % der gleichaltrigen Frauen. Unter den verstorbenen Männern im Alter von 35—45 Jahren waren sogar 14,4 %, also rund ein Siebentel nachgewiesenermaßen mit vom Alkohol getötet worden.

Noch höher sind die Zahlen, die in 15 (später 18) größeren Städten der Schweiz ermittelt wurden. Dort war 1891—1903 der Alkohol nachweislich am Tode schuldig oder mitschuldig in 10,6 % der Sterbefälle von Männern im Alter von mehr als 20 Jahren und in 1,9 % der Sterbefälle von gleich alten Frauen. Von den Männern im Alter von 40—60 Jahren gingen nachweislich 15,5 % am Alkohol zugrunde. Vergleichszahlen für die kleineren Städte und fürs flache Land fehlen.

Leider ist es unmöglich festzustellen, wie groß der Verbrauch an geistigen Getränken in Stadt und Land tatsächlich ist. Daß die Verlockung zum Alkoholmißbrauch in den Städten im Vergleiche mit dem flachen Lande vertausendfacht ist, ist ohne weiteres klar, und jeder Kenner wird zustimmen, daß, in großen Teilen unseres Vaterlandes wenigstens, auch heute noch der

[1]) Westergaard, l. c. S. 634.

Verbrauch auf dem Lande und namentlich der Verbrauch der Bauern und ihrer Knechte weit geringer ist als jener der städtischen Arbeiterbevölkerung.

Es wäre übrigens irrig anzunehmen, daß gleiche Mengen Alkohol in Stadt und Land, bei dem hart im Freien arbeitenden Landmann und bei dem in der warmen Stube sitzenden Berufsarbeiter gleiche Wirkungen ausüben müßten. Es ist eine feststehende Erfahrungstatsache, daß man bei starker Muskelarbeit im Freien, z. B. beim Bergsteigen, erheblich mehr Alkohol verträgt, ohne berauscht zu werden, als bei sitzender Lebensweise, und es hat von vornherein große Wahrscheinlichkeit für sich und scheint durch die Erfahrung bestätigt zu werden, daß es sich bezüglich der chronischen schädlichen Wirkungen nicht anders verhalte. Bei intensiverem Stoffwechsel wird der Alkohol rascher im Körper verbrannt und damit unschädlich gemacht. Für Leute mit matterem Stoffumsatz, also für die Masse der Städter, ist der Alkohol ohne Zweifel ein viel verderblicheres Gift!

Kommt dann noch das Nachtleben und damit der chronische Schlafmangel hinzu, die stundenlange Einatmung der durch die menschlichen Ausdünstungen, durch die Verbrennungsprodukte der Leuchtkörper und durch Tabaksqualm verpesteten Luft, dann darf man sich nicht wundern, wenn der Organismus vorzeitig zusammenbricht!

Daß die städtische Bevölkerung ganz besonders schwer unter dem Alkoholismus leidet, kann keinem Arzte verborgen bleiben, der mit offenen Augen zusieht. Das Heer von Neurasthenikern und Hysterischen wird hauptsächlich von ihm und nicht, wie die Ausrede lautet, von der aufregenden und aufreibenden Berufsarbeit rekrutiert. Nicht Überarbeit, Übergenuß zehrt an unserem Marke!

Einen gewissen, wenn auch nicht allzu sicheren ziffermäßigen Anhalt zur Beurteilung der Alkoholwirkungen in Stadt und Land scheinen wieder die Aufnahmezahlen der preußischen Irrenanstalten zu geben. In den 25 Jahren 1875—1900 kamen aus Berlin 13139 Patienten mit Säuferwahnsinn und 22708 Epileptiker, das sind 313,4 bzw. 541,7 pro Million und Jahr zur Aufnahme, dagegen aus den früher genannten Provinzen nur 2,8—32,2 Deliranten und 35,4—107,7 Epileptiker! Berlin lieferte 112 mal so viel Deliranten, 15,3 mal so viel Epileptiker und 17,5 mal so viel Paralytiker in die öffentlichen Irrenanstalten als Westfalen, die Provinz mit den niedrigsten Ziffern.[1])

Wir haben früher gesehen, daß die verschieden hohe Sterblichkeit der einzelnen städtischen Berufe sich nur zum kleinsten Teile aus den erkennbaren Berufsgefahren befriedigend erklären läßt. Den Schlüssel zum Verständnis scheint das Studium des Alkoholismus in den verschiedenen Berufen zu geben.[2]) Jedermann weiß, daß infolge verschiedener Arbeitsbedingungen, infolge verschiedenartiger Überlieferung und verschiedener Lohnhöhe der Alkoholmißbrauch in den verschiedenen Berufen sehr ungleich groß ist. Ich will mich hüten, deutsche Berufe zu nennen, da ich den ziffermäßigen Beweis für meine Behauptung schuldig bleiben müßte. Es wäre höchst wichtig, wenn das Material der Irrenanstalten in der Weise aufgearbeitet würde, daß die Zahl der Aufnahmen aus den einzelnen Berufen unter Berücksichtigung des Alters der Aufgenommenen in Beziehung gesetzt

[1]) Man beachte übrigens, daß die Zahl der Aufnahmen nicht identisch ist mit der Zahl der Erkrankungen.

[2]) Auch die verschieden starke Verbreitung der Geschlechtskrankheiten dürfte daran beteiligt sein.

würde mit der Zahl der in jedem einzelnen Berufe Tätigen, wie sie sich bei den Berufszählungen ergibt. Delirium potatorum, Epilepsie und Paralyse müßten dabei besonders sorgfältig beachtet werden.

In England hat man die schon oft erwähnte Standardberechnung auf die Todesursachen ausgedehnt und dabei auch den Anteil der durch den Alkohol direkt verursachten akuten Todesfälle (akuter Rauschtod und Delirium) an der Gesamtsterblichkeit berechnet. Ich weiß sehr wohl, wie viel Willkürlichkeit in der Diagnose „Tod durch Alkohol" steckt und ein wie unsicherer Maßstab für die Intensität des Alkoholmißbrauchs die Relativzahl dieser Todesfälle ist. Aber trotzdem, die Helligkeit, welche diese Zahlen in dem Dunkel der Berufssterblichkeit zu erzeugen scheinen, ist, wie schon der ausgezeichnete Statistiker Westergaard ausgesprochen hat, so überraschend, daß ich mir nicht versagen kann, einige Daten anzuführen.

Der Befund läßt sich kurz so ausdrücken, daß, wenn man verwandte Berufe vergleicht, die Höhe der Gesamtsterblichkeit mit der Höhe der Alkoholtodesfälle nahezu vollständig parallel geht. Unter den liberalen Berufen haben die evangelischen Geistlichen die niederste Gesamtsterblichkeit (53), sie haben auch die geringste Alkoholsterblichkeit (0,2); die Musiker haben unter den liberalen Berufen die größte Alkoholsterblichkeit (2,9) und die größte Sterblichkeit überhaupt (121). Im Handel haben die Ladenhalter die geringste Alkohol- und Gesamtsterblichkeit (1,4 bzw. 86), die Handelsreisenden die höchste (5,3 und 96). Unter den Handwerkern und Gewerbetreibenden haben die geringste Alkoholsterblichkeit die Zimmerleute (0,8) und zugleich die geringste Gesamtsterblichkeit (78), die Kellner weisen die höchsten Zahlen auf (10,6 bzw. 173). Die früher erwähnte hohe Sterblichkeit der Friseure, der Metzger, der Schornsteinfeger findet anscheinend ihre Erklärung in deren Alkoholmißbrauch, der durch die hohe Zahl der Alkoholtodesfälle (3,5, 3,5 bzw. 5,9) angezeigt wird. Die Bergleute haben eine so auffallend niedere Sterblichkeit (77), anscheinend deshalb, weil sie in England sehr mäßig, zum großen Teile abstinent sind (Alkoholtodesfälle 0,4). Die Freiluftarbeiter haben so hohe Sterblichkeiten, weil unter ihnen der Abusus spirituosorum besonders stark verbreitet ist (z. B. Seeleute 2,1 Alkoholtodesfälle). So steht es auch im Transportgewerbe; Droschkenkutscher, Fuhrleute, Fährmänner haben große Todesfrequenz und 1,7 1,7 und 2,8 Alkoholmortalität; dagegen haben die Lokomotivführer, die Eisenbahnbeamten und Eisenbahnschaffner kleine Mortalitäten (81, 81, 78 und 82,5) und sehr kleine Alkoholtodesfrequenz (0,2, 0,2, 0,5, 0,5), weil sie im Dienste nicht trinken dürfen, weil alle auch sonst mäßig sind, die Majorität völlig abstinent lebt.

Von besonderer Wichtigkeit für unsere Frage ist, daß die Gärtner, die Farmer, die Feldarbeiter, welche von anderen Berufen unerreicht niedrige Sterblichkeiten haben (55, 56, 65), auch mit die niedrigsten Ziffern der Alkoholtodesfälle aufweisen (0,1, 0,6, 0,4), sei es, weil sie wirklich verhältnismäßig wenig trinken, sei es, weil sie gegen Alkohol toleranter sind als die Angehörigen anderer Berufe. Im ganzen geht also der Parallelismus so erstaunlich weit und bestätigt in so hohem Grade die tägliche Erfahrung, daß man — versteht sich nur für England! — ruhig den Satz aussprechen kann: Ein großer Teil dessen, was bisher als spezifische Berufsschädigung angesehen wurde, ist tatsächlich Alkoholschädigung.

Dann ist aber auch ein großer Teil dessen, was als Stadtschaden angesehen wurde, tatsächlich Alkoholschaden! Ich fühle mich vollständig sicher, daß dieser Satz eine immer schlagendere Bestätigung erfahren wird, je eingehender die Frage statistisch untersucht werden wird. Venerie und Alkoholismus sind die größten Übel, unter denen wir leiden. Sie regieren, nebenbei bemerkt, auch in sehr erheblichem Maße die Verbreitung der Lungenphthise.

Die Erkenntnis, daß neben den eigentlichen Berufsschäden die Geschlechtskrankheiten und der Alkoholmißbrauch einen Hauptanteil an der hohen städtischen Männersterblichkeit haben müssen[1]), eröffnet uns vielleicht auch das Verständnis für die

[1]) Einen wichtigen Beleg dafür, daß der Alkoholmißbrauch eine Hauptursache der hohen Männersterblichkeit ist, liefert meines Erachtens auch die schwedische Statistik. Für Schweden gab es bekanntlich eine Zeit, wo es dem Branntweinsuffe rettungslos verfallen schien. Im dritten Jahrzehnt des vorigen Jahrhunderts betrug der Konsum auf absoluten Alkohol gerechnet 23 Liter pro Kopf und Jahr. Dann begann der Kampf gegen das Übel, der so erfolgreich war, daß heute Schweden neben Norwegen und Finnland den geringsten Alkoholverbrauch in Europa aufweist. Aber noch Anfang der 50er Jahre verbrauchte Schweden 11 Liter Alkohol pro Kopf und Jahr. Und nun: zur Zeit des höchsten Mißbrauches eine Männersterblichkeit von schauerlicher Höhe; heute eine der niedersten in Europa!

Ich setze die Mortalitätsziffern für die Jahrzehnte 1821/30 und 1891/1900 her. Zum Vergleiche setze ich dazwischen die Männersterblichkeiten in Preußen 1900/1901. Die ersteren Zahlenreihen sind Sundbärg (l. c.), die letzteren Ballod (l. c.) entnommen.

Von je 100000 lebenden Männern der betreffenden Altersklasse starben jährlich in

Alter	Schweden 1821/30	Preußen 1900/1901	Schweden 1891/1900
25—30 Jahre	965	576	661
30—35 „	1172	665	672
35—40 „	1396	904	759
40—45 „	1778	1202	881
45—50 „	2182	1589	1073
50—55 „	2756	2111	1373
55—60 „	3441	2836	1861

volkshygienisch furchtbarste Tatsache des Stadtlebens, von der wir bisher noch gar nicht gesprochen haben.

Es ist schon schauerlich genug, zu wissen, daß jährlich in Berlin allein mehrere Tausende kostbarster Leben, erfahrene, geschäftstüchtige, arbeitsame Männer, vorzeitig enden, die noch lange dauern würden, wenn wir hier die ländliche Sterblichkeitshöhe hätten.

Aber was bedeutet dies gegenüber dem massenhaften Aussterben der Familien in der Stadt!

An dieser Tatsache ist nicht zu zweifeln.[1]) Erkundigen Sie sich, wie viele bürgerliche Familien auf Vater- und Mutterseite auf eine längere Reihe von städtischen Vorfahren zurückblicken können? Blicken Sie auf den Nachwuchs der in irgendeiner hervorragenderen Stellung befindlichen Männer. Sie werden ohne viel Mühe erkennen können, daß in ungemein vielen Fällen die Familie vor dem Aussterben steht, daß die spärlichen Kinder oder Enkel die letzte Generation ihres Stammes bilden werden. Und tief in den bürgerlichen Mittelstand und in den Arbeiterstand herab finden Sie ganz ähnliche Verhältnisse.

Die Dogmatiker der orthodoxen Selektionslehre werden beständig von dem Gespenst einer durch Massenerzeugung von Minderwertigen herbeigeführten zunehmenden vererblichen Ent-

---

Ich verweise auch auf die unverhältnismäßig starke Abnahme der Sterblichkeit in Stockholm und in den anderen schwedischen Städten gegenüber dem Lande, für welche ich in einer früheren Anmerkung Zahlen angeführt habe. Ich vermute, daß auch sie auf die Abnahme des Alkoholmißbrauchs zu beziehen ist, der in Stockholm und in den anderen Städten besonders scheußliche Höhen erreicht hatte.

[1]) Auf den literarischen Streit, der sich an G. Hansens Buch „Die 3 Bevölkerungsstufen", München 1889, knüpfte, kann hier nicht eingegangen werden.

artung der Kulturvölker infolge mangelnder Auslese geplagt; ein Gespenst, das sie selbst theoretisch konstruiert haben.

Diese Vorstellung setzt voraus, daß die Fortpflanzungsfähigkeit trotz sonstiger körperlicher Degeneration durch viele Generationen unverändert erhalten bleibe. In der Wirklichkeit des Menschenlebens aber spielt sich die Sache anscheinend ganz anders ab. Hier sind anscheinend in der Regel die Keimstoffe das erste, was schlecht wird.

Ich kenne eine ganze Reihe von Familienstämmen — und jeder von Ihnen wird, aufmerksam gemacht, bald selbst solche finden — wo ganz plötzlich das Absterben hereinbricht. Eine Generation von anscheinend gesunden und kräftigen, langlebigen Menschen erweist sich als steril oder erzeugt nur spärlich kümmerliche Nachkommen ohne Kraft oder ohne Courage, selbst wieder Vater und Mutter zu werden.

Nicht also allmähliche Verschlechterung der Durchschnittsqualität der Nachkommen bei unveränderter Nachkommenzahl, sondern fast plötzlicher Zusammenbruch! Dieses plötzliche Versagen der Generationskraft erklärt, wie es kommen kann, daß diese Vorgänge auf die Sterblichkeitsziffer einer Bevölkerung keine merkbare Wirkung ausüben; insbesondere dann, wenn gleichzeitig Einflüsse wirksam sind, welche das Individualleben im Durchschnitt verlängern.

Ein wie furchtbares Ereignis ist ein solches Aussterben einer Familie! Durch ungezählte Jahrtausende hat der Stamm geblüht und immer wieder geblüht, und nun plötzlich versiegt der Born seines Lebens! Was bedeutet dagegen der Tod eines einzelnen!

Vom Standpunkte der Rasse aus wäre ja eine solche gründliche und rasche Ausmerzung des unbrauchbar Gewordenen ganz nützlich, wenn wir nur annehmen dürften, daß das Zugrundegehen des Stammes die Folge einer spontanen, unaufhaltsamen Entartung der Keimstoffe sei.

Aber eine solche Vorstellung ist ganz und gar unannehmbar! Es liegt im innersten Wesen des Lebendigen, zweckmäßig oder, wie Hans Buchner es genannt hat, „erhaltungsmäßig" zu reagieren. Es ist ganz undenkbar, daß irgend ein Lebendiges von sich heraus einmal in der Richtung auf unzweckmäßiges Reagieren hin variieren könnte; wie — nebenbei gesagt — die beliebte Vorstellung einer ursachelosen, spontanen Variation der Keimstoffe überhaupt allem wissenschaftlichen Denken Hohn spricht.

Wenn wir ein derartiges Versagen eines Organismus, wie das Erlöschen der Fortpflanzungsfähigkeit, finden, können wir sicher sein, daß es sich um die Wirkung von äußeren Schädlichkeiten handelt, welche das Keimplasma bzw. seine Träger und Vermehrer in der einen oder anderen Generation getroffen haben. Die Plötzlichkeit des Verfalls in so zahlreichen Fällen scheint zu zeigen, daß es sich sehr häufig um mehr oder weniger plötzlich in die Familien hereinbrechende Schädlichkeiten handelt, und daß ein Keimplasma, das in lebenswichtigen Komponenten geschädigt worden ist, bald völlig versagt. Nicht ein spontanes, allmähliches Verlöschen der „Lebenskraft", sondern ein ziemlich akuter Keimverderb ist die Todesursache der Familien![1])

Die Einsicht, daß es sich beim Tode der Familien nicht um eine Naturnotwendigkeit wie beim Tode der Individuen,

---

[1]) In seinem grundlegenden Werke „Der Adel Schwedens", Jena, Gustav Fischer, 1903, welches mir erst nach diesem Vortrage im Original bekannt geworden ist, meint Pontus Fahlbeck allerdings eine all-

sondern um die Folge äußerer Schädlichkeiten handelt, ist tröstlich, denn äußere Schädlichkeiten müssen sich abhalten lassen. Aber, wo haben wir diese merkwürdigen Schädlichkeiten zu suchen, welche das Keimplasma stärker schädigen als das Soma, den Leib der Individuen?!

Diese Frage ist von brennender Wichtigkeit, denn von ihrer Beantwortung mit hängt die Zukunft der modernen Stadtvölker ab.

Die Erscheinung des Familientodes ist nicht etwa ein Produkt unserer Zeiten; sie ist gewiß uralt. Das Überraschende ist nur, daß sie trotz aller Fortschritte der Hygiene allem Anscheine nach unverändert fortbesteht. Die Erscheinung ist gewiß auch nicht ausschließlich an die Städte gebunden, aber anderseits ist es unzweifelhaft, daß sie bisher wenigstens in den Städten unvergleichlich häufiger auftritt als auf dem Lande.[2]) Je mehr wir also zum Stadtvolk werden, um so größer wird der Verbrauch an Familienstämmen und um so größer wird die Gefahr der Verarmung an Volkskraft für die Nation.

Leider ist es gegenwärtig unmöglich, eine erschöpfende oder auch nur nach einer Richtung hin eine ziffermäßige Antwort auf die Frage nach der Ätiologie des Familiensterbens zu geben. Es fehlt uns fast vollständig an einer Statistik der Familien-Morbidität und -Mortalität, an einer Ätiologie der Familien-Sterblichkeit und der Keimstoffentartung und an einer Menschenzuchtlehre, die diesen Namen verdienten. Völlig pietätlos haben wir uns seit Generationen um keine Ahnentafel gekümmert,

---

mähliche Degeneration der Zeugungskraft der Familien bewiesen zu haben. Ich finde aber, daß seine Forschungsergebnisse, welche die höchste Beachtung verdienen, vielmehr auf akuten Verfall hinweisen.

[2]) Auch Pontus Fahlbeck (l. c.) weist darauf hin, daß der landsässige Uradel Schwedens eine erheblich größere Familienlebensdauer besitzt als der stadtsässige jüngere Beamtenadel.

und völlig gedankenlos haben wir seit Generationen Ehen schließen lassen, ohne im geringsten nach der gesundheitlichen Beschaffenheit der Brautleute und ihrer Ahnen zu fragen! Es ist eine Kardinalforderung und die Vorbedingung einer Nationalhygiene, die wir so notwendig brauchen würden, daß in diesen Stücken sobald als möglich vollständige Wandlung eintrete!

Vorläufig sind wir auch gegenüber dem Familiensterben, mehr oder weniger aufs Raten angewiesen. Sicher scheint zu sein, daß nicht die Armut, sondern der Überfluß dem Leben der Familie gefährlich wird. Wenn wir weiter fragen, wieso denn Wohlhabenheit und Reichtum der Gesundheit gefährlich werden können, so stoßen wir neben Überernährung sofort wieder auf Übergenuß; auf die sexuelle Zügellosigkeit mit ihrem Gefolge von Geschlechtskrankheiten und auf den Mißbrauch des Alkohols und anderer, mehr untergeordneter Genußmittel. In der Tat — mögen noch so viele andere Schädlichkeiten, die wir noch nicht erfassen können, mit im Spiele sein — dessen dürfen wir sicher sein, daß die Geschlechtskrankheiten und der Alkoholmißbrauch einen erheblichen Anteil an dem Familiensterben unserer Zeit haben müssen. Wir dürfen dies als sicher annehmen, weil wir sehr genau wissen, wie häufig die Gonnorrhöe die Fortpflanzungsfähigkeit vernichtet, und wie ungeheuer schädlich das Syphilisgift und der Alkohol den Keimstoffen sind, während wir anderseits über die ungeheure Verbreitung dieser Schädlichkeiten unter den Wohlhabenden und unter den Städtern nicht im Zweifel sein können.

Man hört vielfach die Meinung aussprechen, daß das Aussterben der Familien eine notwendige Folge der ungünstigen äußeren Lebensbedingungen in der Stadt sei, also des Aufenthaltes in geschlossenen Räumen, des Mangels an Licht und

Luft u. dgl., oder auch, daß intensive geistige Arbeit und nervöse Erregung die Zeugungskraft mit Notwendigkeit schwächen müßten. Daß beide Annahmen nicht richtig sind oder wenigstens nicht das Ausschlaggebende treffen, lehrt überzeugend das Beispiel der Juden. Seit nahezu 1800 Jahren leben die Juden fast ausschließlich als Stadtvolk; in städtischen Wohnungen — und in welchen Wohnungen im Ghetto! — und von städtischem Erwerb mit vorwiegend geistiger Arbeit, und zwar mit rastloser, aufregender und sorgenvoller geistiger Arbeit. Auch außerhalb ihres Gewerbes hat es ihnen wahrlich selten an Sorgen und Aufregungen gefehlt. Und trotzdem leben sie noch heute, und ist ihre Vermehrungstätigkeit bis zu ihrer Emanzipation ungeschwächt bestehen geblieben!

Also das städtische Wohnen und geistige Arbeit, Aufregung und Sorge sind es nicht, die einem Volke den Lebensfaden abschneiden. Dagegen weist uns gerade das Beispiel der Juden wieder auf die Bedeutung des Alkoholmißbrauches und auch auf die der Geschlechtskrankheiten hin; denn es ist bekannt, wie außerordentlich mäßig der nach Vätersitte lebende Jude ist, und ebenso ist es bekannt, wie frühzeitig er die Ehe eingeht und wie treu er sie hält.

Und noch eins lehrt uns das Beispiel der Juden. Sie hätten unmöglich diese Jahrhunderte beständigen Kampfes um ihre Existenz überdauern können, wenn sie nicht einen so gesunden, natürlichen Instinkt und eine so bewunderswerte Aufopferungsfähigkeit für die Erhaltung ihres Volkes besessen hätten. Der junge Mann, kaum erwerbsfähig geworden, hielt es für seine Pflicht, seinem Volke unter Entbehrungen und harter Arbeit zahlreichen Nachwuchs aufzuziehen! So wird ein Volk unsterblich!

Und nun vergleichen Sie damit unsere städtischen Zustände! Durchaus nicht immer ist, ein Kind zu haben, die heiße Sehnsucht kinderloser Gatten. Das Aussterben der Familien erfolgt zum großen Teil gewollt! Man heiratet nicht mehr oder zu spät. Man will keine Kinder mehr bekommen — und Frauen von solcher Gesinnung genießen bei uns trotzdem gesellschaftliche Achtung! — oder man will nur eins, allerhöchstens zwei Kinder haben; viel zu wenig also, um mit Rücksicht auf die unvermeidlichen Todesfälle im Kindes- und Jugendalter der Familie die Fortdauer zu sichern. Rücksichtslose Kindererzeugung ist gewiß ein tadelnswerter Unfug, aber ihre Einschränkung in dem Umfange, wie sie sich jetzt mehr und mehr einbürgert und die breiten Massen gewinnt, ist ein Verbrechen am Leben der Nation. Die eheliche Fruchtbarkeit sinkt in unseren großen Städten rapid, in Berlin in geradezu grauenerregender Weise. Im Jahre 1904 betrug sie hier nur mehr 111 auf 1000 gebärfähige Frauen gerechnet, d. h. nur mehr die Hälfte derjenigen vor 30 Jahren (1863 bis 1872 220)![1]) Trotz seiner niederen Sterbeziffer vermöchte Berlin, das mit seinen Vororten drei Prozent unseres ganzen Reichsvolkes beherbergt, seine Bevölkerungszahl nicht einmal konstant zu erhalten, wenn nicht der Zuzug wäre![2])!

Wenn das Land dieses Vorbild nachahmt — und die Gefahr, daß es dies tun wird, ist im Wachsen! — dann wird der Geburtenüberschuß, dessen wir uns jetzt noch erfreuen, bald verschwunden sein; dann werden auch wir bald den Weg der Griechen und der Römer gehen und den des edlen Frankreich!

„Schlecht fährt das Land,
Gefräß'gen Übeln wird es bald zum Raub,
Wo Reichtum blüht,
Die Menschen welk sind, wie im Herbst das Laub."

---

[1]) H. Westergard, Archiv f. Rassen- u. Gesellschafts-Biologie. 3. Bd. 1906. S. 371.

[2]) Statistisches Jahrbuch für Berlin 1900—1902.

Es ist leider ein düsteres Bild, das ich Ihnen entrollen mußte. Vielleicht sehe ich zu schwarz. Ich meine aber, ein solches Schwarzsehen ist weniger schädlich als ein rosiger Optimismus, der sich vom Gange der Ereignisse überraschen läßt. Nach meiner Meinung ist es höchste Zeit, daß Staat und Gesellschaft alle Kräfte aufbieten, um das drohende Verhängnis aufzuhalten.

Was soll geschehen?

Wenn ich mit meinen Darlegungen recht habe, dann ist neben der Pflege der Berufshygiene das wichtigste, daß der Kampf gegen den Alkoholmißbrauch, gegen die Geschlechtskrankheiten, gegen die Entartung der geschlechtlichen Sitten und gegen den Verfall der Familie mit aller Macht und mit immer wachsendem Nachdrucke aufgenommen werde.

Vor allem müssen wir trachten, Einsicht zu verbreiten und den Willen der Bevölkerung richtig zu stimmen. Denn ohne Einsicht und guten Willen des Volkes wäre es völlig unmöglich, über Übel auch nur einigermaßen Herr zu werden, die, wie der Alkoholismus und der zügellose Geschlechtsgenuß, mit unseren stärksten Trieben im Bunde stehen. Jede gesetzliche oder polizeiliche Maßregel müßte wirkungslos bleiben, solange ihre Nützlichkeit und Notwendigkeit nicht begriffen wird.

Daneben müssen wir zur Bekämpfung der Geschlechtskrankheiten jedes Mittel benutzen, das nützlich zu sein scheint.

Eine nennenswerte Einschränkung der venerischen Krankheiten durch Regelung der Prostitution ist nicht zu erhoffen. Dagegen läßt sich durch persönliche Prophylaxis der Männer nicht wenig erreichen. Die Kenntnis davon muß meines Erachtens im Volke unbedingt, soviel als möglich verbreitet werden; ohne Rücksicht darauf, daß durch diese Kenntnis der ungesetzliche Geschlechtsverkehr zunächst vielleicht gefördert werden könnte.

Vielleicht kommt früher, als wir zu hoffen wagen, der große Tag, an dem es der Wissenschaft gelungen sein wird, gegen die Syphilis, wie jetzt schon gegen die Pocken oder gegen die Diphtherie zu schützen.

Aber auch dann werden wir nicht minder nachdrücklich vor sexueller Ungebundenheit warnen müssen! Die Griechen und Römer haben die Syphilis nicht gekannt und sind trotzdem an sexueller Entartung zugrunde gegangen, wie jedes Volk zugrunde gehen muß, welches das Geschlechtliche nur als Quelle des Genusses betrachtet und es nicht als Mittel zur Züchtung eines tüchtigen Nachwuchses mit Ehrfurcht benutzt.

Ich wollte, ich könnte mit feurigen Zungen reden, dann würde ich meinem Volke zurufen: Geh in dich, mein Volk, und kniee nieder vor dem Altar der drei gütigen Hausgöttinnen, denen du alles Gute verdankst, das du jemals geschaffen hast: Glaube, Hoffnung und Liebe! Glaube nämlich an deine eigene Kraft, Hoffnung auf deine Zukunft und Liebe zu deinen Kindern.

Kniee nieder und flehe zu ihnen, daß sie deinen Sinn stark machen gegen alle Torheit und dein Herz stark gegen alle verderblichen Begierden!

Reiße aus deinem Herzen den Leichtsinn des Genießens, den deine Erfolge und dein wachsender Reichtum hineingepflanzt haben.

Und wenn du dich so gereinigt und gestärkt hast, dann stehe auf und reinige dein Land, das Erbe deiner Väter, wie einst Jesus den Tempel gereinigt hat, von all dem Gelichter, das sich darauf breit macht, deine Kinder zu verderben.

Vor allem bringe die überlauten Törinnen zum Schweigen, welche von der freien Liebe faseln, ohne zu ahnen, was sie ihren eigenen Geschlechtsgenossinnen damit anrichten würden!

Sperre ins Tollhaus jene Ästheten, die unter dem Titel der Schönheit alles zum ziellosen Spiel machen, ihren Mitmenschen jeden Maßstab für Nutzen und Notwendigkeit der Dinge, jedes Verständnis für Kausalität — ins Moralische übersetzt Pflicht — zu rauben drohen!

Die falschen Propheten aber, die das rücksichtslose „Sichausleben" als Ideal verkündigen, erschlage! Diese Schurken, die, um selbst zügellos leben zu können, jede Zügelung der Triebe als unmöglich und jede Mahnung dazu als Heuchelei zu erklären wagen!

Das kleine Gesindel der bezahlten Marktschreier im Dienste des Alkoholkapitals und des Prostitutionskapitals lasse irgendwo in einem Winkel abtun!

Zertritt auch die ekle Brut der Perversen und Homosexuellen, die mit ihren Lastern auch noch vor dir zu kokettieren sich erfrechen! Laß dich nicht durch falsches Mitleid davon abhalten. Du wirst dabei vielleicht den einen und anderen wirklich Mißgeborenen töten und jedenfalls gar manchen geistig krankhaft Veranlagten, aber auch alle diese müssen sterben, denn sie sind ansteckend![1]) Es soll in Berlin heute schon 50000 Homo-

---

[1]) Dies ist natürlich nicht wörtlich zu nehmen. Mein voller Ernst ist es aber, daß die Perversen, welche sich seit einigen Jahren geradezu organisiert haben, über große Geldmittel verfügen, eine Propaganda von erstaunlicher Dreistigkeit betreiben und mit schaudererregendem Erfolge Proselyten machen, mit drakonischen Maßregeln bekämpft werden müssen. Ein Erwachsener, der seine perversen Neigungen nicht unterdrücken kann, ist gemeingefährlich, muß aus der Gemeinschaft ausgeschlossen und durch sichere Verwahrung unschädlich gemacht werden. Es ist eine der gefährlichsten Verkehrtheiten unserer Zeit, daß sie voll Wehleidigkeit ist gegenüber dem kleinsten Unlustgefühlchen des Individuums und gänzlich gefühllos gegenüber den Leiden des Volkskörpers als Ganzes. Und doch müßte jeder einsehen, daß es weit besser ist, daß der einzelne leidet — ob im gewöhnlichen Sinne

sexuelle geben; ich werde mich nicht wundern, wenn es morgen ihrer 100000 geben wird!

Hast du diese alle stillgemacht, dann sorge dafür, daß deine Kinder stets die Stimme der Wissenschaft hören können, wenn sich in ihnen die Begierden regen; die Stimme der Wissenschaft, welche genau so wie die transzendente Moral fordert, daß Voraussicht und Vernunft die Herren im Hause sein und bleiben müssen, und lehrt, daß Selbstbeherrschung die Vorbedingung aller Kultur sei!

Um wieder nüchterner zu sprechen: Die jetzige systematische Irreführung der öffentlichen Meinung durch einen sehr großen Teil der Tagespresse, der schönen Literatur und der sog. Kunstzeitschriften in bezug auf die gesellschaftliche und rassenhygienische Bedeutung sexueller Ordnung ist geradezu einer der verhängnisvollsten hygienischen Übelstände unserer Zeit; weit verderblicher noch als die niedere Pornographie, welche durch ihre Gemeinheit Naturen aus besserem Holze wenigstens bald abstößt. Aber dies ist süßes schleichendes Gift!

Wer es mit seinem Volke redlich meint, der müßte sich zu ernstlicher Gegenwehr aufraffen, indem er solche Bücher nicht kauft, solche Theaterstücke nicht besucht, solche Blätter nicht in die Hand nimmt, geradeso, wie er sich verpflichtet fühlen müßte, mit den heutigen Trinksitten unbedingt zu brechen! Er darf sich durch das Geschrei der Afterkunst-Bohéme nicht einschüchtern lassen: der ist noch lange kein Philister, der Dirnenkunst verabscheut, und der noch lange kein Dunkelmann, der behauptet, daß Freiheit und Zügellosigkeit zweierlei seien!

---

schuldig oder nicht — als daß die Gesamtheit leidet. Ohne Schmerzen und Leiden geht es nun einmal in dieser Welt nicht ab!

Es wäre unendlich viel wert, wenn an Stelle der jetzt alles übertönenden Irrlehren die Wahrheit über den Alkohol, über die Geschlechtskrankheiten und über die ganze ungeheure Bedeutung des Züchtungsproblemes überhaupt immer wieder und wieder verkündet würde.

Wir müssen trachten, der Überzeugung von der Verderblichkeit unserer Unsitten und von der Notwendigkeit, sich von ihnen loszureißen, die Festigkeit eines Glaubens zu verleihen! Denn es wird unter allen Umständen einer Willensanstrengung gewaltigster Art bedürfen, wenn unser Volk auf der schiefen Bahn, auf der es zum Verderben gleitet, sich noch zum Stehen bringen will. Predigen wir also unermüdlich!

Überschätzen wir aber auch nicht den praktischen Wert und Erfolg der Predigt für sich allein!

Wir müssen uns losmachen von der törichten Vorstellung, als ob jedermann jederzeit jedes Beliebige wollen und tun könnte. Es gibt keinen freien Willen in diesem Sinne. Das Tun des Menschen ist das notwendige Produkt seiner Anlagen und seiner Lebensbedingungen, zu denen auch seine Erziehung gehört. Wir können ihm ein neues Motiv einpflanzen; z. B. indem wir ihm einen Rat geben, eine Einsicht eröffnen, aber dieses Motiv tritt in Wettbewerb mit zahlreichen anderen Motiven, und das Tun des Menschen erfolgt in der Resultierenden aller seiner Willensimpulse.

Für jeden von uns gibt es ein Maß der Versuchung, dem gegenüber unsere Vernunft und unsere moralische Kraft versagen! Darum heißt es ja auch in dem herrlichen Gebete, das allein genügen würde, um den Namen Jesu der Menschheit auf ewig ehrwürdig zu machen: „Führe uns nicht in Versuchung!“

Wie können wir ein gesundes Geistesleben erwarten, wenn wir den Menschen unter so ganz und gar ungesunde Existenzbedingungen versetzen, wie die der Großstadt. Der junge Mensch findet sich fast völlig losgelöst vom Pflanzen- und Tierleben, fast ohne Berührung mit den Naturvorgängen überhaupt, in dem künstlichen Klima der Wohnung und der Stadt; losgelöst vom Boden der Heimat, von dem ihm nichts gehört und von dem ihm sozusagen nur einige Quadratmeter zur Benutzung geliehen sind. Für die ungeheure Mehrheit gibt es kein wirtschaftliches Band der Familie mehr; keinen gemeinsamen Boden- und anderen Kapitalbesitz. Fast keine häusliche Verwendung mehr für die Kräfte von Frau und Kindern. Jedes ist darauf angewiesen, sich außerhalb der Familie Verdienst zu suchen. Die Frau mehr und mehr in wirtschaftlichen Wettbewerb mit dem Mann tretend. Frühzeitig, sehr häufig auch räumliche Loslösung von der Familie und von der Heimat. Weitgehende Verschiebung des natürlichen Zahlenverhältnisses der Geschlechter durch die Wanderung. Schlimmer als alles eine weitgetriebene Teilung der Arbeit. An der Stelle der Vielseitigkeit und Abwechslung der Arbeit des Bauern mit ihrer Freude am fertigen Produkt eine tödliche Monotonie, die Einschaltung der Tätigkeit des einzelnen in einen vielgeteilten Arbeitsprozeß, wobei der einzelne Arbeiter weder das Rohmaterial noch das Endprodukt zu sehen bekommt und ebenso wenig einen Einblick erhält in den ganzen Gang seiner Herstellung. Während des größten Teiles seines Tages ist der Städter nur Arbeitsmaschine. Innerhalb weniger Stunden, die er oft dem Schlaf rauben muß, muß er sich die zum Leben notwendigen Lustempfindungen zu verschaffen suchen. *Nur hastige, heiße Genüsse sind für ihn da, keine stillen Freuden, die Muße brauchen.* Und ein Mensch, der ein solches Dasein führt, soll sich den tausendfachen brutalen und raffinierten Lockungen zum Alkoholmißbrauch und zu wildem Geschlechtsgenuß entziehen, die an allen Ecken auf ihn lauern, soll unbeeinflußt bleiben von dieser Atmosphäre atemloser Gier überhaupt, die er in der Großstadt atmet!

Und zu all dem dann noch die städtische Wohnungsnot, welche die Menschen zur Herde zusammendrängt und sie zu einer Herde macht, dem einzelnen wie der Familie keinen genügenden Lebensraum, fast keine Möglichkeit eines von anderen abgeschlossenen Lebens nach dem eigenen Sinn übrig läßt, welche Männer und Frauen, Knaben und Mädchen, jung und alt, Blutsverwandte und Fremde auf engen Raum zusammenpferchte, jedes häusliche Behagen fast unmöglich macht; die Menschen zwingt, geselligen Verkehr und Vergnügen außerhalb der Wohnung zu suchen, im Wirtshaus, wo sie dem Trinkzwange unterjocht werden!

In dieser Atomisierung der Familie und Verherdung der Individuen liegt die ungeheure hygienische Gefahr. Man muß sich völlig klar machen, daß die Schädlichkeit der städtischen Wohnungsverhältnisse für die Psyche hygienisch noch weitaus bedenklicher ist als die für den Körper. Die Verkürzung der Arbeitszeit wird so zur Vermehrung der Wirtshauszeit, die Vermehrung des Einkommens zur Vermehrung der Ausgaben für Alkohol und Tabak und Putz und Tand und Tingel-Tangel und Prostitution!

Ich muß gestehen, daß ich fast daran verzweifle, das heutige Stadtvolk diesem Pfuhl von Unnatur zu entreißen. Mit Mittelchen ist da nichts anzufangen. Die Übervölkerung und die Loslösung der Menschen von der Natur und vom heimatlichen Boden sind Übelstände von ganz ungeheurer Größe! Es fehlt den städtischen Familien an Lebensraum; wie soll man ihnen diesen verschaffen?

Das Bodenmonopol und die Grundrente, die profitgierige Terrainspekulation, welche die Städte wie mit einem eisernen Ring umschnürt hält, verbunden mit dem Bedürfnis des Arbeiters, nicht allzu weit von seiner Arbeitsstätte entfernt zu wohnen, machen eine genügende Verdünnung der heute bereits dicht wohnenden Bevölkerung der Großstädte durch Ausbreitung über die nächste Umgebung auf absehbare Zeit unmöglich, namentlich solange immer neue Massen hinzuströmen und die Nachfrage nach Boden in ein immer größeres Mißverhältnis zum Angebot tritt. Die Steuer nach dem gemeinen Wert, wenn sie hoch genug bemessen wird, wird der Bodenspekulation das Leben erheblich saurer machen, und die Zuwachssteuer wird den Finanzen unserer Städte ebenso nützlich sein wie dem Beutel der kleinen Leute, vorausgesetzt, daß sie hoch genug bemessen wird; aber dem tatsächlichen physischen Mangel an Boden können sie nicht abhelfen. Meines Erachtens müssen wir uns gegenüber der Wohnnot in den schon bestehenden Großstädten zunächst mit Palliativmitteln behelfen so gut es geht. Radikale Hilfe kann ihnen erst später und auf Umwegen gebracht werden.

Dagegen könnte verhindert werden, daß derartige Mißbildungen, wie unsere Großstädte, neu entstehen; könnte verhindert werden, daß der Zustrom zu den bestehenden Städten im bisherigen Maßstabe andauert.

Dezentralisation muß die Losung werden! Die Bedingungen dafür sind günstiger als noch vor kurzem. Unsere Verkehrsmittel haben sich erstaunlich verbessert und vermehrt; Fahrrad, Automobil, elektrische Tram und Eisenbahn sind nacheinander aufgekommen. Das Telephon bringt uns weite Entfernungen nahe; der Energietransport durch die elektrischen Stromleitungen, die ausgiebige Ausnutzbarkeit der Wasserkräfte ermöglichen eine gleichmäßigere Verteilung eines ansehnlichen Teiles der Industrie über das Land. Das ungeheure Wachsen der Bodenpreise in den Städten veranlaßt neue Betriebe, sich auf dem flachen Lande anzusiedeln und zwingt alte zur Flucht dahin!

Aber mit einer Dezentralisation unter der Herrschaft der heutigen Bau- und Verbauungsordnungen, der heutigen Bodenrechtsverhältnisse wäre nichts geholfen. Im Großherzogtum Baden hat die weitgehende Dezentralisation der Industrie nur dazu geführt, daß die Bodenpreise überall emporgeschnellt sind und überall im flachen Lande Mietskasernen emporwachsen.

Dem muß vorgebeugt werden. Es ist Pflicht der Regierungen und der Volksvertretungen, dies schleunigst zu tun. Es müssen Landes-Bauordnungen[1]) erlassen und Verbauungspläne ausgearbeitet werden, welche mindestens überall dort, wo eine dichte Verbauung bisher noch nicht eingetreten ist, die intensive Ausnutzung des Wohnbodens und damit die abenteuerliche Erhöhung der Bodenpreise unmöglich machen und anderseits weiträumige Ansiedlung sicherstellen. Dies ist das dringendste!

Die Bodenpolitik des Staates und der Gemeinden muß dahin gehen, einen möglichst großen Teil des Wohnbodens in ihre Hände zu bekommen bzw. die Entstehung von baugenossenschaftlichem Wohnbodenbesitz zu fördern. Der im Gemeinbesitze befindliche Boden soll, soweit er als Wohnboden dienen soll,

[1]) Vergleiche bezüglich dieses und der folgenden Anträge die „Grundlinien der Wohnungsreform", angenommen von der Ersten Deutschen Wohnungskonferenz zu Frankfurt a. M. den 17. März 1906.

Gemeineigentum bleiben, aber in Erbpacht gegeben werden. Auch seine Übergabe in Privatbesitz wäre zulässig, aber nur dann, wenn Verkaufsbedingungen gestellt werden (Vorkaufsrecht des Staates oder der Gemeinde, getrennte Schätzung von Boden und Gebäuden, Zuwachssteuer usw.), welche die Bodenspekulation für alle Zukunft ausschließen.

Das Prinzip bei Neusiedelungen muß sein, soviel als möglich jeder Familie wieder ihren abgesonderten Familiensitz zu schaffen, damit sie wieder boden- und heimatsständig und eigenartig werden kann. Ich habe absichtlich Familiensitz gesagt und nicht Familienhaus, da diese letztere Forderung unter unseren deutschen Verhältnissen, namentlich auch bei unserem Klima zu große Baukosten beansprucht, um allgemein durchführbar zu sein. Es ist technisch sehr wohl möglich, zwei und vier und selbst acht Familien unter einem Dache so zu vereinigen, daß jede doch einen vollkommen abgeschlossenen Wohnsitz erhält, mit selbständigem Zugang und mit allem Zugehör, auch mit einem Stück Land, um Obst, Gemüse, Blumen zu pflanzen, um Geflügel, eine Ziege, ein Schwein oder eine Kuh zu halten, wenn man das alte, sogenannte Herbergensystem zum Vorbilde nimmt, bei welchem die verschiedenen Geschosse des Hauses verschiedenen Besitzern gehörten. Die bayerische Eisenbahnverwaltung hat nach diesem Muster bereits Wohnhäuser für ihre Beamten und Bediensteten zu bauen angefangen, welche ganz vorzüglich sind.

Daß möglichst viele Familien wieder ein Stück Feld oder Gartenland erhalten sollen, ist eine der ernstesten Forderungen. Es ist dies für die Gesundung des Stadt- und Industrievolkes unbedingt notwendig, um es der Natur wieder näher, um reine Freuden in sein Dasein zu bringen, aber auch um der Frau wieder eine gewisse Möglichkeit zu geben, häusliche fruchtbringende Arbeit zu leisten, und damit die Möglichkeit, Pflege und Erziehung ihrer Kinder in der eigenen Hand zu behalten.

Das, was ich soeben gefordert habe, stimmt mit den Grundzügen des sogenannten Gartenstadtplanes überein, wie er zuerst in Deutschland von Theodor Fritsch[1]), dann in England von Ebenezer Howard entworfen wurde und in der Gartenstadt Letchworth bereits in Ausführung begriffen ist: Ankauf von Boden im großen zum Preise von Ackerland, gemeinsamer Bodenbesitz mit Erbpacht, weiträumige Verbauung, einheitlicher Generalplan, Vereinigung aller Berufsklassen und Erwerbszweige, Ansiedlung von Industrie, so daß wenigstens die Hauptmasse der Bevölkerung an Ort und Stelle Arbeit und Verdienst findet. Dazu von vornherein Beschränkung der Stadt auf eine gewisse Maximalgröße, damit die Wege zur Arbeit nicht zu lang werden und damit Stadt und Land, landwirtschaftliche und gewerblich tätige Bevölkerung auch räumlich nicht so weit geschieden werden, daß die letztere nicht mehr die Freuden der freien Natur, die erstere die echten Kulturgüter der Stadt mitgenießen könnte.

In der Tat! Ein großgedachter Plan, den auch wir für uns zu verwerten trachten müssen. Es existiert ja auch bereits eine deutsche Gartenstadtgesellschaft, und es ist zu wünschen, daß alle, die begriffen haben, daß die Wohnfrage geradezu die Frage der Zukunft unseres Volkes ist, ihre Bestrebungen aufs nachdrücklichste fördern.[1])

Die Schwierigkeiten, welche sich der Verwirklichung des Gartenstadtprogrammes entgegenstellen, sind wegen der anders gearteten

[1]) „Die Stadt der Zukunft" Leipzig, Fritsch. 1896.

[2]) Ich bin glücklich, dieser 2. Auflage beifügen zu können, daß seit mein Vortrag gehalten wurde, die Gartenstadt Hellerau bei Dresden soweit vorbereitet worden ist, daß sie bald greifbare Gestalt annehmen wird.

Bodenbesitzverhältnisse bei uns allerdings größer als in England, wenn auch in vielen Gegenden die Staatsdomänen die Möglichkeit zu Versuchen böten. Ohne Eingreifen des Gesetzgebers ist die Entstehung von Gartenstädten in genügend großer Zahl im Deutschen Reiche gar nicht möglich. Überhaupt werden wir uns nicht sklavisch an den allzu schablonenhaften Entwurf des Engländers halten dürfen. Aber anderseits dürfen wir uns die Gartenstadtidee auch nicht gänzlich verwässern lassen! Eine Vorstadt mit Hausgärten ist noch keine Gartenstadt. Zur Gartenstadt gehört untrennbar die Vereinigung von Industrievierteln und Wohnvierteln, gehört unauflöslich die Bodenreform, wie sie der Bund Deutscher Bodenreformer anstrebt, dem jeder beitreten sollte, der sein Volk und sein Vaterland liebt!

Seit langen Jahren wird bei uns über die Wohnfrage mehr oder weniger leidenschaftlich hin und her gesprochen, aber noch ist nichts Durchgreifendes zu ihrer Lösung geschehen, so dankbar anerkannt werden muß, was einzelne Regierungen, Gemeinden, Vereine und Private getan haben. Vergessen wir nicht, daß seit vielen Jahren rund 800000 Menschen jährlich unserem Volke zuwachsen.

Wenn es mit der Wohnreform endlich vorwärts gehen soll, dann müßte einmal der Nation an einem großartigen Beispiele gezeigt werden, wie sie wohnen könnte, wenn sie die eigene Gleichgültigkeit gegen ihre Wohnverhältnisse überwände, und wenn sie nicht durch schlechte Gesetze und Bodenwucher gehindert wäre! Und da knüpfen sich meine und aller Bodenreformer Hoffnungen an eine wichtige sozialpolitische Tat, welche der preußische Landtag im heurigen Frühjahre vollbracht hat, indem er, den Anträgen der Regierung folgend, ja darüber hinausgehend, 20 Millionen Mark bewilligt hat, um längs des Mittellandkanales und längs des Großschiffahrtweges Berlin—Stettin über den unmittelbaren Bedarf hinaus zur Einschränkung der Bodenspekulation Land aufzukaufen. Auf dem Boden, der so erworben werden wird, ist für einige Millionen Menschen Platz. Alle Bedingungen für die Verwirklichung der Grundgedanken der Gartenstadt wären gegeben. Möchte doch diese Gelegenheit zu einer großzügigen Siedlungspolitik nicht versäumt werden! Hier ließe sich aus Erbpächtern oder Rentengutsbesitzern (gemäß der trefflichen Verfügung der preußischen Minister für Landwirtschaft und Finanzen vom 8. I. 1907) ein neuer Stock industrieller und städtischer Bevölkerung schaffen von ähnlicher Dauerhaftigkeit wie unser alter Bauernstand! Unser Bauernstand ist nicht mehr der Kern unserer Nation und kann es nie mehr werden. Wir sind Industrie- und Welthandelsvolk geworden und müssen, wohl oder übel, auf dieser Bahn vorwärts. Wir müssen alles tun, um unsern Bauernstand, wenn es geht, als letztes Aufgebot für eine künftige Regeneration zu erhalten; aber wichtiger als diese Erhaltung ist die Herstellung eines dauerhaften Stadtvolkes und Industriearbeiterstandes geworden. Noch besitzen wir sie nicht!

Wenn die Dezentralisation in großem Stile, so, wie wir sie träumen, gelingen würde, dann wäre auch die Zeit gekommen für eine gründliche Wohnreform in unseren heutigen Großstädten. Denn, wenn der Zuzug zu ihnen zum Stillstand käme, dann wäre der Bodenspekulation das Rückgrat gebrochen und der Boden würde wieder billig genug werden, um den Bau von Mietskasernen verhindern, um Gärten und Spielplätze nach Herzenslust anlegen und so anch den armen Städtern ihren Platz an der Sonne verschaffen zu können.

Wir haben gesehen: unsere, wie die Flut des Meeres anschwellende und brandende städtische und industrielle Bevölkerung braucht größeren Lebensraum; noch mehr als für ihre körperliche, für ihre geistige Gesundheit! Deshalb wollen wir unsere überseeischen Kolonien anbauen und sie nach Möglichkeit zu bevölkern suchen; deshalb müssen wir aber auch Kolonien in der Heimat schaffen!

Soll dies zum Segen ausschlagen, dann müssen wir aber allerdings unsere Kolonisten von vornherein mit dem rechten Geiste zu erfüllen suchen! Denn so unendlich durch günstige Wohnungsverhältnisse ein vernunftgemäßes, gesundes Leben erleichtert wird, automatisch folgt das eine aus dem andern nicht. Ohne guten Willen und ernste Bemühung werden die Menschen auch dann den Versuchungen nicht widerstehen können, die noch übrig bleiben.

Wir sehen ja, daß auch das Land gegen die Übel und Verkehrtheiten unserer Zeit keineswegs immun ist. Infolge der Erleichterung des physischen und des geistigen Verkehres verbreitet sich wie das Gute so auch das Schlechte alsbald über alle Teile des Volkes. Schon dringen sexuelle Irrlehren, wie die des Zweikindersystems, bei uns, wie schon früher in Frankreich, ins Landvolk ein; schon droht die unersättliche Gier des Alkoholkapitals mit dem teuflischen Flaschenbierhandel auch beim Bauern den letzten Rest von Nüchternheit zu zerstören!

„Der rechte Geist!" Das ist vor allem der Gedanke, der uns allen, ob in Stadt oder in Land, ob arm oder reich, zu Fleisch und Blut werden muß; der Gedanke, daß es für ein Volk keine wichtigere Aufgabe und keine heiligere Pflicht gibt als die Erzeugung einer zahlreichen, gesunden, selbst wieder zeugungskräftigen und zeugungslustigen Nachkommenschaft!

Dies ist aber nicht möglich ohne Tugend!

Wir Menschen brauchen für unsere Ideen, wenn sie lebendig bleiben sollen, sinnliche Symbole. Das Symbol, welches verdiente, daß wir es uns im Kampfe um eine bessere Zukunft vorantragen lassen, ist schon vorhanden. Die katholischen Völker besitzen es bereits, wenn auch in die Schleier der Mystik gehüllt: Die keusche Mutter mit dem Leben sprühenden Kinde auf dem Schoße!

Es gibt nichts Edleres auf Erden!

„In diesem Zeichen wirst du siegen!"

In diesem Zeichen kannst du noch siegen, deutsches Volk, wenn du nur willst!

Anhang.

Die Wohnfrage kann nur dann gelöst werden, wenn alle, die ihre ungeheure Bedeutung erkannt haben, ihre Kräfte vereinigen; ich füge daher die Adressen der Vereinigungen bei, die über alle Verschiedenheiten der politischen und konfessionellen Parteiansichten hinweg die Vaterlandsfreunde zur Betreibung des großen Problems vereinigen wollen:

Deutscher Verein für Wohnungsreform, e. V. (Verein Reichs-Wohnungsgesetz), Frankfurt a. M., Hochstraße 23.

Bund Deutscher Bodenreformer, Berlin NW. 23, Lessingstr. 11.

Deutsche Gartenstadtgesellschaft, Karlsruhe, Ettlingerstr. 9.

Veröffentlichungen des Deutschen Vereins für Volks-Hygiene.

Im Auftrage des Zentralvorstandes in zwanglosen Heften herausgegeben von Sanitätsrat Dr. K. Beerwald, Berlin.

Heft XVI.

Über die Bedeutung der Vererbung für Gesundheit und Krankheit.

Vortrag,
gehalten in der Versammlung des Deutschen Vereins für Volkshygiene in Berlin am 23. Oktober 1908
von

Professor Johannes Orth
Berlin.

Erste Auflage.
(Erstes bis fünftes Tausend.)

München und Berlin.
Druck und Verlag von R. Oldenbourg.
1909.

Preis 30 Pfennig.

Von 100 Expl. an 25 Pf. | Von 500 Expl. an 18 Pf.
Von 200 Expl. an 20 Pf. | Von 1000 Expl. an 15 Pf.
Von 2000 Expl. an 12 Pf.

Veröffentlichungen des Deutschen Vereins für Volks-Hygiene.

Im Auftrage des Zentralvorstandes in zwanglosen Heften herausgegeben von Sanitätsrat Dr. K. Beerwald, Berlin.

Heft XVI.

Über die Bedeutung der Vererbung für Gesundheit und Krankheit.

Vortrag,
gehalten in der Versammlung des Deutschen Vereins für Volkshygiene in Berlin am 23. Oktober 1908

von

Professor Johannes Orth
Berlin.

Erste Auflage.
(Erstes bis fünftes Tausend.)

München und Berlin.
Druck und Verlag von R. Oldenbourg.
1909.

Unser Thema enthält drei Begriffe, welche einer Erläuterung bedürfen: Vererbung, Gesundheit und Krankheit. —

Ich beginne mit Gesundheit und Krankheit. Es handelt sich hier nicht um Gegensätze, sondern beide beruhen auf einer und derselben Grundlage und gehen ohne scharfe Grenze ineinander über. Der Mensch ist gesund, wenn die Lebensvorgänge seines Körpers in normaler Weise sich abspielen, wenn die Organe in normaler Weise tätig sind. Normal ist freilich ein relativer Begriff; was für den Urmenschen normal war, ist es nicht für die heutige Menschheit und es kommt, um das vielgebrauchte, schwer übersetzbare Wort zu verwenden, es kommt auf das Milieu an, auf die Bedingungen, unter denen die Menschen zu leben gezwungen sind und denen der normale Mensch möglichst gut angepaßt ist. Was für eine gegebene Zeit normal ist, das erkennen wir aus dem Vergleich zahlreicher Menschen, die unter den gegebenen Verhältnissen sich wohl befinden und leistungsfähig sind; das allen, oder doch der überwiegenden Mehrzahl dieser angepaßten Menschen Gemeinsame ist das Normale. Der Mensch ist krank, wenn ein Lebensvorgang nicht normal verläuft, wenn die Tätigkeit irgend eines Organes von der Norm derartig abweicht, daß dadurch die Gesammtheit geschädigt wird. Je stärker die Abweichung, je wichtiger das erkrankte Organ ist, um so schwerer wiegt die Abweichung, um so schwerer ist die

Krankheit. Es gibt eine Stufenleiter, welche ganz allmählich von voller Norm zur stärksten Abweichung von der Norm, zur schwersten Krankheit führt. Warum in einem Falle die Norm, in einem anderen die Abweichung?

Das Leben des Menschen wird von zwei Dingen beherrscht und bedingt: von dem Körperbau, der Konstitution und der damit zusammenhängenden Körpertätigkeit einerseits und von den äußeren Lebensbedingungen, Nahrung, Wohnung, Luft, kurzum der ganzen Außenwelt einschließlich der Schmarotzer andererseits. Die Lebensbedingungen zeigen bei jedem Menschen den größten Wechsel; daß aber trotzdem im allgemeinen die Körperfunktionen normal verlaufen, ist abhängig von Eigenschaften des Körpers, von regulatorischen Kräften, welche eine Anpassung an den Wechsel der Lebensbedingungen ermöglichen. Es besteht eine Anpassungsfähigkeit nicht nur gegenüber den gewöhnlichen Lebensbedingungen, sondern auch gegenüber besonders ungünstigen, z. B. der Einwirkung von Bakterien. Wo wäre die Menschheit, wenn nicht der menschliche Körper bakterienwidrige Kräfte besäße? Reichen diese regulatorischen Anpassungskräfte aus, so ist der Mensch gesund, oder doch nach kaum merkbarer Abweichung wieder gesund; sind diese Kräfte aber unzureichend, so tritt die Abweichung von der Norm, die Krankheit ein. —

Die Vererbung steht in engsten Beziehungen zu dem zweiten Faktor des Lebens, nämlich der Körperkonstitution, den regulatorischen Kräften, den Kampfmitteln gegenüber der Außenwelt, dagegen hat sie mit den äußeren Lebensbedingungen nichts zu tun. Man könnte einwenden, daß die äußeren Lebensbedingungen vieler Menschen doch sehr wesentlich abhängig sind von dem, was die Vorfahren ihnen vererbt haben, denn, wenn im gewöhnlichen Leben von „erben“ die Rede ist, dann wird in erster Linie an materielle Dinge gedacht, an Geld und Gut, welches weinende oder lachende Erben sich aneignen. Diese Vererbung meine ich natürlich nicht, sondern die Vererbung im naturwissenschaftlichen Sinne, die Vererbung körperlicher Eigenschaften. Die Umstände, unter denen diese beiden Arten von Vererbung in Erscheinung treten, sind einander diametral entgegengesetzt. Die materielle Vererbung setzt den Tod des Erblassers voraus, die naturwissenschaftliche vollstes, blühendes Leben, denn dieses Erbe wird dem Nachkommen übermittelt in dem Moment, wo er entsteht, wo durch den männlichen und weiblichen Keimstoff ein neues Lebewesen gezeugt wird. An dessen Körper zeigt sich dann das Erbe seiner Vorfahren, die naturwissenschaftliche Vererbung ist Vererbung von Körpereigenschaften.

Man wird einwenden, wo bleibt die allbekannte Vererbung von Gemüts-, von Charaktereigenschaften, wo bleibt die geistige Vererbung?

Es ist hier nicht der Ort, die Beziehungen zwischen Geist und Körper, Seele und Leib zu erörtern. Mag man an eine unsterbliche Seele glauben oder nicht, darüber kann kein Zweifel sein, daß geistige Leistungen an körperliche Zustände geknüpft sind, daß besondere psychische Funktionen einen besonderen Bau der Nervensubstanz voraussetzen, daß geistige Krankheit eine materielle körperliche Grundlage hat. Eine geistige, eine seelische Tätigkeit kann nicht zu Tage treten ohne wesentliche Mitwirkung des Körpers, die Zustände des Körpers sind unter allen Umständen maßgebend für jede geistige Äußerung. Darum ist auch für die geistige Vererbung ein bestimmter Körperzustand eine unerläßliche Vorbedingung, d. h. auch geistige Vererbung beruht auf körperlicher Vererbung. Also nochmals: naturwissenschaftlich versteht man unter Vererbung die Übertragung einer gewissen Körperbeschaffenheit von den Vorfahren auf die Nachkommen. —

Bei allen zweigeschlechtlichen Lebewesen findet diese Übertragung von zwei Seiten, vom Vater und von der Mutter her statt. Wie entsteht von Vater und Mutter ein neues Wesen? Es vereinigen sich zwei Keimzellen, die männliche und die weibliche. Diese beiden — und sie einzig und allein — sind die Grundlagen des neuen Lebewesens, mit ihrer Verschmelzung ist das neue Wesen angelegt und im Besitze seines vollen Erbes. Die Träger der Vererbung sind also die Keimzellen; was von Eigenschaften des aus ihnen hervorgehenden Nachkommen nicht schon in den Keimzellen vorgebildet war, kann nicht ererbt sein, sondern allein die auf der besonderen Zusammensetzung der Keimzellen beruhenden Eigenschaften sind ererbt.

Betrachten wir die Eier ablegenden Tiere, so ist es klar, daß das abgelegte Ei bereits das ganze Erbe umschließt. Weder Vater noch Mutter haben noch eine weitere Einwirkung auf den sich im Ei entwickelnden Nachkommen; wir können unabhängig von Vater und Mutter künstliche Bebrütung und künstliche Aufzucht bewirken. Für denkende Menschen muß es auf der Hand liegen, daß es gleichgültig ist, ob ein befruchtetes Ei außerhalb der Mutter in seiner Eischale oder innerhalb des mütterlichen Körpers seine Entwicklung zum lebensfähigen neuen Wesen durchmacht; es ist ohne weiteres klar, daß im einen wie im anderen Falle alles während der Entwicklung auf die Frucht Einwirkende mit Vererbung nicht das Mindeste zu tun hat, ebensowenig wie nach der Geburt, nach dem Ausschlüpfen aus dem Ei irgend eine mit den Eltern zusammenhängende körperliche Veränderung als eine ererbte bezeichnet werden kann.

Sonderbarerweise wird auch in ärztlichen Kreisen immer noch die Verwechslung von „angeboren" und „ererbt" gemacht, und selbst auf der Naturforscherversammlung in Köln 1908 mußte ich gegen eine solche Verwechslung in die Schranken treten. „Angeboren" ist etwas, was beim Eintritt ins freie Leben schon vorhanden ist; der Zeitpunkt dieses Eintritts, das Geborenwerden, das Ausschlüpfen aus dem Ei ist von dem Beginn des neuen Lebens mehr oder weniger weit entfernt. Was kann alles auf ein junges Lebewesen während dieser Zeit, die wir beim Säugetier und Menschen die Zeit der Schwangerschaft nennen, einwirken; wie viele besondere Körpereigenschaften, wie viele Krankheiten können infolgedessen bei der Geburt schon vorhanden, also „angeboren" sein, aber was hat das mit Vererbung zu tun? Was mit den Keimzellen, den Trägern des Erbes? Nur das beruht auf Vererbung, was bereits in den Keimzellen angelegt war, sonst nichts.

Damit fällt eine große Zahl von leider immer noch sog. „vererbten", richtig angeborenen Krankheiten, Infektionen und körperlichen Abweichungen aus dem Gebiete der Vererbung fort, denn sie sind zwar vor der Geburt entstanden und deshalb angeboren, aber mit den Keimzellen haben sie nichts zu tun. Selbst für den Fall, daß eine der Keimzellen zufällig Träger eines Bakteriums wäre, welches mit ihr in das neue Lebewesen hineinginge, hätte man noch kein Recht, von vererbter Krankheit zu sprechen, auch wenn das Bakterium das neue Lebewesen krank gemacht hätte; denn auch dann wäre ja die Krankheit erst im Laufe der Entwicklung zustande gekommen, sie wäre als Krankheit noch nicht in den Keimzellen angelegt gewesen. Die Keimstoffe selbst waren noch gesund, ihnen gesellte sich der Krankheitskeim erst bei, wie sollten sie also die Krankheit haben vererben können?

Wenn beide sich zu einem neuen Wesen vereinigende Keimzellen, oder wenn auch nur eine von ihnen selbst krank wäre, und trotzdem ein neues Lebewesen unter ihrer Mitwirkung entstünde, welches dieselbe Krankheit darböte dann, aber auch nur dann, könnte von einer Vererbung einer Krankheit die Rede sein. Sollten kranke Keimzellen noch imstande sein, ein neues Lebewesen erzeugen zu helfen? Das ist nicht absolut unmöglich, aber immerhin wenig wahrscheinlich, jedenfalls steht der Beweis, daß so etwas vorkommt, der Beweis also, daß es wirklich vererbte Krankheiten gibt, noch aus; die überwiegende Mehrzahl aller angeborenen Krankheiten, eine Anzahl angeborener Körperanomalien ist ganz gewiß nicht ererbt, sondern vor der Geburt erworben, hat also für unsere Betrachtung keine Bedeutung.

Daß dem so sein muß, ergibt sich auch noch aus einer anderen Überlegung, welche uns weiter in die Besonderheiten der Vererbungslehre hineinführt. Es ist auf der Hand liegend, daß es andere väterliche Vererbungseinflüsse als die durch die männliche Keimzelle ausgeübten nicht gibt, kann man doch bei Pflanzen und Tieren eine künstliche Befruchtung vornehmen, bei der eine unmittelbare Beteiligung des männlichen Teils völlig ausgeschlossen ist, wissen wir doch, daß bei vielen Pflanzen regelmäßig Insekten durch Übertragen des männlichen Samens die Befruchtung bewirken. Und da sollte die Mutter außer durch ihr Ei noch auf anderem Wege vor der Geburt dem Nachkommen eine Erbe mitgeben können? Und zwar nur die Mutter, welche nicht das Ei nach der Befruchtung ablegt, sondern lebendige Nachkommen zur Welt bringt? Eine solche verschiedene Bewertung des männlichen und weiblichen Vorfahren für die Vererbung, eine solche Verschiedenheit zwischen weiblichen Erzeugern ist undenkbar und widerspricht direkten

Beobachtungen. Wir wissen zwar nicht sicher, wo in den Keimzellen das Erbe aufgespeichert ist, aber die in ihnen enthaltenen bläschenförmigen Gebilde, die sogenannten Kerne, zeigen, wie bei der Teilung der verschiedensten Zellen, so auch bei der Befruchtung eigentümliche, besonders färbbare Gebilde, die uns einen Anhaltspunkt dafür geben können, was mit den Trägern des Erbes geschieht. Es ist festgestellt worden, daß die Natur geradezu ängstlich bemüht ist, an neue Lebewesen genau gleichviel färbbare Substanz von dem männlichen wie von dem weiblichen Keimkerne zu übermitteln, und was für diese Substanz, das sog. Chromatin gilt, darf wohl ganz im allgemeinen für die Träger des Erbes angenommen werden, nämlich die völlige Gleichwertigkeit des männlichen und weiblichen Keimstoffes. Außerdem hat sich bei interessanten Kreuzungsversuchen, die Mendel angestellt hat, unmittelbar ergeben, daß für die Fortpflanzung wichtiger Merkmale die männliche und weibliche Keimzelle völlig gleichwertig ist. —

Mit der Feststellung der Gleichwertigkeit der männlichen und weiblichen Vererbungsträger ist selbstverständlich nicht gesagt, daß nun die Beschaffenheit jedes Körperteils, daß jede psychische Erscheinung bei einem Nachkommen genau einer gleichmäßigen Mischung des väterlichen und mütterlichen Erbes entspräche, — das tägliche Leben zeigt uns das Gegenteil: Körperbau, Charakter und Geistestätigkeit lassen bald das Vorwiegen der väterlichen, bald das der mütterlichen Erbteile erkennen, nicht nur so, daß verschiedene Nachkommen derselben Eltern ein ganz wechselndes Verhalten zeigen, sondern auch so, daß bei demselben Nachkommen in einer Beziehung, z. B. in der Gesichtsbildung die Ähnlichkeit mit dem Vater, in der Charakteranlage aber die Ähnlichkeit mit der Mutter hervortritt. „Vom Vater hab' ich die Statur, des Lebens ernstes Führen, vom Mütterchen die Frohnatur, und Lust zu fabulieren" sagt Goethe von sich selbst.

Diese Ungleichmäßigkeit der Vererbung tritt besonders deutlich bei Stammbäumen von Familien mit einer auffälligen körperlichen Abnormität hervor, z. B. in einem Falle mit abnormer Muskelentwicklung Fig. 1).[1] Hier sieht man, daß keineswegs alle Nachkommen

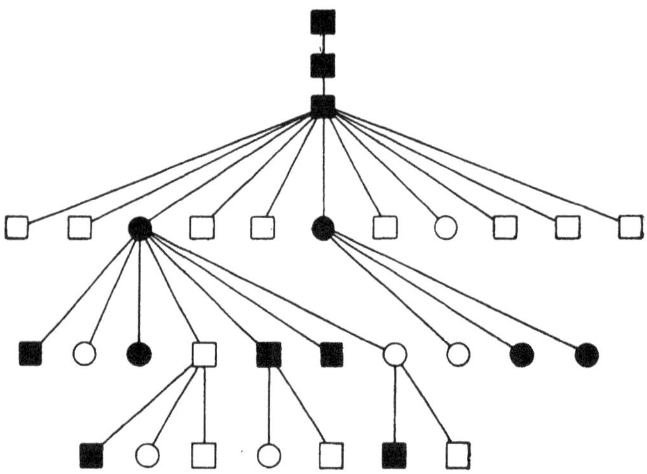

Fig. 1. Pseudohypertrophia muscularis.

die Störung geerbt haben, man sieht, daß regellos männliche und weibliche Familienmitglieder das Erbe empfangen haben, man sieht unter Geschwistern ganz regellos veränderte und normale mit einander abwechseln. Man sieht aber auch in der jüngsten Generation, daß die Zahl der abnormen Personen wieder erheblich abgenommen hat und daß die beiden Kinder eines abnormen Vaters völlig normal gebildet waren. Auf die merk-

[1]) Bei allen Stammbäumen bedeutet ein Quadrat eine männliche, ein Kreis eine weibliche Person, unausgefüllte Quadrate oder Kreise bedeuten normale, ausgefüllte abnorme Personen.

würdige Tatsache, die in zwei Fällen festzustellen ist, daß eine Generation normal, ein Teil der nächsten aber wieder abnorm ist, komme ich später zurück.

Ähnliche Verschiedenheiten zeigen sich auch bei den beiden Familien, deren Stammbaum in Fig. 2 wiedergegeben ist, von denen die eine erblichen Star, die andere erbliche Fingermiß-

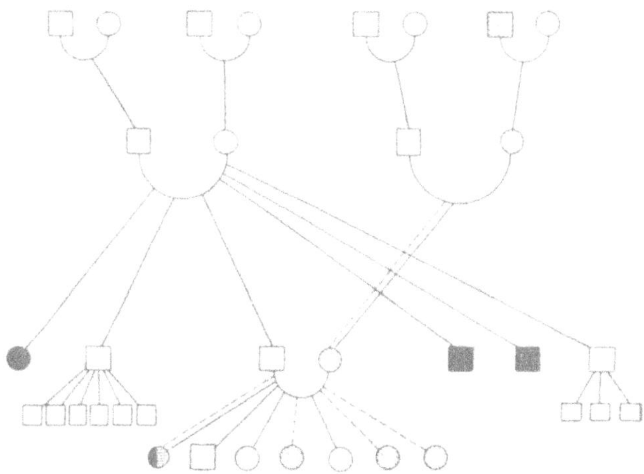

Fig. 2.

Erblicher (angeborener) Star (schwarz). Angeborene Mißbildung der Finger (gestrichelt).

bildungen befaß. Außerdem zeigt uns die Generation, welche aus der Verbindung eines Mannes der augenkranken Familie und einer Frau, deren Familie mit Fingermißbildung behaftet war, entstanden ist, wie beide Abnormitäten auf ein und denselben Nachkommen vererbt werden können, denn das älteste Kind hatte sowohl Staar als auch Fingermißbildung. Bemerkenswerter Weise hatte kein anderes der übrigen sechs Kinder den Schaden der väterlichen Familie geerbt, wohl aber noch drei

Kinder die Fingermißbildung der mütterlichen. Auch hier wieder ist zu beachten, daß der Vater selbst keine Augenstörung darbot, aber eine ererbte Anlage, die bei Dreien seiner Geschwister in Staarbildung sich geäußert hatte, auf sein ältestes Kind übertrug.

Wovon diese Unregelmäßigkeit bei der Vererbung abhängt, ist nicht sicher zu sagen, es spielt aber z. B. zweifellos das Geschlecht eine Rolle. Betrachten wir die beiden Stammbäume der Fig. 3 (es handelt sich um vererbte Gesichtsspalten), so sehen

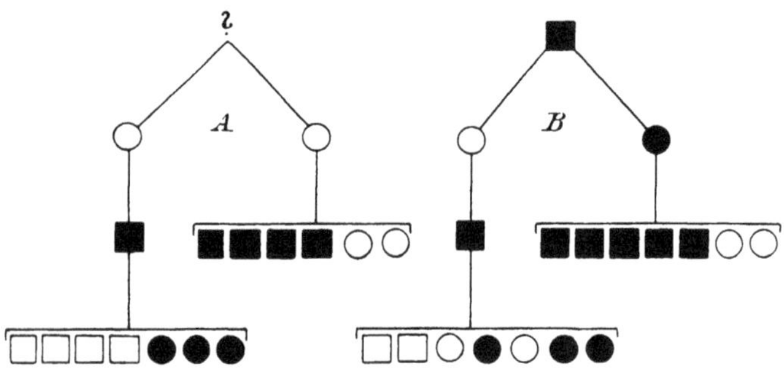

Fig. 3. Gesichtsspalten.

wir, daß sowohl männliche wie weibliche Familienmitglieder die Mißbildung darboten, aber in zwei Familien waren nur die Söhne, nicht die Töchter, in zwei anderen Familien einer späteren Generation nur Töchter nicht die Söhne mit der Mißbildung behaftet. Also Beziehung zu dem Geschlecht trat hervor, aber nicht nur zu einem, sondern bald zu dem einen, bald zu dem andern. Auch hier sieht man wieder die Ungleichmäßigkeit der Vererbung und besonders, wie in den beiden jüngsten Generationen die Zahl der normalen Personen größer ist, als die Zahl der mißbildeten.

Zweifellos spielen dabei die verschiedensten Umstände eine Rolle, und wie es eben schon in bezug auf das entgegengesetzte

Verhalten der Geschlechter erwähnt wurde, so zeigen sich auch Ungleichmäßigkeiten in bezug auf andere verwandte Körperteile, z. B. in dem Verhalten der Behaarung und der Hautfarbe: Der kürzlich im Zoologischen Garten von schwarzer Mutter geborene Panther hat das helle Haarkleid seines Vaters, während meines Wissens es noch nicht beobachtet ist, daß Nachkommen eines zum Teil schwarzhäutigen, zum andern Teil weißhäutigen menschlichen Elternpaares je ganz weiß oder ganz schwarz gewesen seien. Hier tritt wirklich eine Mischung der Farben zu Tage, und je häufiger ein gefärbter Mischling der folgenden Generation wieder mit einem Weißen Nachkommen erzeugt, um so mehr pflegt die Hautfärbung abzunehmen, um so mehr tritt, wie man wohl sagt, das Negerblut zurück. Tritt es zurück oder schwindet es allmählich durch immer weitere Teilung?

Ich berühre damit einen wichtigen Punkt in der Vererbungslehre, nämlich die sog. latente Vererbung. Wir sprechen von latenter, d. h. verborgener Vererbung, wenn eine erbliche Anlage bei dem Glied einer Generation nicht hervortritt, aber von ihm auf sein Kind übertragen wird. Auch hierbei spielen die geschlechtlichen Verhältnisse eine sehr erhebliche Rolle, wie die in Fig. 4 und 5 wiedergegebenen Stammbäume erkennen lassen. Fig. 4 zeigt den Stammbaum einer Familie, in der die Bluterkrankheit oder genauer gesagt die Anlage zur Bluterkrankheit (Hämophilie) erblich war. Wir sehen, daß nur männliche Mitglieder dieser Familie die Anlage und die Krankheit darboten, daß dagegen die weiblichen Mitglieder von Krankheit selbst frei waren, jedoch die Anlage, welche bei ihnen verborgen war, auf ihre Nachkommen übertrugen, von welchen die männlichen sämtlich Bluter waren, die weiblichen ohne Ausnahme nicht, obwohl eine Frau der 3. Generation doch noch die Fähigkeit besaß, einen Bluter zu zeugen. Dieser Stammbaum zeigt zugleich, wie solche ungünstige Anlage wieder verschwinden kann; denn in der letzten Generation mit 20 Mitgliedern hatte nur dieser einzige Mann die hämophile Anlage geerbt. Noch klarer tritt diese atente Vererbung bei weiblichen Familienmitgliedern in dem Stammbaum der Familie mit Rotblindheit, welche in Fig. 5 wiedergegeben ist, hervor. Auch hier sind nur männliche Fa-

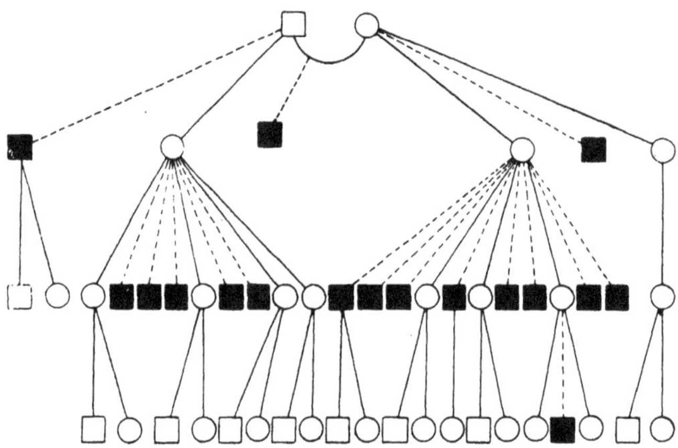

Bluter-Familie. Fig. 4. Haemophilie

milienmitglieder beteiligt, aber zahlreiche Frauen haben die abnorme Bildung, obwohl sie selbst frei von ihr waren, ihren Söhnen übertragen; außerdem ist hier eine Verwandtenehe geschlossen worden, ohne daß jedoch bei den Nachkommen dieses Ehepaares sich andere Verhältnisse gezeigt hätten; auch hier sind die weiblichen Nachkommen frei, die männlichen abnorm. Der einzige bemerkenswerte Umstand ist der, daß nur in dieser Ehe ein rotblinder Vater einen rotblinden Sohn erzeugt hat, doch darf man vielleicht annehmen, daß dieser Sohn seine Rotblindheit nicht vom Vater, sondern, wie es bei allen übriger

Rotblinden dieser Verwandtschaft der Fall war, vom Großvater durch latente Vererbung seitens der Mutter erhalten hat.

Diese latente Vererbung tritt nicht nur in einer Generation auf, sondern kann über mehrere sich erstrecken; über wieviele, wissen wir nicht. Einzelne Forscher haben die Latenz sogar bis auf die angenommenen tierischen Vorfahren des Menschen aus-

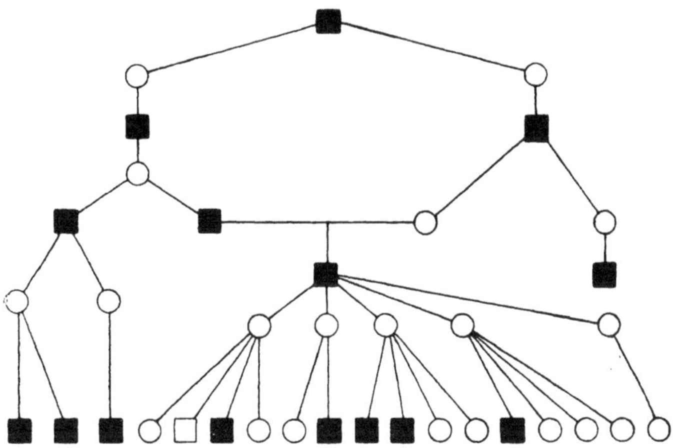

Fig. 5. Daltonisten-Familie (Rotblinde).

gedehnt und geglaubt, daß manche Abnormitäten, z. B. Sechsfingerigkeit, Überzahl der Milchdrüsen und ähnliche auf solche latente Vererbung zurückzuführen seien. Das Wiederauftreten der latent vererbten Eigenschaften nannte man Rückschlag, Atavismus, und zwar würde man diesen Rückschlag auf tierische Vorfahren als phylogenetischen Atavismus zu bezeichnen haben. Es ist aber diese Ansicht von kompetentesten Forschern sehr energisch bekämpft worden und deshalb als noch nicht erwiesen zu betrachten. Anders steht die Frage gegenüber einem Rückschlag innerhalb der letzten Generationen. Man hat hier wohl von

Familienrückschlag, Familienatavismus gesprochen, aber das ist nicht ganz zutreffend; denn zu einer Familie rechnet man im allgemeinen nur solche, welche gleichen Namens sind, hier aber handelt es sich nicht nur um die Vorfahren gleichen Namens, sondern um alle, welche durch Blutsverwandtschaft mit dem betreffenden Menschen, dessen Erblichkeitsverhältnisse festgestellt werden sollen, verbunden sind; es handelt sich um sämtliche Ahnen von väterlicher und mütterlicher Seite, um die gesamte Blutsverwandtschaft, man könnte also von Verwandtschaftsatavismus sprechen.

Das Studium dieser Verhältnisse ist neu und erst im Anfang, aber für die Erforschung der Erblichkeitsverhältnisse von der allergrößten Bedeutung, und es wäre auf das dringendste zu wünschen, daß von recht vielen Verwandtschaftskreisen die Ahnen so weit wie möglich nach rückwärts verfolgt würden, um nicht nur im wissenschaftlichen, sondern auch im Interesse der Nachkommen die bei ihnen hervorgetretenen körperlichen und geistigen Besonderheiten, auf deren Vererbung man gefaßt sein muß, feststellen zu können. Bisher hat man sog. Stammbäume aufgestellt, d. h. man ging von einem Vorfahr aus und hat dann dessen gesamte Nachkommenschaft in ein Schema eingetragen, das mehr einer Wurzel mit ihren Verzweigungen als einem Baume glich. Diese Stammtafel gibt die Deszendenz, gibt die Verwandten eines bestimmten Menschen in absteigender Richtung an. Solche Stammbäume sind auch für die Vererbungslehre sehr wertvoll, — wir haben das aus den besprochenen Tabellen, die ja alle Stammbäume darstellen, erkannt, — und insbesondere sind sie für die Feststellung einer bisher noch nicht erwähnten, aber sehr wichtigen Form der Vererbung von Bedeutung, nämlich für die vielgestaltige, sog. polymorphe Vererbung.

Es handelt sich bei ihr nicht um die Vererbung einer bestimmten Lebenserscheinung, etwa einer bestimmten Krankheit, sondern es wird nur eine körperliche Besonderheit vererbt, welche die Grundlage ganz verschiedener, vielgestaltiger Lebensäußerungen sein kann. Diese Äußerungen brauchen nicht einmal krankhafter Natur zu sein. Denken wir uns etwa, die Zellen des Gehirns oder ein Teil derselben besäßen infolge von Vererbung eine erhöhte Reizbarkeit, so ist wohl denkbar, daß, sofern ein diese Zellen treffender Reiz einen gewissen Grad nicht überstiege, durch ihn die höchste Leistung des Gehirns hervorgerufen würde, daß aber, sobald der Reiz zu stark wäre, Überreizung und damit eine mehr oder weniger schwere Störung der Funktionen erzeugt würde. Talent, höchste Leistung bei dem einen Nachkommen, abnorme Leistung, geistige Störung bei dem anderen, Genie und Wahnsinn können auf derselben vererbten Anlage beruhen, und sie können nicht nur auf verschiedene Glieder derselben Familie verteilt sein, sondern bei einem und demselben Menschen kann an die höchste Leistung der völlige geistige Zusammenbruch sich anschließen. Die alkoholische Gehirndegeneration zeigt besonders deutlich die Vielgestaltigkeit der daraus hervorgehenden Krankheitszustände.

Es gibt aber nicht nur im nervösen Gebiet die polymorphe Vererbung, sondern sie scheint auch bei den groben Anomalien der weniger wichtigen Körperteile vorzukommen. Man vergleiche Fig. 6; in derselben Familie trat einerseits Vielfingrigkeit, andererseits Verstümmelung der Hände auf, und sowohl ein Mann als auch eine Frau mit Verstümmelung, die von einem sechsfingrigen Vater abstammten, haben Kinder mit Vielfingrigkeit gezeugt. Bei der Frau war freilich nur das erste Kind abnorm, während die drei übrigen Kinder normal waren und jenes hatte die Vielfingrigkeit nur auf der einen Seite, während sie bei allen anderen Familiengliedern doppelseitig war. Bemerkenswert ist, daß von den vier Kindern des vielfingrigen Großvaters ein Sohn völlig normal war und auch normale Kinder hatte, ohne daß zu erkennen war, warum.

Aber solche Stammbäume, wie wir sie hier vor uns haben, sind doch vor allem für die Frage der latenten Vererbung und des Rückschlages unvollständig, weil der Stammbaum nur die Familienabstammung gibt, nur die Verwandten gleichen Namens enthält, dagegen die Verwandtschaft der Mutter fremden Namens völlig außer acht läßt; das Erbe, welches jedes einzelne Familien-

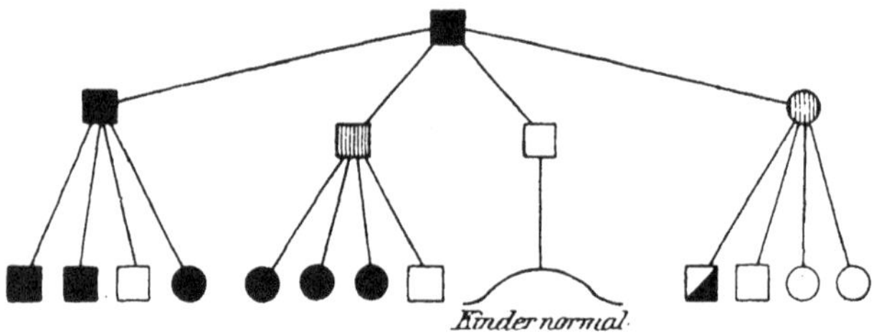

Fig. 6.

Polymorphe Vererbung. Polydaktylie (schwarz) und Defektbildung der Finger (gestrichelt).

glied von Mutterseite erhalten hat, ist nicht berücksichtigt. Dieser Fehler ist vermieden bei den sog. Ahnentafeln, welche nicht die Nachkommen, sondern die Vorfahren, die Verwandten in aufsteigender Richtung verzeichnet enthalten. Diese werden so hergestellt, daß von einem Nachkommen, dessen Erblichkeitsverhältnisse man feststellen will, ausgegangen wird und dessen Vorfahren nach rückwärts verfolgt werden. Hier könnte man viel eher von einem Baume sprechen, denn man wird unwillkürlich die jüngeren Generationen unten, die älteren oben auf der Tafel verzeichnen. Man kann die Ahnentafel einfacher und komplizierter gestalten. Man kann sich damit begnügen, immer nur die jedesmaligen Eltern aufzuzeichnen, wie es in der später wiedergegebenen Ahnentafel des Infanten Don Carlos geschehen ist; eine solche Tafel ist aber für die Vererbungsforschung auch noch nicht vollständig genug, das wünschenswerte vielmehr ist, alle Blutsverwandte in aufsteigender Richtung zu verzeichnen, denn wenn man die Erblichkeitsverhältnisse eines Menschen genau studieren will, so müssen seine Seitenverwandten mit berücksichtigt werden. Man spricht von Seitenvererbung, collateraler Vererbung, wenn bei einem Menschen eine Eigenschaft hervortritt, welche auch bei einem Onkel, Großonkel usw., bei einer Tante, Großtante usw. nicht aber bei einem direkten Vorfahr der letzten Generation vorhanden gewesen ist. Bei den direkten Voreltern des die kollaterale Vererbung Darbietenden muß dann eine latente Vererbung gewesen sein, aber weiter rückwärts wird wohl ein Ahne mit der gleichen Eigenschaft vorhanden gewesen sein, von dem die jüngsten Träger dieses Erbes in ununterbrochener Folge abstammen — es sei denn, daß es sich um eine neu aufgetretene Keimesvariation handelte, die erst bei Nachkommen in Form einer Körpereigentümlichkeit in die Erscheinung getreten ist.

Es wird nun angegeben, daß man in der Tat bei Menschen solche Verwandten-Atavismen nachweisen könnte, doch sind die dabei obwaltenden Schwierigkeiten so groß, daß ich noch eine andere erfahrungsmäßige Begründung des Vorkommens atavistischer Vererbung anführen möchte, nämlich die Erfahrungen, welche Tier- und Pflanzenzüchter gemacht haben bei der Heranzüchtung neuer Eigenschaften, welche neue Tier- oder Pflanzenvarietäten kennzeichnen. Hierbei hat es sich gezeigt, daß selbst in Fällen, bei denen in einer Reihe von Generationen die neue Eigenschaft regelmäßig sich vererbt hatte, plötzlich aus unbekannten Gründen ein Nachkomme entstand, welcher wieder den Ahnen, die die neue Eigenschaft noch nicht besaßen, glich. Hier muß also die frühere Körperanlage latent sich über viele Generationen erhalten haben, denn sonst wäre ein solcher Rückschlag auf die Ahnen unmöglich.

Die erwähnte, künstlich durch Vererbung vermittelte Heranzüchtung neuer Eigenschaften führt uns noch auf eine wichtige Frage in der Vererbungslehre, die Frage nämlich, können von einem Individuum erworbene Eigenschaften, können zu irgend einer Zeit des Lebens entstandene Besonderheiten des Körpers vererbt werden?

Auf Grund der früheren Betrachtungen können wir sofort eine bedingte Antwort geben: Ja, jede neuentstandene Eigenschaft kann vererbt werden, vorausgesetzt, daß die Keimstoffe in entsprechender Weise verändert sind, daß sie die neue Eigenschaft in der Anlage enthalten. Die Keimzellen sind die Träger des Erbes, was in den Keimzellen angelegt ist, kann vererbt werden. Es läuft also alles auf die Frage hinaus, können denn die Keimstoffe neue Anlagen erhalten?

Man muß unterscheiden zwischen quantitativen und qualitativen Änderungen. Es spricht vieles dafür, daß fortgesetzte Übung, insbesondere durch Generationen fortgesetzte Übung bestimmter Tätigkeiten die Nachkommen infolge quantitativ geänderter Vererbung immer besser befähigt, die betreffende Tätigkeit auszuüben. Doch handelt es sich hier nicht um ein Muß, um ein allgemeines Gesetz, sondern durch den Widerstreit der vererbten Eigenschaften, den wir ja schon kennen gelernt haben, können auch hier die Resultate sehr wechselnde sein.

Vor allem wichtig ist die Frage, wie steht es mit den qualitativen Änderungen, mit dem Auftreten von neuen Eigenschaften, bezw. Anlagen, welche früher nicht bestanden?

Es gibt hier zwei Möglichkeiten; entweder sind die neuen Eigenschaften von vornherein in den Keimzellen angelegt, — oder die Veränderung betrifft zunächst den übrigen Körper des Trägers der Keimzellen und diese werden erst in zweiter Linie, sekundär, derart beeinflußt, daß sie nun die Anlage zu der vom Körper erworbenen neuen Eigenschaft enthalten — und damit auch diese weiter vererben können.

Hiermit haben wir die schwierigsten Probleme der Vererbungslehre berührt. Es ist hier unmöglich, tiefer in sie einzudringen, deshalb sei nur kurz bemerkt: Es gibt eine Variabilität des Keimstoffes, des Erbes, die vererbungsfähigen Anlagen können sich ändern. Das kann in gewissem Sinne schon geschehen durch die immer neue Mischung männlicher und weiblicher Keimzellen mit ihren verschiedenen Vererbungsanlagen, aber auch davon abgesehen kann der Keimstoff, können die vererbbaren Anlagen jeder einzelnen Keimzelle, der männlichen so gut wie der weiblichen, eine qualitative, eine wesentliche Änderung erfahren, so daß der später aus ihr hervorgehende Nachkomme eine Körperkonstitution erhält, welche wesentlich von der seines entsprechenden Vorfahr abweicht.

Es ist eine wissenschaftliche Streitfrage, ob solche qualitative Abweichungen, Variationen, aus einer von Anbeginn dem Keimstoff innewohnenden Änderungsfähigkeit, also ausschließlich von innen heraus auftreten, oder ob sie immer das Resultat äußerer Einwirkungen sind; jedenfalls kann darüber kein Zweifel bestehen, daß durch äußere Einwirkungen Variationen des Erbträgers herbeigeführt werden können, welche dann in dem Nachkommen in Form neuer Eigenschaften hervortreten. Eine direkte Einwirkung kann durch chemische Stoffe z. B. durch den Alkohol hervorgerufen werden. Der Trinker erzeugt Variationen in seinen Fortpflanzungszellen und verschafft seinen Nachkommen neue Eigenschaften, vererbbare erworbene Eigenschaften, leider ungünstigster Art.

Ob solche auch auf andere Weise entstehen können, ob von dem Körper überhaupt, ob von jedem einzelnen Körperteil eine derartige Einwirkung auf die Fortpflanzungszellen statt hat, oder mindestens statthaben kann, ist eine ungelöste Streitfrage.

Daß erworbene gröbere morphologische, wesentlich die äußere Form des Körpers betreffende Abweichungen nicht vererbbar sind, lehrt die tägliche Erfahrung. Wer einen Arm, einen Fuß, ein Auge eingebüßt hat, braucht nicht zu fürchten, diesen Fehler auf seine Nachkommen zu übertragen. Ich habe schon bei einer ganzen Reihe von Rattengenerationen immer wieder sowohl bei den Männchen wie bei den Weibchen die Milz entfernen lassen, und auch die jüngsten Nachkommen erfreuten sich nichtsdestoweniger einer stattlichen Milz. Bekannt sind die Jahrhunderte, ja Jahrtausende fortgesetzten Verstümmelungen des menschlichen Körpers bei der Beschneidung, bei der Mißstaltung des Schädels, der Füße, wie sie bei gewissen Völkerschaften üblich sind, und es ist bekannt, daß trotz der langen Reihe der immer wieder in gleicher Weise verstümmelten Generationen doch eine Vererbung der Verstümmelung nicht eingetreten ist. Eine andere Frage ist es, ob nicht doch von gewissen inneren Organen, so besonders vonseiten des Gehirns, derartige Einwirkungen auf die in den Geschlechtsdrüsen lagernden Fortpflanzungszellen ausgeübt werden können, daß diese eine gleichsinnige Veränderung, wie die Organe sie erworben haben, erfahren, so daß die erworbene Organveränderung, weil sie nun auch in der Keimzelle der Anlage nach vorhanden ist, auf die Nachkommenschaft übertragen werden kann, d. h. vererbbar geworden ist. Wir müssen es der Zukunft überlassen, hier mehr Licht zu schaffen, bis jetzt herrscht in dieser Frage noch völlige Finsternis.

Nachdem wir uns so über die wichtigsten Erscheinungen der Vererbung orientiert haben, trete ich in eine Besprechung der „Bedeutung der Vererbung für Gesundheit und Krankheit" ein, auf welche Frage freilich schon bei der bisherigen Betrachtung manches Streiflicht gefallen ist.

Wenn wir die gesamten Erblichkeitsverhältnisse betrachten, so können wir zunächst zwei Gruppen voneinander trennen: Die generellen, allgemeinen und die speziellen, die besonderen. In die Gruppe der allgemeinen gehört die Vererbung der Art, der Rasse, des Alters und des Geschlechts, in die Gruppe der speziellen die Vererbung der Blutsverwandtschaft, auch wohl, wenngleich nicht ganz zutreffend, Familienvererbung genannt, und die individuelle, die nur dem Individuum eigne, welche durch die Mischung des väterlichen und mütterlichen Erbes gegeben ist.

Die erblichen Eigenschaften, welche das Menschentum eines Lebewesens bedingen, sind keineswegs derartig, daß sie die denkbar vollendetsten darstellen; manche Tiere sind gegenüber gewissen äußeren Lebensbedingungen verschiedenster Art besser mit Abwehrmitteln ausgerüstet als der Mensch; es gibt Menschenkrankheiten, welche von selbst bei Tieren gar nicht vorzukommen scheinen, Krankheiten, deren Ursachen gegenüber die ererbte Menschennatur nicht genügend regulatorische Einrichtungen besitzt. Es gibt besondere Einrichtungen des menschlichen Körpers, welche sich als ungünstig für die Erhaltung der Gesundheit unter gewissen Umständen erweisen. Dahin gehört z. B. die Anordnung der

Luftröhrenäste in der Lunge. Die Untersuchung von Lungen, welche den Beginn chronischer Tuberkulose, also den Beginn der Lungenschwindsucht zeigten, hat ergeben, daß die Krankheit mit Vorliebe in einem in den hinteren Abschnitten der Lungen senkrecht in die Höhe steigenden Luftröhrenast beginnt. Offenbar ist der Verlauf dieses Astes bei der aufrechten Haltung des Menschen an dieser Schwäche gegenüber den Tuberkelbazillen beteiligt; aufrechter Gang, Verzweigung der Luftröhrenäste sind aber auf Vererbung beruhende besondere menschliche Eigenschaften.

Der Mensch besitzt Organe, welche bei Tieren eine größere Ausbildung haben, deren Zweck beim Menschen ein geringer zu sein scheint, die sogenannten rudimentären Organe. Dahin gehört anscheinend der Wurmfortsatz des Blinddarms. Daß wir nicht recht wissen, was für einen Zweck er beim Menschen hat, beweist ja noch nicht, daß er keinen hat, denn wir wissen vieles noch nicht, aber soweit wir nach unseren heutigen Kenntnissen aus seiner Zusammensetzung und aus seinem ganzen Verhalten schließen können, ist er leicht entbehrlich. Hunderte von Menschen, denen er künstlich entfernt worden ist, zeigen durch nichts, daß sie ihn vermissen — und doch, wie vielen Hunderten, ja Tausenden ist er die Quelle von Krankheit, ja Tod.

Nicht anders ist es mit den erblichen Rasse-Eigenschaften. Die normale und pathologische Anatomie, die Physiologie der Menschenrassen steckt noch in den Kinderschuhen, aber doch kann kein Zweifel darüber sein, daß die körperlichen Kampfmittel, die regulatorischen Kräfte bei verschiedenen Rassen gegenüber den gleichen Lebensbedingungen verschiedene sind. Man braucht nur darauf hinzuweisen, daß die Wundheilung bei Negern viel günstiger verläuft als bei Weißen, daß Blutvergiftung von Wunden aus bei ihnen zu den Seltenheiten gehört. Ganz besonders treten Rasseeigenschaften hervor gegenüber verschiedenen klimatischen Lebensbedingungen, beim Wechseln des Wohnorts. Virchow sprach von vulnerablen Völkerschaften, von im Kampfe mit klimatischen Schädlichkeiten, besonders mit dem Tropenklima, minderwertigen, minderwiderstandsfähigen Völkern. Die Germanen rechnete er in dieser Beziehung zu den vulnerabelsten, und das Verschwinden der germanischen Völkerschaften in Italien, Spanien und Nordafrika gibt eine Illustration zu seiner Anschauung.

Wir sprechen weiter von einer Alters- und Geschlechts-Disposition, d. h. von einer Anlage zu Gesundheitsstörungen, welche in dem auf Vererbung beruhenden besonderen Bau des jugendlichen und des alten, des männlichen und des weiblichen Körpers gegeben ist. Man darf dabei nicht nur an die selbstverständlichen Verschiedenheiten der Geschlechtsorgane denken und an ihre Bedeutung für Gesundheitsstörungen, sondern muß auch mit gröberen und feineren Verschiedenheiten im übrigen Körperbau, in der gesamten Körperkonstitution rechnen. Welche geheimnisvollen aber höchst bedeutungsvollen Beziehungen zwischen Geschlecht und Krankheitsanlagen bestehen können, das haben wir bei der Betrachtung der Vererbungstabellen, bei den Gesichtsspalten, der Rotblindkrankheit, der Bluterkrankheit bereits kennen gelernt. Daß es Krankheiten gibt, welche alle Welt „Kinderkrankheiten" nennt, daß man von Greisen- oder Alterskrankheiten sprechen darf, beweist, wie bedeutungsvoll die dem Menschen vererbten Verschiedenheiten der Körpereigenschaften in den einzelnen Lebensaltern für die Entstehung von Gesundheitsstörungen sind.

Bei weitem wichtiger als diese generellen Vererbungen sind die speziellen, ist die Art, die Beschaffenheit des individuellen und des sogenannten Familien- d. h. Blutsverwandtenerbes.

Bei der Beurteilung dieser Vererbungen vom gesundheitlichen Standpunkte ist ganz besonders daran festzuhalten, daß es sich wie bei den allgemeinen Vererbungen im wesentlichen nicht um Vererbung von Krankheiten, sondern um Krankheitsanlagen handelt, um Körperzustände, Konstitutions-Eigentümlichkeiten, welche an und für sich noch nicht Krankheiten sind, sondern welche erst in Verbindung mit äusseren Lebensbedingungen zu krankhaften Störungen Veranlassung geben können. Wir wollen dabei aber nicht unterlassen, festzustellen, daß die besonderen vererbten Eigenschaften nicht notwendig ungünstige Krankheitsanlagen zu sein brauchen, sondern daß sie auch eine günstige Wirkung haben, daß sie die Gesundheit fördern können, indem sie den Körper geeigneter machen für den Lebenskampf, indem sie seine Widerstandskraft erhöhen, ihm neue Kampfmittel verleihen, oder wenigstens die etwa bei einem Teil der Vorfahren geschwächte Konstitution der normalen wieder näher bringen. Darin liegt die große Bedeutung der zweigeschlechtlichen Entstehung des Menschen, daß durch die Mischung des Erbes immer neue Variationen entstehen, welche einerseits dem Nachkommen den Kampf ums Dasein erleichtern, andererseits ihn freilich auch erschweren können.

Das gilt nicht nur für das individuelle Erbe, sondern auch für das Familienerbe im weitesten Sinne des Wortes, für das Verwandtenerbe. Jede Familie nicht nur, sondern jeder Blutsverwandtschaftskreis hat seine besonderen vererbbaren körperlichen Eigentümlichkeiten, seine besondere durch Vererbung übertragbare Konstitution und es ist klar, daß, wenn ein Glied eines Verwandtschaftskreises mit kräftiger, für den Lebenskampf geeigneter, kurz gesagt, gesunder Konstitution mit einem Gliede eines anderen Verwandtschaftskreises mit gleichfalls normaler

Konstitution sich vereinigt, um Nachkommenschaft zu erzeugen, daß dann die Erwartung berechtigt ist, der oder die Nachkommen würden gleichfalls eine gesunde, kräftige Konstitution besitzen. Trifft aber diese Voraussetzung nur für den einen Verwandtschaftskreis zu, besteht bei dem anderen eine ungünstige Anlage, nun, so ist mindestens die Hoffnung nicht unberechtigt, — unsere Tabellen haben uns das gelehrt, — daß die ungünstige Anlage gemildert wird, und daß, wenn auch diese Nachkommen wieder mit gesunden Ehegatten eine neue Menschengeneration erzeugen, die ungünstige Anlage völlig unterdrückt werde, — ob freilich unbedingt und für alle Nachkommen, diese Frage müssen wir angesichts dessen, was wir von der latenten Vererbung und der Möglichkeit eines Rückschlages festgestellt haben, mit größter Vorsicht behandeln.

Bedenklicher ist es schon, wenn beide Verwandtschaftskreise mit vererbten ungünstigen Anlagen behaftet sind; dann kann, wie uns Fig. 2 vor Augen geführt hat, ein Nachkomme beide Anomalien ererben, — kann — aber glücklicherweise muß nicht. Bei der Familie unserer Fig. 2 hatte nur ein einziger, bemerkenswerter Weise der erste Nachkomme, beide ungünstigen Anlagen ererbt, alle anderen waren vor dem väterlichen und ein Teil wenigstens auch vor dem mütterlichen Schaden bewahrt geblieben. Ich habe auf diesen so ungemein wichtigen Umstand schon früher hingewiesen, seine Bedeutung besonders auch für die soziale Seite der Vererbung, rechtfertigt es aber, noch einmal mit Nachdruck darauf hinzuweisen, denn es geht daraus hervor, daß eine ungünstige degenerative Anlage nicht notwendig vererbt zu werden braucht.

Am bedenklichsten ist es, wenn eine ungünstige Anlage gleicher Art den beiden Verwandtschaftskreisen aus deren Verschmelzung eine neue Generation entstehen soll, eigen ist. Hier besteht nicht nur die Möglichkeit, sondern sogar eine große Wahrscheinlichkeit dafür, daß eine Verstärkung der ungünstigen Anlage eintritt, und daß, je öfter dieser Vorgang sich wiederholt, um so allgemeiner bei den späteren Generationen eine Konstitutionsverschlechterung, eine Minderwertigkeit, eine Degeneration zu Tage tritt. Darin liegt die Gefahr der Verwandtenehe, vor allem der fortgesetzten Inzucht, bei der einerseits der Vorteil, den die Vermischung verschiedenen Erbes bietet, verloren geht, andererseits aber die Gefahr einer Häufung ungesunder Anlagen besonders nahe liegt. Die verhängnisvolle Wirkung der Inzucht ergibt sich in die Augen fallend aus der Ahnentafel des Infanten Don Carlos von Spanien (Fig. 7). Es sind nur die jedesmaligen Eltern berücksichtigt. Ein Blick auf die dritte Generation nach rückwärts läßt erkennen, daß Don Carlos nicht, wie es eigentlich sein sollte, acht verschiedene Urgroßeltern hatte, die ihm acht verschiedengeartete Erbschaften übermitteln mußten, sondern nur vier, und unter diesen vier befand sich auch Johanna die Wahnsinnige und Philipp der Schöne von Österreich, welche beide durch zwei in ihrer Ahnenreihe mehrmals vorkommende Säuferinnen erblich belastet erscheinen. In der vierten Generation nach rückwärts, in welcher sechzehn Ahnen mit sechzehn verschieden gearteten Vererbungen vorhanden sein sollten, gibt es deren nur sechs. Viermal kommt Isabella von Kastilien vor, welche von beiden Eltern her psychisch erblich belastet war. Kein Wunder also, daß auch Don Carlos zu den geistig schwer Degenerierten gehörte.

Wenn nun gar nicht nur in einer Richtung eine erbliche Belastung vorliegt, sondern in mehreren Richtungen, so wird die Gefahr für die Nachkommen eine immer größere, die Gefahr einer schweren Degeneration eine immer drohendere sein.

Es handelt sich hierbei immer zunächst um die Degeneration innerhalb eines kleinen Kreises von Menschen, innerhalb der Blutsverwandtschaft; wie aber, wenn gleiche Degeneration in zahlreichen Sippen eingetreten ist, wenn das Zusammenkommen auch zweier nicht blutsverwandter Eheleute immer öfter zu einer Häufung der gleichen degenerativen Anlagen führt? Ist dann nicht die Gefahr vorhanden, daß schließlich eine ganze Völkerschaft, ein ganzes Volk, eine ganze Rasse der erblichen Degeneration anheimfällt?

Zweifellos ist eine derartige Gefahr in gewissem Grade vorhanden, vor allem gegenüber denjenigen schädigenden Einflüssen, welche aus weitverbreiteten Ursachen hervorgehen, aus dem unmäßigen Alkoholgenuß, aus Geschlechts- und anderen verbreiteten Krankheiten. Und wird diese Gefahr nicht dadurch vergrößert, daß die Fortschritte der allgemeinen, wie insbesondere die der individuellen Gesundheitspflege, daß die Fortschritte der Heilkunde viele minderwertige Degenerierte in den Stand setzen, nicht nur ihr eigenes Leben zu erhalten, zu verlängern, — dagegen hätte wohl niemand etwas einzuwenden, — sondern auch sich fortzupflanzen, und damit möglicher Weise ihre Minderwertigkeit auf ihre Nachkommen zu vererben?

Degeneration bedeutet eine ungünstige von der Norm abweichende Beschaffenheit des Körpers. Diese Körperabweichung braucht nicht sichtbar zu sein, aber sie kann es sein, und es hat nicht an solchen gefehlt, welche eine große Zahl von körperlichen Degenerationszeichen, besondere Gestaltung der Ohren, besondere Beschaffenheit der Zähne und ähnliches, aufgestellt haben. Man hat dabei derartig übertrieben, daß mit Recht darauf hingewiesen wurde, wenn diese Angaben richtig wären, dann gäbe es kaum noch einen Kulturmenschen ohne Degenerationszeichen.

Aber diese Fanatiker der Degeneration, so könnte man sie nennen, sind die Beweise für ihre Behauptung schuldig geblieben.

Ist denn wirklich die heutige Kulturmenschheit so degeneriert, so körperlich und geistig entartet? „An ihren Früchten sollt ihr sie erkennen!"

Wer sollte es wagen, zu behaupten, daß die geistigen Errungenschaften der neuen Zeit denen früherer Zeiten nachstünden, daß eine allgemeine Abnahme der geistigen Leistungsfähigkeit zu konstatieren sei? Mag auch die Zahl der Irrenanstalten und ihrer Insassen erheblich gewachsen sein, so kann daraus weder ohne weiters auf eine entsprechende Zunahme der Geisteskrankheiten geschlossen werden, noch viel weniger aber auf eine allgemeine geistige Degeneration. Für die Zunahme der in den Anstalten verpflegten Geisteskranken muß man berücksichtigen die allgemeine Bevölkerungszunahme, die größere Fürsorge für die unbemittelten Geisteskranken, die häufige Übergabe auch bemittelter Geisteskranker in Anstaltsbehandlung, vor allem aber wird man in Rechnung ziehen müssen, daß geistig Minderwertige, die früher den Anforderungen des Lebens noch einigermaßen gewachsen waren, heute den gesteigerten Anforderungen und Einwirkungen des Lebens nicht mehr Stand zu halten vermögen, sondern als geistig krank sich erweisen. Jedenfalls bilden auch heute noch trotz ihrer großen Zahl die Geistesgestörten bei weitem die Minderzahl gegenüber den auch in geistiger Beziehung allen Anforderungen des Lebens Gewachsenen.

Und wie steht es mit den körperlichen Leistungen? Sind diejenigen der heutigen Kulturvölker geringer als die ihrer Vorfahren? Man sehe sich doch die Leistungen der Tausende den Körpersport pflegenden Menschen männlichen und weiblichen Geschlechts an, man denke an die körperlichen Leistungen der

Tausende und Abertausende Gebirgswanderer, man berücksichtige vor allem die Leistungen unserer Soldaten in Krieg und Frieden, ist da eine Abnahme der körperlichen Leistungsfähigkeit zu bemerken? Sicherlich haben weder die Landsknechte noch die römischen Legionen größere Marschleistungen aufzuweisen, als sie von unseren Truppen in jedem Manöver geliefert werden; wo ist da die Degeneration?

Es ist schon früher beachtet worden, daß wenigstens bei einem Teil der europäischen Völker die Körpergröße zugenommen hat. Neuerdings sind von einem deutschen Militärarzt, Dr. Schwiening, eingehendere Mitteilungen hierüber gemacht worden. Innerhalb der Jahre 1894—1903 hat bei den Rekruten des preußischen Heeres die Zahl der kleinen Leute abgenommen, die der Leute mittlerer Größe ist die gleiche geblieben, aber die großen Leute sind zahlreicher geworden. Dr. Schwiening konnte nachweisen, daß in allen Kulturstaaten Europas, über die verwertbare Angaben vorliegen, in den letzten Jahrzehnten eine deutliche Tendenz einer Größenzunahme bei der männlichen Jugend im militärpflichtigen Alter sich bemerkbar macht. Soll das auch ein Degenerationszeichen sein? Sollte man nicht viel mehr der gegenteiligen Meinung sein dürfen, besonders da bisher nichts darauf hinweist, daß mit dem Längenwachstum nicht auch die innere Organisation gleichen Schritt gehalten habe?

Ob das eine Frucht der besseren Gesundheitspflege ist, wer vermöchte das sicher zu sagen? Aber eine andere unbestreitbare Tatsache, welche sicher das Gegenteil einer degenerativen Erscheinung ist, darf zweifellos als ein Erfolg der Fortschritte der Gesundheitspflege und der Heilkunde angesehen werden, das ist die aus den Statistiken der verschiedensten Orte hervorgehende Tatsache, daß das Menschenleben sich im Durchschnitt verlängert hat. Das ist zweifellos ein Kulturfortschritt, aber stehen ihm nicht schwere Nachteile gegenüber, die aus derselben Quelle stammen? Bedroht nicht die Kultur der Neuzeit, bedrohen nicht die Fortschritte der Hygiene und der Medizin durch Erhaltung der Minderwertigen und ihre Befähigung zur Fortpflanzung die Zukunft unserer Rasse? Wird nicht wenigstens in der Zukunft die allgemeine Degeneration eintreten, die, wie ich meine, bis jetzt noch nicht da ist?

Nach Zeitungsberichten, an deren Zuverlässigkeit zu zweifeln kein Grund vorliegt, konnte man neulich in Berlin von Herrn Forel-Zürich hören, wie schlecht die heutige Kultur sei; wie sie nicht die Tüchtigsten produziere, sondern im Gegenteil die Schwächsten, da die Kräftigsten als Kanonenfutter dienen, und die ärztliche Wissenschaft so vorgeschritten ist, daß sie die geistigen und körperlichen Krüppel zur Fortpflanzung aufpäppelt, ja, daß der gesunde Teil durch die Krankenpflege kaum Zeit findet zur Fortpflanzung. Ist das nicht die maßloseste Übertreibung, besonders angesichts der Tatsache, daß in Deutschland seit 37 Jahren die Kräftigsten nicht Kanonenfutter waren, sondern sich nach Belieben fortpflanzen konnten?! Und es ist die gleiche maßlose Übertreibung, wenn der Redner weiter behauptet, daß die Vererbung pathologischer Anlagen durch absurde Humanität gefördert wird, so daß die menschliche Rasse immer mehr degeneriert. Die absurde Humanität!!! Ich überlasse die Beurteilung dieses Ausspruches dem humanen Gefühl meiner Mitmenschen, von dem ich doch eine bessere Meinung habe als Herr Forel, jedoch gegen die übrige Behauptung muß ich mich wenden.

Vor einigen Jahren habe ich ein kleines Büchelchen herausgegeben: „Aufgaben, Zweck und Ziele der Gesundheitspflege".[1])

[1]) Stuttgart, Verlag von Ernst Heinrich Moritz, 1904.

Darin habe ich diese Fragen besprochen und bin zu dem Schluß gekommen, daß weder eine allgemeine Degeneration vorhanden, noch eine fortschreitende Degeneration infolge der verbesserten Gesundheitspflege und Heilkunde zu befürchten sei. Ein Kritiker hat mir Trugschlüsse vorgeworfen, ich bin deshalb noch einmal sorgfältig mit mir zu Rate gegangen, aber ich bin zu demselben Resultat gekommen: Es ist kein Trugschluß, sondern eine wohl begründete Annahme, daß die Fortschritte der Gesundheitspflege und der Heilkunde nicht die Gefahr einer allgemeinen Rassen-Degeneration mit sich bringen.

Die Gegner betonen immer nur die Fortpflanzung der Schwächlichen, der Aufgepäppelten als etwas unbedingt schädliches; aber kann nicht in einem schwächlichen, verkrüppelten Körper ein hoher Geist wohnen, der der gesamten Menschheit Nutzen bringen kann, und dessen Stärke vererbbar ist?

Ferner, muß denn der Schwache seine Schwäche vererben, wenn er sich mit einem Starken paart? Wir haben vorher das Gegenteil erfahren! Und vor allem, nehmen denn nur die Schwächlichen und Minderwertigen an den Segnungen der Fortschritte der Gesundheitspflege und der Heilkunde teil? Diese kommen doch auch den Starken, den weniger oder nicht Degenerierten zu gute und machen sie noch stärker, noch gerüsteter für den Lebenskampf. Diese Tatsache wird von den Gegnern nicht genügend berücksichtigt, oder sie wird, wie ich an dem Forelschen Beispiel gezeigt habe, in der leichtfertigsten Weise, — ich kann keinen milderen Ausdruck gebrauchen, — zur Seite geschoben. Das unerbittliche Gesetz der natürlichen Auslese, das Gesetz, daß im natürlichen Daseinskampf doch immer der Schwächere dem Stärkeren weichen muß, wird schon dafür sorgen, daß nicht die Degenerierten, sondern die Vollwertigen die Ahnen der künftigen

Geschlechter werden. Wohl können und sollen wir die Natur in ihrer natürlichen Auslese unterstützen, indem wir zu verhindern suchen, wie es z. B. durch Aufnahme in Anstalten schon geschieht, daß erblich Belastete Nachkommen erzeugen, denn sie bilden eine Gefahr für die Familie. Mit Zwang wird da, von den zu internierenden Geisteskranken abgesehen, nicht viel auszurichten sein, es kann nur von der Selbsthilfe ein Nutzen erwartet werden. Wir müssen suchen, in möglichst weiten Kreisen des Volkes richtige Anschauungen über die Bedeutung der Vererbung zu verbreiten, damit jedermann gegebenenfalls sich klar ist, welche Gefahren der zukünftigen Familie von erblichen Krankheitsanlagen drohen. Wir wollen aber vor allen Dingen, soviel in unseren Kräften steht, dahin streben, die Ursachen für Neuentstehung von Degenerationen zu bekämpfen und zu beseitigen. Dahin gehört vor allem der Kampf gegen den übermäßigen Genuß des Alkohols in jeder Form (Wein, Bier oder Branntwein), welcher nicht nur die Trinker selbst unglücklich macht und mit ihnen die Irren- und Zuchthäuser bevölkert, sondern auch das Familienleben zerrüttet und nur zu häufig die unglücklichen Nachkommen einem geistigen und körperlichen Siechtum überliefert, es gehört dahin der Kampf gegen die Geschlechtskrankheiten, welche mehr Familienglück zerstören und größere Verheerungen unter der Nachkommenschaft anrichten, als die meisten Menschen nur ahnen, es gehört dahin auch der Kampf gegen die Tuberkulose, jene verbreitetste aller Krankheiten, welche zahllose Menschen langem Siechtum oder auch frühem Tode entgegenführt. Aber damit ist noch nicht genug geschehen. Wir wollen es uns nicht nehmen lassen, in humaner Gesinnung der Kranken und Schwachen uns anzunehmen, den armen Krüppelkindern zu einem möglichst erträglichen und auch für die Gesamtheit noch nützlichen Leben zu verhelfen, wir wollen nicht ablassen, Kranke und Gesunde, Schwache und Kräftige immer wieder auf die Notwendigkeit und die Segnungen einer gesundheitsgemäßen Lebensweise hinzuweisen, wir wollen nicht ablassen, immer weitere Fortschritte der Gesundheitspflege für den kranken wie für den gesunden Menschen herbeizuführen. Wir lassen uns die Freude an den Errungenschaften der Gesundheitspflege und der Heilkunde nicht trüben durch falsche Propheten, denn, ich wiederhole, die Gesundheitspflege und die Heilkunde nützen nicht nur der Minderzahl der Schwachen, sondern auch der Überzahl der Starken — und den Starken gehört doch die Zukunft!

Ahnentafel des J

Die mehrmals in einer Ahnenreihe vorkomme

Kaiser Maximilian I.	Maria von Burgund	Ferdinand der Katholische	Isabella[1]) von Kastilien	Ferdinand von Portugal	Beatrix von Portugal	*Ferdinand der Katholische*	*Is… K…*

Philipp der Schöne von Österreich[2])	Johanna die Wahnsinnige[2])	Emanuel I. von Portugal	Maria von Spanien

Kaiser Karl V.	Isabella von Portugal

Philipp II. von Spanien

Don C

[1]) Isabella war von beiden Eltern her psychisch erblich belastet.

[2]) In der Ahnenreihe sowohl von Philipp als auch von Johanna

on Carlos, † 1568.

m Wiederholungsfalle in Kursivschrift gedruckt.

d Beatrix von l Portugal — *Ferdinand der Katholische* — *Isabella*[1] *von Kastilien* — *Kaiser Maximilian I.* — *Maria von Burgund* — *Ferdinand der Katholische* — *Isabella*[1] *von Kastilien*

anuel I. von rtugal — *Maria von Spanien* — *Philipp der Schöne von Österreich*[2] — *Johanna die Wahnsinnige*[3]

Johann III. von Portugal — Katharina von Österreich

Maria von Portugal

generiert).

mals Johann von Lancasters beide Töchter, welche beide Säuferinnen waren.

Veröffentlichungen des Deutschen Vereins für Volks-Hygiene.

Im Auftrage des Zentralvorstandes
in zwanglosen Heften herausgegeben
von
Sanitätsrat Dr. K. Beerwald, Berlin.

Heft XVII.

Hygienische Fragen über Heizung

von
Prof. Dr. Kurt Wolf
Vorstand des Hygienischen Instituts zu Tübingen.

Erste Auflage.
(Erstes bis zehntes Tausend.)

München und Berlin.
Druck und Verlag von R. Oldenbourg.
1909.

Preis 30 Pfennig.

Von 100 Expl. an 25 Pf. | Von 500 Expl. an 18 Pf.
Von 200 Expl. an 20 Pf. | Von 1000 Expl. an 15 Pf.
Von 2000 Expl. an 12 Pf.

Veröffentlichungen des Deutschen Vereins für Volks-Hygiene.

Im Auftrage des Zentralvorstandes in zwanglosen Heften herausgegeben

von

Sanitätsrat Dr. K. Beerwald, Berlin.

Heft XVII.

Hygienische Fragen über Heizung

von

Prof. Dr. Kurt Wolf

Vorstand des Hygienischen Instituts zu Tübingen.

Erste Auflage.

(Erstes bis zehntes Tausend.)

München und Berlin.

Druck und Verlag von R. Oldenbourg.

1909.

Inhalt.

Die Entwicklung der Zentralheizung.

Feuer, Wasser, Luft und Erde nannten unsere ältesten Vorfahren die vier Elemente, weil es die Grundstoffe sind, ohne die jedes tierische und pflanzliche Leben undenkbar ist. Wasser, Luft und Erde stehen allen Lebewesen jederzeit in gleicher Weise zur Verfügung; die lichtspendende Kraft und die lebenerhaltende Wärme des Feuers aber wird ihnen fast ausschließlich von der Sonne zuteil. Deshalb sind sie entweder gezwungen in der kalten Jahreszeit, wenn die Kraft der Sonne versagt, in einen Zustand der Kältestarre, in den Winterschlaf zu verfallen, der wohl das Fortbestehen des Lebens ermöglicht, jede Lebensäußerung aber verbietet, oder aber sie sind an ganz bestimmte Zonen der Erde gebunden, falls sie sich nicht mit einer solchen Schutzvorrichtung zu umgeben vermögen.

Auch der Mensch, lediglich angewiesen auf die ihm von der Natur gegebenen Schutzmittel, würde die Grenzen der heißen Zone nicht überschreiten können. Er hat es aber verstanden, sich unabhängig von dem Licht und der Wärme der Sonne zu machen, indem er sich Kleidung und Wohnung schuf, und indem er vor allem die Macht des Feuers seiner Gewalt unterwarf. Er ist hierdurch imstande, auch bei der größten Kälte sich im Innern des Hauses ein ihm zusagendes Klima zu schaffen und unbekümmert um die Unbilden der Witterung hier seiner Tätigkeit nachzugehen.

Die Herrschaft über das Feuer versetzt den Menschen in die Lage, als einziges Lebewesen überall auf der Erde leben zu können. Freilich die Art und Weise, wie der Mensch das Feuer verwendete, um bei kalter Außenluft behaglich warme Innenräume zu haben, ist im Laufe der Jahrhunderte sehr verschieden und nicht immer zweckmäßig gewesen.

Das offene Herdfeuer unserer germanischen Vorfahren brachte ebenso wie die Becken mit glühenden Holzkohlen neben Wärme Verbrennungsgase sowie Rauch und Ruß in den Wohnraum; sie verdarben dadurch die Atmungsluft.

Man darf nicht denken, daß unsere Vorfahren die mit dieser Luftverderbnis verbundenen Belästigungen als notwendiges Übel hingenommen und nicht auf Abhilfe bedacht gewesen wären. Im Morgenlande und bei gewissen romanischen Völkerschaften, wo die nämlichen Kohlebecken wie vor Jahrtausenden noch heute im Gebrauch sind, mag es der Fall sein. Es erklärt sich dies aber daraus, daß man dort nur an wenigen Tagen im Jahr gezwungen ist, für künstliche Erwärmung der Wohnung Sorge zu tragen. Unser Klima mit seiner allwinterlichen, monatelangen Heizperiode ließ die Übelstände besonders schwer erscheinen, und wir treffen deshalb schon in alter Zeit auf eine ganze Reihe verschiedener Versuche, die Heizung zu verbessern.

Es lassen sich hierbei frühzeitig zwei verschiedene Bestrebungen unterscheiden, die man, wie das auch heute noch geschieht, mit den Namen „Einzelheizung" und „Zentralheizung" belegt.

Man schuf den Kamin, in dem für die Abführung der Verbrennungsgase durch weite Rauchfänge Sorge getragen wird. In ihm kommt jedoch allein die Wärmestrahlung des Feuers dem Wohnraum zugute. Man erdachte die Kachelöfen, deren große Masse an Ziegeln und Schamottesteinen durch Holz- oder später Kohlenfeuer erhitzt die aufgespeicherte Wärme allmählich an die Zimmerluft abgibt, so daß die Erwärmung noch erfolgt, wenn das Feuer schon lange niedergebrannt ist. Den Nachteil der langsamen Erwärmung der Kachelöfen suchte man durch eiserne Ofen auszugleichen, oder man baute Öfen mit eisernem Untergestell und Kachelaufsatz usw. Schließlich in den letztvergangenen Jahrzehnten kamen Gasheizöfen und sog. Dauerbrandöfen auf, deren Vorteil vor allem in der gleichmäßigeren Wärmeabgabe gelegen ist.

Ganz allgemein ist die Ansicht verbreitet, daß die Zentralheizung noch sehr jungen Datums ist und als eine Errungenschaft der aufblühenden Technik gegen Ende des vorigen Jahrhunderts angesehen werden muß. Das ist aber keineswegs der Fall. Wir finden Zentralheizungen nicht nur bei uns in Deutschland in verschiedenen aus dem frühen Mittelalter stammenden Bauwerken, sondern auch bei den Römern. Dort muß sie nach den auf uns überkommenen Resten zu urteilen bereits einen hohen Grad der Vollkommenheit erreicht haben. Sie blieb nicht auf große öffentliche Bauten beschränkt. Vielmehr sind z. B. in Pompeji sichere Zeichen von solchen auch in Privathäusern vorgefunden worden.

Es erging aber der Zentralheizung ebenso wie anderen vortrefflichen Einrichtungen auf dem Gebiete der Gesundheitspflege, deren Vorhandensein wir in Städten römischen Ursprungs noch heute nachweisen können. Mit dem Untergange des

Römischen Reiches verfielen sie. Wie wir im Mittelalter vergebens die von den Römern gebauten Kanalisationsanlagen zur schnelleren Entfernung der städtischen Schmutzwässer suchen, so war damals auch die Zentralheizung mehr und mehr in Vergessenheit geraten und wir sehen, daß ziemlich ausschließlich die Einzelheizung zur Erwärmung der Wohnhäuser verwendet wurde. Erst nachdem seit der Mitte des vergangenen Jahrhunderts die hauptsächlichsten Kulturvölker der Erde sich mehr und mehr ihrer äußeren Feinde entledigt hatten und damit freie Hand und Muße gewannen, ihre inneren Angelegenheiten zu ordnen, lenkten Frieden und größerer Wohlstand die Aufmerksamkeit auf bessere Pflege des Körpers und Erhaltung seiner Gesundheit. Die aufstrebende Wissenschaft der Technik und die eben erst erstandene Hygiene arbeiten seitdem Hand in Hand, und wie sie auf allen übrigen Gebieten der Gesundheitslehre und Gesundheitspflege Hervorragendes geleistet haben, so auch auf dem Gebiete der Heizung. In richtiger Würdigung der Tatsache, daß nur die Zentralheizung die mit jeder Heizung verbundenen Übelstände ganz oder doch wenigstens nahezu ganz zu beseitigen vermag, läßt die Technik es sich angelegen sein, diese auszubauen und zu verbessern.

Wollen wir uns über die Entwicklung der jetzt hauptsächlich zur Ausführung kommenden Zentralheizungen unterrichten, so müssen wir in der Geschichte nachblättern; denn wie in allen übrigen Gebieten der Wissenschaft, so gibt sie uns auch hier viel des Wissenswerten an.[1])

---

[1]) Ausführlich ist die Geschichte der Zentralheizungstechnik in einem Aufsatz von H. Vetter behandelt in der Festnummer des Gesundheits-Ingenieurs zur 6. Versammlung der Heizungs- und Lüftungsfachmänner in Wien 1907

Die Römer kannten in der Hauptsache zwei Arten der Zentralheizung: Die sog. Hypokaustenheizung und die Warmwasserheizung. Für die Warmwasserheizung benutzten sie allerdings lediglich das Wasser heißer Quellen. Dieses wurde in Röhren und Hohlkörper aus Metall eingeleitet, die in den Zimmern standen. Die künstliche Erwärmung des Wassers zur Heizung der Wohnräume blieb ihnen unbekannt.

Bei der Hypokaustenheizung finden wir einen großen, außerhalb des Hauses gelegenen backofenartigen Raum, der mit Holzkohlen angefüllt wurde. Von diesem Raum aus führten tönerne Kanäle bis unter den Fußboden der Zimmer. Dieser ruhte auf einzelnen Pfeilern, so daß der Zwischenraum zwischen diesen (hypocaustum genannt) als Heizkanal benutzbar war. Auch längs der Wände führten solche Kanäle. Das Zimmer wurde teils durch Erwärmung der Wandungen geheizt, teils aber auch unmittelbar dadurch, daß man Verbindungskanäle zwischen dem Hypokaustum und dem Wohnraum öffnete.

Nach unseren heutigen Begriffen kann eine solche Heizung als einwandfrei nicht bezeichnet werden; denn wenn auch Holzkohlen kaum Rauch und Ruß entwickeln, so sind ihre Verbrennungsgase doch nicht frei von schädlichen Stoffen. Diese konnten durch die Verbindungskanäle in reichlicher Menge in den Wohnraum einströmen. Solche Hypokaustenheizungen hat man in Pompeji, in den Thermen des Caracalla in Rom, im Kaiserpalast des Hadrian in Trier und in der Saalburg vorgefunden.

Neben der Hypokaustenheizung war aber auch z. B. auf der Saalburg eine andere Zentralheizung in Gebrauch, die bis in die jüngste Zeit hinein zur Erwärmung der Gewächshäuser verwendet wurde. Man kann sie als Kanalheizung bezeichnen.

Die Heizgase wurden durch einen langen Kanal geführt, der die Wärme auf seinem Wege an die Umgebung abgab. In der Saalburg ging der Kanal von der Heizkammer zunächst ziemlich senkrecht bis zur Mitte des Fußbodens des zu erwärmenden Raumes. Dort teilte er sich kreuzförmig und lief nach den vier Ecken des Gemaches, um dann senkrecht aufzusteigen.

Während demnach die Römer zur Übertragung der Wärme schon die beiden Beförderungsmittel Luft und Wasser kannten, bedienten sich die germanischen Völkerschaften bei ihren Zentralheizungen allein der Luft.

Der römischen Hypokaustenheizung nahe verwandt ist die Steinofenheizung in den alten deutschen Burgen. Auch bei dieser war eine große Heizkammer vorhanden, in der auf einem rostartigen Gewölbe große Feldsteine lagen. Diese wurden durch ein darunter befindliches Holzfeuer bis zum Glühen erhitzt. Einen Fortschritt stellt die Steinofenheizung gegenüber der Hypokaustenheizung insofern dar, als ein Rauchrohr die Verbrennungsgase des Feuers über Dach abführte. Erst wenn das Feuer niedergebrannt und der anfangs auf den kalten Steinen sich niederschlagende Ruß verbrannt war, wurde durch einen Schieber das Rauchrohr ausgeschaltet, und es strömte die durch die Steine erhitzte Luft in den Wohnraum ein.

In England, wo als die einzig volkstümliche Heizung auch heute noch der Kamin, also die Einzelheizung, weit verbreitet ist, wurde in früherer Zeit daneben wohl auch die Kanalheizung gefunden. Als eigentlich englische Schöpfung aber muß die Rauchröhrenheizung bezeichnet werden. Bei dieser Art der Zentralheizung waren die Rauchabzugsrohre nicht aus Ton, wie bei der Kanalheizung, sondern aus Eisen. Außerdem wurde nicht nur ein Stockwerk damit geheizt, sondern mehrere. Die eisernen Rohre machten jedoch die ganze Anlage in hohem Maße feuergefährlich.

Alle diese genannten Zentralheizungen haben bis ins 19. Jahrhundert hinein bestanden. Die Steinofenheizung der Marienburg z. B. wurde zum Teil noch im Jahre 1822 wieder in gebrauchsfähigen Zustand versetzt.

Im allgemeinen aber hört man um die Wende des 19. Jahrhunderts immer mehr Stimmen, die sich gegen diese alten der menschlichen Gesundheit keineswegs zuträglichen, feuergefährlichen und auch technisch nichts weniger als vollkommenen Heizungsarten wenden und raten, die drei damals neu aufgekommenen Zentralheizungen in die Häuser einzubauen.

Es sind dies Luftheizung, Warmwasser- und Dampfheizung.

Die Luftheizung, und zwar in der noch heute bestehenden Anordnung, nach welcher im Kellergeschoß des Hauses die Luft einer Heizkammer durch einen Heizkörper erwärmt wird und von da aus unter Verwendung von Kanälen in die Gemächer der höheren Stockwerke abströmt, während frische Luft aus dem Freien in die Heizkammer nachdringt, ist zweifellos deutschen Ursprungs und reicht bis ins 13. Jahrhundert zurück. Die erste derartige Heizung findet sich erwähnt in einer Beschreibung des Lüneburger Rathauses, das aus dieser Zeit stammt. Später sind noch viele andere hervorragende Bauten mit Luftheizung versehen worden, z. B. das Neue Palais in Potsdam und der Königsbau in München. Um das Jahr 1870 war die Luftheizung die weitaus am meisten verbreitete Zentralheizung. Seitdem aber wird sie mehr und mehr verdrängt durch die beiden anderen: Warmwasser- und Dampfheizung.

Wahrscheinlich stammt die Idee, den Dampf als Beförderungsmittel für die Wärme zu verwenden, von James Watt, dem Erfinder der Dampfmaschine. Jedenfalls aber ist sie englischen Ursprungs.

In England zuerst für die künstliche Pflanzenzucht und in der Industrie, namentlich der Seiden- und Wollweberei verwendet, hören wir von Dampfheizungen für Wohnungen zuerst aus Berlin.

In allen diesen ersten Dampfheizungen befand sich der Dampf unter Hochdruck. Von bedeutendem Einfluß für die allgemeine Verbreitung der Dampfheizungen wurde die Erfindung der sogenannten Niederdruckdampfheizung, wie solche jetzt ausschließlich in Wohnhäuser eingebaut werden. In den Niederdruckdampfkesseln kann der Dampf nur einen sehr geringen gänzlich gefahrlosen Druck von höchstens 0,05 Atm. erreichen. Das Wesentlichste dieser Kessel ist ein offenes Standrohr, durch das bei Überschreitung des Druckes von 0,05 Atm. das Wasser des Kessels herausgeworfen wird. Da es aber für die Standhaftigkeit des Kessels gefährlich sein würde, wenn er wasserlos unter Feuer steht, so tritt kurz, ehe der höchste Druck erreicht wird, eine Pfeife in Tätigkeit, die auf die vorhandene Betriebsstörung aufmerksam macht.

Infolge dieser Einrichtung sind die Niederdruckdampfkessel nach dem Gesetz frei von der Revision. Sie dürfen in jedem bewohnten Hause aufgestellt werden. Das sind die beiden hauptsächlichsten Gründe, weshalb verglichen mit der Hochdruckdampfheizung ihre Verbreitung immer größer wird.

Die Warmwasserheizung, und zwar mit künstlicher Erwärmung des Wassers, so, wie wir sie heute im Gebrauch sehen, ist eine französische Erfindung. Sie wurde im Jahre 1777 verwendet zu einem Apparat für die Ausbrütung von Eiern im großen. Diese erste Warmwasserheizung war im allgemeinen schon genau so eingerichtet, wie wir es heute noch tun, sie war sogar mit einem selbsttätigen Regler der Luftzufuhr zur Feuerung versehen, wodurch allein die Wärmegrade im Brutraum auf fortwährend gleicher Höhe erhalten werden konnten. Ihren eigentlichen Aufschwung nahm die Warmwasserheizung aber erst viel später; heute sehen wir, daß sie neben der Niederdruckdampfheizung als dieser vollkommen gleichwertig fast allein das Feld behauptet.

Was vermögen wir aus diesen geschichtlichen Darlegungen zu entnehmen? Sie lehren uns vor allem, daß die Zentralheizungen nicht mehr in den ersten Kinderschuhen stecken, daß sie vielmehr ein schon ganz beachtenswertes Alter besitzen. Hieraus aber dürfen wir entnehmen, daß jeder, der eine Zentralheizung in sein Wohnhaus einbaut, damit nicht etwa einen Versuch unternimmt, vor dessen Ausgang ihm bange sein muß. Nein, die Zentralheizungen sind technisch in jeder Weise erprobt, vollkommen zuverlässig und vom hygienischen Standpunkt aus betrachtet das beste Mittel, das wir besitzen, um Wohnräume zu erwärmen.

Welche großen Vorzüge der Zentralheizung innewohnen, hat jeder schon bei Reisen in der Eisenbahn erfahren. Wer sich noch erinnert an die Wärmflaschen, die Koksfeuerungen oder gar an die in die einzelnen Abteilungen hineingestellten Öfen, der wird keinen Augenblick im Zweifel sein, daß die jetzige Art der Heizung durch den Dampf der Lokomotive, was Gleichmäßigkeit der Wärmeverteilung, leichte Regulierfähigkeit und Schnelligkeit der Erwärmung anbetrifft, bei weitem den Vorzug verdient, und daß die Zentralheizung als ein bedeutender Fortschritt für die Annehmlichkeit des Reisens angesehen werden muß. Dabei darf man nicht außer acht lassen, daß bei dem geringen Ausmaß der Einzelräume und bei dem starken äußeren Luftzug die Erwärmung der Eisenbahnwagen sehr schwierig ist. Was uns auf der Reise angenehm auffällt, und was wir hier als vollendet ansehen, das sollten wir zu Hause in unseren Wohnräumen entbehren wollen?

Zentralheizung oder Einzelheizung?

Wer ein Haus baut, muß sich die Frage vorlegen, ob er es mit Einzelheizung oder mit Zentralheizung versehen will. Er muß sich die Vorzüge und Nachteile beider vor Augen halten, sie gegeneinander abwägen und sich für die eine oder andere entscheiden.

Bei diesem Entschluß den Wählenden zu unterstützen, sollen die Vorzüge, die die Zentralheizung vor der Einzelheizung voraus hat, auseinandergesetzt werden.

Es würde falsch sein, wollte man behaupten, daß die Einzelheizkörper gegenüber früheren Zeiten keine bedeutende Verbesserung erfahren hätten, im Gegenteil, die neuen Dauerbrandöfen stellen die vorzüglichsten Einzelheizkörper dar, die man sich denken kann. Über sie hinaus gibt es aber wohl kaum eine Verbesserung. Höchstens könnten die Gasheizöfen als solche angesehen werden; sie jedoch als Dauerbrandöfen zu verwenden, hindert einmal der hohe Preis des Leuchtgases, der auch in Zukunft keine Herabminderung erfahren dürfte, und ferner sein Wassergehalt. Das Wasser schlägt sich aus den Verbrennungsgasen auf der Wand der Schornsteine nieder, durchfeuchtet mit der Zeit das Mauerwerk sehr stark und schadet ihm.

Man wird weiter einräumen müssen, daß der Geschmack des einzelnen Menschen, ja die Vorliebe ganzer Völkerschaften für die eine oder andere Art der Zimmererwärmung verschieden ist, und daß auch die gleiche Unannehmlichkeit den einen stärker beeinflußt als den anderen.

Die Engländer z. B. würden wohl nur sehr schwer von ihrer Vorliebe für den Kamin abzubringen sein. Diese Art der Heizung gibt nicht nur dem inneren, sondern auch dem äußeren Hause sein ganz typisches Gepräge. Selbst wir könnten uns das englische Landhaus ohne die massigen an die Außenwand sich anlehnenden hohen Schornsteine gar nicht vorstellen. Der Engländer fühlt sich behaglich vor seinem Kamin, wenn auch das Feuer nur die ihm zugekehrte Körperseite mit seiner Wärme bestrahlt.

Wir Deutschen aber, die wir nach England kommen, fühlen uns in den dortigen Wohnräumen in hohem Maße unwohl; denn wenn das Feuer im Kamin gut brennen soll, muß reichlicher Luftzug vorhanden sein. Dieser weht von den Fenstern und den Türen her nach dem Kamin. Beide dürfen deshalb gar nicht so gut schließen, wie wir das verlangen. Es müssen viele Ritzen und Fugen sich finden, durch die die Luft, welche der Kamin braucht, eindringen kann. Der Engländer von Jugend an daran gewöhnt, spürt diesen Luftzug nicht, wohl aber wir Deutschen, die wir eine in allen Teilen des Zimmers gleichmäßige Erwärmung der Wohnungsluft wünschen.

Die gleichmäßige Erwärmung der Luft ist die erste Bedingung, die wir an eine gute Heizung stellen.

Kann man eine solche gleichmäßige Wärmeverteilung im Raum mit den Einzelheizkörpern erreichen? Nein!

Schon deshalb nicht, weil der Einzelheizkörper stets an einer der Innenwände des Zimmers steht. Auf diesen Standort des Ofens ist der Baumeister des Hauses aus mehrfachen

Gründen angewiesen. Nahe der Mitte des Hauses kann er zum Zwecke des besseren Zuges den Schornstein bei unseren zumeist gebräuchlichen Steil- oder Schrägdächern höher hinaufführen, als an der Außenwand. Der Schornstein ist hier gegen Abkühlung wie Sonnenbestrahlung weit besser geschützt wie dort.

Der Standpunkt des Ofens an der Innenwand bedingt aber ungünstige Wärmeverteilung im Zimmer. Die den Ofen unmittelbar berührenden Luftschichten werden sehr stark erwärmt und steigen leichter geworden, als die übrige Zimmerluft, rasch an die Decke. Anderseits sinken die an der Außenwand des Zimmers, besonders an den Fenstern abgekühlten und dadurch schwerer gewordenen Luftteilchen zu Boden. Diese beiden Kräfte bewirken einen Kreislauf der Luft im Zimmer, der an der Decke die Richtung vom Ofen zum Fenster, am Boden rückläufig zum Ofen hat. Der Deckenluftstrom ist warm, der Fußbodenluftstrom kalt.

Wenn wir in einem solcherart erwärmten Zimmer in verschiedener Höhe die Wämegrade der Luft feststellen, finden wir Unterschiede von oft mehr als 20° C derart, daß die Luft an der Decke z. B. 35° aufweist, in Kopfhöhe 22° und am Fußboden 13°. Die Folge derartiger Wärmeverteilung ist die oft geklagte Fußkälte bei unangenehmem Hitzegefühl des Kopfes. Sucht man durch stärkeres Einheizen den Übelstand zu beheben, so wird es nur noch schlimmer; denn der Wärmeunterschied in den verschiedenen Höhenlagen wird nur gesteigert und die Geschwindigkeit des Luftkreislaufes vermehrt.

Ein weiterer Mißstand der Öfen mit einziger Ausnahme der Dauerbrandöfen ist darin zu suchen, daß sie meist nur einmal am Tage, gewöhnlich am Morgen angefeuert werden. Sie kühlen im Laufe des Tages allmählich aus. Das gleiche geschieht mit den Umwandungen des Zimmers. Diese geben die während des Vormittags aufgenommene Wärme am Nachmittag und vor allem während der Nacht wieder ab und sind am Morgen kalt. Es dauert erhebliche Zeit, bis sie wieder gleichwarm wie die Zimmerluft sind, ja in vielen Wohnungen und in kalter Zeit kommt es überhaupt niemals so weit: die Mauern bleiben immer kälter, als die Zimmerluft.

Einigermaßen erhebliche Temperaturunterschiede zwischen Zimmerluft und Mauerwerk rufen nicht nur unbehagliches Kältegefühl hervor, indem der Körper fortwährend Wärme an die kalten Wände ausstrahlt; es kann diese meist einseitige Abkühlung des Körpers unter Umständen zu Gesundheitsstörungen führen, und alle die Krankheiten hervorrufen, die wir uns durch Erkältung zuziehen: vom leichten Schnupfen angefangen bis zum Gelenkrheumatismus und zu Nierenentzündungen.

In alten Dorfschulen des Gebirges hat man öfters Gelegenheit, die Wirkung der Einzelheizung bei kalten Wänden zu beobachten. Wie alle in früheren Jahrhunderten erbaute Häuser besitzen auch die alten Schulhäuser meterdicke, massive Mauern. Bei wochenlang andauernder Kälte stellen sich diese Mauern auf die Temperatur der Außenluft ein. Der Ofen im Schulzimmer wird am Morgen angeheizt und bleibt gewöhnlich nur bis Mittag brennen, an Sonn- und Festtagen wird gar nicht geheizt. Diese unterbrochene Heizung kann überhaupt nicht bewirken, daß die Zimmerwärme in das Mauerwerk eindringt. Die Folge ist, daß die eisigkalt bleibenden Außenwände des Schulzimmers sich innen mit Eiskristallen überziehen, herrührend von dem Wasserdampf, den die Kinder mit der Atmung abgeben, und der auf der kalten Wand sich niederschlagend gefriert.

Daß der Aufenthalt in solchen Schulzimmern weder für den Lehrer, noch für die Kinder gesund ist, dürfte wohl ohne weiteres einleuchtend sein.

Die Zentralheizung läßt uns freie Hand, die Heizkörper hinzustellen, wohin man will. Man nützt diesen Vorteil voll und ganz aus und bringt sie an die Außenwand unter die Fenster. Die Wärme wird dadurch im Zimmer nahezu gleichmäßig verteilt; denn man erwärmt die an der Außenwand niederfallende Luft sofort wieder, es kann gar nicht zu dem beschriebenen Kreislauf kommen.

An der gleichmäßigen Wärmeverteilung nimmt das ganze Haus teil. Selbst in den Zimmern, in denen Heizkörper nicht vorhanden oder die vorhandenen abgestellt sind, geben die Heizkanäle oder Heizröhren Wärme ab und bewirken leichte Temperierung der Luft, so daß man in einem Haus mit Zentralheizung kalte Vorsäle und Treppenhäuser vergebens sucht. Von besonderem Vorteil ist dies im Einfamilienhaus, in dem Hausfrau und Kinder oftmals auch in leichter Kleidung von einem ins andere Stockwerk gehen und nicht immer ein schützendes Tuch umnehmen wollen.

Von dieser leichten Anwärmung werden ebenso die Schlafzimmer betroffen. Dies erscheint sehr günstig. Vielfach ist allerdings die Meinung verbreitet, kaltes Schlafen sei gesund, und man kann diese Ansicht ohne jede Einschränkung oftmals aussprechen hören. Dem ist aber durchaus nicht so. Kaltes Schlafen ist nicht für jedermann zuträglich; denn andauerndes Einatmen von Luft mit niedriger Temperatur kühlt die Atemwege und begünstigt das Entstehen von Katarrhen. Im kalten Zimmer wird ferner die Körperoberfläche sehr stark abgekühlt, und man braucht zur Verhütung des Frierens übergroße Mengen von

Bedeckungen. Diese aber sind erstens eine Last, und sie beeinträchtigen zweitens die Ausdünstung vonseiten der Haut.

Es erscheint richtiger, die Schlafzimmer leicht anzuwärmen — ungefähr auf 12 ° C — und den Körper weniger schwer mit Zudecken zu beladen.

Schließlich darf nicht vergessen werden, daß die Erwärmung der Schlafzimmer zur Verbesserung der Atmungsluft beiträgt. Die eingeschlossene Zimmerluft sucht nur dann ins Freie zu entweichen, wie umgekehrt frische Außenluft nur dann in das Zimmer einzudringen strebt, wenn beide in ihrer Temperatur verschieden sind. Bei gleicher Temperatur ist der Gasaustausch zwischen Innen- und Außenluft gleich Null, und man bemerkt, daß nach Verlauf der Nacht die Luft des Schlafzimmers ganz erheblich verunreinigt ist. Wärmt man hingegen die Innenluft an, so strömt fortwährend verbrauchte Luft aus dem Zimmer ab. Diese wird durch frische Außenluft ersetzt und der Grad der Verunreinigung der Luft bleibt in mäßigen Grenzen.

Wie in der gleichmäßigen Wärmeverteilung gebührt der Zentralheizung auch in der feineren Regulierfähigkeit der Vorzug vor der Einzelheizung. Die Wärmeabgabe der Öfen ist zu den verschiedenen Tageszeiten sehr verschieden. Sie erreicht z. B. bei den Kachelöfen etwa 2—3 Stunden nach dem Anheizen den Höhepunkt und ist vorher und nachher meist ungenügend. Es dauert geraume Zeit nach dem Anheizen, ehe sich die Wärme der Zimmerluft mitteilt; ist die Heizung einmal im Gang, dann hat man keinen Einfluß mehr auf sie.

Die Heizkörper der Zentralheizung geben sofort Wärme ab, wenn man sie braucht; es ist das besonders wertvoll für Personen, die gezwungen sind, frühzeitig das Haus zu verlassen. Je nach Wunsch kann man den Zufluß von Dampf oder Wasser stark oder schwach gestalten, so daß die Heizkörper ganz oder nur teilweise erwärmt werden und demgemäß mehr oder weniger Wärme an das Zimmer abgeben. Es besteht also die Möglichkeit Rücksicht zu nehmen auf die Art der Beschäftigung der im Raum anwesenden Personen: bei Tätigkeit im Sitzen braucht der Mensch mehr Wärme als bei körperlicher Bewegung. Dabei ist besonders hervorzuheben, daß man sich selbst in unmittelbarer Nähe der Heizkörper aufhalten kann, ohne — wie bei den Öfen — durch starke Wärmestrahlung belästigt zu werden.

Nach alledem kann kein Zweifel sein, daß die Wärmewirtschaft des gesamten Hauses sowohl, wie die der einzelnen Zimmer bei der Zentralheizung nicht nur besser, sondern auch gesundheitlich richtiger ist, als bei der Einzelheizung.

Das ist aber keineswegs der einzige Vorzug der Zentralheizung vor der Einzelheizung. Vielleicht fällt uns ein anderer sogar noch mehr auf, weil er uns viel stärker berührt: das ist das Freibleiben der Wohnung von dem Heizmaterial. Bei der Zentralheizung haben wir nur eine Feuerstätte, von der aus wir das ganze Haus mit Wärme versorgen. Diese liegt im Kellergeschoß, weitab von den Wohnräumen, oder in der Küche bei der Stockwerkheizung. In die Wohnräume dringt nichts von dem Geräusch, mit dem das Einbringen des Heizmaterials und die Herausnahme der Asche verbunden ist, wie sie auch verschont bleiben von dem Staub, den beides verursacht. Diese Unannehmlichkeit der Verstäubung von Kohle- und Aschebestandteilen ist übrigens auch den Amerikaneröfen eigen. Das Einbringen der großen Menge Koks oder Anthrazit auf einmal bewirkt die Aufwirbelung einer schwarzen Wolke von feinen Kohlestäubchen, die sich auf alle Gegenstände des Zimmers niederlegen, auch von den Menschen eingeatmet werden.

Mit dem Fortfall des Kohlentragens werden die Dienstpersonen von einer der lästigsten Arbeiten befreit, die oftmals Zwistigkeiten zwischen Herrschaft und Dienstboten hervorruft und die auch tatsächlich, namentlich, wenn sie bis ins zweite oder dritte Stockwerk zu erfolgen hat, eine der schwersten ist. Gerade die schweren Arbeiten, und an deren Spitze das Kohlentragen, geben für viele Mädchen aus gebildeteren Familien den Hinderungsgrund ab, weshalb sie sich nicht in derartige dienende Stellungen begeben wollen. Bei der Schwierigkeit heutzutage gute und zuverlässige Dienstboten zu erhalten, muß man danach trachten, ihre Stellung so zu verändern, daß auch Mädchen gebildeter Familien, die ihr Brod selbst verdienen müssen, sich diesem Berufe zu widmen gewillt sind. Die Einrichtung der Zentralheizung bedeutet in dieser Richtung einen großen Schritt vorwärts.

Schließlich ist noch ein Hauptpunkt zu erwähnen, in dem die Zentralheizung der Einzelheizung unbedingt überlegen ist, das ist die Ausnutzung des Heizmaterials im Heizkörper.

Es ist keine Übertreibung, wenn behauptet wird, daß eine Familie ihren gesamten jährlichen Kohlenbedarf aus den Aschenbehältern einer einzigen städtischen Straße decken kann. So groß sind die Mengen unverbrannten Heizmaterials bei unseren gewöhnlichen Öfen einschließlich der Amerikaner, die durch den Rost in den Aschenbehälter fallen und unverwendet weggeworfen werden. Je größer die Anzahl der Öfen in einer Wohnung ist, um so erheblicher wird auch diese Vergeudung sein. Die Zentralheizung ist der Einzelheizung schon um deswillen überlegen, weil, selbst wenn bei ihr das Durchfallen unverbrauchten Koks nicht ausgeschlossen ist, dieses sich auf eine einzige Feuerung in jedem Hause beschränkt.

Hierzu kommt noch der viel sparsamere Betrieb der Zentralheizung. Es fällt das allmorgendliche Anheizen mit dem reichlichen, besonders in Großstädten teuren Holzverbrauch weg. Man braucht nur ein einziges Feuerungsmaterial, das jährlich einmal im großen angeschafft werden kann. Jetzt muß eine Familie froh sein, wenn sie in der Mietswohnung nur zweierlei verschiedene Öfen antrifft, von denen jeder ein anderes Heizmaterial erfordert.

Aber auch die Umwandlung des Heizmaterials in nutzbare Wärme ist bei der Zentralheizung besser als bei der Einzelheizung. Durch die Kaminheizung erhält das Zimmer nur 6—12 % der aus den Kohlen berechneten Wärme; bei Öfen schwankt diese Zahl je nach ihrer Konstruktion zwischen 30 und 75 %. Bei der Zentralheizung ist sie stets über 90 %. Man verliert also höchstens 10 %, bei den Öfen aber 25—70 % Wärme.

Die bessere Ausnutzung des Heizmaterials ist eine Wohltat, die nicht nur einer einzelnen Wohnung, sondern vielmehr auch der Gesamtheit der Bewohnerschaft eines Ortes zugute kommt; denn je schlechter das Heizmaterial ausgenutzt wird, um so größer wird die Rauchentwicklung und Rußbildung sein. In der Tat ist durch neuere Untersuchungen, die u. a. auch auf der Hygiene-Ausstellung in Berlin im September 1907 allgemeine Beachtung gefunden haben, festgestellt worden, daß die ungeheure Verrußung der Großstädte ihren Ursprung zum größten Teil nicht etwa, wie man meinen sollte, in den großen Fabrikschornsteinen, sondern in den Einzelfeuerungen findet. Die Zentralheizung, die bei größerer Ausbreitung sowohl die Menge der Schornsteine in einer Stadt gewaltig verringern und die Rußbildung bedeutend abschwächen würde, ist dazu berufen, eine hygienisch hervorragende Rolle auch insofern zu spielen, als sie die Luft unserer Städte von der jetzt zu beobachtenden übergroßen Rußmenge befreien würde.

Die Verringerung der Zahl der Schornsteine eines Hauses enthebt die Bewohner einer ganzen Anzahl von Unannehmlichkeiten und selbst Gefahren.

Im Sommer kann man sehr häufig beobachten, daß die Zimmerluft stark nach Ruß riecht. Das hat seinen Grund darin, daß in dieser Jahreszeit die Schornsteine meist in verkehrter Richtung ziehen: anstatt über Dach fortzugehen, tritt die Schornsteinluft durch den Ofen in das Zimmer ein. Dieses verkehrte Ziehen der Essen wird auch im Winter bei plötzlichem Witterungsumschlag mit erheblichem Kältesturz beobachtet und kann zu Vergiftungen mit Heizgasen führen. Hierbei sind ganz besonders gefährlich die Amerikaneröfen, wenn sie, wie dies ja regelmäßig in der Nacht geschieht, auf kleinsten Brand eingestellt sind.

Gleich wichtig wie die Verringerung von Rauch und Ruß ist die Verminderung der Feuersgefahr durch Entfernung der Feuerstätten aus den Wohnräumen. Zahllos sind, ganz abgesehen von den geringeren Beschädigungen die mehr oder weniger umfangreichen Brände, die durch glühende Kohleteilchen entstanden sind, welche aus der Feuerung herausgeschleudert wurden.

Den Ofen, insbesondere den Kachelofen sucht man öfters dadurch zu verteidigen, daß man seine ventilierende Kraft gegenüber der Niederdruckdampf- und Warmwasserheizung rühmt. Diese ist aber nicht so hoch anzuschlagen, als man gewöhnlich meint; denn der Ofen saugt Luft aus dem Zimmer nur solange ab, als er in Brand erhalten wird und die Feuerungstür offen ist. Die meisten Öfen werden aber nach einer bestimmten Zeit zugeschraubt: man will den Durchzug gar nicht haben; denn er führt zur schnelleren Abkühlung des Ofens. Außerdem ist, solange das Feuer im Ofen brennt, meist niemand im Zimmer. Dieses wird zum dauernden Aufenthalt erst benutzt, wenn der Ofen zugeschraubt ist, also gerade dann, wenn eine stärkere Ventilation von Nutzen wäre. Ganz zu verwerfen sind die sog. Ofenklappen, das sind Klappen oder Schieber im Rauchabzugsrohr kurz vor dessen Übergang in den Schornstein. Geschlossen schneiden sie den Luftdurchzug durch den Ofen ab und verhüten dessen Auskühlung. Leider werden sie häufig zu früh geschlossen. Die Folge ist Rückschlag von Heizgasen ins Zimmer und Herbeiführen von Kohlenoxydgasvergiftungen, die meist tötlich verlaufen. Vorkommnisse dieser Art ereignen sich auch heute noch vielfach trotz des mancherorts mit Recht bestehenden polizeilichen Verbots des Anbringens solcher Klappen.

Wohin wir blicken, und wie genau wir Vorteile und Nachteile abwägen mögen, überall tritt uns die Überlegenheit der Zentralheizung gegenüber der Einzelheizung deutlich vor Augen. Wenn wir demnach dem Erbauer eines Hauses einen Rat geben sollen, so kann er nur dahin lauten, daß die Frage, wie er sein Haus erwärmen will, so gestellt werden muß: „Sind Umstände vorhanden, die den Einbau einer Zentralheizung ausschließen?“ Nur wenn diese Frage zu bejahen ist, mag er gewissermaßen als Notbehelf zur Einzelheizung zurückkehren.

Wird die Wohnungsluft durch Zentralheizungen stärker ausgetrocknet als durch Einzelheizungen?

Wie oft hört man Klage darüber führen, daß durch Zentralheizungen die Wohnungsluft zu stark ausgetrocknet würde! Personen, die früher bei der Ofenheizung sich wohl gefühlt haben, äußern Unbehagen in Räumen, die durch Zentralheizung erwärmt werden. Lehrer, die stundenlang Unterricht erteilen müssen, geben an, daß ihnen das Sprechen schwer falle, seitdem Zentralheizung in den Schulräumen eingerichtet sei, und nicht anders lauten die Antworten von Beamten, die man über die Beschaffenheit der Luft ihrer Arbeitsräume ausfragt.

Sind alle diese Klagen berechtigt und, wenn sie es sind, worin haben sie ihren Grund?

An die Spitze der Beantwortung dieser Fragen ist der Satz zu stellen, daß keine Heizung die Wohnungsluft stärker austrocknet als eine andere. Aber, wird man einwenden, hiergegen spricht doch die Erfahrung, daß Möbelstücke aus der Großväterzeit, die bei der Ofenheizung jahrzehntelang sich nicht gerührt haben, eingebracht in Räume mit Zentralheizung ein bedenkliches Krachen vernehmen lassen und nach kurzer Zeit allenthalben breite Risse aufweisen.

Das ist schon richtig, aber der Schluß ist falsch, daß von der Zentralheizung die Zimmerluft stärker ausgetrocknet würde als von der Ofenheizung. Der Unterschied zwischen beiden ist vielmehr darin gelegen, daß die Zimmerluft durch die Zentralheizung in der Nacht auf nahezu denselben Wärmegraden erhalten wird, wie am Tage. Es werden also auch sowohl die Umfassungsmauern und Zwischenwände des Hauses, als auch die Möbelstücke in ihrer Temperatur tagüber und nachts nur wenig schwanken.

Anders verhält sich die Zimmerluft bei der Ofenheizung. Sie wird am Tage erwärmt und kühlt am Abend und in der Nacht aus. Die gleichen Wärmeschwankungen müssen Mauern und Möbelstücke mitmachen.

Die wärmere Luft aber nimmt Feuchtigkeit aus der Umgegend auf, die kältere gibt solche ab. Mauern und Möbelstücke werden also bei der Ofenheizung am Tage Feuchtigkeit an die erwärmte Wohnungsluft abgeben, haben aber in der Nacht Gelegenheit, sie aus der kälteren Luft wieder aufzunehmen.

Die Zentralheizung macht diesen allnächtlichen Ersatz der abgegebenen Feuchtigkeit unmöglich; bei ihr überwiegt die Feuchtigkeitsabgabe, die Tag und Nacht in gleicher Weise fortgesetzt schließlich stärker ist als bei der Ofenheizung. Das ist der Grund, weshalb Möbelstücke bei der Zentralheizung stärker austrocknen als bei der Ofenheizung.

Das Reißen der Möbelstücke ist in der Tat ein Nachteil der Zentralheizung. Aber dieser Nachteil ist erstens nicht unvermeidbar und zweitens stehen ihm eine große Anzahl von Vorteilen gegenüber, die das Haus und seine Bewohner aus der gleichmäßigeren Erwärmung und der größeren Trockenheit empfangen.

Vermeidbar ist das Reißen zwar nicht für alte, wohl aber für neue Möbelstücke. Die Schreiner wissen heute genau, was ihrer Arbeit wartet, wenn sie sie für ein Haus mit Zentralheizung liefern. Sie richten sich danach, nehmen besser getrocknetes Holz und verarbeiten es anders, als sie es früher bei der Ofenheizung taten. Ein guter Schreiner ist imstande, Schränke, Fußbodenbelag, Wandverkleidungen usw. in ein neues Haus, von dem er weiß, daß es mit Zentralheizung erwärmt werden soll, so einzubauen, daß sich das Holz nicht, oder wenigstens nicht mehr verändert, als früher bei der Ofenheizung.

Die Vorteile der größeren Trockenheit des Hauses bestehen darin, daß es in gesundheitlicher Beziehung höher zu bewerten ist, weil die Möglichkeit, sich Erkältungskrankheiten zuzuziehen, verringert ist.

Wie steht es aber im übrigen mit dem Einfluß des Feuchtigkeitsgehaltes der Luft auf die Gesundheit des Menschen; ist die durch Zentralheizung gleichmäßig erwärmte Zimmerluft der Gesundheit zuträglich?

Man hört im allgemeinen, und man kann diese Ansicht auch in Lehrbüchern lesen, daß der Mensch das größte Wohlbehagen empfände, wenn die Luft seiner Umgebung einen Feuchtigkeitsgehalt von 50—70 % relativer Feuchtigkeit aufweist. Das ist durchaus nicht der Fall. Es ist viel richtiger zu sagen, daß der Mensch sich überall dort wohl befindet, wo die Verdunstung von der Körperoberfläche ungehindert ist. Je niedriger der Wasserdampfgehalt der Luft ist, um so mehr kann sie Feuchtigkeit aufnehmen und um so besser wird die Verdunstung von statten gehen. Es wird niemand anzugeben vermögen, ob die Luft eines Zimmers 50 % Feuchtigkeit enthält oder weniger. Lediglich die mit Wasserdampf vollkommen oder annähernd gesättigte Luft wird als drückend und lästig empfunden, eben weil sie keine Feuchtigkeit mehr aufzunehmen vermag, und weil dann die Verdunstung von der Körperoberfläche gehemmt ist.

In stark gefüllten Konzert- und Versammlungssälen kann der Wasserdampfgehalt der Luft, herrührend von der Ausatmung der Menschen, so hoch ansteigen, daß Störungen des Wohlbefindens bei einzelnen etwas empfindlicheren Personen beobachtet werden. Auch in der Wohnung kommt für die Gesundheit der Bewohner der Feuchtigkeitsgehalt der Luft nur dann in Frage, wenn er zu hoch ist. Feuchte Wohnungen sind gesundheitsschädlich, trockene niemals. Es ist also zwecklos, durch Aufstellen von Becken auf die Körper der Zentralheizung oder durch sogenannte Luftbefeuchter für Anreicherung der Zimmerluft mit Wasserdampf zu sorgen.

Um die Richtigkeit dieser Ansicht zu erklären, müssen wir wissen, daß die Luft bei verschiedenen Wärmegraden verschieden große Mengen von Wasserdampf zu halten vermag; je höher die Temperatur der Luft, um so höher ist ihr Wasseraufnahmevermögen. Bei -6^0 C z. B. kann jeder Kubikmeter Luft höchstens 5,2 Gramm Wasserdampf bis zur Sättigung aufnehmen, bei $+ 16^0$ C aber 13,6 Gramm. Wenn man also eine gewisse Menge Luft von -6^0 C, die mit Wasserdampf gesättigt ist, deren relative Feuchtigkeit also 100 % beträgt, auf $+ 16^0$ C erwärmt, so enthält sie dann nicht mehr 100 % relative Feuchtigkeit, sondern nur noch 23,5 %. Sie ist also anscheinend zu trocken. Dieser Vorgang ist bei allen Heizungen, gleichgültig ob Zentralheizung oder Ofenheizung, derselbe.

Nun könnte man denken, daß es möglich wäre, den fehlenden Feuchtigkeitsgehalt künstlich der Luft bis auf 50 oder 70 % zuzuführen, eben durch Aufstellen von Wasserbecken oder Luftbefeuchtern, durch Aufhängen von nassen Tüchern usw. Eine einfache Rechnung lehrt aber, daß das ein ganz vergebliches Bemühen ist.

Wenn wir einen Feuchtigkeitsgehalt der Luft von 60 % bei $+ 16^0$ C haben wollen, nachdem wir die mit Wasserdampf gesättigte Außenluft von $- 6^0$ C bis auf diese Temperatur erwärmt haben, müssen wir jedem Kubikmeter Luft etwa 5 Gramm Wasser zuführen. Stellen wir uns ein Zimmer von nur 75 Kubikmeter Rauminhalt (5 m lang, 5 m breit und 3 m hoch) vor, so müssen wir diesem 375 Gramm Wasserdampf zuführen. Die erwärmte Luft eines Wohnraumes befindet sich aber nicht im Zustande der Ruhe, ein Teil zieht vielmehr fortwährend durch

Fugen und Ritzen der Fenster sowie durch die Außenwandungen ab und wird durch frische Luft ersetzt, die von außen her mit geringerem Feuchtigkeitsgehalt — im Beispiel 3,2 Gramm im Kubikmeter — zuströmt. Durch viele Untersuchungen kennen wir die Größe dieses Gasaustausches: er ist so groß, daß in einem erwärmten Wohnraum die Luft stündlich etwa einmal erneuert wird. Wir müssen also fortwährend für Zuführung von Wasserdampf zu der neu eintretenden Luft bedacht sein und ihr also stündlich 275 Gramm Wasser zuführen. In 24 Stunden wären das 9 Liter, die wir verdampfen müßten, wenn wir uns ständig mit einer Luft von 60 % Feuchtigkeit umgeben wollen. Selbst wenn man hiervon Abzüge macht, z. B. für die allnächtliche Abkühlung, für den Wasserdampf, der von dem Körper der Bewohner durch Atmung und Verdunstung abgegeben wird, so müßte man die tägliche Wasserdampfzufuhr zum Wohnraum immer noch auf 4—5 Liter berechnen. Gegenüber dieser Zahl ist die Verdunstung von der Wasseroberfläche einer aufgestellten Schale so gering, daß hierdurch der Feuchtigkeitsgehalt der Wohnungsluft auch nicht im geringsten beeinflußt werden kann. Tatsächlich rühren sich denn auch feine Instrumente, die den Feuchtigkeitsgehalt der Luft anzeigen, überhaupt nicht unter dem Einfluß derartiger Wasserbecken oder Luftbefeuchter irgendwelcher Art.

Die günstige Wirkung auf die Luftwege, die viele Personen nach dem Aufstellen derartiger Vorrichtungen zu verspüren glauben, kann demnach nur eingebildet sein.

Warum fällt so häufig bei der Zentralheizung die angebliche Trockenheit der Luft auf, während bei der Ofenheizung viel seltener Klagen darüber laut werden? Wie kann man sich gegen dieses lästige Gefühl schützen?

Zwei Gründe sind es, auf denen die Klagen über zu große Trockenheit der Luft bei Zentralheizungen beruhen. Erstens werden die Räume oftmals überhitzt und zweitens ist häufig der Staubgehalt der Luft sehr hoch.

Wenn man in Bureauräumen Wärmemessungen der Zimmerluft vornimmt, so kann man vielfach 22, ja auch 24° C beobachten. Die Ventile der Heizkörper sind so weit als nur irgend möglich geöffnet, so daß man auch bei geringeren Kältegraden der Außenluft eine Heizfläche in Tätigkeit treten läßt, die für —20° berechnet ist. Das gleiche gilt von den Wohnräumen; auch hier werden nur selten die Zwischenstellungen der Regulierventile an den Heizkörpern benutzt, so daß meist die Wohnungsluft überhitzt ist.

Aus dem Gesagten geht aber klar hervor, daß die gleiche Luft, die bei +18° C z. B. immer noch 40 % relativer Feuchtigkeit enthält, bei 22° viel weniger, etwa nur noch 31 % nachweisen läßt.

Hieraus ergibt sich die einfache Regel, die Zimmer nicht zu überheizen; denn je tiefer die Temperatur der Wohnungsluft ist, um so höher wird ihre relative Feuchtigkeit sein. Man gewöhne sich daran, die Zimmerwärme auf höchstens 19° C ansteigen zu lassen.

Als die Einwirkung einer zu trockenen Luft auf die Schleimhäute von Rachen und Kehlkopf wird von vielen Personen ein äußerst lästiges Kratzen im Halse angesehen, das sie in Zimmern verspüren, die mit Zentralheizungen versehen sind. Genaue Beobachtungen haben gelehrt, daß dieses Gefühl des Kratzens sich dann einstellt, wenn die Luft stark mit Staub beladen ist. Man hat gefunden, daß Staub, der auf die Heizkörper niederfällt, dort schon bei sehr niedrigen Temperaturen verändert wird.

Er beginnt bei Temperaturen um 80° C herum einzutrocknen. Es entstehen brenzliche Destillationsprodukte, die von empfindlichen Geruchsorganen wahrgenommen werden, und die einen Reiz auf die Schleimhäute der Luftwege auslösen, der als „Kratzen im Hals" verspürt wird. Dieser ist namentlich unangenehm für Personen, die anhaltend zu sprechen gezwungen sind.

Dieses höchst lästige Gefühl des Kratzens im Hals wird man am erfolgreichsten bekämpfen, wenn man dem Staub tüchtig zu Leibe geht. Die Beseitigung des Staubes aus den Wohnungen geschieht gewöhnlich falsch. Es sei deshalb darauf hingewiesen, daß man, will man zweckmäßig vorgehen, den Staub, der während der Nacht aus der unbewegten Luft niedergefallen ist, mit feuchten Tüchern entfernt. Erst nachher sollen die Fenster geöffnet werden. Verfährt man umgekehrt, dann wird der entstehende Luftzug die ruhenden Staubteilchen wieder aufwirbeln. Diese lassen sich später auf einem andern Gegenstand im Zimmer nieder, und man hat nicht die Entfernung, sondern nur einen Platzwechsel des Staubes vollzogen. Das gleiche geschieht, wenn man mit dem Federwedel gegen den Staub vorgeht.

Die Beseitigung des Staubes aus der Wohnungsluft wird zugleich eine andere höchst unschöne Erscheinung, die an den Zentralheizkörpern ganz besonders auffällt, zum Verschwinden bringen. Es ist dies die Schwärzung der Wand oberhalb der Heizkörper. Diese Schwärzung entsteht dadurch, daß Staubteilchen aus der in der Berührung mit den Heizkörpern erwärmten Luft sich beim Abkühlen dieser an der Wand weiter oben niederschlagen. Infolge der großen Menge von Staubteilchen, die im Laufe der Zeit diesen Weg nehmen, entsteht die bekannte Schwärzung.

Man darf nicht glauben, daß die Schwärzung der Wand eine Eigentümlichkeit der Zentralheizung sei. Auch bei der Ofenheizung tritt sie auf, nur ist sie hier nicht so gut zu sehen, weil die Öfen meist bis nahe an die Decke reichen, oder aber man findet nichts Wunderbares dabei, da man die Schwärzung auf Ruß zurückführt, der dem Ofen entwichen ist. In der Tat kommt das ja auch sehr häufig vor.

Man kann nicht selten hören, daß auf die gleiche Ursache auch die Schwärzung über den Zentralheizkörpen zurückgeführt wird. Das ist grundfalsch. Es muß einer solchen Erklärung des Übelstandes nachdrücklich entgegengetreten werden; denn erstens ist es ja ganz unmöglich, daß aus den Zentralheizkörpern Ruß entweicht und zweitens verschleiert sie den wahren Grund der Schwärzung und läßt die Hände in den Schoß legen, anstatt daß sie zu energischer Staubbeseitigung geregt werden.

Wohl selbstverständlich ist es, daß auch die Heizkörper sauber gehalten werden. Dies kann aber nur geschehen, wenn sie leicht zugänglich sind und wenn die einzelnen Röhren nicht zu eng aneinander gereiht sind, so daß man bequem zwischen sie gelangen kann. Schon bei der Auswahl und Aufstellung der Heizkörper muß man auf die spätere Möglichkeit der leichten Reinigung Rücksicht nehmen. Sehr zu empfehlen sind aus diesem Grunde die konsolartig an der Wand befestigten Heizkörper. Bei ihnen ist ein großer Zwischenraum zwischen Heizkörper und Fußboden vorhanden, der die Reinigung beider erleichtert. In Krankenhäusern, wie überall, wo Gefahr der Übertragung von Krankheitserregern durch den Staub besteht, sollte ihnen der Vorzug vor den andern gegeben werden, bei denen die Zwischenräume so gering sind, daß die reinigende Hand nicht bequem beikommen kann.

Einen großen Fortschritt für die Reinigung der Zimmerluft bedeutet die neue Art der Staubbeseitigung durch sogenannte Vakuumapparate, bei denen der Staub mit Hilfe von Luftpumpen oder Wasserstrahlgebläsen aus Möbeln, Vorhängen, Teppichen usw. abgesaugt wird. Hierbei ist das Aufwirbeln von Staub nahezu unmöglich gemacht. Die Reinigung vollzieht sich ohne Belästigung weder der In- noch der Umwohner, die bei dem sonst üblichen Teppichklopfen durch Staubwolken und durch das unangenehme Geräusch in Mitleidenschaft gezogen werden.

Nachdem wir erkannt haben, worauf das unangenehme Gefühl der Trockenheit der Luft bei Zentralheizungen zurückzuführen ist, sind wir in der Lage den Übelstand zu vermeiden. Empfindliche Personen haben an sich selbst die Beobachtung gemacht, daß hocherhitzte Heizkörper tatsächlich schuld an der Entstehung der Belästigung sind. Solche Personen fühlen sich unwohl in Zimmern, die mit Zentralheizungen älteren Systems versehen sind, bei denen die Heizkörper sehr heiß, wärmer als 80° C werden. Sie äußern aber kein Unbehagen bei Warmwasser- oder Niederdruckdampfheizungen neuester Konstruktion. Aus dieser Beobachtung heraus hat sich die falsche Ansicht entwickelt, daß die eine Zentralheizung die Luft stärker verschlechtere, als eine andere. Nicht die Art der Zentralheizung, sondern die Überhitzung der Heizkörper ist es, die durch Verbrennen des Staubes den Übelstand hervorruft, wie denn auch die Überhitzung der Luft die Luftheizung vielfach in Verruf gebracht hat.

Bei der Auswahl einer Zentralheizung müssen wir demnach solche Anlagen bevorzugen, bei denen die Heizkörper auch bei stärkster Inanspruchnahme mäßige Wärmegrade nicht übersteigen und solche von 80° womöglich nie erreichen.

Einrichtung und Verwendungsart der verschiedenen Zentralheizungen.

Für die Erwärmung von Wohn- und Aufenthaltsräumen der Menschen kommen in der Hauptsache drei Arten der Zentralheizung in Betracht: Luftheizung, Warmwasser- und Niederdruckdampfheizung.

Unter gewissen Umständen werden allerdings auch für Wohnhäuser andere Arten, z. B. Heißwasser- und Hochdruckdampfheizung vorteilhaft sein können, wenn das Wohnhaus mit einer Fabrik oder einem anderen größeren Gebäude, das mit diesen Heizanlagen versehen ist, in Verbindung steht. Aber auch hier wird man in den meisten Fällen besser tun, den hochgespannten Dampf bei seinem Eintritt in das Wohnhaus zu drosseln; denn für den Bewohner ist es immer ein unangenehmes Gefühl, zu wissen, daß Wasser oder Dampf in den Heizröhren unter einem Druck von mehreren Atmosphären stehen, mag durch noch so gute Arbeit jede Explosionsgefahr ausgeschlossen sein. Aber auch schon deshalb eignen sich die genannten beiden Arten nicht zur Erwärmung von Räumen zu dauerndem Aufenthalt, weil die Heizkörper viel zu heiß werden und nach dem Abstellen rasch erkalten.

Mit Vorteil finden Hochdruckdampf- und Heißwasserheizungen Anwendung in Hotels, Konzert- und Versammlungssälen, in Bibliotheken und schließlich auf Trockenböden. Hier will man die Möglichkeit haben, die Räume rasch zu erwärmen, und das geschieht am besten mit hocherhitzten Heizkörpern. Der Betrieb beider Heizungsarten ist sehr sparsam; der Kessel ist klein und bedarf nur wenig Heizmaterial.

Das Gegenteil einer sparsamen Heizung ist die Fußbodenheizung, die darin besteht, daß Wasser oder Dampf in Röhren zirkulieren, die im Fußboden liegen. Der Fußboden muß in seiner ganzen Dicke miterwärmt werden, ehe die Wärme dem Zimmer zufließt. Das ist aber ziemlich kostspielig. Das Anwendungsgebiet der Fußbodenheizung ist deshalb beschränkt auf Kinderkrankenhäuser und Findelhäuser. Hier aber ist sie auch die einzig richtige Heizung wenigstens für die tagsüber von den Kindern benutzten Räume. Die kleineren Kinder, die sich meist auf dem Fußboden bewegen, befinden sich dann in der am besten erwärmten Zone des Zimmers. Den Fußboden selbst kann man aus dem für solche Anstalten einzig richtigen Terrazzo herstellen, das leicht zu reinigen und fugenlos ist, bei anderen Heizungen aber für die Kinder zu kalt wäre.

Wenn gesagt wurde, daß für Wohn- und Aufenthaltsräume des Menschen in der Hauptsache die genannten drei Zentralheizungen in Frage kommen, so muß in dem Grad, wie gut sie sich hierfür eignen, wiederum eine Abstufung gemacht werden derart, daß Warmwasser- und Niederdruckdampfheizung als vollkommen gleichwertig und für alle Fälle geeignet, Luftheizung hingegen als nur unter Umständen brauchbar zu bezeichnen sind.

Wie sie gewöhnlich angelegt wird, ist die Luftheizung unstreitig die billigste von allen Zentralheizungen. Dies und die vollkommene Verdrängung der Heizkörper aus den Zimmern sind zwei wesentliche Vorteile, die die Luftheizung vor ihren Schwestern voraus hat, Vorteile, die immerhin so erheblich sind, daß mancher dadurch sich in seiner Wahl bestimmen lassen dürfte. Er muß aber auch wissen, daß der Luftheizung mancherlei Nachteile anhaften.

Unter diesen ist besonders hervorzuheben die Unmöglichkeit, Ventilation und Heizung voneinander zu trennen. Bei der Luftheizung dringt, anders als bei der Warmwasser- und Niederdruckdampfheizung, das Wärmebeförderungsmittel, die Luft, in das Zimmer mit ein. Für jedes Liter Luft, das hereinkommt, muß ein Liter aus dem Zimmer wieder entweichen. Außer den Luftzuführungskanälen muß man deshalb auch Luftabführungskanäle einbauen, geradeso wie in Schulen, Versammlungssälen usw., wo die Luft durch die Anwesenheit vieler Personen stark verunreinigt fortwährend der Erneuerung bedarf. Diese Abluftkanäle sind aber selbst häufig Quellen der Luftverunreinigung; denn in ihnen bewegt sich der Luftstrom oft in verkehrter Richtung: anstatt verbrauchte Luft abzuführen, bringen sie verdorbene in das Zimmer herein. In den Wohnungen wird aber die Luft kaum je so stark verdorben, daß ständig ein so erheblicher Wechsel nötig wäre, wie ihn die Luftheizung bedingt. Die sog. natürliche Ventilation, d. h. die Lufterneuerung mit Hilfe der natürlicherweise im Mauerwerk, an Tür und Fenster vorhandenen Poren, Fugen und Ritzen genügt in den meisten Fällen vollauf; das zeitweilige Öffnen der Fenster ist die beste Ventilation; man braucht nicht durch besondere Vorkehrungen den Luftwechsel künstlich zu erhöhen. Es würde dies auch schon um deswillen schwierig sein, weil die Anzahl der in einem Wohnraum anwesenden Personen oft wechselt und gar kein Anhaltspunkt gegeben ist, wieviel Frischluft hereingebracht werden muß. Bei Berechnung der Ventilationsgröße ist aber die Zahl der Bewohner einer der hauptsächlichsten Faktoren, die zu berücksichtigen sind.

In Räumen, in denen ständig eine annähernd gleich große und zwar reichliche Anzahl von Personen sich aufhält, ist das etwas anderes. Dort muß stets für Lufterneuerung gesorgt werden. Man sollte also meinen, daß in Schulen usw. der Luftheizung der Vorrang vor den beiden anderen gebühre. In der Tat kann sie hier auch sehr gute Dienste leisten, vorausgesetzt, daß sie mit Einrichtungen versehen ist, die Störungen im Betrieb unmöglich machen. Allen Widerwärtigkeiten läßt sich aber nicht begegnen. Die vielen Kanäle z. B., die die Wände des Hauses durchziehen, werden immer gute Schalleiter bleiben, so daß das in den einzelnen Zimmern gesprochene Wort nach anderen Stockwerken getragen und dort deutlich vernommen wird.

Besondere Schwierigkeiten bereitet die Beförderung der Luft von der Heizkammer nach den Zimmern. Sie vollzieht sich nicht immer in der gewünschten Weise. Der Grund hierfür liegt in der ganzen Einrichtung der Luftheizung. Es befindet sich im Kellergeschoß des Hauses eine Luftkammer, die von einem Ofen verschiedenartiger Konstruktion — Kalorifer genannt — erwärmt wird. Diese Kammer steht einesteils mit der Außenluft durch einen Frischluftkanal in Verbindung, andernteils gehen von ihr Warmluftkanäle nach den in den verschiedenen Stockwerken gelegenen Zimmern ab. Die nach den höher gelegenen Stockwerken führenden längeren Warmluftkanäle saugen die Luft stärker an, als die kürzeren der unteren Stockwerke. Dies hat zur Folge, daß der größte Teil der erwärmten Luft der Heizkammern den oberen Stockwerken zufließt. Die hier liegenden Zimmer werden überhitzt, während im Erdgeschoß die zum Wohlbefinden notwendige Temperatur nicht erreicht wird. Verschiedene Vorkehrungen — Drosselklappen an den längeren Kanälen und Tieferlegen ihres Austritts aus den Heizkammern — können die Unannehmlichkeit wohl mildern, beseitigen kann sie nur die Anlage getrennter Heizkammern für die verschiedenen Stockwerke oder der Einbau von Ventilatoren.

Diese sind es auch, mit deren Hilfe allein die Luft in horizontalen oder schräg nach aufwärts gerichteten Kanälen auf etwas längere Strecken fortgeführt werden kann. Ohne sie ist es unmöglich, langgestreckte Gebäude von einer Heizkammer aus zu erwärmen. Man müßte, wollte man ohne Ventilatoren auskommen, mehrere Heizkammern einbauen, die, jede für sich, den senkrecht über ihr liegenden Teil des Hauses heizen.

Die vielen Kaloriferen, die dann nötig werden, führen aber zu großen Mißständen, namentlich in der Bedienung der ganzen Anlage. Man tut deshalb besser, die Luftheizung mit Niederdruckdampf- oder Warmwasserheizung derart zu verschmelzen, daß man die verschiedenen Luftkammern mit Röhren versieht, in denen Dampf oder Warmwasser kreist und die Luft erwärmt. Dadurch wird auch das Eindringen von Verbrennungsgasen in die Luftkammern vermieden, ein Vorkommnis, über das bei der Luftheizung häufig geklagt wird.

Die Schnelligkeit, mit der die Luft in den Kanälen aufwärts sich bewegt, ist nicht nur von dem Auftrieb der warmen Luft abhängig, sie ändert sich auch je nach der Stärke des herrschenden Windes. Drückt starker Wind auf die Ausmündungsstelle des Frischluftkanals im Freien, so werden große Mengen Luft in die Heizkammern und in die Zimmer gepreßt. Bei niedriger Außentemperatur kann diese Luftmenge so groß sein, daß die Erwärmung nicht gleichen Schritt mit der Zuströmung hält: die Luft kommt nicht genügend erwärmt in die Zimmer.

Bei größeren Anlagen schützt man sich hiergegen durch Einrichtung von zwei Frischluftkanälen, die auf verschiedenen Seiten des Gebäudes münden; man öffnet immer nur die vom Winde abgelegene Entnahmestelle. Auch hierbei ist es am besten, dem widrigen Einfluß des Windes durch Ventilatoren zu begegnen.

Einzelnstehende kleinere Gebäude, also namentlich Einfamilienhäuser, werden in ihrer Erwärmung durch stärkere Winde auch noch insofern beeinflußt, als diese infolge des starken Druckes, den sie zunächst auf die Außenwand und durch diese hindurch auf das Zimmerinnere ausüben, die Ausströmung von Warmluft aus den Kanälen mehr oder weniger vollständig verhindern. Man kann sicher sein, daß an vielen Tagen während der Heizperiode die auf der Windseite gelegenen Zimmer überhaupt nicht zu erheizen sind.

Außer den genannten sind endlich noch zwei der Luftheizung anhaftende Nachteile zu erwähnen. Der eine betrifft die Staubansammlung in der Heizkammer und in den Warmluftkanälen. Durch Staubfilter, die in den Frischluftkanal eingesetzt werden, durch häufiges Reinigen der Heizkammer namentlich zu Beginn der Heizperiode, und durch peinliches Glätten der Kanalwandungen bei ihrer Herstellung läßt sich die Staubansammlung mildern. Ganz zu beseitigen ist sie aber niemals; denn es sind dem Staub weder die Wege zu verlegen, die ihn ins Innere der Kanäle führen, noch auch kann man ihm die zeitweiligen Ruheplätze nehmen, die er dort findet. Mit der Warmluft in das Zimmer gelangt, rufen die feinen, in der Atmungsluft schwebenden Staubteilchen das bekannte Gefühl der Trockenheit und das äußerst lästige Kratzen im Hals hervor.

Ebenso unangenehm, wie das Hereinführen von Staub ist das Ansaugen von Kellerluft durch die Luftkanäle. Infolge der in ihnen herrschenden Strömung entsteht im Innern der Kanäle negativer Druck, der dadurch ausgeglichen wird, daß von ringsher Luft in sie einfließt. Der Frischluftkanal z. B.

nimmt nicht nur durch die Außenöffnung Luft auf, er reißt vielmehr auf seiner ganzen Länge durch das Mauerwerk hindurch Luft an sich. Auf diese Weise wird solche aus Kartoffel- und Pflanzenkellern, aber auch aus Abortgruben in die Luftheizung eingesogen. Die Warmluft erhält dadurch einen höchst widerlichen Geruch. Dieser Übelstand ließe sich nur durch luftdichten Abschluß der Kanäle gegen die Umgebung beseitigen, eine Maßnahme, die praktisch undurchführbar ist.

Aus dem Gesagten geht hervor, daß die Luftheizung nur dann die gewünschten Leistungen hervorbringen wird, wenn erstens die Anlage ganz besonders peinlich ausgeführt wurde, und wenn zweitens die Unterhaltung einem geschulten Heizer anvertraut wird. Untergeordnete Personen, Diener oder Dienstmädchen, hierzu zu verwenden — wie dies im Einfamilienhaus die Regel ist —, ist nicht angängig. Störungen und Unregelmäßigkeiten werden um so weniger ausbleiben, je mehr die Anlage mit Schutzvorrichtungen der genannten Art versehen ist.

Den neueren Arten der Luftheizung, wie sie sich in den letztvergangenen Jahren mehr und mehr von Amerika aus auch in Deutschland verbreiten, muß nachgerühmt werden, daß sie einen Teil der besprochenen Fehler vermeiden. Ihre Besonderheit liegt darin, daß Rohre aus verzinktem Eisenblech verwendet, und daß der Auftrieb der Luft durch einen großen Dauerbrandofen bewerkstelligt wird, der in einen Mantel aus gleichem Blech eingehüllt ist. Zu ihm münden die Heizkanäle. Alle Mängel der Luftheizung zu beheben, sind diese Systeme nicht imstande. Insbesondere muß auch bei ihnen starker Windanfall die Ausströmung der Warmluft verhindern.

Das Einfamilienhaus wird unstreitig besser erwärmt mit Niederdruckdampf- oder Warmwasserheizungen.

Dampf und Wasser haben als Wärmebeförderungsmittel große Vorzüge vor der Luft voraus. Schon die Wärmemengen, die beide zu übertragen vermögen, sind größer als bei der Luft. Mit 1 Kubikmeter Luft können nur 12 Kalorien[1]) dem Zimmer zugeführt werden. Kondensiert man hingegen Wasserdampf bei gewöhnlichem Atmosphärendruck zu Wasser von derselben Temperatur wie der Dampf, so werden allein hierdurch 539 Kalorien frei; 1 Kubikmeter Wasser endlich von 80° auf 20° abgekühlt, liefert 60000 Kalorien.

Ferner können Wasser und Dampf auf weitere Strecken hin horizontal fortbewegt werden, so daß auch langgestreckte Gebäude, ja selbst ganze Gebäudekomplexe von einer Feuerstätte aus zu erwärmen sind. Nur mit Hilfe von Dampf sind Fernheizwerke zu errichten. Diese sind eine der neuesten Errungenschaften der Heizungstechnik und besonders wertvoll deshalb, weil sie unersetzliche Sammlungen und Bibliotheken, Archive und monumentale Gebäude, wie Kirchen, Schlösser und Theater zum größten Teil von der ihnen sonst drohenden Feuersgefahr befreien.

Wenn auch die genannten Vorteile beiden Heizungen in gleicher Weise eigen sind, und in der Heizwirkung zwischen beiden ein Unterschied kaum besteht, so weisen sie doch einige Verschiedenheiten in der technischen Einrichtung auf, die das Anwendungsgebiet beider voneinander abgrenzt.

Die Warmwasserheizung besteht in der Hauptsache aus drei Teilen: dem Kessel am tiefsten, dem Expansionsgefäß am höchsten Punkt der Heizung und die Röhren mit den Heizkörpern zwischen beiden. Das ganze System ist dauernd mit Wasser gefüllt; das Expansionsgefäß ist offen. Durch Anheizen des Kessels wird

[1]) Kalorie als die Wärmemenge verstanden, die 1 Kilogramm Wasser um 1° C erwärmt.

das Wasser erwärmt. Dadurch leichter geworden steigt es in dem Steigrohr aufwärts und wird durch anderes, abgekühltes ersetzt, das dem Kessel an seinem tiefsten Punkte zuströmt. Auf diesem physikalischen Gesetz des Aufsteigens von erwärmten Wasserteilchen innerhalb einer kalten Wassermenge beruht das ganze Geheimnis des Kreislaufes, der sich in der Warmwasserheizung einstellt. Dieser Kreislauf wird dadurch erleichtert, daß der Kessel unmittelbar mit dem Expansionsgefäß durch eine Rohrleitung verbunden ist, so daß das erwärmte Wasser zunächst diesem zufließt, und von ihm aus erst nach den Heizkörpern der verschiedenen Stockwerke herabfällt. Jedem Heizkörper fließt das Wasser vom Expansionsgefäß aus zu; denn das gleiche Wasser nacheinander durch zwei Heizkörper zu leiten, ist nicht angängig. Die Erwärmung des zweiten würde sonst ungenügend sein. Die Heizkörper haben meist Zylinder- oder Säulenform, deren Kern hohl ist, so daß die Zimmerluft von unten her eindringen und oben erwärmt wieder austreten kann. Man findet aber auch undurchlochte, also Rippenheizkörper oder sogenannte Radiatoren, wie bei der Niederdruckdampfheizung. Die Zuleitung befindet sich oben am Ofen, die Ableitung unten. Beim Öffnen des Ventils wird das abgekühlte Wasser vor dem eindringenden warmen hergeschoben und auf diese Weise allmählich aus dem Ofen verdrängt. Es fließt durch eine Rücklaufleitung wieder dem Kessel zu. Die Feuerung ist mit einer selbsttätigen Luftzuführungsklappe versehen, die sich umsomehr schließt, je mehr das Wasser sich einer bestimmten Temperatur nähert. Für gewöhnlich läßt man dieses nicht wärmer als 80° C werden.

Die Niederdruckdampfheizung besteht aus einem Kessel und den Zu- und Rückleitungsröhren mit den Heizkörpern. Im Gegensatz zur Warmwasserheizung ist das ganze System geschlossen.

Das Wasser muß bis zum Siedepunkt erhitzt werden, um in Dampfform in die Röhren und in die Heizkörper gelangen zu können. Am Kessel befindet sich ein Standrohr, das bis nahe an den Boden des Kessels reicht, oben offen und etwa 2 m bis 2,50 m hoch ist. Sobald der über dem siedenden Wasser im Kessel sich ansammelnde Dampf in Spannung kommt, übt er auf seine Umgebung, also auch auf die Wasseroberfläche einen Druck aus. Dieser Druck, der, je mehr Dampf entwickelt wird, um so höher steigt, kann an einem Quecksilbermanometer abgelesen werden. Durch den Druck wird das Wasser in das Standrohr hineingetrieben. Ist eine gewisse Druckhöhe — gewöhnlich 0,05 Atm. — überschritten, dann wird das Wasser aus dem Standrohr herausgeworfen. Der Kessel wird frei von Wasser, es kann kein Dampf mehr entwickelt werden, und die weitere Drucksteigerung ist verhindert. Das im Standrohr aufsteigende Wasser drückt auf einen Schwimmer, der durch eine Kette mit einer Klappe verbunden ist, die ihrerseits die Luftzufuhr zur Feuerung regelt. Durch Auflegen von Gewichten auf eine an der Kette hierfür vorhandene Vorrichtung kann bewirkt werden, daß der Verschluß der Klappe bei geringerem oder erst bei höherem Dampfdruck erfolgt. Wie bei der Warmwasserheizung hat man auch bei der Niederdruckdampfheizung in der Regelung der Luftzuführung zur Feuerung ein ausgezeichnetes Mittel, die Heizung nach Wunsch ziemlich genau auf bestimmte Wärmegrade einzustellen.

Aus der Betrachtung dieser technischen Einrichtungen beider Zentralheizungen ergibt sich ohne weiteres, daß die Warmwasserheizung in der Anlage und auch im Betrieb sich etwas teurer stellt, als die Niederdruckdampfheizung. Kessel, Röhren und Heizkörper haben größere Ausmaße und die größere Wassermenge braucht, um mit ihr die gleiche Zimmertemperatur zu erlangen, mehr Feuerung. Es hat aber die Warmwasserheizung vor der anderen den großen Vorzug des leichteren und genaueren Einstellens auf ganz bestimmte Wärmegrade voraus. Wenn es darauf ankommt, in einem Hause die Temperatur Tag und Nacht möglichst gleich zu erhalten, dann greife man zur Warmwasserheizung. Die große Wassermenge der Heizkörper bedingt langsame, milde und gleichmäßige Wärmeabgabe, die noch längere Zeit nachhält, selbst wenn das Ventil abgestellt oder die Feuerung auf geringsten Brand eingestellt ist.

Die Warmwasserheizung eignet sich besonders für Villen und für Gebäude, in denen es auf die Erhaltung von gleichmäßigen Temperaturen ankommt.

Die Niederdruckdampfheizung ist abgesehen von Einfamilienhäusern in Gebäuden am Platze, bei deren Errichtung mit einer beschränkten Bausumme gerechnet werden muß und dann überall dort, wo während des Winters die Heizperiode unterbrochen wird: also z. B. in Schulen, in denen während der Weihnachtsferien der Unterricht ausfällt. Wollte man hier Warmwasserheizungen einbauen, dann müßte bei jeder Unterbrechung das Rohrnetz entleert werden wegen der Gefahr des Einfrierens. Die Entleerung fördert aber einesteils die Rostbildung, andernteils (bei hartem Wasser) die Kesselsteinbildung. Die Gefahr des Einfrierens macht es nötig, Gebäude, die mit Warmwasserheizungen versehen sind, besonders gut gegen Auskühlung zu verwahren; denn sonst friert das Wasser abgestellter Heizkörper in unbenutzten Zimmern sowie auch das des Expansionsgefäßes ein, selbst wenn die Heizung in Betrieb ist.

Will man in älteren Häusern die Öfen entfernen und durch Zentralheizung ersetzen, dann ist die Niederdruckdampfheizung allen anderen vorzuziehen, weil sie die geringsten Umwälzungen an den Gebäudeteilen erfordert.

Warmwasserheizungen mit Schnellumlauf, eine neue Art der Warmwasserheizung, die im Laufe der letztvergangenen Jahre in Aufnahme gekommen ist, und bei der entweder durch Dampf oder durch Zwischenschaltung von Pumpen eine schnellere Bewegung des Wassers in den Röhren bewirkt wird, haben diesen soeben berührten Nachteil der gewöhnlichen Warmwasserheizung nicht an sich. Kessel und Röhren dürfen kleiner und von geringerem Durchmesser sein, als bei der gewöhnlichen Warmwasserheizung. Sie stellt sich deshalb sowohl in der Anschaffung, wie auch im Betrieb billiger, als diese.

Wenn sie, was bei der kurzen Zeit ihres Bestehens noch nicht bestimmt zu sagen ist, sich bewährt, dann würde sie zweifellos einen Fortschritt bedeuten.

Wir haben gesehen, daß der Zentralheizung große Vorteile namentlich auch der Einzelheizung gegenüber zukommen. Wir werden deshalb auch über den kleinen Nachteil, den man ihr zumeist vorwirft, hinwegkommen. Dieser besteht darin, daß in der Übergangszeit, im Herbst und Frühjahr, wenn es am Tage zu warm ist, um die Zentralheizung in Gang zu setzen, die Abende und Morgen aber empfindlich kühl sind, keine Feuerstätte vorhanden ist, um rasch ein einzelnes Zimmer des Hauses gelinde zu erwärmen. Dieser Übelstand ist leicht zu beseitigen durch Aufstellen eines Gasheizofens in dem am meisten benutzten Zimmer. Man wird hierauf schon bei dem Bau des Hauses Rücksicht zu nehmen haben.

Veröffentlichungen des Deutschen Vereins für Volks-Hygiene.

Im Auftrage des Zentralvorstandes in zwanglosen Heften herausgegeben von Sanitätsrat Dr. K. Beerwald, Berlin.

Heft XVIII.

Volksgesundheit und Industrie

von

Dr. Gasters,
Kreisarzt in Mülheim a. Ruhr.

(Erstes bis zehntes Tausend.)

München und Berlin.
Druck und Verlag von R. Oldenbourg.
1910.

Veröffentlichungen des Deutschen Vereins für Volks-Hygiene.

Im Auftrage des Zentralvorstandes
in zwanglosen Heften herausgegeben
von
Sanitätsrat Dr. K. Beerwald, Berlin.

Heft XVIII.

Volksgesundheit und Industrie

von

Dr. Gasters,
Kreisarzt in Mülheim a. Ruhr.

(Erstes bis zehntes Tausend.)

München und Berlin.
Druck und Verlag von R. Oldenbourg.
1910.

Der Vorstand des Deutschen Vereins für Volkshygiene, dessen Hauptzweck ist, die Lehren der Hygiene und die Ergebnisse der hygienischen Forschung in allen Kreisen des deutschen Volkes zu verbreiten und dadurch die Volksgesundheit zu heben, hat mich ersucht, anläßlich seiner Mitgliederversammlung in Duisburg einen für die breiten Volksschichten bestimmten Vortrag über „Volksgesundheit und Industrie" zu halten. Die Beziehungen zwischen Industrie und Volksgesundheit sollen gemeinverständlich dargestellt und es soll kurz angegeben werden, wie sich die aus den industriellen Betrieben entspringenden Schädigungen der Gesundheit am besten vermeiden lassen.

Bei der mir kurz bemessenen Zeit kann ich Sie durch das gewaltig große Gebiet nur in schnellem Laufe führen und nur in einzelnen flüchtigen Bildern Ihnen zeigen, was die Volksgesundheit von der Industrie zu befürchten hat und wie die Gesundheitslehre diesen Gefahren begegnen kann und will.

Wir wollen zunächst betrachten die allen Bewohnern der Industriebezirke gleichmäßig drohenden Schäden und ihre Bekämpfung, das ist das Gebiet der sozialen Hygiene, und alsdann gemeinsam erforschen Wesen und Ursache der für Leben und Gesundheit des industriellen Arbeiters aus seiner Tätigkeit besonders erwachsenden Gefahren und deren Verhütung, das ist das Gebiet der eigentlichen Gewerbehygiene.

Nur ganz allmählich ist in fortschreitender Entwicklung der Mensch vom einsam oder in der Sippe lebenden Jäger zum umherziehenden Viehzüchter und seßhaften Ackerbauer geworden, und in unserem Vaterlande hat erst in den letzten Jahrhunderten die industrielle Arbeit zerstreut liegende Einzelbetriebe, dann gedrängter gebaute größere Anlagen und schließlich unsere heutigen Massen- und Großbetriebe gezeitigt. Solange Luft und Licht unverdorben und unbehindert den Menschen umgaben, solange die zur Erhaltung und Fortpflanzung nötigen und nützlichen Gaben der Natur — das Wasser und die anderen Nahrungs- und Genußmittel des Tier- und Pflanzenreiches — gut und reichlich geboten wurden und solange schließlich die Menschen eine gesundheitlich zweckmäßige Lebenshaltung führten, kannte man wohl die verheerenden Wirkungen der großen Volksseuchen: Aussatz, Pest, Cholera und Pocken, Siechtum und Seuche aber, soweit sie durch gewerbliche Arbeit und das mit ihr verbundene dauernde Zusammenleben großer Menschenmassen verursacht werden, waren den Menschen früherer Entwicklungsstufen zumeist fremd.

Luft und Licht braucht jedes Geschöpf und ganz besonders der hochentwickelte Mensch. Sind nun diese wichtigen Lebensbedürfnisse dem Bewohner industrieller Bezirke ausreichend gesichert? Ein Blick über die rauchenden Schlote unserer Fabrikstädte und Dörfer erregt berechtigte Zweifel. Bis vor wenigen Jahren hatte die Beobachtung, daß Bergarbeiter seltener als andere Arbeiter an Lungentuberkulose erkrankten und nach dem Ergebnis vieler Leichenöffnungen große Mengen Kohlenstaub ohne Schaden für die Gesundheit in ihre Lungen aufnehmen konnten, die falsche Ansicht gestützt, Ruß und Rauch seien wohl lästig und unschön, aber nicht gesundheitsschädlich. Viele sichere ärztliche Erfahrungen beim gesunden und kranken Menschen und sinnreich erdachte, zweckmäßig und sorgsam durchgeführte Versuche am Tier haben uns überzeugt, daß Staub, Ruß und Rauch schon in geringen Mengen die Widerstandskraft der Lungen herabsetzen, die im Rauch fast immer enthaltene schweflige Säure recht schädlich wirkt und schließlich der bei Rauch und Ruß so leicht entstehende bekannte Nebel der Industriegegenden mit seiner Sonnenverdunkelung und Feuchtigkeit die Entstehung von Lungenkrankheiten begünstigt. Auch die Statistik spricht für diese Erfahrungstatsachen.

Im Jahre 1876 starben in Preußen von 1000 Säuglingen etwa 8 an entzündlichen Lungenkrankheiten, im Jahre 1905 dagegen, wo Industrie und Rauchplage wesentlich größer geworden waren, fast die dreifache Zahl, etwa 22. Von den an Lungenschwindsucht gestorbenen Erwachsenen erreichten das 60. Lebensjahr in Ostpreußen 27 %, in Westpreußen 22 %, in der Rheinprovinz nur 17 % und in Westfalen gar nur 15 %; Rauch und Ruß beschleunigen demnach den tödlichen Verlauf der Lungentuberkulose.

Aus dem Kampfe gegen die übertragbaren Krankheiten, deren Erreger die unter dem volkstümlichen Sammelnamen „Bazillen" bekannt gewordenen Kleinlebewesen des Tier- und Pflanzenreiches sind, wissen wir, daß reichliches Sonnenlicht und reine Luft die Entwicklung dieser Menschheitsfeinde hemmen und verhindern können. Wollen wir also die in dicht gedrängter Industriebevölkerung heimischen Krankheiten, insbesondere Diphtherie, Genickstarre, Ruhr, Typhus und namentlich Tuberkulose erfolgreich bekämpfen, dann gilt es, die das Sonnenlicht verdunkelnde und die Luft verderbende Rauchbildung zu verringern und wenn möglich zu verhindern. In diesem Kampfe ist der Gesundheitspflege ein tatendurstiger starker Bundesgenosse erstanden in der Erkenntnis, daß unvollkommene Feuerungsanlagen in Haus und Fabrik mit Rauch und Ruß ungeheure Mengen von Wärme und Kraft ungenutzt entweichen lassen. Diese vielen Millionen, welche durch vollkommene Verbrennung des Brennstoffes und möglichste Ausnutzung der Abgase verdient werden können, zwingen Techniker und Kaufleute, uns zu helfen im Kampfe gegen die Rauchplage, und wir dürfen hoffen, daß auch wir im Schornsteinwalde die Sonne öfters sehen und ihre das Gemüt erheiternde und die Gesundheit fördernde Wirkung häufiger verspüren werden als bisher.

Gelingt es weiter in Gemeinde- und Staatsvertretung Verständnis und Interesse für Bebauungs- und Wohnungsfragen so zu wecken und wach zu halten, daß auch für die Wohnungen der kinderreichen Familien des Arbeiters, Handwerkers, kleinen Gewerbetreibenden und Beamten in den Industriegegenden ausreichend Licht und reine Luft bei angemessenem Mietzins gesetzlich gesichert wird, dann werden die berüchtigten sogenannten Arbeiterviertel mit ihren ineinandergeschachtelten und aneinander gequetschten Kasernenbauten und ihren licht- und luftlosen Höfen bald verschwinden. Billige Schnellbahnen werden Wohnkolonien erstehen lassen weitab von den Arbeitsstätten, wo Licht und Luft ungehindert und unverdorben zuströmt, und im mit Recht erstrebten Einfamilienhaus mit einfacher, lichtfreundlicher Ausstattung wird sich neu beleben der Sinn für Reinlichkeit, häusliches Behagen und gute deutsche Zucht und Sitte; Krankheit aber, Siechtum und Laster werden schwinden und verschwinden.

Die sozialhygienische Einsicht unserer gut geleiteten Industrien hat, dies muß zur Steuer der Wahrheit ausgesprochen werden, dem erstrebten gesetzlichen Zwange vielfach vorgegriffen und viele geradezu mustergültige Wohnkolonien bereits erstehen lassen. Die Notwendigkeit dieser Wohnungsfürsorge muß jedermann einleuchten beim Vergleich der Ergebnisse der Volkszählungen:

Im Königr. Preußen	wohnen durchschnittl.	auf	1	qkm	107	Seelen
„ „ Sachsen	„ „	„	1	„	118	„
in Westfalen	„ „	„	1	„	179	„
„ der Rheinprovinz	„ „	„	1	„	239	„

Noch lehrreicher ist der Vergleich kleinerer Bezirke:

Im Reg.-Bezirk Köslin in Pommern	wohnen auf	1	qkm	43	Seelen
„ „ „ Arnsberg in Westfalen	„ „	1	„	275	„
„ „ „ Köln i. d. Rheinprovinz	„ „	1	„	290	„
„ „ „ Düsseldorf	„ „	1	„	550	„

also fast 14 mal soviel wie im Bezirke Köslin.

Ähnlich überzeugend wirken die Zahlen der Häuser. Es stehen im Reg.-Bezirk:

Trier	auf	1	qkm	rd.	17 Häuser	mit	130	Bewohnern
Köln	„	1	„	„	33 „	„	290	„
Düsseldorf	„	1	„	„	50 „	„	550	„
in der Stadt Mülheim a. d. Ruhr auf 1 qkm rd. 140 Häuser						„	1650	„
in der Stadt Duisburg auf 1 qkm rd. 187 Häuser						„	2720	„
in der Stadt Oberhausen auf 1 qkm . rd. 276 Häuser						„	4006	„

Neben Luft und Licht brauchen wir W a s s e r als wichtigsten Nahrungsstoff für Mensch und Tier und unentbehrliches Mittel für die persönliche und öffentliche Gesundheitspflege, die sich im allgemeinen deckt mit der Reinlichkeitspflege. Wir entnehmen unser Trink- und Nutzwasser der Natur; wir sammeln die Niederschlagswässer bei Regen und Schnee in offenen Becken oder Zisternen, schöpfen aus Wasserläufen, Binnenseen und Talsperren das Oberflächenwasser, nehmen aus Quellen das dem Erdinnern natürlich entströmende Grundwasser und erbohren durch Brunnen den unter der Oberfläche fließenden Grundwasserstrom. Wir wissen heute sicher, daß das dem Auge, der Nase und der Zunge zusagende Trinkwasser nur dann gesundheitlich gut und bekömmlich ist, wenn es rein ist von Zersetzungsstoffen, frei von giftigen Beimengungen (Blei, Arsen u. a.) und unverseucht ist durch krankheitserregende Kleinlebewesen. Bei zerstreuter Bebauung auf dem Lande und in kleineren Gemeinwesen gab und gibt der zweckmäßig gebaute Einzelbrunnen solches Wasser in ausreichender Menge; wird die Bebauung dichter, entstehen größere Gemeinwesen und ganz besonders, wenn ganze Landstriche durch industrielle Anlagen und rasch zunehmende Bevölkerung eingenommen werden, dann wächst der Wasserbedarf schnell und gewaltig, und die Beschaffung guten reichlichen Wassers wird schwierig. Die immer dichter gestellten Einzelbrunnen nehmen sich gegenseitig das Wasser und versagen, die Wasserläufe, aus denen Anwohner und Schiffer seit Menschengedenken Trink- und Nutzwasser entnahmen, werden durch die steigende Zufuhr häuslicher und industrieller Abwässer arg verschmutzt, ihr Wasser wird unappetitlich ekelhaft, gesundheitsschädlich. Die Wasserbeschaffung, bislang eine Sorge des einzelnen, wird eine allgemeine Sorge, ein öffentlicher Notstand, der schnelle Abhilfe dringend erheischt, da sowohl ungenügende Wasserversorgung als besonders der Genuß verschmutzten und verseuchten Wassers alt und jung, reich und arm in ärgste Gefahr bringt. Gemeindebehörden und Werkbesitzer führen auf den Rat der Ärzte und Gesundheitsingenieure oft weit entlegene gute Wasservorräte in Röhren und Kanälen heran oder sammeln das durch Sandfilter oder mit chemischen Mitteln von gesundheitsschädlichen und ekelhaften Verunreinigungen befreite Oberflächenwasser in Hochbassins, um es durch Rohrleitungen zunächst öffentlichen und später in jedem Hause eingerichteten Zapfstellen zuzuführen und frei oder gegen mäßigen Wasserzins zur Benutzung abzugeben. So entstanden die centralen Wasserversorgungen. In Deutschland und Preußen sind diese Anlagen noch nicht sehr alt und die wissenschaftlich gesicherte Beurteilung ihres Betriebes ist noch in voller Entwicklung. Mangelhaft filtriertes Elbwasser vermittelte und begünstigte 1892 die furchtbare Choleraepidemie in Hamburg, unzweckmäßig angelegte und betriebene Wasserleitungen waren die Ursachen vieler schwerer Typhusepidemien, z. B. wohl sicher der Epidemie in Gelsenkirchen im Jahre 1901 und der vor kurzer Zeit in Altwasser in Schlesien herrschenden Epidemie. Diese üblen Erfahrungen und ihre sichere wissenschaftliche Erklärung brachten technische Verbesserungen der Filteranlagen, scharfe staatliche Kontrolle und führten wieder zur reichlicheren Benutzung des meist gesundheitlich besseren Grundwassers. Dies nimmt man aus unterirdisch durch Röhren miteinander verbundenen Brunnen, die in oft weit entlegenem wasserreichen Gelände oder wie an Ruhr und Rhein zu beiden Seiten der Wasserläufe in die Tiefe getrieben werden oder auch neuerdings aus den Talsperren, jenen gewaltigen Staubecken, in denen Quell- und Niederschlagswässer großer, unbebauter, bewaldeter Gebirgstäler gesammelt und zur Füllung der durch Industrie und Wasserwerke bedenklich ausgesogenen Flüsse gleichzeitig benutzt werden. Der Ruhr wurden im Jahre 1897 gegen 135 Mill. cbm Wasser entnommen,

1905 schon 226 Mill. cbm, 1910 werden es nach sorgsamen Berechnungen 270 Mill. cbm sein. Diese Entnahme ist ohne schwere, wirtschaftliche und gesundheitliche Schädigung der Anlieger nur möglich durch die Wasserstauung der Talsperren, die 1906 in 7 Anlagen $32^1/_2$ Mill. cbm aufstauten und nach Bedarf abgaben und nach Fertigstellung der neuen Möhnetalsperre, die allein 125 Mill. cbm fassen wird, auch den steigenden Bedarf der nächsten Jahre decken können. Staats- und Kommunalbehörden, wissenschaftliche Forschung und technische Praxis und die sozial hygienische Einsicht und Opferwilligkeit unserer Großindustrie arbeiten unabläſſig, die mit zunehmender Bevölkerungsdichte in den Industriegegenden immer schneller und höher steigende Wassernot zu mildern, alle einschlägigen Fragen finden umfassendste, fachwissenschaftliche Prüfung und die volkswirtschaftlich und hygienisch denkbar beste Lösung durch die Arbeit der Kgl. Versuchs- und Prüfungsanstalt für Wasserversorgung und Abwasserbeseitigung in Berlin. Wir sehen also alle Interessenten gerüstet und entschlossen, die der Volksgesundheit in Industriegegenden aus dem Mangel an ausreichendem und gesundheitlich gutem Trinkwasser erwachsenden Gefahren mit allen Mitteln der Wissenschaft und Technik wirksam zu bekämpfen.

Die erschwerte Trinkwasserversorgung zwingt mehr noch als die Rücksicht auf Nase und Auge alle Beteiligten und Verantwortlichen die häuslichen Abwässer und menschlichen und tierischen Abgänge, die den einzeln und in kleineren Gemeinwesen Wohnenden willkommener Dünger sind, in der Industriegegend aber durch Masse und erschwerte Verwendung wertlos, lästig und gefährlich werden, schnell und unschädlich zu beseitigen, ohne Wasserläufe und Boden zu verschmutzen. Die Abfuhr aus den Sammelgruben auf entlegene Ländereien ist teuer und immer weniger und schwieriger durchzuführen, die zunächst beschränkte und vereinzelte Einleitung der Spüljauche und Abtrittstoffe in die Flußläufe wird mit fortschreitender Kanalisierung der Industriegemeinden so reichlich und häufig, daß die Selbstreinigung der Flüsse nicht mehr ausreicht; Gesundheitslehre und Schönheitssinn fordern gebieterisch die Klärung der Kanalwässer. Die unterirdisch aus allen Wohn- und Werkstätten zusammenfließende Kanaljauche wird auf ausreichend entfernte Äcker gepumpt, gibt bei der Durchrieselung des möglichst durchlässig gewählten Bodens die wertvollen Dungstoffe für garten- und landwirtschaftliche Zwecke ab und tritt schließlich in den Sammelgräben geruchlos und rein zutage und kann unbedenklich dem Vorfluter zugeführt werden. Wo solche Rieselfelder nicht vorhanden oder nach längerem Gebrauch nicht mehr aufnahmefähig sind, sammelt man den Kanalinhalt in großen Becken, fällt die ungelösten Stoffe chemisch oder mechanisch zu Boden und leitet das dann gereinigte, darüberstehende Wasser ohne Schaden in öffentliche Wasserläufe. Die hierbei erstrebte landwirtschaftliche oder industrielle Verwertung des Klärschlamms ist meist unrentabel, wodurch das Verfahren teuer wird. In den in unserer Gegend beliebten biologischen Kläranlagen wird die Lebenstätigkeit der in den Kanalwässern überreichlich vorhandenen pflanzlichen und tierischen Kleinlebewesen begünstigt und dadurch die Ausfaulung der kanalisierten Massen so beschleunigt, daß die nach kurzer Frist aus den Klärbeeten herausfließenden Abwässer unbedenklich in die Flußläufe eingeleitet werden dürfen. Theoretisch forschende Wissenschaft und praktisch prüfende Technik sind treue Bundesgenossen in dem Kampfe gegen die Gefahren, welche aus ungenügender und verkehrter Abwässerbeseitigung der Bevölkerung im Industriegebiet drohen, eine gemeinsame Großtat ist der fast verwirklichte

Plan, die Emscher, den berüchtigten Abzugskanal unseres benachbarten 784 qkm großen, von über 1½ Millionen Menschen bewohnten und mit riesigen industriellen Anlagen besiedelten Gebietes mit etwa 70 größeren und kleineren Kläranlagen, so rein zu machen und zu halten, daß gesundheitliche Gefahren und unbequeme Belästigungen ausgeschlossen sind. Gelingt es demnach der gemeinschaftlichen Arbeit der Gesundheitsbeamten und Hygieniker, der Techniker und Volkswirte Boden und Wasserläufe vor Verschmutzung zu bewahren und aus der Wasserleitung Krankheitskeime durch umfassende Desinfektionen am Krankenbett und technisch vollkommene Anlagen fern zu halten, werden auch die trockenen häuslichen und industriellen Abfälle ausreichend weit entfernt, oder ihre Fäulnis und Verstaubung durch Verbrennung oder sonstwie ohne Belästigung und Schädigung der Bewohner verhindert, dann ist die Darbietung von reichlichem und gutem Wasser gesichert, die in Unrat und Schmutz gern gesuchten Brutstätten vieler und gefährlicher Krankheitserreger werden vernichtet uud damit ist eine weitere große Gefahr der industriellen Entwicklung für die Volksgesundheit beseitigt.

Mit dem Augenblick, wo die Menschen ihr Nahrungsbedürfnis aus dem Ertrage der Jagd, des Fischfangs und des Ackerbaues nicht mehr befriedigen konnten, mußte sich der Handel und weiterhin die gewerbsmäßige Herstellung von Nahrungsmitteln entwickeln. In großen Städten und ganz besonders in industriell hoch entwickelten Gegenden steigerte sich schnell die Nachfrage und zeitigte unlautere Machenschaften; von gewissenlosen und profitwütigen Menschen wurde Volksgesundheit und Volksernährung durch Herstellung und Vertrieb gefälschter, minderwertiger und verdorbener Nahrungsmittel mehr und mehr gefährdet. Trichinenschau, Schlachthausbau und Schlachthauszwang,

Fleischbeschau, sowie stetige Kontrolle der Nahrungs- und Genußmittelgeschäfte durch Medizinalbeamte und Nahrungsmittelchemiker heißen die wirkungsvollen Schutzmittel, durch welche die Volksgesundheit in den Industriegegenden vor dieser Gefahr bewahrt wird.

Sichern wir demnach der Bevölkerung unserer Industrieprovinzen ausreichend Luft und Licht, reichliches und gutes Wasser, unverdorbene und preiswerte Nahrungsmittel, halten wir ferner Häuser, Boden und Wasserläufe rein von Krankheitskeimen und Schmutzstoffen, dann wird bei uns ebenso wie in hygienisch gut gehaltenen Großstädten die Sterblichkeitsziffer sinken, Zahl und Körpergröße der Militärtauglichen steigen und damit erwiesen sein, daß die gemeinsame Arbeit der öffentlichen und privaten Gesundheitspflege die industriellen Gefahren für die allgemeine Volksgesundheit merklich verringert und nur noch die dem Einzelnen aus der besonderen Beschäftigungsart und dem Leben in der Arbeitsgemeinschaft drohenden Schäden in Betracht kommen.

Wir kommen damit zur eigentlichen Gewerbehygiene, die durch gemeinsame Arbeit der wissenschaftlichen Gesundheitslehre der Gesetzgebung und Technik sich aus den bescheidensten Anfängen erst im letzten Jahrhundert schnell und stattlich entwickelt hat. Aus dem Jahre 1700 stammt die erste Bearbeitung dieses wichtigen Teiles der Gesundheitspflege. Der Verfasser, ein italienischer Arzt Ramazzini, rechnet ergötzlicherweise zu den Handwerkern und Künstlern, deren Krankheiten er schildert, die Chirurgen, welche sich mit dem Einreiben von Salben beschäftigen, die Sänger und Pfeifer, die Läufer, die Juden, die Schreiber und die Notare. Nach seiner dem damaligen Tiefstand der Wissenschaft entsprechenden Annahme werden die Bergleute von unterirdischen Dämonen überfallen und die sitzend arbeitenden

Handwerker von der Krätze heimgesucht, er läßt durch ihre Tätigkeit die Schuster bucklig und die Schneider hinkend werden.

Die forschende Naturerkenntnis beseitigte solche Irrlehren, und als gewissenhafte Beobachter mit geschultem Blick die oft grauenhaften Schädigungen, welche in vielen Betrieben aus Unkenntnis, Gleichgültigkeit und Gewinnsucht den Arbeitern aus und bei ihrer Arbeit erwuchsen, erkannt und in lebendiger Schilderung bekannt gemacht hatten, erwachte das öffentliche Gewissen, man erforschte Ursache und Wesen der schädlichen Einwirkung, die Technik ersann Schutzmaßregeln und unschädlichere Betriebsformen, deren Ein- und Durchführung die Gesetzgebung alsbald forderte und sachverständig überwachen läßt. Ziele und Erfolge dieser Gewerbehygiene, die übrigens viele deutsche Werksbesitzer schon vor dem gesetzlichen Zwange in musterhaften Vorbildern freiwillig betätigt haben, kann ich nur an einigen Beispielen aus unserer heimischen Industrie erläutern.

Die Eisenindustrie, insbesondere der Hüttenbetrieb erfordert schwere, den Körper oft übermäßig anstrengende Arbeit bei häufigen und großen Temperaturschwankungen, recht oft grellem Licht, in einer durch Gase, Dämpfe und Staub verunreinigten Luft. Solchen Gefahren ist nur ein vollentwickelter, durchaus gesunder Körper gewachsen, jugendliche Arbeiter sollten überhaupt ausgeschlossen sein und die Zulassung zur schweren Hüttenarbeit nur dem nach ärztlicher Untersuchung gesund und rüstig befundenen Manne gewährt werden. Gut ventilierte, gegen Zugluft geschützte, geräumige Arbeitsstätten verringern die hohen Temperaturen, Schutzschirme halten die strahlende Hitze ab und an die Werkstätten sich unmittelbar anschließende Umkleideräume und Bedürfnisanstalten ermöglichen ihre Benutzung ohne Erkältungsgefahr. Die so häufigen Erkrankungen der Hüttenarbeiter an Muskel- und Gelenkrheumatismus sowie an rheumatischen Nervenschmerzen, Kreuzweh, Ischias usw. lassen sich durch solche Schutzmaßregeln verringern. Der aus Gasen, Dämpfen und Flugstaub bestehende Hüttenrauch reizt die Bindehäute der Augen bis zur Entzündung und dringt, wenn das natürliche Filter der Nasenatmung mangelhaft ist oder gewohnheitsmäßig nicht gebraucht wird, bei offenem Munde in Rachen, Kehlkopf, Luftröhren und Lungen, ruft Katarrhe und Entzündungen hervor, bereitet den Boden für die von überall her eindringenden Tuberkelbazillen und begünstigt und beschleunigt die Schwindsucht. Der Arbeiter, der jede Behinderung der Nasenatmung durch Schnupfen, Wucherungen, Knorpel- oder Knochenverbiegungen rechtzeitig beseitigen läßt und sich gewöhnt, stets bei geschlossenem Munde nur durch die Nase zu atmen, ist gegen diese Schäden weitgehend geschützt.

Beim Hochofenbetrieb kommen zu diesen Schädlichkeiten die Gefahren durch die Gichtgase und die beim Abstich und Schlackenlauf aus dem Herde austretenden Gase, die das so gefährliche Kohlenoxydgas, schweflige Säure und giftigen Metalldampf enthalten.

Hohe, luftige Arbeitshallen, hochgelegter Abstich, Absaugen und Verbrennen der Gase, maschinelle Beschickungsvorrichtungen und vor allem die Einführung des von den genannten Schädlichkeiten zumeist freien elektrischen Schmelzbetriebes verringern die Gefährlichkeit dieser Arbeiten.

Oft beobachtet ist eine den Feuerarbeitern eigentümliche Blutarmut, die als Schwächezustand besondere Aufmerksamkeit und Behandlung erfordert und bei fehlender Besserung den Befallenen zur Feuerarbeit untauglich macht.

Der sich mit dem Schweiß verbindende Kohlenstaub verstopft die Hautporen, verursacht Hautausschläge, Geschwürsbildungen und Verstopfung des äußeren Gehörganges. Während hier gute Ventilation und sorgsame Hautpflege guten Schutz gewähren, wird die bei Schmieden und besonders bei Kesselschmieden oft gefundene Schwerhörigkeit sich nicht immer vermeiden lassen, wenn auch das stetige Tragen von Wattebäuschen in den Ohren als Vorbeugungsmittel mit Recht zu empfehlen ist.

Sehr zweckmäßig ist die gesetzliche Vorschrift Arbeiterinnen und Kinder unter 14 Jahren in Metall-, Walz- und Hammerwerken mit ununterbrochenem Feuerbetrieb überhaupt nicht und jugendliche Arbeiter nur nach Untersuchung durch einen mit den Betriebsgefahren vertrauten Arzt und dann nur bei 10stündiger Schichtdauer zuzulassen.

Während die vielfach mit nassem Material arbeitenden Former in der kälteren Jahreszeit unter der Kälte leiden, sind Gießer, Putzer, Schlosser und ganz besonders die Schleifer durch den Staub bedroht. Gefährlich wirken vor allem die scharfkantigen mit Spitzen und Haken besetzten abgesprengten Teile der Metalle und der Mineralstaub der Schleifscheiben. Dieser Staub reizt zuerst die Nase, auf deren Schleimhaut Ausschläge, Schwellungen und Geschwüre entstehen, später kommen Reizkatarrhe der tieferen Luftwege, Lungenerweiterung oder Lungenschwindsucht. Sorgsamste Staubabsaugung, umfassende Ventilation der Werkstätten, Einführung der Naßschleiferei leisten gegen diese Krankheitsgefahr recht gute Dienste.

Die Vergolder von Gußmasse, Gips und Holz arbeiten in einer durch Staub und Dämpfe aller Art stark verunreinigten Luft, erkranken daher viel an Krankheiten der Luftwege und an Schwindsucht. Ausreichende Lufterneuerung, Reinlichkeit der Werkstatt und des Werkzeugs, viel Aufenthalt und Bewegung in frischer Luft sind ein wirksamer Schutz in dieser Berufsgefahr.

Die Gelbgießer leiden unter dem Einfluß der Zinkdämpfe, der außerordentlichen Hitze und Strahlung des flüssigen Metalles und des Formstaubes an Reizkatarrhen, ganz besonders aber an dem sogenannten Gießfieber, einem mit Mattigkeit, Brustbeklemmung, Kopf- und Gliederschmerzen und Schüttelfrost verbundenen Wechselfieber, das durch möglichste Absaugung der Zinkdämpfe vom Gießtiegel und durch völlige Enthaltsamkeit der Arbeiter von alkoholischen Getränken wirksam bekämpft wird.

Sehr gefahrvoll ist die Arbeit in den chemischen Fabriken, wenn sie, wie es immer noch nicht ganz zu vermeiden ist, das Eindringen von Giften in den Körper durch die Haut, die Atmungs- und Verdauungsorgane vermittelt. Leicht einzusehen ist die Gefahr bei den in Wasser oder unseren Verdauungssäften, Speichel, Magen- und Darmsaft, löslichen Giften, und da nur Schwerspat und Zinnober von den in Frage kommenden Giftstoffen unlöslich sind, so können sämtliche andere Giftarten auf dem Wege durch Mund, Magen und Darm leicht in unseren Körper gelangen. Die Aufnahme giftiger Gase durch die Lunge ist bekannt, aber auch gifthaltiger Staub, z. B. Bleistaub, gelangt in die Lunge und von da in den Körper. Aus beweisenden Tierversuchen haben wir gelernt, daß Anilin, Nitrobenzol in Lösung, und andere Gifte selbst als Pulver, auf die Haut gebracht, sehr gefährlich sind und durch die Haut hindurch ihre schädigende und tötende Wirkung ausüben.

Es ist unmöglich, aus diesem weiten und interessanten Gebiete alle Einzelheiten anzuführen, herausheben möchte ich zunächst nur die Gefahren der in so vielen Betrieben drohenden Bleivergiftung. Die verschiedenen giftigen Bleiverbindungen dringen durch die Haut, mit der Atmungsluft und mit Speichel, Speise und Trank in den Körper. Glücklicherweise ist die akute, tödlich verlaufende Bleivergiftung sehr selten, um so verbreiteter aber die chronische Vergiftung, deren Anfangserscheinungen so unbestimmt sind, daß ihre sichere Deutung schwer ist; neuerdings ist eine im Anfang der Krankheit auftretende eigenartige Veränderung der roten Blutkörperchen so häufig beobachtet, daß ihr entscheidende Bedeutung beizumessen ist und die Bleivergiftung auch in ihren ersten Anfängen sicherer erkannt werden kann.

Entfernt man solche Kranke sofort aus der gefahrvollen Arbeit, so lassen sich die schweren Krankheitserscheinungen vermeiden; erfolgt aber weitere Aufnahme des Giftes, dann kommen Magen- und Darmstörungen, das Zahnfleisch lockert sich und wird von einem schiefergrauen bis blauschwarzen Streifen, dem bekannten Bleisaum, umrandet, Bleikolik, Gliederzittern tritt auf, anfallsweise quälen den Kranken bohrende Schmerzen in den Beugemuskeln, Gelenken und Knochen zumeist der Beine, häufig werden die Streckmuskeln des rechten Armes gelähmt, erkrankte Frauen haben Fehl- und Frühgeburten oder gebären elende Kinder, bei den schweren Fällen stellen sich Geistesstörungen und schließlich der Tod ein.

Von der Gefahr bedroht sind die Bleihüttenarbeiter durch den Bleirauch, in dem bis zu 89 % Blei nachgewiesen wurde, und den Bleistaub. Letzterer bedroht besonders die Arbeiter der Bleifarbenfabriken, die Maler, Anstreicher und Lackierer, ferner die Arbeiter in den Akkumulatorenfabriken, die Angestellten in Schriftgießereien, Stereotypien und Buchdruckereien, schließlich die Emailarbeiter, die Feilenhauer und die Glasurarbeiter der Tonindustrie, die Gefahr der Bleivergiftung besteht bei Zinngießern, Klempnern, Installationsarbeitern sowie für die bei Herstellung von Flint-

und Kronglas tätigen Leute und für die Wachstucharbeiter. Bleivergiftung kommt vor in Kartonnagefabriken, in der Papier- und Tapetenindustrie, bei Kattundruckern, Telegraphen- und Kabelarbeitern, kurz, überall da, wo Bleipräparate verarbeitet, Bleiformen und bleierne Werkzeuge benutzt werden, und da diese Verwendung ungeheuer verbreitet und nicht immer genügend bekannt ist, bringt jedes Jahr neue, manchmal überraschende Einzelheiten. In Düsseldorf erkrankten Marmorschleifer an Bleivergiftung, weil sie als Politur eine Mischung von Borax, Alaun, Schwefelblüte und fein zerkleinertem Blei benutzten, aus Frankreich stammt die Nachricht, daß bei Zimmerleuten, die gewohnheitsmäßig die mit einem Bleiüberzug versehenen, maschinell hergestellten Nägel zwischen den Zähnen halten, Bleivergiftung auftrat. In Bern wurden Arbeiterinnen bleikrank, welche Postmarkenbogen sortierten, deren Marken mit bleihaltiger Farbe bedruckt waren. Wer die mit farbiger Zeichenkreide beschmutzten Finger gewohnheitsmäßig ableckt, ist gefährdet, da diese Kreiden oft bleihaltig sind.

Werden die Bleierze feucht angeliefert und bis zur ersten Verarbeitung feucht gehalten, wird das Austreten bleihaltigen Staubes sowie bleihaltiger Gase und Dämpfe aus den Apparaten, Öfen und Rohrleitungen in die Arbeitsräume durch dicht schließende Trocknungs- und Zerkleinerungsgefäße, Absaugung und Ventilation verhindert, werden die bleihaltigen Abgase vor ihrem Entweichen durch Auswaschen oder sonstwie bleifrei gemacht und wird die besonders gefahrvolle Menschenarbeit möglichst durch Maschinenarbeit ersetzt, dann wird schon viel Schaden verhütet; sind dann weiter die Arbeitsstätten hoch, luftig, mit glatten Wänden, dichten Fußböden und reichlichen Berieselungsvorrichtungen ausgestattet, dann sind die Forderungen der Hygiene bezüglich der

Betriebsstätte wohl zumeist erfüllt. Wirksam und nutzbringend ist dies alles aber nur dann, wenn der Arbeiter über die ihm drohenden Gefahren rastlos aufgeklärt und dadurch getrieben wird, an seinem Teile mitzuwirken, daß die vielen vom Gesetz geforderten und auf gut geleiteten Werken über das gesetzliche Maß hinaus gebotenen Schutzmittel benutzt und alle Vorschriften gewissenhaft beobachtet werden. Arbeiterinnen und jugendliche Arbeiter sowie Männer mit nicht ganz gesundem kräftigen Körper, ebenso Gewohnheits- und Gelegenheitstrinker müssen von diesen Betriebsstätten ferngehalten werden. Rauchen, Schnupfen, Tabakkauen ist in den Arbeitsräumen gänzlich zu verbieten, für peinlichste Reinlichkeit ist durch reichliche Waschgelegenheit mit kaltem und warmem Wasser, Bürsten, Nagelreiniger, Sand- und Akreminseife, häufig gewechselten Handtüchern, ferner durch innerhalb der Arbeitsschicht verabreichte Brause- und Wannenbäder, sowie schließlich durch Gelegenheit und immer erneute Aufforderung, Mund und Zähne öfters, besonders vor jedem Trinken und Essen, mit Spülwasser und Zahnbürste zu säubern, durch unbedingt und zweckmäßig durchgeführten Wechsel von Arbeits- und Eßkleidung und endlich durch strenges Verbot, Eßwaren in die Arbeitsräume mitzubringen oder dort zu nehmen, unentwegt Sorge zu tragen. Als bestes Getränk in der Arbeitszeit gilt die Milch. In den trotz aller dieser Vorsichtsmaßregeln dennoch gefahrvollen Betriebsstellen müssen Verkürzung der Schichtdauer und schlimmstenfalls häufiger Arbeiterwechsel noch weiter helfend hinzutreten. Dies sind die wesentlichen Forderungen neuzeitlicher Fabrikhygiene, und bei gemeinsamer Arbeit der Ärzte, Chemiker, Werksbeamten und Besitzer, der Aufsichtsbeamten und ganz besonders der beteiligten Arbeiter wird die Zahl der Bleivergiftungen, die im Jahre 1898 in England noch 1278 betrug,

1901 aber noch 863, auf einem deutschen Werk von 79 Fällen im Jahre 1879 auf 13 im Jahre 1888 und in einem andern von 40 Fällen im Jahre 1897 auf 3 im Jahre 1901 gesunken ist, stetig weiter sinken und die erfreuliche, vereinzelt erwiesene Tatsache, daß es heute Bleifabriken gibt, wo kein Bleikranker mehr vorhanden ist, wird alsdann die allgemeine Regel bilden.

Schneller noch kommen wir zum Ziel, wenn Technik und Gesetzgebung ihr schon recht erfreuliches Bemühen fortsetzen, die Herstellung von giftigen Bleipräparaten durch Bereitstellung und erzwungene Verwendung von ungiftigen Ersatzpräparaten überflüssig und unrentabel zu machen.

Die in der Zinkindustrie beschäftigten Arbeiter leiden vielfach an Hauterkrankungen aller Art und verfallen öfters dem Zinkhüttensiechtum, einer krankhaften Veränderung und Entartung fast aller wichtigen Organe infolge chronischer Vergiftung durch den Hüttenrauch, der Kohlenoxydgas, schweflige Säure, Blei, Kadmium und Arsen als giftige Bestandteile enthält, während das Zink selbst nicht als direkt giftig gilt. Die bei Verhütung der Bleikrankheit genannten Schutzmaßregeln haben auch hier erfreulich gewirkt.

Die bei der Verwendung von Chrompräparaten, z. B. in Färbereien, Zeugdruckereien, beim Beizen von Metallen, Ätzen von Kupfer und Stahl, Färben des Holzes in Tischlereien und Drechslereien, in der Teerfarbenindustrie, beim Bleichen der Seide und der Zubereitung der schwedischen Zündhölzer auftretenden eigenartigen Geschwüre der Haut und ganz besonders des Naseninnern, die häufig eine Zerstörung der Nasenmuscheln bewirken, sind wesentlich weniger geworden, nachdem gesetzlich verlangt wird, daß nur Arbeiter beschäftigt werden, die nach fabrikärztlichem Gutachten gesund und frei von Geschwüren, Wunden und Hautausschlägen sind, ständig ärztlich überwacht werden, mindestens einmal wöchentlich die Arbeitskleidung wechseln, häufig baden, bei staubigen Arbeiten feuchte Schwämme vor Mund und Nase tragen und alle sonstigen bei der Bleigefahr mitgeteilten Schutzvorschriften beobachten.

Seitdem der Wiener Arzt Dr. Lorinser im Jahre 1845 die eigenartige Erkrankung der Arbeiter in Phosphorzündholzfabriken, eine fortschreitende Eiterung und Einschmelzung des Unterkiefers, die Phosphornekrose, beschrieb, ist der Kampf gegen die Phosphorzündhölzer, die man schon als überall umherliegendes Vergiftungsmittel ungern sah, heftig entbrannt; die Verwendung des giftigeren weißen und gelben Phosphors ist gesetzlich verboten; Ersatz der Menschenarbeit durch Maschinenarbeit, eingehende Belehrung, öftere ärztliche Untersuchung der Arbeiter, Regelung der Arbeitszeit, diese Maßnahmen und genaue Befolgung aller mehrfach genannten hygienischen Forderungen haben die Phosphorkrankheiten selten gemacht.

Die in den Ultramarinfabriken aus Tiegel- und Muffelöfen entweichenden Dämpfe enthalten bis 3,3% schweflige Säure und Schwefelsäure, sie müssen ebenso wie der beim Zerkleinern der Rohmaterialien und des Ultramarins entstehende Staub durch Ventilation und Absaugung entfernt werden, da sonst die Arbeiter von Erkrankungen der Atmungsorgane häufig befallen werden. Der heiße Kalk- und Gipsstaub ist lästig und reizend für empfindliche Schleimhäute, gilt aber nach altem Volksglauben als Schutz- und Heilmittel gegen Schwindsucht, die auffallend geringe Erkrankungsziffer der beteiligten Arbeiter scheint diese Annahme zu stützen; der Zementstaub aber ruft Reizkatarrhe und tiefere Erkrankungen der Atmungsorgane sehr häufig hervor und muß mit allen Mitteln bekämpft werden.

Wo die Glasbläserpfeife noch von Mund zu Mund geht, kann die Übertragung der Syphilis auf diesem Wege auch heute noch vorkommen; die gewissenhafte Beobachtung der Vorschrift, daß jeder Glasbläser sein eigenes Mundstück benutzt, beseitigt diese Gefahr endgültig. Leider ist aber der recht häufigen vorzeitigen Starentwicklung bei Glasbläsern, die durch direkte Einwirkung der strahlenden Wärme verursacht wird, durch hygienisch technische Maßregeln recht wirksam noch nicht beizukommen. Die mittlere Lebensdauer der Glasarbeiter beträgt 36,27 Jahre und die der Glasschleifer gar nur 32,6 Jahre. Diese überaus schlechten Zahlen werden besonders verursacht durch die traurigen Verhältnisse der Haus- und Heimindustrie, die wir hierzulande glücklicherweise nicht kennen; immerhin geben der scharfe Glasstaub, der Hüttenrauch, die wechselnden Temperaturen Anlaß zu mancher schweren Erkrankung, die in Glashütten mit allen Einrichtungen neuzeitlicher Fabrikhygiene wesentlich weniger vorkommen.

Im Jahre 1894 erkrankten in 24 Thomasschlackenmühlen noch 91,3% an Krankheiten der Atmungsorgane. Dieser durch den Schlackenstaub so gefährliche Betrieb ist wesentlich gesunder geworden, seitdem die staubige Arbeit durch Maschinen in dichten Räumen geleistet wird und den Arbeitern alle Sorgfalt peinlichster Einzelhygiene gesetzlich gesichert ist.

Der Kölner Arzt Leichtenstern fand im Jahre 1872, daß die den alten Ärzten unter dem Namen der ägyptischen Chlorose bekannte Blutarmut der Ziegeleiarbeiter auf die Lebenstätigkeit und Giftproduktion des im menschlichen Zwölffingerdarm und Dünndarm hausenden blutsaugenden Wurmes, des Ankylostoma duodenale, zurückzuführen sei; alsbald ermittelte man, daß die Kranken, meist Wallonen, vor und nach ihrer Zieglerarbeit in belgischen Bergwerken arbeiteten und dort wurmkrank geworden waren. Schon 1885 stellte der verstorbene Essener Kreisphysikus Albers den ersten Fall von Wurmkrankheit auf der Zeche Langenbrahm fest, 1895 wurden mehrere Fälle auf Zeche Graf Schwerin ermittelt, und als der Zuzug von Arbeitern aus den stark mit Wurmkranken besetzten ungarischen Bergwerken zum rheinisch-westfälischen Kohlenrevier wuchs, entwickelte sich bei uns, wo die Lebens- und Fortpflanzungsbedingungen für die Würmer durch die hohe, meist über 20 Grad C belegene Temperatur und die große Feuchtigkeit der Gruben besonders günstig sind, eine in Presse und Parlament viel besprochene Epidemie, deren Gefahr aus den Zahlen erkennbar ist. Im „Allgemeinen Knappschaftsverein" gab es

1901	125	Wurmkranke	=	7,100 %	der Belegschaft
1903	29 374	„	=	12,28 „	„ „
1904	13 861	„	=	5,04 „	„ „
1908	1 169	„	=	0,54 „	„ „

Der von Knappschaft, Grubenverwaltungen und Staatsregierung umfassend organisierte, energisch und opferwillig durchgeführte Kampf hat diesen großartigen Erfolg gezeitigt durch sichere Sammlung und Beseitigung der mit Wurmeiern durchsetzten Entleerungen und energische Behandlung und Überwachung der Wurmträger. Der Wurmkrankheit können saubere und vorsichtige Bergleute sicher entgehen, weniger den durch Zugluft, Erhitzung, Erkältung und Durchnässung verursachten rheumatischen Leiden. Das Augenzittern der Bergleute, das besonders bei blutarmen und schwächlichen Knappen als Folge der gezwungenen Körperhaltung, des andauernden Hochsehens und der schlechten Beleuchtung auftritt, ist ein oft recht hartnäckiges Leiden, das schwer zu vermeiden ist.

Aus diesen leicht zu vermehrenden, zum Teil nur flüchtig skizzierten Einzelbildern ersehen Sie, daß die eigentliche Gewerbehygiene, gestützt auf wissenschaftlich theoretische Forschung und technisch praktische Erfahrung, erstrebt, den Arbeiter durch den Schutz während der Arbeit, den Schutz in den Arbeitspausen und den Schutz nach der Arbeit vor den seiner Arbeit und Arbeitsstätte anhaftenden Schäden und Gefahren zu bewahren; der Erfolg dieser Bestrebungen und der eingangs geschilderten Bemühungen auf allgemein sozial-hygienischem Gebiet ist unverkennbar groß und rechtfertigt vollauf die gewaltigen Aufwendungen an Kapital und Arbeit, die von der Industrie gefordert und geleistet werden.

Geringer werden diese Aufwendungen nur durch weitausschauende Fürsorge und zielbewußte Kräftigung des werdenden Arbeiters, die daher nach dem alten Grundsatze der Heilkunde „Vorbeugen ist besser als Heilen" von Staat und Industrie mehr und mehr planmäßig organisiert und betrieben werden.

Sorgen die jungen Leute, ihre Eltern, Verwandten, Freunde und Berater dafür, daß bei Eingehung der Ehe nur Menschen miteinander verbunden werden, die nicht zu jung, körperlich voll entwickelt, selbst gesund sind und nicht aus erblich stark belasteter Familie stammen, dann sind die Grundbedingungen für eine gesunde Nachkommenschaft gegeben. Erstrebt dann das junge Paar eine einfache, helle, freundliche, gesund gelegene, mit Wasserleitung und Kanalisation versehene Wohnung, wählt der junge Mann eine seiner Veranlagung und Körperkraft entsprechende Arbeit, lebt er nüchtern und verständig und benutzt die jetzt überall gebotenen Schutzmittel zur Erhaltung seiner Gesundheit und Arbeitskraft, versteht die Frau zu wirtschaften, zu kochen und häusliche Behaglichkeit zu schaffen, dann wird die Mehrzahl unserer Industriearbeiter ein schönes Familienleben in menschenwürdigem Heim ohne Überfluß, aber auch ohne schwere

Sorgen führen. Die schwangere Frau braucht dann überhaupt nicht, sicherlich aber nicht in den letzten Monaten vor der Niederkunft und den ersten beiden nach der Entbindung die für Kind und Mutter schädliche Fabrikarbeit zu verrichten; sie kann ihre Kinder ohne Gefahr für Leben und Gesundheit in der eigenen Häuslichkeit gebären, wird sie selbst nähren, über die so gefährliche Säuglingszeit glücklich hinausbringen und mit ausreichender Widerstandskraft für den Kampf des Lebens ausstatten. Solche Kinder überstehen zumeist die unvermeidlichen Kinderkrankheiten, bleiben gesund und werden bei einfacher gemischter Kost, steter Reinlichkeit an Körper und Kleidung, verständiger Ordnung des täglichen Lebens, ausreichender Bewegung in frischer Luft arbeitsfähige, rüstige Menschen, die bei Mäßigkeit im Essen und Trinken und Vermeidung vorzeitigen und ausschweifenden Geschlechtsverkehrs die sichere Fähigkeit und Anwartschaft haben und behalten, Mitbegründer zu werden einer gesunden, arbeitsfähigen und arbeitsfrohen Familie.

Dieses Ideal wird leider nur vereinzelt erreicht, die Wirklichkeit ist anders und zwingt zur Aufbietung aller Hilfstruppen.

Für die Frauen, die in der engen, überfüllten, verschmutzten und oft verseuchten Wohnung nur mit Gefahr für Leib und Leben und bei unerwünschter Öffentlichkeit gebären können, müssen Entbindungshäuser bereit stehen, in Wöchnerinnenasylen sollen die Entbundenen sich ausreichend erholen und ihr Kind selbst nähren oder Pflege und künstliche Ernährung lernen können. Reichlich zu bemessendes Wöchnerinnengeld ermöglicht die mindestens sechswöchige Fernhaltung der entbundenen Frau von der Fabrikarbeit, die sie nur mit ärztlicher Erlaubnis aufnehmen darf. Ihr Brustkind nährt sie alsdann in den Stillstuben oder erhält für ihr Flaschenkind billige, gesunde, haltbare Nahrung aus den Milchküchen und für beide kostenlos ärztlichen Rat in der Mutterberatungsstelle. Krippen und Kindergärten nehmen ihr während der Arbeit die pflege- und aufsichtsbedürftigen Kinder ab, die schulpflichtigen Kinder machen ihre häuslichen Arbeiten nachmittags in guter Luft bei ausreichendem Licht und genügender Sauberkeit in den Schulklassen und treiben Spiel und Sport unter Aufsicht auf den Turn- und Spielplätzen, Lesezimmer, Volksbibliotheken und Unterhaltungsabende bringen Abwechslung, geistige Anregung und Belehrung. Die Kranken kommen bei mangelnder häuslicher Pflege ins Krankenhaus und finden in Erholungsstätten schnelle und ganze Genesung. Unheilbare und Sieche sind in Pflegeanstalten vor gänzlichem Verkommen gesichert und an weiterer Übertragung ihrer Leiden gehindert.

Wird so der Kampf organisiert und ausdauernd geführt dann wächst ein Geschlecht heran, das die unvermeidlichen Schäden der Industrie leichter und länger erträgt.

Für diesen Kampf will uns der Deutsche Verein für Volkshygiene Führer, Mannschaften und Waffen stellen; beherzigen wir die wichtigen Lehren seiner diesjährigen Heerschau. Alle Mann an Deck! Ein jeder helfe an seiner Stelle! es gilt einen ernsten heiligen Kampf für unseres Volkes Wert und Wohl. Halten wir unser Volk gesund, dann bleibt das scharfe schneidige deutsche Schwert der Zeiger an der Weltenuhr, und deutscher Handel und deutsche Industrie werden dank der rastlos regsamen Rührigkeit unserer Kaufleute, dank der hohen Tüchtigkeit unserer Techniker und dank der ungeschwächten Kraft unserer rüstigen und geschickten Arbeiter sich sichern und behaupten einen breiten warmen Platz an der Sonne des Weltverkehrs und des Welthandels.

Das walte Gott zu Nutz und Frommen unseres Volkes und Vaterlandes!

Veröffentlichungen des Deutschen Vereins für Volks-Hygiene.

Im Auftrage des Zentralvorstandes
in zwanglosen Heften herausgegeben
von
Sanitätsrat Dr. K. Beerwald, Berlin.

Heft XIX.

Das menschliche Auge und seine wichtigsten Erkrankungen

von
Dr. W. Klingelhöffer,
Augenarzt, Offenburg, Baden.

(Erstes bis zehntes Tausend.)

München und Berlin.
Druck und Verlag von R. Oldenbourg.
1910.

Preis 30 Pfennig.

Von 100 Expl. an 25 Pf. | Von 500 Expl. an 18 Pf.
Von 200 Expl. an 20 Pf. | Von 1000 Expl. an 15 Pf.
Von 2000 Expl. an 12 Pf.

Veröffentlichungen des Deutschen Vereins für Volks-Hygiene.

Im Auftrage des Zentralvorstandes
in zwanglosen Heften herausgegeben
von
Sanitätsrat Dr. K. Beerwald, Berlin.

Heft XIX.

Das menschliche Auge und seine wichtigsten Erkrankungen

von

Dr. W. Klingelhöffer,
Augenarzt, Offenburg, Baden.

(Erstes bis zehntes Tausend.)

München und Berlin.
Druck und Verlag von R. Oldenbourg.
1910.

Sehen ist das Ergebnis der gemeinsamen Tätigkeit von Auge, Sehnerv und Gehirn.

Das Auge hat die Aufgabe, Lichtstrahlen auf einer in seinem Hintergrund ausgebreiteten Haut aufzufangen, die dadurch in Erregung gesetzt wird.

Der Sehnerv leitet diese Erregungszustände weiter zu dem dritten notwendigen, dem Gehirne, welches die einzelnen Erregungen verarbeitet und als ein Bild der betrachteten Außenwelt zum Bewußtsein bringt.

Das menschliche Auge hat, wie ja schon aus der Bezeichnung Augapfel hervorgeht, eine annähernd kugelförmige Gestalt mit einem Durchmesser von 23 mm, und setzt sich zusammen aus einer Anzahl zwiebelschalenartig übereinander liegender Häute (Fig. 1). Zu äußerst liegt die derbe, weiße, undurchsichtige Lederhaut. Vorn setzt sich auf sie wie ein Uhrglas die stärker gewölbte, durchsichtige Hornhaut auf.

Die zweite Schicht besteht aus drei Teilen. Die der Lederhaut aufliegende braungefärbte heißt, weil sie reichlich Blutgefäße enthält, Aderhaut. Nach vorn zu, in der Nähe des Überganges von der Lederhaut zur Hornhaut, verdickt sie sich zu einem aus einzelnen Stäbchen bestehenden Wulst, dem Strahlenkörper, der von einem sehr wichtigen Muskel durchzogen wird.

Vom Strahlenkörper senkt sich ein Vorhang herab, der so hinter der Hornhaut liegt, wie das Zifferblatt hinter dem Uhrglas. Wir nennen ihn Regenbogenhaut oder Iris. Während also Aderhaut und Strahlenkörper der Lederhaut dicht anliegen, bleibt zwischen Hornhaut und Regenbogenhaut ein mit wässeriger Flüssigkeit gefüllter Raum, die vordere Kammer. In der Mitte hat die Regenbogenhaut ein kreisrundes, schwarz erscheinendes

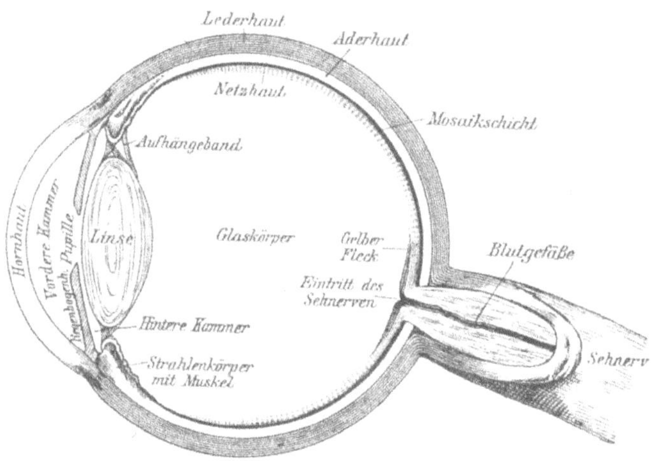

Fig. 1. Wagrechter Durchschnitt durch ein menschliches Auge.

Loch. Es wird Sehloch, Pupille, in manchen Gegenden Kindel oder Stern genannt. Ein sehr komplizierter Muskel und Nervenapparat verändert beständig die Weite dieses Loches je nach der gerade herrschenden Helligkeit. Je heller es ist, desto kleiner ist die Pupille, während sie im Dunkeln weiter wird. Störungen in der Weite und Bewegung der Pupille deuten stets auf ein ernstes Nerven- oder Gehirnleiden. Die Regenbogenhaut ist bei verschiedenen Menschen verschieden gefärbt. Die meisten Neugeborenen haben blaue Augen, weil sich erst später die Gewebe der Regenbogenhaut mit besonderem Farbstoff füllen. Bei manchen Tieren und Menschen mit weißem Haar fehlt jeglicher Farbstoff in den Augen. Die Regenbogenhaut dieser sog. Albinos erscheint weißlich gelb und ihre Pupille schimmert leuchtend rot, da durch die farbstofflosen Augenwände Seitenlicht ins Augeninnere dringen kann. Derartige Individuen sind deshalb auch stets lichtscheu.

Über die Aderhaut zieht eine dünne, entwicklungsgeschichtlich zur Netzhaut gehörige Lage von sechseckigen mit schwarzem Farbstoff erfüllten Zellen, die sog. Mosaikschicht, von denen feine Ausläufer zwischen die nächste Schicht gehen.

Nun folgt der wichtigste Teil des Auges, die Netzhaut oder Sehhaut. Nur ein durchsichtiges, noch nicht $^1/_4$ mm dickes Häutchen ist es, und doch in ihm welche Fülle von einzelnen Gebilden! Man braucht sich nur einmal das Gewirr von Nervenfasern und Nervenzellen auf dem stark vergrößerten Querschnitt (Fig. 2) anzusehen. Wir wollen uns nicht mit Aufzählung der einzelnen Schichten plagen. Es genügt zu wissen, daß die der Mosaikschicht zugekehrte Lage aus feinen Stäbchen und Zapfen besteht, welche die eigentlichen lichtempfindlichen Elemente des Auges vorstellen. Sie sind es, die unter dem Einfluß der Lichtstrahlen unter Änderung ihrer Form in Erregung versetzt werden.

Die Figur zeigt uns, wie die Enden der Sehzellen zuerst zu einer Lage von Nervenzellen in Beziehung treten, die wiederum ihrerseits die Leitung nach den Sehnervenzellen herstellen. Die letzte Schicht der Netzhaut bilden die durchsichtigen Fasern dieser Sehnervenzellen, welche sich sammeln und zum Sehnerv werden.

Alle Teile der Netzhaut müssen durchsichtig sein, da ja die Stäbchen und Zapfen so liegen, daß das Licht erst, um zu ihnen zu gelangen, durch die Netzhaut hindurch muß.

Die Außenteile der Stäbchen sind durchtränkt von einem Farbstoff, dem Sehrot oder Sehpurpur, der sich wie photo-

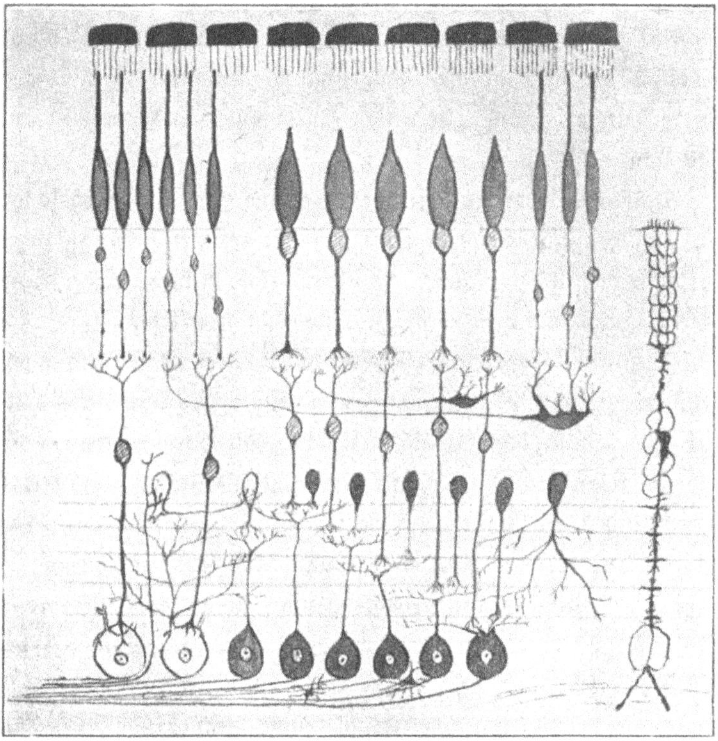

Die Endknöpfe mehrerer Sehstäbchen treten in Beziehung zu einer Nervenzelle, eine oder mehrere N.-Z. zu einer Sehnervenzelle. | Das Endbäumchen je eines Sehzapfens tritt an der Stelle des deutlichsten Sehens in Beziehung zu einer Nervenzelle. Nur eine N.-Z. zu einer Sehnervenzelle. | Längsleitung | Stützfaser

Querleitung.

Fig. 2. Schema des Baues der menschlichen Netzhaut nach Greeff.

graphisches Papier unter dem Einfluß des Lichtes verändert und farblos wird, sich aber im gesunden Auge sofort wieder erneuert. Er dient zum Ausgleich der Helligkeitsunterschiede, da unser Auge gezwungen ist, bald in greller Sonne, bald in der Dämmerung zu arbeiten.

Hinter der Regenbogenhaut und nur durch einen schmalen, wassergefüllten Raum, die hintere Kammer, von ihr getrennt, liegt die Linse. Sie ist elastisch, auf der hinteren Seite stärker gewölbt als auf der vorderen und im gesunden Auge völlig durchsichtig. Eine Kapsel hüllt sie ein, die durch Aufhängebänder am Strahlenkörper befestigt ist und gewöhnlich eine Spannung auf die Linse ausübt, sie dadurch abplattend. Hinter der Linse liegt der durchsichtige gallertartige Glaskörper.

Wir wollen jetzt noch einige besondere Stellen der Netzhaut kennen lernen. Gerade gegenüber von der Pupille liegt auf der Netzhaut eine kleine Grube von gelblicher Färbung. Es ist der sog. gelbe Fleck, die Stelle des schärfsten Sehens.

Mit dem Mikroskop erkennen wir, daß in ihm die Zapfen an Zahl immer mehr zunehmen, so daß seine Mitte nur noch Zapfen enthält. Und jeder dieser Zapfen steht nur mit e i n e r Nervenzelle, jede Nervenzelle nur mit e i n e r Sehnervenzelle in Verbindung, so daß von jedem Zapfen eine direkte Leitung bis ins Gehirn geht (Fig. 2).

Nur d i e Gegenstände, deren Bilder auf diesen gelben Fleck fallen, werden deutlich gesehen. Wir richten deshalb unsere Augen so, daß das, was wir sehen wollen, auf den gelben Fleck b e i d e r Augen fällt und nennen es fixieren. Wird der gelbe Fleck zerstört, so vermag das betroffene Auge nicht mehr zu lesen und nur große Gegenstände noch zu erkennen.

Von diesem direkten zentralen Sehen ist das indirekte periphere Sehen zu unterscheiden, welches von allen übrigen Stellen der Netzhaut, die ja den ganzen Augenhintergrund überzieht, ausgeführt wird. Bei Betrachtung mit dem Mikroskop finden wir, daß ein Zapfen von dem anderen durch drei bis vier Reihen Stäbchen getrennt ist. Diese Stäbchen sind nicht einzeln mit dem Gehirn verbunden, sondern es treten ihrer mehrere in Beziehung zu einer Nervenzelle, von denen wiederum mehrere an eine Sehnervenzelle sich anschließen. Das Sehen ruft weniger deutliche, stumpfere Empfindungen hervor und dient zur Orientierung. Wir können uns das am besten klar machen, wenn wir ein Auge schließen, mit dem anderen unbeweglich geradeaus blicken und nun von der Seite her unsere Hand nähern. Beim Heranfahren von der Schläfe erhalten wir schon in einer durch die Stirn gelegten Ebene einen undeutlichen Eindruck, aber erst, wenn das Bild der Hand auf den gelben Fleck fällt, sehen wir es genau. Nach innen geht unser Gesichtsfeld weniger weit, da wir sonst beständig unsere Nase sehen würden.

Wenn das periphere Sehen bei gewissen Krankheiten vernichtet ist, so vermag der Patient zwar zu lesen und in die Ferne scharf zu sehen, er kann sich aber absolut nicht zurecht finden. Er ist in derselben Lage, als wenn wir uns vor jedes Auge eine lange Röhre halten würden und versuchten herumzugehen. Wir würden überall anrennen. Blicken wir mit normalem Gesichtsfeld beim Gehen geradeaus, und es liegt ein Stein im Wege, so ruft sein Bild auf unserer peripheren Netzhaut eine Empfindung hervor. Wir werden nun aufmerksam, fixieren, erkennen den Stein und gehen um ihn herum.

Etwas nach einwärts vom gelben Fleck durchbohrt der Sehnerv zugleich mit Blutgefäßen die Lederhaut und Aderhaut und wird, da er seine Markhülle verliert, durchsichtig. Über dem Sehnerveneintritt fehlen die Stäbchen und Zapfen. Es hat also jeder Mensch in jedem Auge eine Stelle, an welcher er nichts sieht, den sog. blinden Fleck. Wir bemerken ihn aber für gewöhnlich nicht, weil unser Gehirn die fehlende Stelle im Gesichtsfeld ergänzt. Der Sehnerv tritt durch ein Loch in der Schädelwand zur Unterfläche des Gehirns, trifft hier mit dem Sehnerv der anderen Seite zusammen und kreuzt sich mit ihm. Die feinen Untersuchungsmethoden unserer Zeit haben uns aber darüber aufgeklärt, daß diese Kreuzung keine vollständige ist. Betrachten wir einen Horizontalschnitt durch Augen und Gehirn (Fig. 3), so sehen wir, wie die von der äußeren Hälfte, der Netzhaut des rechten Auges $M_1\ c_1$ ausgehenden Nervenfasern an der Kreuzungsstelle angelangt, auf der gleichen Seite bleiben, während die von der inneren Seite $g_1\ M_1$ ausgehende Partie auf die andere Seite hinübertritt. Das gleiche geschieht am linken Auge. Es werden also die rechten Hälften der Netzhäute $M_1\ c_1$ und $M\ g$ beider Augen von der rechten Gehirnseite aus versorgt, die linken Netzhauthälften $M_1\ g_1$ und $M\ c$ beider Augen von der linken Gehirnseite. Entsprechende Punkte beider Augen haben also einen einzigen gemeinsamen Endpunkt im Gehirn. Zum gelben Fleck M und M_1 ziehen Fasern von beiden Gehirnseiten. Würden wir den Sehnerv hinter einem Auge zerschneiden, so würde das betreffende Auge erblinden. Zerstören wir ihn aber nach der Kreuzung, so würde nur eine Hälfte der Netzhaut erblinden, aber an beiden Augen. Werden endlich die Endigungen der Sehbahnen in der Rinde des Hinterhauptlappens des Gehirns zerstört, so vermag, und derartige Fälle sind beobachtet, der Kranke zwar noch alles zu sehen, aber nichts mehr zu erkennen. Halten wir einen Stock vor ihn, so wird er um denselben herumgehen, ohne anzustoßen, würde aber auf die Frage, was das sei, keine Antwort geben können. So kann die Fähigkeit des Erkennens von Personen, auch der nächsten Angehörigen, von Gegenden, Buchstaben, Worten und Zahlen

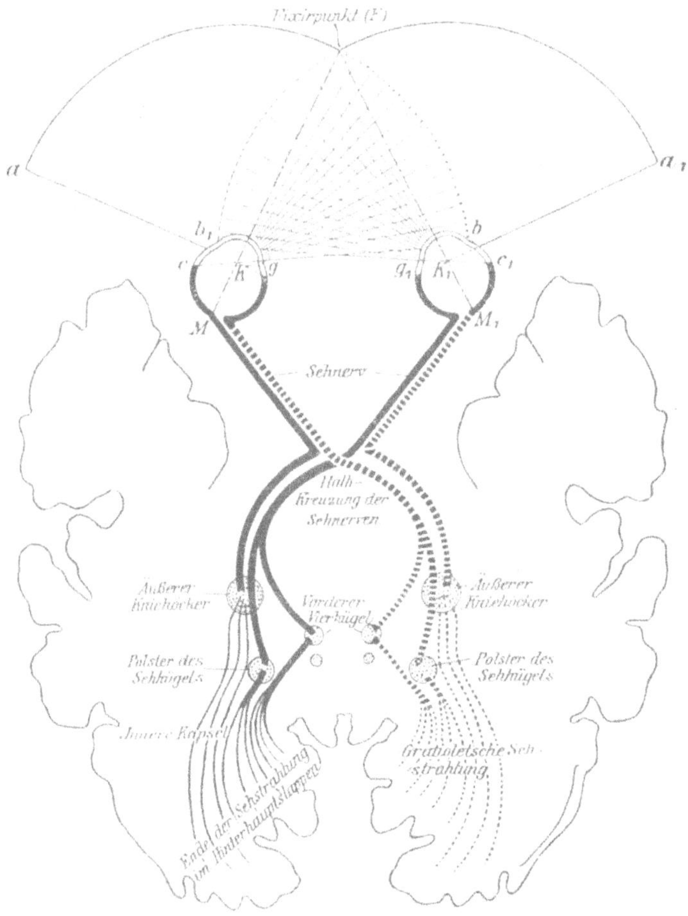

Fig. 3. Die Beziehungen zwischen Augen, Sehbahnen und Gesichtsfeld.

Beide Augen fixieren Punkt F, dessen Bild auf den gelben Fleck (M u. M_1) fällt.
Das Gesichtsfeld d. rechten Auges besteht aus d. Schläfenteil $F K_1 a_1$ und d. Nasenteil $F K_1 b_1$
„ „ „ linken „ „ „ „ , $F K a$ „ „ „ $F K b$.
Gemeinsamer Teil des Gesichtsfeldes beider Augen $b_1 F b$.
Näheres siehe Text.

verloren gehen, und zwar jedes für sich allein bei völligem Erhaltensein des anderen. Von jedem Gegenstand, den wir besehen, wird im Gehirn ein Eindruck hervorgerufen, der bei genügender Lebhaftigkeit, Länge oder Häufigkeit der Einwirkung dauernd als sog. Erinnerungsbild erhalten bleibt und stets zurückgerufen werden kann. Dieses Zurückrufen ins Bewußtsein nennen wir Erinnerung, die Fähigkeit, Eindrücke aufzubewahren, Gedächtnis. Bei den geschilderten Kranken ist das Gedächtnis für Seheindrücke verloren gegangen. Sie müssen es durch andere Arten, z. B. Hörgedächtnis oder Gefühl ersetzen. Der Kranke wird z. B. beim Betasten den vorgehaltenen Stock erkennen. Hierher gehört auch das Verhalten von Starblindgeborenen, die durch Operation wieder sehend werden. Ihnen erscheint das, was sie sehen, zuerst als Wirrwarr von Farbenklexen. Erst nach und nach, mit Hilfe der anderen Sinne, besonders durch Betasten, lernen sie das Gesehene erkennen. Doch ich muß von diesem interessanten Kapitel abgehen, da noch allzuviel zu erwähnen ist.

Der Augapfel liegt in einer von vier Seiten aus Knochen gebildeten pyramidenförmigen Höhle, der sog. knöchernen Augenhöhle. Die Spitze dieser Pyramide liegt nach hinten, innen und hat Öffnungen zum Durchtritt der Nerven und Blutgefäße. Die Höhle ist von einem sehr lockeren Zellgewebe ausgefüllt, in welchem der Augapfel mit seinen hinteren zwei Dritteln, umgeben von einer Gelenkkapsel, ruht (Fig. 4).

Die Grundfläche der knöchernen Pyramide hat nur häutigen Verschluß, gebildet durch die Augenlider. Zwischen sich lassen dieselben eine quere Spalte, die Lidspalte, welche je nach Bedürfnis durch den ringförmigen Augenlidmuskel, der unter der Haut liegt, mehr oder weniger verengert oder ganz geschlossen werden kann. Die Öffnung besorgt ein in der Augenhöhle gelegener Muskel, der Heber. Die Augenlider sind gebildet von der äußeren Haut, einer Lage knorpelartigen Gewebes und der

Fig. 4. Senkrechter Durchschnitt durch die Augenhöhle und Lider.

a Oberer Augenhöhlennerv,
b Heber des oberen Lides,
d Sehnerv,
c oberer gerader Augenmuskel,
e unterer „ „
f unterer schräger „
g oberes Lid mit Ringmuskel und Wimpern,
h unteres „ „ „ „ „
i vordere Augenkammer, dahinter die Pupille (weiß),
k Stirnhautmuskel,
P Eintrittsstelle d. Sehnervs in den Augapfel.

Bindehaut. Am Lidrande stehen Haare, die sog. Wimpern, ferner münden hier Liddrüsen, welche mit ihrer Absonderung die Bindehaut schlüpfrig erhalten. Die Bindehaut ist ein zartes, feines Häutchen, welches sich von der Innenfläche der Lider unter Faltenbildung auf den Augapfel herüberschlägt. Es bildet sich so ein Sack, der Bindehautsack, welcher stets durch die Tränen feucht gehalten wird. Diese werden von der am oberen äußeren Augenhöhlenrand liegenden Tränendrüse abgesondert. Die überschüssige Flüssigkeit wird durch zwei am inneren Augenwinkel mündende kleine Röhrchen, die Tränenröhrchen, in den Tränensack und von da durch einen engen, knöchernen Kanal in die Nasenhöhle befördert (Fig. 5).

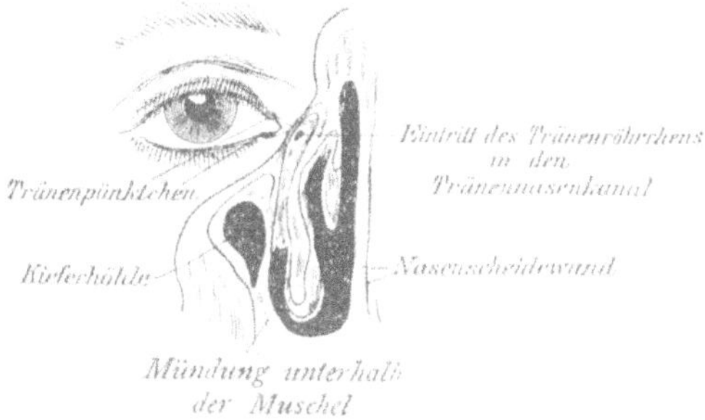

Fig. 5. Die Tränenwege.
Kieferhöhle und Nase sind eröffnet.

Ist die Tränenabsonderung durch Reizung des Auges oder beim Weinen vermehrt, so können die Tränen nicht schnell genug aufgesaugt werden und laufen an den Wangen herab.

Sechs Muskeln bewirken die Bewegung des Auges, vier gerade, die von der Spitze der Augenhöhle nach vorn laufen und sich in der Nähe der Hornhaut ansetzen, je einer oben, unten, außen und innen, und zwei schiefe. Der obere schiefe verläuft zuerst wie die geraden, dann schlingt sich aber seine Sehne um eine Rolle am oberen inneren Augenhöhlenrand, um von da nach hinten und außen zum hinteren Teil des Augapfels zu ziehen. Der untere schiefe zieht vom unteren inneren Augenhöhlenrand zum hinteren unteren und äußeren Abschnitt des Augapfels; nur die Seitwärtsbewegung der Augen wird von je einem Muskel ausgeführt. Bei allen anderen Bewegungen sind mehrere Muskeln vereint tätig.

Das Zusammenarbeiten der Augenmuskeln wird schon nach wenigen Lebenswochen ein sehr vollkommenes. Sehen wir nach den Seiten, nach oben oder unten, so gehen stets beide Augen nach der gleichen Seite. Betrachten wir einen Gegenstand, der sich uns von vorn her nähert, so gehen beide nach einwärts. Es wird dadurch bewirkt, daß der fixierte Gegenstand stets auf den gelben Fleck beider Augen fällt. Wird dieses feine Zusammenspiel durch Lähmung eines oder mehrerer Muskeln eines oder beider Augen gestört, so unterbleibt die Bewegung nach der Seite der kranken Muskeln. Die gesund gebliebenen ziehen das Auge nach der Richtung ihrer Wirkung hinüber, so daß es „schielt“. Die betrachteten Gegenstände erscheinen nunmehr in gewissen Blickrichtungen dem Erkrankten doppelt, was ungemein lästig empfunden wird und Schwindel verursacht. Durch Zukneifen eines Auges oder durch schiefe Kopfhaltung sucht der Leidende es zu unterdrücken. Störungen der Augenbewegungen sind nie leicht zu nehmen. Sie künden in sehr vielen Fällen ein ernstes Nerven- oder Gehirnleiden an.

Nun müssen wir eine kleine Abschweifung in das Gebiet der Optik, der Lehre vom Licht, machen, um das Zustandekommen des Bildes im Auge und die Brechungsfehler verstehen zu können.

Von jedem leuchtenden und beleuchteten Gegenstand gehen nach allen Seiten des Raumes unzählige Lichtstrahlen aus, von denen sich jeder einzelne so lange in gerader Richtung fortpflanzt, bis er auf einen Gegenstand trifft. Nun kann zweierlei geschehen:

Entweder ist der Gegenstand undurchsichtig, dann wirft er den auffallenden Lichtstrahl zurück. Diese sog. Reflexion interessiert uns aber hier nicht.

Oder er ist durchsichtig, d. h. er gestattet dem Lichtstrahl, durch ihn hindurchzutreten. Dieser Durchtritt ist aber nicht ohne Einfluß auf den Gang des Strahles, sowohl beim Eintritt, als auch beim Austritt wird er je nach der Beschaffenheit, der sog. optischen Dichte des Körpers in mehr oder minder hohem Grade abgelenkt. Wir sagen, er wird gebrochen.

Wenn wir vor ein Auge einen durchsichtigen Gegenstand, z. B. ein Stück helles Fensterglas halten und das, was wir mit dem so bewaffneten Auge sehen, mit dem mit freiem Auge gesehenen vergleichen, so werden wir trotz der Brechung der Lichtstrahlen keinen Unterschied finden. Nach dem Durchtritt durch eine von zwei gleichgerichteten Ebenen begrenzte Glasplatte hat der austretende Strahl nämlich noch die gleiche Richtung wie

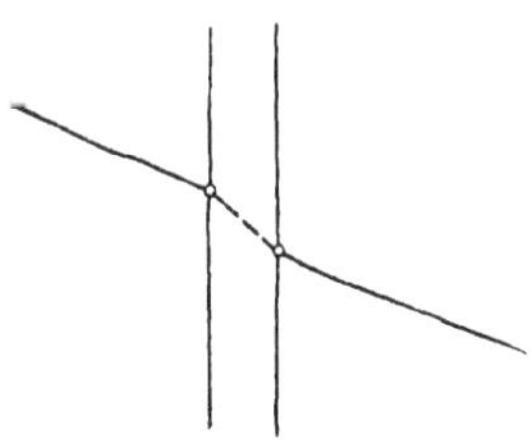

Fig. 6.

bei seinem Eintritt und ist nur etwas verschoben, aber so wenig, daß es bei der geringen Dicke einer Fensterscheibe nicht zu bemerken ist (Fig. 6).

Es gibt in der Optik ein kleines Instrument, das Prisma. Es ist ein keilförmiges Stück Glas, an welchem sich zwei Seiten in einer Kante, der sog. brechenden Kante treffen. Die dieser gegenüberliegende Seite wird Basis des Prismas genannt. Beim Durchtritt durch ein solches Prisma wird der Strahl nach der Basis desselben gebrochen und zwar geschieht dies um so stärker je größer der Winkel an der brechenden Kante ist (Fig. 7).

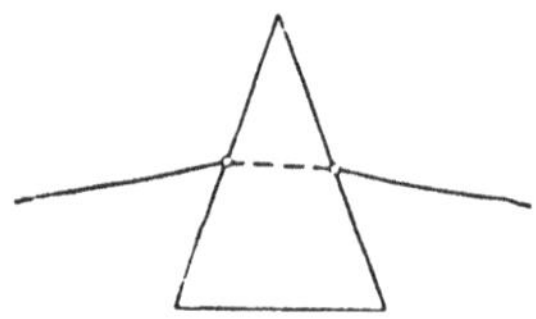

Fig. 7.

Setzen wir zwei Prismen mit der Basis aufeinander, so brechen beide die Lichtstrahlen nach ihrer Basis hin, d. h. so, daß sie sich auf der anderen Seite der Prismen sammeln (Fig. 8).

Nun denken wir uns einmal anstatt der ebenen Flächen der Prismen gewölbte, Teile einer Kugeloberfläche, so haben wir

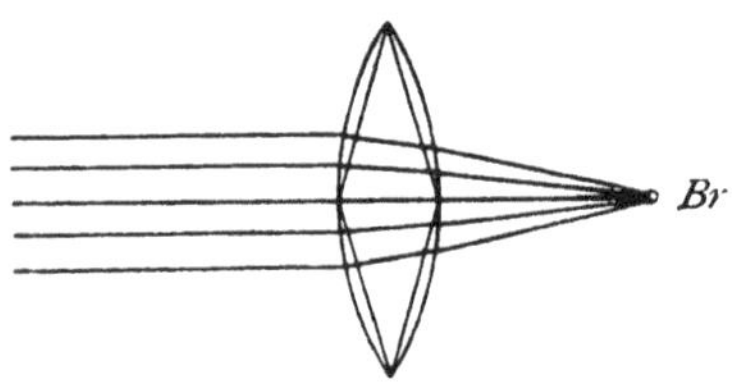

Fig. 8.

das wichtigste Instrument der Optik, die Linse, und zwar die doppeltgewölbte, die uns bei der anatomischen Schilderung des Auges schon begegnete.

Ein Blick auf Figur 8, welche eine solche Bikonvexlinse auf dem Durchschnitt darstellt, läßt uns nach dem vorher Gesagten ohne weiteres die Wirkung derselben auf die Lichtstrahlen erkennen, läßt uns verstehen, warum wir sie Sammellinse nennen.

Eine durch die Mitte einer solchen Linse gehende, senkrecht zu ihr stehende Linie wird Hauptachse genannt. Alle gleichgerichtet zu dieser Hauptachse auf die Linse fallenden Strahlen sammeln sich hinter der Linse in einem Punkte, dem sog. Haupt-Brennpunkt *Br*. Dieser wird um so näher an der Linse liegen, je stärker dieselbe gewölbt ist, und je stärker sie infolgedessen bricht. Zur Benennung der Brechkraft einer Linse braucht man jetzt als Einheit die Dioptrie. Eine Linse, welche die Brennweite von 1 m hat, hat eine Brechkraft von 1 Dioptrie, eine Linse, welche eine Brennweite von 50 cm hat, eine solche von 2 Dioptrien usw. Früher wurde die Brennweite in Zoll angegeben. Eine Linse von 1 m Brennweite entspricht etwa einer solchen von 40 Zoll Brennweite der alten Numerierung.

Liegt der leuchtende Gegenstand nahe an der Linse, so werden die von ihm ausgehenden Lichtstrahlen unter sehr verschiedenen Winkeln auf die Linse treffen. Man nennt solche auseinandergehenden Lichtstrahlen divergent. Je weiter dagegen die Strahlen herkommen, um so weniger divergent werden sie sein, ja bei einer gewissen Entfernung können sie praktisch als gleichgerichtet, parallel, gelten. Je divergenter die Strahlen sind, um so weiter hinter dem Brennpunkt werden sie sich sammeln.

Nehmen wir einmal an, auf der linken Seite einer Bikonvexlinse sei ein leuchtender Pfeil (Fig. 9 *a b*) aufgestellt. Von jedem Punkte desselben gehen unzählige Lichtstrahlen zur Linse. Wir wollen nun aber nur den Weg von je zwei derselben betrachten, die vom oberen (*a*) und unteren (*b*) Pfeilende ausgehen sollen. Ein Paar der gezogenen Strahlen gehen durch den

Mittelpunkt der Linse, wobei sie, da hier die Linse als Platte wirkt, nicht gebrochen werden, das andere Paar gleichgerichtet mit der Hauptachse verlaufend, trifft sich im Brennpunkt und schneidet sich verlängert mit dem ersten Strahlenpaar in zwei Punkten, *A* und *B*. Die von dem Punkte *a* ausgehenden zwei Strahlen haben sich also hinter der Linse wieder in einem Punkt *A* gesammelt, die von Punkt *b* ausgehenden in Punkt *B*. Wenn wir nun dieselbe Konstruktion von jedem anderen Punkt ausgeführt denken, erhalten wir hinter der Linse von jedem ein Punktbild. Und die Gesamtheit dieser Punktbilder ergibt ein Bild des Pfeiles *A B*, das aber, da die Strahlen sich gekreuzt

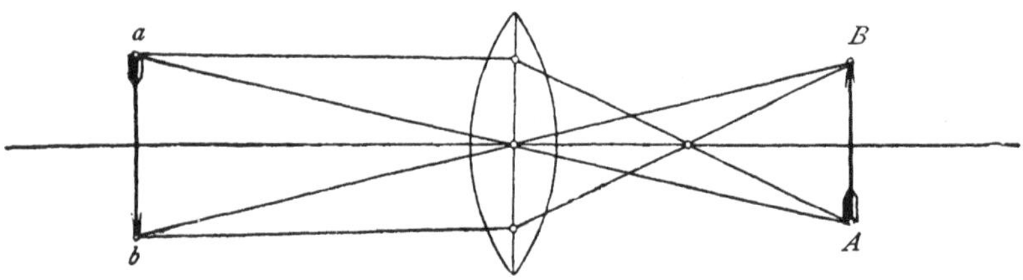

Fig. 9.

haben, ein umgekehrtes ist. Dieses Bild ist ein wirkliches, reelles, denn es läßt sich auf einer mattgeschliffenen Glasplatte auffangen. Nur muß diese, wenn es deutlich und scharf werden soll, an die richtige Stelle gehalten werden. Nur an einer Stelle, in einer Ebene tritt eine Vereinigung des von einem Punkt ausgehenden Strahlenbündels zu einem Punktbild ein. Davor oder dahinter entsteht an Stelle eines Punktbildes das eines Kreises, des sog. Zerstreuungskreises, da das Strahlenbündel sich noch nicht wieder vereinigt hat, bzw. schon wieder auseinandergegangen ist. Nähert sich der Pfeil, so entfernt sich sein Bild von der Linse und umgekehrt. Aus allem ist wohl deutlich geworden, daß zwischen der Lage des Gegenstandes und seines Bildes zur Linse die feste Beziehung besteht, daß ein Gegenstand in bestimmter Entfernung von der Linse nur an einer ganz bestimmten berechenbaren Stelle ein deutliches Bild entwirft. Umgekehrt können in verschiedener Entfernung liegende Gegenstände nie gleichzeitig auf der Mattscheibe ein scharfes Bild geben.

Wer sich mit Photographieren beschäftigt hat, weiß, daß er erst für das zu Photographierende die richtige Einstellung suchen muß. Wenn wir die Versuche mit einer Linse und Mattscheibe im hellen Zimmer vornehmen, stört uns das Seitenlicht beim Betrachten des Bildes. Deshalb werden wir gut tun, eine schwarze Umhüllung um die beiden Instrumente anzubringen. Die sog. Camera obscura ist fertig. Und noch eins können wir zur Erhöhung der Bildschärfe tun: Da alle Linsen Unvollkommenheiten im Schliff haben, ist es besser, nur den mittleren Teil zu benutzen und durch sog. Blenden, schwarze Scheiben mit verschiedenen großen Löchern, die Randstrahlen abzuhalten. Je enger die Blende, desto schärfer das Bild, freilich auch desto lichtärmer.

Um also bei einem photographischen Apparate auf der Mattscheibe ein möglichst scharfes Bild zu erzielen, muß derselbe enthalten:

1. eine gute Konvexlinse,
2. eine bewegliche Blendeneinrichtung.
3. eine lichtdichte, innen schwarz angestrichene Umhüllung.
4. eine verstellbare Mattscheibe.

Nun wollen wir das, was wir gelernt haben, einmal auf unser Auge übertragen, denn dieses ist ein photographischer Apparat.

An Stelle einer Konvexlinse hat es ein brechendes System, bestehend aus Hornhaut und Linse.

Seine Blendeneinrichtung, die Regenbogenhaut mit der Pupille, paßt sich automatisch, ohne unser Zutun, dem jeweiligen Helligkeitsgrade an.

Aderhaut und Mosaikschicht bilden mit ihrem Farbstoff die dunkle Auskleidung der von der derben Lederhaut gebildeten Hülle.

Und die Netzhaut endlich ist die Mattscheibe oder besser die photographische Platte zum Auffangen des Bildes. Genau wie im photographischen Apparat kommt auf ihr ein umgekehrtes Bild des betrachteten Gegenstandes zustande. Daß wir nicht alles auf dem Kopfe stehend sehen, ist die Arbeit unseres Gehirns.

Aber werden wir fragen: Wie steht es mit der Einstellung? Der Satz, daß nur die in einer Ebene liegenden Gegenstände gleichzeitig deutlich erscheinen, gilt auch für das Auge.

Ein richtig gebautes menschliches Auge ist in der Ruhe so eingestellt, daß gleichgerichtet einfallende Strahlen auf seiner Netzhaut ein scharfes Bild geben. Wie macht es nun das Auge, wenn es einen näher gelegenen Gegenstand deutlich sehen will? Daß es dazu imstande ist, weiß jeder aus eigener Erfahrung. Rufen wir uns jetzt ins Gedächtnis zurück, daß die Linsenkapsel durch Aufhängebänder an dem von einem Muskel durchzogenen Strahlenkörper befestigt ist, welche gewöhnlich gespannt sind, und auf die Linse einen Zug ausüben. Nun ist aber die Linse ein elastischer Körper, d. h. sie vermag sich infolge eines Zuges abzuplatten, nach Aufhören desselben aber ihre ursprüngliche Form wieder anzunehmen. Soll nun ein in der Nähe gelegener Gegenstand gesehen werden, so zieht sich der Strahlenkörpermuskel zusammen, was ein Vorwärtsrücken des Strahlenkörpers und ein Schlaffwerden der Aufhängebänder der Linse zur Folge hat. Die von Zug befreite elastische Linse erhält gekrümmtere Flächen und vermag, wie wir früher gesehen haben, infolgedessen die Lichtstrahlen stärker zu brechen. Ein feiner Nervenapparat erzielt es, daß die Brechkraft um gerade so viel erhöht wird, als jeweils zum Deutlichsehen nötig ist. Das Auge setzt gleichsam noch eine weitere Konvexlinse zu der seinigen hinzu. Diese Tätigkeit nennt man Akkommodation (Fig. 10).

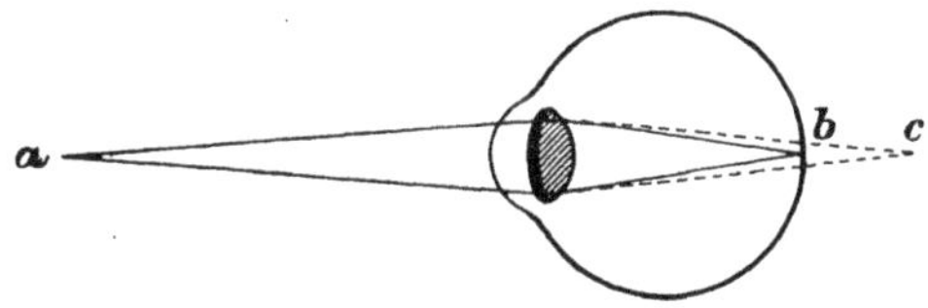

Fig. 10. Verlauf aus der Nähe kommender Strahlen im Auge ohne (*c*) und mit Akkommodation (*b*). Die schwarze Sichel an der Vorderseite der Linse zeigt die Wölbungszunahme bei Akkommodation.

Im Alter läßt die Elastizität der Linse allmählich nach, so daß ein Abnehmen der Fähigkeit, in der Nähe deutlich zu sehen, eintritt. Anfangs werden nach längerem Lesen oder Schreiben die Buchstaben plötzlich undeutlich und verschwimmen. Später macht sich das Bedürfnis geltend, das Buch weiter vom Auge wegzuhalten. Besonders bei künstlicher Beleuchtung treten diese Erscheinungen unangenehm hervor. Man bezeichnet sie als Alterssichtigkeit. Das Auge gibt uns durch sie deutlich genug zu erkennen, daß es die ihm zugedachte Arbeit nicht mehr ohne Anstrengung leisten kann. Nun lassen wir uns aber auch durch diese Zeichen warnen und belehren, und ersetzen wir die Akkommodation, die die Linse nicht mehr ausführen kann, durch eine entsprechende Konvexbrille (Fig. 11)! Wie oft muß der Arzt hören: „Ich will noch ohne Brille auskommen, ich will mich nicht an eine Brille gewöhnen, ich will keine stärkere Brille nehmen, es könnte die Augen noch mehr schwächen". Das ist Unsinn. Was würden wir wohl sagen, wenn jemand behauptete, ein Soldat würde im Manöver um so besser marschieren, wenn er schlecht passende Stiefel trüge, das wäre für seine Füße nützlich? Man braucht nur in ein Lesezimmer zu gehen und sich dort umzusehen. Da balanciert bei einem oder dem anderen ganz vorn auf der Nase, gewöhnlich schief sitzend der Kneifer. Der Kopf ist nach hinten gelegt, der Arm mit der Zeitung weit ausgestreckt

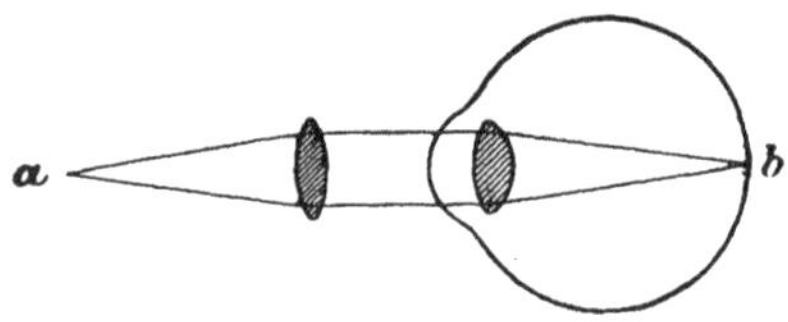

Fig. 11. Wirkung der Konvexbrille bei Alterssichtigkeit.

und in die Nähe der Lampe gehalten. Und warum macht der gelehrte Herr solch akrobatische Künste und mutet sich derartige Anstrengungen zu? Fragen wir ihn nur. Er wird es uns sagen, er will seine Augen schonen.

Wenn jemand beim Lesen mit seiner Brille Kopfschmerzen bekommt, so ist sie meist nicht zu stark, wie es immer heißt, sondern zu schwach. Daß die Brille zu stark ist, zeigt sich dadurch, daß man das Buch resp. die Arbeit zu nahe halten muß. Die Stärke der Brille richtet sich nach dem Lebensalter. Ein normalsichtiges Auge beginnt ums 45. Jahr herum mit Abnehmen der Akkommodation. Es ist einerlei, ob einer sich nun gleich bei Auftreten der Beschwerden eines Glases bedient oder noch einige Jahre sich so abquält, mit 50 Jahren wird er in beiden Fällen die gleiche Nummer brauchen. Die vorherige Abschinderei hat ihn um nichts gefördert.

Wie wir vorhin sahen, vereinigt ein normal brechendes Auge gleichgerichtete Strahlen auf seiner Netzhaut zu einem scharfen Bilde (Fig. 12). Es gibt aber auch Augen, die zu kurz gebaut sind, ihre Netzhaut fängt, da sie zu nahe liegt, die Strahlen auf, noch ehe sie sich wieder zu einem Punktbilde vereinigt haben. Wenn dies schon bei gleichgerichteten Strahlen (Fig. 13 *a*) der

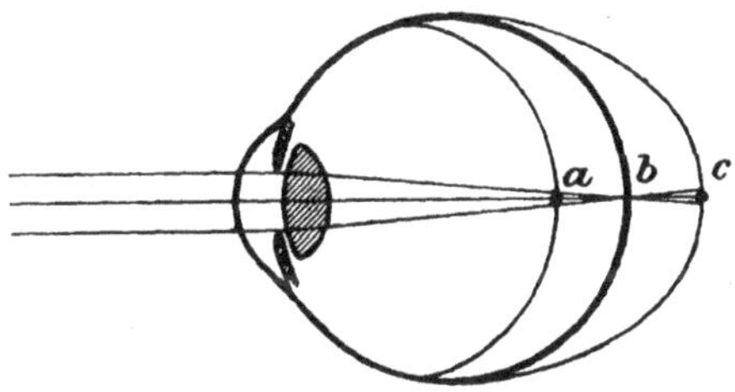

Fig. 12. Verlauf gleichgerichteter Strahlen im übersichtigen (*a*), normalsichtigen (*b*) und kurzsichtigen Auge (*c*).

Fall ist, so macht es sich noch in so höherem Grade bei aus der Nähe kommenden divergenten (*b*) geltend. Wir nennen ein so gebautes Auge weitsichtig oder besser: übersichtig. Ein übersichtiges Auge vermag unkorrigiert weder in die Ferne noch in der Nähe

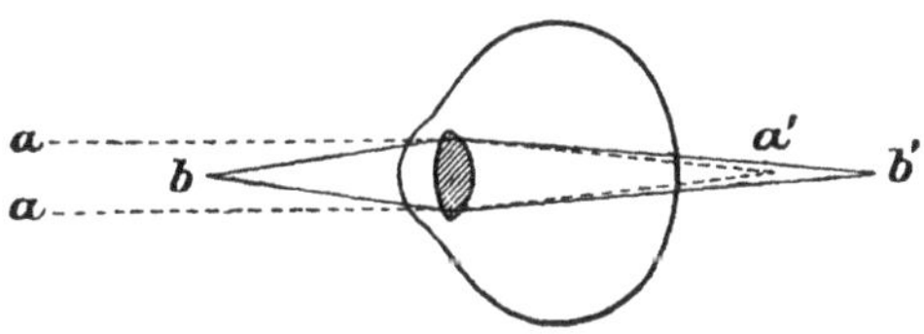

Fig. 13. Verlauf gleichgerichteter (*a*) und aus der Nähe kommender (*b*) Strahlen im unkorrigierten übersichtigen Auge.

deutlich zu sehen. Übersichtigkeit ist bei fast allen Neugeborenen vorhanden, geht aber meist mit fortschreitendem Wachstum der Kinder in Normalsichtigkeit über. Bleibt sie bestehen und ist sie nicht zu hochgradig, so vermag ein jugendliches Auge sie auszugleichen, indem es schon beim Sehen in die Ferne durch Akkommodation die Brechkraft seiner Linse so weit erhöht, daß die Vereinigung gleichgerichteter Lichtstrahlen nicht vor, sondern auf der Netzhaut zustande kommt. Beim Arbeiten in der Nähe,

z. B. Lesen, Schreiben, Nähen, muß es sich natürlich weit mehr anstrengen als ein normal gebautes, denn es muß erstens seine Akkommodation anwenden, um seine Übersichtigkeit auszugleichen, zweitens aber auch noch für die Nähe akkommodieren in gleicher Weise wie ein normal gebautes.

Es wird deshalb eher als dieses bei seiner Beschäftigung ermüden. Die Buchstaben beginnen vor den Augen zu schwimmen, die Augen tränen und Kopfweh über der Nasenwurzel stellt sich ein. Mit zunehmendem Alter läßt die Ausgleichungskraft der Akkommodation immer mehr nach, so daß bald nicht nur in der Nähe, sondern auch in die Ferne schlecht gesehen wird. Die Augen sind scheinbar schlechter geworden, nur scheinbar, in Wirklichkeit ist nur die von Anfang an durch den Augenspiegel meßbare Übersichtigkeit, da sie nicht mehr durch die Akkommodation ersetzt werden kann, deutlich geworden. Kinder mit höherem Grade von Übersichtigkeit sind übel daran, da ihr schlechtes Lesen für Dummheit, ihre Beschwerden, wie ich mich oft überzeugt habe, von den Eltern als schlechte Angewohnheit aufgefaßt und demgemäß behandelt werden. Wenn wir offen sein wollen, so ist das schöne Wort von der üblen Angewohnheit hierbei eine Redensart, und nichts anderes, als ein Deckmäntelchen für die Bequemlichkeit oder Gleichgültigkeit der Eltern. Viel zweckmäßiger wäre es meiner Meinung nach, die Kinder einmal untersuchen zu lassen. Wird nichts Krankhaftes gefunden, gut, so hat man die Freude, gesundäugige Kinder zu haben und kann nun mit ärztlicher Approbation erzieherisch einwirken. Findet sich aber Übersichtigkeit, so ist dem Übel leicht durch ein Konverglas abzuhelfen.

Das Gegenteil der Übersichtigkeit ist die Kurzsichtigkeit. Das kurzsichtige Auge ist zu lang gebaut, so daß sich gleichgerichtete Strahlen (Fig. 14 *a*) nicht **auf**, sondern schon **vor** (*a'*) der Netzhaut treffen. Dagegen von Gegenständen, welche näher am Auge liegen (*b*), kommt ohne Akkommodation ein deutliches Bild auf der Netzhaut (*b'*) zustande, und zwar muß ihr Abstand vom Auge um so kleiner sein, je länger das Auge gebaut, d. h. je

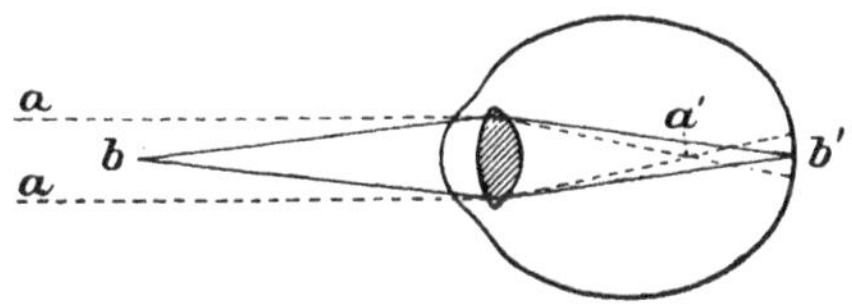

Fig. 14. Verlauf gleichgerichteter (*a*) und vom Fernpunkt (*b*) kommender Strahlen im kurzsichtigen Auge.

kurzsichtiger es ist. Aus dem Abstand dieses sog. Fernpunktes (*b*) vom Auge läßt sich der Grad der Kurzsichtigkeit berechnen. Die gewöhnliche Kurzsichtigkeit entwickelt sich in der Schulzeit bis zum vollendeten Wachstum, also etwa bis zum 25. Lebensjahre. Schlechtes Sehen in die Ferne ist das Hauptsymptom der Kurzsichtigkeit. Die Betroffenen helfen sich oft durch Zukneifen der Augen und Blinzeln. Namentlich sieht man das bei Damen, denen die herrschende Mode ja das Tragen eines Glases verbietet. Ich muß aber gestehen, ich halte eine Dame mit Glas doch für bei weitem schöner, als eine solche, die fortwährend, um deutlich zu sehen, die entsetzlichsten Grimassen schneidet. Für die Naharbeit sind Kurzsichtige mäßigen Grades besser daran als Normalsichtige, da sie keiner oder nur geringer Akkommodation bedürfen. Sie brauchen auch im Alter erst später oder nie eine Konvexbrille für die Nähe. Ihre Augen werden deshalb für besonders stark gehalten. Die so oft erwähnte Großmutter, die mit 80 Jahren noch ohne Brille lesen konnte, hatte nicht etwa besonders gute Augen, sondern besaß eine Kurzsichtigkeit von etwa vier Dioptrien. Ein normal gebautes Auge, und wenn es noch so gesund ist, braucht mit 80 Jahren eine Konvexbrille von vier Dioptrien.

Von der gewöhnlichen Kurzsichtigkeit, der gutartigen, stationären oder Schulkurzsichtigkeit ist zu trennen die bösartige, fortschreitende, die sehr bedeutend wird und mit Schwachsichtigkeit und Veränderungen im Augenhintergrund Hand in Hand geht. Zu ganz ungeheuren Verlängerungen des Auges kann es hierbei kommen, ja sogar zu Ausbuchtungen im hinteren Augenpol. Daß bei einer solchen Zunahme der Längsachse eine Dehnung der nicht elastischen inneren Augenhäute eintreten muß, ist begreiflich, ebenso auch, daß diese Dehnung der so zarten Gebilde schwere Schädigungen derselben im Gefolge hat. Zerstörungen in der Aderhaut (siehe Fig. 18 und 19), Glaskörpertrübungen, Blutungen in der Netzhaut oder Ablösung derselben kommen vor und vernichten das ohnedies schon schwache Sehvermögen fast völlig. Sie künden sich an durch Schiefstehen der Buchstaben und Zeilen, durch Auftreten eines Nebels in irgend einem Teile des Gesichtsfeldes und erfordern das schnellste Eingreifen des Arztes. Diese hochgradige Kurzsichtigkeit kann schon in frühester Jugend auftreten. Blutsverwandtschaft der Eltern und Erblichkeit spielen bei ihrer Entstehung eine Rolle.

Über die Ursache der gewöhnlichen Kurzsichtigkeit gehen die Ansichten noch weit auseinander. Keine der zahlreichen Theorien hat sich bis jetzt allgemeine Geltung verschaffen können. Zwei Richtungen sind es hauptsächlich, zwischen denen in den Fachblättern noch immer ein heftiger Kampf tobt. Auf der einen Seite stand der kürzlich verstorbene Professor Cohn, der vor allem die Schule verantwortlich machte, und demgemäß immer und immer wieder seine Stimme für Verbesserung der schulhygienischen Verhältnisse erhob. Auf der anderen Seite steht

Professor Stilling. Dieser hält den Druck, den der obere schräge Augenmuskel bei der Naharbeit auf den wachsenden Augapfel ausübt, für die Ursache des Längerwerdens des Auges. Da dieser Druck aber nur bei niedriger Augenhöhle stattfindet, und da die Höhe der Augenhöhle abhängig vom Schädelbau, nicht aber von der Schulhygiene ist, so hält Stilling die Cohnschen Ansichten über die Schädlichkeit der Schule für übertrieben und nicht geeignet eine wesentliche Herabsetzung der Kurzsichtigkeitsfrequenz zu erzielen. Die Naharbeit, besonders das Lesen und Schreiben, spielt aber auch in seiner Theorie eine Rolle, indem eben nur bei der Naharbeit der schräge Augenmuskel das Auge drückt. Jedenfalls ist Tatsache, daß in den höheren Klassen der Gymnasien die Kurzsichtigkeit weit häufiger ist, als bei gleichaltrigen jungen Leuten, die nicht so lange die Schule besuchten. Die Statistik hat übrigens ergeben, daß studierende Mädchen noch mehr zur Kurzsichtigkeit neigen, als studierende Knaben. Ob hieran größere Disposition oder ein größerer Fleiß der jungen Damen schuld ist, muß noch festgestellt werden.

Wie die Entscheidung einst auch ausfallen mag, sicher ist und bleibt es ein großes Verdienst Cohns, die Aufmerksamkeit auf die oft den geringsten Anforderungen der Hygiene Hohn sprechenden Schuleinrichtungen gelenkt zu haben. Wer hat früher daran gedacht, auf die Beleuchtung zu achten, wer, die Bänke der Größe der Schüler anzupassen, wer, auf geraden Sitz Wert zu legen?

Die Einführung der modernen Bänke mit Minusdistanz, des größeren Buchdruckes, die Abschaffung der Schiefertafel, sind Cohns Werk. Aber nicht die Schule allein soll wirken, damit ist es nicht getan, die Eltern müssen auch ihr Teil dazu tun. Was nutzt die beste Beleuchtung, die beste Bank in der Schule, wenn die Kinder zu Haus bei trübem Licht oder aber bei zu grellem, ohne Schirm, das sie blendet, auf den Tisch aufgelehnt, die Nase aufs Buch gesenkt, ihre Aufgaben machen müssen? Zu verhindern, daß die Kinder in der Dämmerung, daß sie im Bett lesen, das ist der Eltern Sache. Ihre Sache ist es, zum Geradensitzen zu ermahnen, und immer wieder zu ermahnen, und geht es trotzdem nicht, so soll dies ein Zeichen sein, daß das Kind vielleicht nicht kann, weil an seinen Augen etwas fehlt.

Die Mehrzahl der Augenärzte ist von der Ansicht, das Tragen einer Brille sei kurzsichtigen Augen schädlich, abgegangen. Im Gegenteil hat die Statistik ergeben, daß bei von Jugend auf voll korrigierten Augen die Kurzsichtigkeit nicht zunahm. Bedingung aber ist, daß es sich um sonst gesunde Augen mit guter Sehschärfe handelt, und das vermag nicht der Brillenhändler zu entscheiden, sondern allein die Augenspiegeluntersuchung des Arztes. Es läßt sich bei den ersten Anfängen der Kurzsichtigkeit oft nicht sagen, ob es sich um die stationäre oder fortschreitende Form handelt. Deshalb soll ein kurzsichtiges Kind mindestens alle Jahre einmal, möglichst von dem gleichen Augenarzt untersucht werden, damit durch Vergleich der alten und neuen Befunde eine Entscheidung getroffen werden kann. Die Brillenwahl, namentlich bei höherem Grade der Kurzsichtigkeit, erfordert die genaue Erwägung jedes einzelnen Falles. Es ist ein Leichtsinn, diese einem Brillenhändler, der ja weder den Grad der Kurzsichtigkeit noch die Art derselben mit dem Augenspiegel feststellen kann, zu überlassen. Zur Illustrierung folgendes: Als ich mich kurze Zeit niedergelassen hatte, ließ mir ein Brillenhändler sagen, er könne sich nicht alle Gläser halten, die ich zu verordnen für gut fände, dazu verdiene er nicht genug daran, er habe eine Reihe von Brillen vorrätig, davon müsse schon eine passen; und ein anderer, das sei Unsinn, auf Sitz der Brille, Pupillenabstand und Art des Sattels Wert zu legen. Brille sei Brille. Wenn dies dem Arzt geantwortet wird, der doch durch Zuweisung von Brillenbedürftigen das Geschäft heben kann, wie muß es da mit der Sorgfalt für den einmaligen Käufer stehen?

Die Konkavgläser, die bei Kurzsichtigkeit zur Anwendung kommen, haben eine zerstreuende Wirkung (Fig. 15). Dieselbe wird uns klar, wenn wir uns zwei Prismen mit den brechenden Kanten aufeinander gesetzt denken. Ganz hochgradige Fälle von Kurzsichtigkeit können operiert werden, worauf ich später zurückkomme.

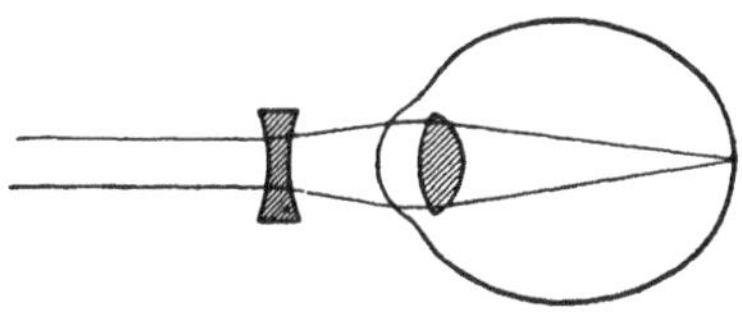

Fig. 15. Wirkung der Konkavbrille bei Kurzsichtigkeit. Die gleichgerichteten Strahlen werden durch die Konkavlinse divergent gemacht.

Augen, deren Hornhäute unregelmäßig gewölbt sind, werden astigmatisch genannt. Zu ihrer Korrektur sind besonders geschliffene, sog. Zylindergläser, erforderlich.

Wenn jemand seinen Sohn, der ein steifes Bein hat, Schnelläufer werden lassen wollte, so würde ihn jedermann für verrückt halten. Aber daß man bei der Berufswahl für sein Kind auch den Zustand der Augen berücksichtigt, fällt nur den wenigsten Eltern ein. Früher gab es eine Entschuldigung: „Wir haben es nicht gewußt!" Aber in Städten mit Schulärzten werden ja die Schulkinder untersucht und bekommen gesagt, wenn sie schlechte Augen haben. Bei der Entlassung aus der Schule wird noch besonders darauf aufmerksam gemacht. Ob es einen Wert hat? Nach den Erfahrungen aus meiner Praxis glaube ich es nicht. Wer könnte auch von den Eltern verlangen, sich um so etwas zu kümmern? Aber wenn diese doch auch nur einmal hören könnten, wie später so ein Mensch, wenn seine Augen den für sie gar nicht passenden Beruf nicht aushalten, und wenn er dadurch im Konkurrenzkampf aufs Pflaster geschmissen ist, seiner verständnisvollen Erzeuger gedenkt. Die Eltern haben Rechte über ihre Kinder, aber auch Pflichten. Dessen mögen sie stets eingedenk sein.

Im Anschluß an die Brechungsfehler wollen wir ein Leiden besprechen, welches zu ihnen in gewissen Beziehungen steht. Ich meine das Schielen. Während es bei der Landbevölkerung vielfach gar nicht beachtet wird, ist es für den Städter, der etwas auf sein Äußeres gibt, recht schmerzlich, wenn eins seiner Augen, anstatt hübsch geradeaus zu sehen, „um die Ecke herum guckt". Wieviel Hohn und Spott müssen nicht die armen Kinder wegen ihrer Entstellung von ihren Kameraden einstecken. Diese Verschiebung eines Auges nach einer Seite ist nicht zu verwechseln mit dem sog. Lähmungsschielen. Alle Muskeln des Schielauges funktionieren vielmehr normal und seine Beweglichkeit ist in keiner Richtung gestört. Am häufigsten ist das schon in früher Jugend auftretende Einwärtsschielen, bei welchem ein Auge nach der Nase zu gedreht erscheint. Das fehlende Zusammenarbeiten beider Augen macht sich am Stereoskop geltend. Schiebt man in ein solches Instrument z. B. vor das rechte Auge das Bild eines Käfigs, vor das linke das eines Vogels, so vereinigen sich bei Normalstellung der Augen die Bilder so, daß der Vogel im Käfig zu sitzen scheint; anders beim Schielenden. Er sieht nur das Bild, welches vor dem geradeaus stehenden Auge sich befindet. Den Seheindruck des Schielauges hat er von Jugend auf zu unterdrücken gelernt, wie wir ja auch beim Mikroskopieren schon nach kurzer Übung das zweite Auge offen lassen können, ohne daß uns seine Seheindrücke stören. Sehr oft ist auch das Schielauge so hochgradig schwachsichtig, daß es nur Handbewegungen in der Nähe zu unterscheiden vermag. Ob infolge des Nichtgebrauchs durch das Schielen die Schwäche entstanden ist oder umgekehrt, ist noch strittig. Sind beide Augen gleich gut, so treten sie bisweilen abwechselnd in Schielstellung. Demgemäß wird, je nachdem das eine oder andere Auge schielt, bald der Käfig, bald der Vogel gesehen, nie aber beide zusammen. Das Einwärtsschielen ist recht oft mit Übersichtigkeit verbunden. Ist es nicht zu hochgradig, so kann in diesem Falle eine Konvexbrille es beseitigen. Die früher empfohlenen Schielbrillen, welche vor dem Auge nur ein entsprechend angebrachtes Loch frei ließen und es dadurch zwingen wollten, daß es unter Aufgabe der Schielstellung durch dasselbe sehen sollte, sind verlassen worden. Sie haben keinen Zweck. Dagegen sind stereoskopische Übungen mit besonders hierzu konstruierten Bilderserien sehr zu empfehlen.

Wird kein Erfolg erzielt, so ist die Operation am Platze. Ob ein oder beide Einwärtszieher abgelöst und dadurch verlängert oder ein oder beide Auswärtswender verkürzt werden sollen, hängt vom Schielgrad ab und muß dem Augenarzte überlassen werden. Die Loslösung eines einwärts drehenden Muskels vermag nur 2 bis 3 mm Ablenkung zu korrigieren. Ein geringer Rest soll übrigens bestehen bleiben. Steht das Auge im Anfang schon sehr schön, so kann es nach Jahren zur unliebsamen Überraschung von Arzt und Patient nach außen gegangen sein. Man muß dieses dem Patienten vorher sagen, ebenso, daß die Operation nur den Stellungsfehler beseitigen soll und kann, nicht aber die etwa bestehende Schwachsichtigkeit des Schielauges. Ein Dauererfolg kann nur dann eintreten, wenn durch nach der Operation vorzunehmende stereoskopische Übungen wieder ein Zusammenarbeiten beider Augen erreicht wird. Das Zusammenarbeiten hält das Auge in seiner Stellung fest wie die Kette, welche ein Pferdegespann mit der Deichselspitze verbindet. Fehlt sie einem Pferde, so kann es beim Ziehen bald rechts, bald links abweichen. Nicht so gut sind die Erfolge beim Auswärtsschielen. Die anfangs schöne Stellung geht leider im Laufe der Jahre gar oft wieder verloren. Auswärtsschielen stellt sich im Gefolge der Kurzsichtigkeit ein. Kurzsichtige stärkeren Grades ohne Brille halten, was sie betrachten wollen, sehr nahe. Die Einwärtswender sollen nun die Augen, welche überdies noch verlängert sind, nach innen drehen. Das wird ihnen bald zu viel. Anstatt daß beide Augen sich nach einwärts wenden, tut es nur das eine, während das andere entsprechend weit nach außen geht. Später bleibt es auch beim Blick in die Ferne so stehen. Eine passende Konkavbrille event. mit Prismen kann bei Beginn des Leidens gute Wirkung haben. Auch Augen, welche durch irgend einen Umstand schwach oder blind geworden sind, stellen sich gerne nach außen.

Das Auge ist eines der meist gebrauchten Organe des menschlichen Körpers. Von morgens, wenn wir erwachen, bis wir abends uns zur Ruhe legen, sind sie stets und ständig tätig. Bald sind sie genötigt, im grellen Sonnenlichte, bald im Schatten oder in der kontrastreichen künstlichen Beleuchtung ihre Dienste zu tun. Sie müssen in gleicher Weise den Staub der Straße, den Rauch der Wirtshäuser, den Schmutz und Ruß oder die scharfen Dämpfe gewerblicher Betriebe aushalten. Und wenn das Auge auch durch eine Reihe von Schutzvorrichtungen gegen Fremdkörper und grelles Licht geschützt ist, so hat doch natürlich deren Wirksamkeit ihre Grenzen, und vielerlei Krankheiten befallen das Auge.

Die häufigste Augenerkrankung ist die Entzündung der Bindehaut. Lichtempfindlichkeit, Drücken, Brennen, Schwere, Gefühl von Sandkörnern in den Augen, namentlich abends, Verklebtsein am Morgen, sind ihre Symptome. Gefährlich ist sie meist nicht, deshalb aber nicht weniger lästig und unangenehm, und wenn sie chronisch geworden ist, durch ihre schwere Heilbarkeit ein Kreuz in gleicher Weise für Patient und Arzt.

Aber drei Arten der Bindehautentzündung, die sog. infektiösen, ansteckenden, bilden durch ihre Gefährlichkeit eine Gruppe für sich.

Da ist zuerst die ägyptische Augenkrankheit, das Trachom. Es bilden sich bei ihr sagoartige Körner in der Bindehaut, daher ihr Name Körnerkrankheit. Indem diese Gebilde zerfallen, entstehen Geschwüre, welche bei ihrer Vernarbung Verkürzung des Bindehautsackes und Verkrümmungen des Lides herbeiführen. Durch letzteres reiben die Wimpern auf der Hornhaut, so daß es zur Geschwürbildung und dauernden Trübungen derselben kommt, die das Sehvermögen schwer schädigen. Es wird sehr viel Unfug mit dem Worte ägyptische Augenkrankheit getrieben. Das was öfters in den Zeitungen als Schulepidemie derselben aufgebauscht wird, ist meist ein ganz harmloser Bindehautkatarrh. Rußland, Polen und die östlichen Teile von Deutschland sind die Hauptherde der Erkrankung. Armut, Unsauberkeit und schlechte hygienische Verhältnisse sind die Beförderer ihrer Verbreitung.

Ebenso gefährlich ist der Eiterfluß, welcher bei Neugeborenen in den ersten Tagen ihres Lebens auftritt. Die Augenlider schwellen stark an und entleeren bei der Öffnung oft im

Strahl hervorspritzenden gelben Eiter in ungeheurer Menge. Wird das Kind sofort in ärztliche Behandlung gegeben und gut und sorgfältig nach den Anordnungen des Arztes versorgt, so werden mit allerhöchster Wahrscheinlichkeit die Augen gerettet. Wird aber gebummelt und gepfuscht, so ist jede ärztliche Hilfe umsonst. Noch immer ist trotz allen Unterrichtes der Hebammen ein Drittel aller Insassen der Blindenanstalten durch diese Krankheit um ihr Augenlicht gekommen. Schrecklich! wo man mit Sicherheit sagen kann, daß rechtzeitige ärztliche Behandlung den allermeisten das Augenlicht erhalten hätte.

Kommt etwas Eiter in das Auge eines Erwachsenen, so tritt schon nach Stunden eine so heftige Entzündung auf, daß immer noch viele der so erkrankten Augen zugrunde gehen. Deshalb ist bei der Pflege höchste Vorsicht nötig.

Ab und zu kommt die dritte Form vor, die durch den Erreger der Rachendiphtherie hervorgerufene *Diphtherie* der Bindehaut, die ebenfalls sehr gefährlich ist.

Bei allen Arten von infektiösen Entzündungen ist natürlich sofort ärztliche Hilfe in Anspruch zu nehmen.

Wie verhüten wir nun eine einfache Bindehautentzündung? Zunächst ein paar allgemeine Vorschriften zur Schonung der Augen:

1. Am Morgen soll nicht gleich grelles Licht ins Auge fallen, deshalb soll das Bett nicht so stehen, daß der Schlafende ins Fenster sieht.

2. Nachtlichter sind stets so aufzustellen, daß das Gesicht des Schlafenden im Schatten liegt. Denn auch durch die geschlossenen Lider vermag noch viel Licht ins Auge zu dringen. Wenn dies aber schon bei Erwachsenen der Fall ist, um wie viel mehr bei Neugeborenen. Und doch sieht man häufig ge-

nug die armen Würmer, die sich nicht wehren können, so gelegt, daß sie an den hellen Himmel oder gar in die Sonne starren müssen.

3. Im direkten Sonnenlicht soll niemals gelesen, geschrieben oder genäht werden. Der Arbeitsplatz ist vielmehr durch dichtgewebte, mattgelbe Vorhänge zu beschatten. Auftretendes Blendungsgefühl soll uns ein Zeichen sein, daß wir den Augen zu viel zugemutet haben. Wer im grellen Lichte zu arbeiten hat, bediene sich einer grauen Schutzbrille. Entschieden muß ich aber davor warnen, zum Lesen oder zum Schreiben oder an sonnenlosen, trüben Tagen eine solche zu tragen. Das verwöhnt die Augen und ist gerade so unsinnig, als wenn jemand einen Pelzmantel im geheizten Zimmer anbehalten würde.

4. Beleuchtungskörper dürfen nie so angebracht sein, daß der Arbeitende in die Lichtquelle blicken muß. Wenn schon unsere alte Petroleumlampe des Milchglasschirmes bedurfte, wie viel mehr muß es bei den modernen Gas- und elektrischen Lichtern der Fall sein. Und doch halten wir ihn bei diesen meistens für überflüssig.

5. Ein tägliches Auswaschen der Augen, d. h. des Bindehautsackes ist nicht nötig, wohl aber sollte täglich beim Waschen des Gesichtes die Lidhaut nicht vergessen werden.

6. Ist es durch Überanstrengung, sonstige Arbeit rc. doch zu einer Bindehautentzündung gekommen, und die Augen brennen und tränen, so soll man nicht mit den Händen reiben. Einmal ist das unappetitlich, zweitens aber kleben auch an den saubersten Fingern stets Bakterien, welche durch das Wischen in die Lidränder und Bindehaut geradezu eingeimpft werden und die Entzündung verschlimmern. Nimmt man zum Reiben ein Taschentuch, so überträgt man damit die Entzündung von einem

Auge zum andern. Wenn absolut gewischt werden muß, so steckt man sich eine Blechbüchse mit Wattebäuschchen in die Tasche und benutzt jedesmal ein frisches Bäuschchen.

7. Man darf aber nie von oben nach unten wischen, wie es gewöhnlich gemacht wird, sonst krümmt sich nach einiger Zeit der innere Teil des unteren Lides nach unten und außen. Dadurch taucht das untere Tränenröhrchen nicht mehr in den Tränensee. Infolgedessen laufen die Tränen an den Wangen herab, was zu neuem Wischen und im circulus vitiosus zu stärkerer Abdrehung des Lides führt. Also von unten nach oben zart tupfen!

8. Auch bei der Verbreitung ansteckender Augenkrankheiten, — und der Ansteckung verdächtig sind alle, die mit stärkerer Absonderung einhergehen, — spielt das Wischen eine Rolle. Reibt z. B. ein Kranker mit ägyptischer Augenkrankheit mit den Fingern am Auge und faßt darnach eine Türklinke oder ein Werkzeug an, so braucht nur ein anderer nach ihm diese Gegenstände zu berühren und sich dann am Auge zu reiben, und die Ansteckung ist erfolgt. Und wie oft kann man sehen, daß Frauen sich zuerst mit ihrer in bezug auf Reinheit nicht immer ganz einwandfreien Schürze die Augen wischen, um kurz danach mit Zuhilfenahme einer tüchtigen Dosis Speichel dieselbe Schürze zur Reinigung der Gesichter ihrer Sprößlinge zu benutzen. Daß Leute mit kranken Bindehäuten kein gemeinschaftliches Waschbecken oder Handtuch mit Gesunden haben dürfen, ist wohl selbstverständlich.

9. Lauwarmes abgekochtes Wasser und reine Watte, keine Karbolwatte, welche die Augen ätzt, sind die einfachsten Mittel zur ersten Behandlung. Bleiwasser kann bei Hornhautgeschwüren zur Bleiablagerung in diese führen und ist deshalb nicht an-

zuwenden. Ist aber am anderen Tage keine Besserung eingetreten, so gehe man zum Arzte und lasse das Probieren. Wer kennt nicht die schöne Episode über Hausmittel in Stindes Wilhelmine Buchholz? Wie sie zwei Tage ihren armen Mann, der Zahnweh hat, mit „Zympatty" und allem möglichen plagt, bis er mit dick geschwollener Backe vor Schmerz auf den Kopf steht. Ein Gang zum Arzt heilt in einer Viertelstunde das Übel. Wir wollen nicht den Pharisäer spielen und sagen: „Ich danke Dir, Gott, daß ich nicht bin wie andere Leute!" Hand aufs Herz, wer hat noch nie gepfuscht oder gehausmittelt? Das ist ja an sich ganz nett, aber man muß bedenken, daß das Auge ein sehr zartes Gebilde ist und das, was einmal vom Sehvermögen verloren gegangen ist, kein Arzt zurückgeben kann.

Warum muß als erstes Mittel bei Entzündungen „fließendes Bachwasser" benutzt werden? Das hatte vielleicht früher einen Sinn, als man noch Pumpwasser hatte, das vielfach hart war. Es wimmelt im Sommer in allen Wasserläufen von großen, kleinen und kleinsten Lebewesen, und das alles schmiert man ins Auge.

Bibliskäse ist ein vortreffliches Nahrungsmittel. Es ist deshalb nicht recht, daß Herr Pfarrer Kneipp ihn dem Magen seiner Mitmenschen entzogen hat, um ihn als vorzügliches Augenmittel anzupreisen. Wozu das Geschmier? Wozu Milch, Eiweiß und Speichel? Wozu die Schweinerei mit Urin und Kuhmist, wie sie in manchen Gegenden üblich ist? Und dann das Letzte, das ultimum refugium, das Stück Kalbfleisch. Ich habe oft darüber nachgedacht, aber nie die verborgene Weisheit finden können, warum es gerade Kalbfleisch sein muß. Das ist nämlich gerade so unzweckmäßig, so schädlich wie jedes andere Stück Fleisch. Wenn ich nur einmal die Reihe derjenigen vorführen könnte, die sich durch die in der feuchten Wärme des aufs Auge gelegten Kalbfleisches üppig wachsenden Bakterien ein lang dauerndes Augenleiden zugezogen haben. Wie oft sah ich Hautausschläge, wie oft Hornhautgeschwüre darnach auftreten, die noch dazu eitrige waren.

Wenn man sich beim Pfuschen rechte Mühe gibt, so kann man nämlich erreichen, daß die Bindehautentzündung auch auf die Hornhaut übergreift. Auch von selbst kann die Hornhaut ohne vorherige Bindehautentzündung erkranken, namentlich bei skrofulösen Kindern.

Stärkere Lichtscheu, stärkeres Tränen und halbseitiges Kopfweh künden den Eintritt dieses Ereignisses an. Es bildet sich auf der Hornhaut zuerst ein kleiner weißer Fleck, später ein Substanzverlust, der erst in Wochen wieder heilt. Besonders gerne tritt dieses Ereignis immer und immer wieder bei skrofulösen Kindern ein, meist in Verbindung mit einer hochgradigen Lichtscheu. Es ist ein großer Fehler, die krampfhaft geschlossenen Augen dieser Kleinen auch noch zuzubinden. Gewöhnlich werden sie, ein dickes Tuch um den Kopf, das Gesicht an die Schulter der Mutter, deren Kleid schon an dieser Stelle die schmierigen Spuren aufweist, in die Sprechstunde gebracht. Öffnet man die Augen, so spritzen die eingepreßten Tränen im Strahl hervor. Zu Hause hat man das Kind gehalten im dumpfen Zimmer, im Bett, das Gesicht tief ins Kissen vergraben. Versuchen wir doch nur einmal einige Minuten auf dem Gesicht zu liegen! Wir werden schnell merken, was das für eine Hitze macht, und begreifen, daß es eine bestehende Augenentzündung steigern m u ß. Erwachsene pflegen bei schmerzhaften Augenerkrankungen möglichst bucklig auf dem Stuhl zu sitzen, die Ellenbogen auf das Knie, den Kopf in die Hand gestützt, in der anderen Hand ein Taschentuch, das ständig das Auge betupft. Der gestärkte Kragen ist nicht ausgezogen. Wer kann sich dann wundern, daß das Auge immer schlimmer, der Kopf immer heißer wird und immer mehr schmerzt? Die Hände vom Auge! Im Sessel sitzen! Den Kopf hinten angelehnt! Oder bequem auf das Sofa legen oder noch besser ins Bett! Den Kragen aus! Nebenbei eine Frage: Warum hat man eigentlich wohl über die Rückständigkeit des hohen Kragens bei unserem Militär geschimpft? Wie oft sind die Qualen, die der arme Soldat durchmacht, nicht geschildert worden? Jetzt hat das Militär die bequeme Litewka. Aber der wirklich feine, gebildete Mitteleuropäer hat das Folterinstrument in Gestalt eines Stehumlegkragens aufgenommen und trägt ihn möglichst hoch, stolz zur Schau. Nun ist's keine Quälerei, sondern eine Zierde. Ja, ja, wir lächeln auch mitleidig und verachtungsvoll über die Selbstquälereien der Chinesinnen. Aber diese haben nur einmal den Schmerz an ihren Füßen, während so viele, ach so viele von uns während ihres ganzen Lebens der Schuh drückt. Ist bei Kindern nur ein Auge erkrankt, so lasse ich es durch eine gewölbte, o f t z u e r n e u e r n d e Pappdeckelklappe verdecken, die das Licht abhält, aber doch ein Offenbleiben des Auges gestattet. Wie eine solche Klappe anzufertigen ist, zeige ich den Eltern. Sind beide Augen erkrankt, so darf Dämmerung im Krankenzimmer herrschen, aber keine Dunkelheit. Man ist jetzt überhaupt auch nach Operationen und bei inneren Augenleiden von den absoluten Dunkelkuren abgekommen, seit man erkannt hat, wie sie in gleichem Maße schädlich auf Gemüt und Körper wirken. Wenn die Augen vor Licht gehütet werden müssen, so soll man das durch lokale Schutzvorrichtungen zu erreichen suchen, ohne dem ganzen Körper die Wohltat des Lichtes zu entziehen. Wenn schon ein gesunder Mensch nicht ohne Luft und Licht sein Wohlbefinden dauernd erhalten kann, wie soll es ein Kranker in absoluter Dunkelheit wieder gewinnen? Ständig muß jemand bei Kindern mit skrofulöser Augenentzündung acht geben, daß sie auf dem Rücken liegen und mit den Händen nicht in den Augen reiben. Um die Lichtscheu zu heben, steckte man früher die Kinder mit dem Gesicht in einen Eimer mit eiskaltem Wasser. Das hilft, ist aber doch eine Roßkur. Ich lasse lieber ab und zu einmal mit kaltem feuchtem Schwamme über das Gesicht fahren. Diese Medikation kann man auch ohne zu beleidigen zu einer zarten Andeutung benutzen, den ganzen Körper des Kindes manchmal abzuwaschen. Gerade diese lichtscheuen Wesen kommen oft in einem ganz unglaublich schmutzigen Zustande in die Sprechstunde und zwar nicht nur etwa aus fehlender Sorgfalt oder Unreinlichkeit, sondern aus übergroßer Ängstlichkeit, weil jedes Anfassen mit Schreien beantwortet wird. Gerade bei diesen skrofulösen Augenerkrankungen muß neben der Behandlung der Augen eine allgemeine Kur hergehen, will man immer neue Nachschübe der Krankheit vermeiden. Allgemeine Abhärtung, Gewöhnung des ganzen Körpers an die freie Luft, indem man den Kindern gestattet, sich täglich einige Zeit ohne Kleiderschutz zu tummeln, ev. auch Solbäder, Lebertran und Badekuren sind zu empfehlen. Das hilft auch mehr als die Rückerinnerung an die Wildenzeit, die Ohrringe, die ja so sehr als Augenheilmittel in manchen Gegenden gang und gäbe sind, daß sogar schon Patienten Ohrringe bei mir kaufen und zum mindesten die Löcher dazu von mir stechen lassen wollten. Nur muß man bei der Kräftigung des Allgemeinzustandes nicht in den entgegengesetzten Fehler verfallen und alle örtliche Behandlung verpönen. Denken wir uns in die wogende Feldschlacht. Über dem Haupte unseres Kameraden schwebt die blitzende Klinge. Was werden wir tun? Wollen wir den Gegner durch einen Schlag zu töten versuchen? Bis dahin kann längst des Freundes Schädel gespalten sein. Werden wir nicht zuerst den drohenden Schlag parieren und erst dann den Gegner unschädlich machen? Eine Augenerkrankung, z. B. eine Regenbogenhautentzündung sei das Schwert. Mit dem Eintropfen einer Lösung von Atropin, des sehr starken Giftes aus der Tollkirsche, können wir in 90% Heilung mit gutem Sehvermögen erzielen. Wollen wir aber, wie streng überzeugte Naturheilkundige, das Gift weglassen und nur durch Stärkung des Allgemeinzustandes, oder wie es heißt, der natürlichen Schutzvorrichtungen des Körpers einwirken, so können wir auch die Entzündung zum Stillstehen bringen, aber bis wir das erreichen, wird 90mal vom Hundert das Sehvermögen in mehr oder minder hohem Grade unheilbar geschwächt werden. Die Augen sind aber nun einmal zum Sehen da, und es wird dem Patienten gewiß herzlich wenig an der Versicherung liegen, daß seine Regenbogenhautentzündung „naturgemäß" geheilt sei, wenn das Auge danach unbrauchbar ist. Eine Allgemeinbehandlung zur Entfernung der die Krankheit auslösenden Ursache und zur Vermeidung von Rückfällen wird natürlich neben der Lokalbehandlung von jedem tüchtigen Arzte eingeleitet werden. Aber die gift- und operationslose Heilkunde möchte ich sehen, die einen grauen oder grünen Star so zu heilen vermag, wie wir es können. Hier läßt sie ihn im Stiche, ebenso wie in der Geburtshilfe. Doch, um wieder auf die skrofulösen Augenerkrankungen zurückzukommen, muß unter allen Umständen vom Arzte, nötigenfalls mit einem Instrument, das kranke Auge geöffnet werden, damit die Hornhaut besichtigt werden kann. Diese kann nämlich unter den festverkrampften Lidern völlig durch ein Geschwür zerstört werden und das Sehen unwiederbringlich verloren gehen. Denn jedes Geschwür heilt mit Trübungen. Wenn sich jemand irgendwo schneidet oder reißt, so gibt's bekanntlich eine Narbe. Wohl jeder von uns kann an seinen Händen eine derartige Reminiszenz einer einstigen Verletzung aufweisen. Aber warum verwundert man sich dann so, daß auch die Hornhaut das Recht der Narbenbildung in Anspruch nimmt? Immer und immer wieder produzieren mir die Patienten die weißen Hornhautflecken, die Narben früherer Geschwüre, mit den Worten: „Der Doktor hat zu scharfe Mittel angewandt.“ Es ist nun einmal leider so, daß jeder Substanzverlust der Hornhaut mit einer Trübung ausheilt. Liegt diese gerade vor der Pupille, so stört sie das Sehen natürlich in hohem Maße. Besonders gefürchtet wegen ihrer ausgedehnten Narben waren die bei den Blattern auftretenden Hornhautentzündungen. Etwa 50 % der Blinden waren früher durch die Blattern um ihr Augenlicht gekommen. Und jetzt? Sehen wir uns die Statistik der Blindenanstalten an. Wo überhaupt sich noch ein Blatternblinder findet, da ist es ein alter Mensch oder aber er stammt aus Ländern ohne Zwangsimpfung. Kann wohl ein besserer Beweis für den Nutzen des Impfens erbracht werden?

Gefährlich sind auch die eitrigen Geschwüre. Diese entstehen meistens durch Infektion oft nur ganz geringfügiger Verletzungen, wenn nämlich gleichzeitig eine Tränenkanalverstopfung besteht. Länger dauerndes Tränen eines Auges deutet auf Verlegung der Tränenwege. Niemand sollte einen derartigen Zustand bei sich aufkommen lassen. In den gestauten Tränen des Tränensackes wimmelt es von zahllosen Bakterien, die bei der geringsten Hornhautverletzung, die jedem von uns zustoßen kann, sich sofort ansiedeln und ungemein rasch um sich greifend bösartige Geschwüre bilden. Nach hunderttausend Mark zählen die Renten, welche alljährlich, namentlich an die Landbevölkerung wegen hierdurch eingetretener Erwerbsbeschränkung ausbezahlt werden, und alle diese Augen wären nicht erkrankt, wenn die Betroffenen zur rechten Zeit ihr Tränenleiden hätten behandeln lassen. Selbst wenn das Geschwür schon aufgetreten ist, ist noch Rettung möglich. Aber wie selten sieht man in ländlicher Klientel ein eitriges Geschwür im Anfangsstadium? Meistens ist schon ein Drittel bis ein Viertel der Hornhaut vernichtet, wenn der Erkrankte zum Arzt kommt, und wenn es auch noch gelingt, dem Prozeß Einhalt zu tun, so ist doch das Sehvermögen dauernd verloren. Hornhautverletzungen entstehen auch sehr häufig durch anschlagende Zweige im Wald oder am Blumentisch, oder durch die Fingernägel der Kinder. Sie heilen meist schnell, haben aber die üble Eigenschaft nach kürzerer oder längerer Zeit plötzlich eines Morgens wieder aufzubrechen. Man soll also ein derartiges Ereignis von Anfang an nicht zu leicht nehmen.

Ist jemand ein Fremdkörper ins Auge gekommen, so sollte er versuchen, ihn durch Waschen mit lauwarmem Wasser herauszuspülen. Aber er plage sich nicht zu lange. Es ist viel einfacher und besser, sich in einer Sekunde vom Arzte heilen zu lassen, als tagelang unter scheußlichen Beschwerden herumzurennen und dann doch noch zum Arzte zu müssen. Beim Eindringen ätzender Stoffe ist das Auge gründlich aber zart mit Wasser auszuspülen, bei schweren Verletzungen, wenn der Augapfel durch Stich oder Schnitt eröffnet ist, kann der Laie nichts anderes tun, als sofort das Auge zubinden und ärztliche Hilfe besorgen. Selbst zentimeterlange Wunden des Augapfels lassen sich durch Naht schließen, wenn nur die Wunde nicht verunreinigt wird, und kein Fremdkörper im Auge steckt. Eisensplitter werden mit großen Magneten herausgezogen. Bei allen den Augapfel eröffnenden Verletzungen besteht die Gefahr, daß auch das andere Auge erkrankt. Sympathische Ophthalmie nennt man diese unheimliche, scheußliche Erkrankung. Zwei Drittel der Verantwortung würden vom Augenarzte genommen sein, wenn sie nicht vorhanden oder mit Sicherheit heilbar wäre. Ist ein verletztes Auge bestimmt für das Sehen verloren, so ist die Entscheidung für den Augenarzt leicht. Er rät die Entfernung des Augapfels an. Wie aber, wenn Aussicht vorhanden ist, daß es wieder zum Sehen kommt? Wie, wenn die an die Verletzung sich anschließende Entzündung gering ist, wenn Schmerzen fehlen? Soll da das Auge aus Angst vor einer immerhin möglichen sympathischen Ophthalmie entfernt werden? Ob sie eintreten wird, kann niemand voraussehen, wir wissen nicht, wie sie ins andere Auge kommt, wir wissen nicht, welcher Krankheitskeim sie hervorruft. Wir haben auch außer der Herausnahme des verletzten Auges kein Mittel zu ihrer Verhütung. Ist sie aber erst einmal ausgebrochen, so ist die Heilung höchst ungewiß. Wir sehen, daß es hier Fälle geben kann, wo die Verantwortung des Augenarztes eine ungeheure ist.

Nun wollen wir zum Schluß noch den Komplex der Erkrankungen betrachten, den der Laie unter den Begriff des Stares zusammenfaßt. Da ist zunächst der grauе Star. Man hört so oft, daß sich dabei ein Häutchen im Auge bildet. Das ist völlig falsch. Es bildet sich nichts Neues im Auge, sondern die im gesunden Auge durchsichtige Linse trübt sich und wird grau. Daher der Name der Krankheit. Die Trübung tritt ganz allmählich ein. Beginnt sie im Zentrum der Linse, so wird sie das Sehen eher stören, als wenn sie zunächst in den Randteilen sich entwickelt. Schließlich bei völliger Durchtrübung, der sog. Reife, vermag der Patient nur noch dicht vor dem Auge Handbewegungen zu erkennen. Es kann Jahre und Jahrzehnte dauern, bis es so weit kommt. Da ist nun recht oft schwer zu entscheiden, ob man den Patienten bei der ersten Untersuchung, wo man noch nichts über den Verlauf weiß, sagen soll, daß sie am beginnenden Star leiden oder nicht. Tut man es nicht und der Patient geht noch zu einem anderen Augenarzte, der vielleicht weniger rücksichtsvoll ist, so steht man als Schafskopf da, obwohl es, das kann ich hoch und heilig versichern, absolut unmöglich für den Augenarzt ist, einen beginnenden Star zu übersehen. Sagt man es aber, so verdirbt man dem Patienten das Leben, da er nun stets in Angst lebt, blind zu werden. Die Versicherung, daß es noch lange, lange Jahre dauern kann, bis es so weit kommt, glaubt er natürlich nicht, obwohl es die Wahrheit ist.

Ein Mittel, die völlig getrübte Linse wieder aufzuhellen, ist bis jetzt noch nicht gefunden worden. Wenn ein Kurpfuscher behauptet, einen reifen grauen Star ohne Operation heilen zu können, so ist er ein Schwindler oder ein Nichtswisser, der eine andere Augenkrankheit mit dem Star verwechselt hat.

In der letzten Zeit sind aber Versuche im Gange, beginnende Linsentrübungen aufzuhellen. Hoffen wir, daß sie Erfolg haben.

Bei Kindern angeboren auftretende und durch Verletzung der Linse bei Personen bis zu 30 Jahren entstehende Stare werden durch einen kleinen Schnitt in die Hornhaut aus dem Auge herausgelassen, da sie weich sind. Der Hauptkontingent der Stare entsteht aber erst nach dem 50. Lebensjahre. Bei diesen sog. Altersstaren ist in der Linse schon ein harter Kern entstanden. Der Schnitt muß demnach viel größer angelegt werden.

Vor Einlage eines Sperrers, der die Lider auseinanderhebt, wird jenes herrliche Mittel, das Cocain eingetropft, das uns gestattet, völlig schmerzlos für den Patienten am Auge zu arbeiten. Ein Schnitt mit einem scharfen geraden Messerchen öffnet die obere Hälfte des Hornhautrandes. Dann wird meist ein Stück der Regenbogenhaut abgeschnitten und die Kapsel der Linse eröffnet. Bei zartem Druck schiebt sich die Linse dann aus dem Auge. Bei allen diesen Manipulationen muß man sich in acht nehmen, daß die spinngewebedünne hintere Kapsel der Linse nicht durchreißt, da sonst der Glaskörper in die Wunde vorfällt, was den Heilungsverlauf sehr verlangsamt. Diese hintere Kapsel wird manchmal ebenfalls trüb, dann entsteht der sog. Nachstar, der mit einer feinen Nadel einige Wochen nach der Operation durchrissen wird.

Ein Auge, dem die Linse entfernt ist, muß natürlicherweise hochgradig übersichtig werden. Es muß eine starke Konvexbrille von 10 bis 13 Dioptrien meist vereint mit Zylindergläsern getragen werden, um in die Ferne deutlich zu sehen. Durch die Wegnahme der Linse ist auch die Akkommodation verloren gegangen. Für die Naharbeit muß also eine stärkere Brille von 15 bis 16 Dioptrien getragen werden. Viele Patienten, namentlich vom Lande, wollen das aber absolut nicht begreifen, und fragen immer und immer wieder, wenn sie denn endlich ohne Brille gut sehen.

Nur in einem Falle kann die Brille weggelassen werden, nämlich, wenn das Auge vorher stark kurzsichtig war. Vorher kamen die Strahlen vor der Netzhaut zur Vereinigung, jetzt, nach Wegnahme der Linse, fallen sie auf die Netzhaut. Das ist der

Weg, welcher bei der Operation der hochgradigen Kurzsichtigkeit eingeschlagen wird.

Der grüne Star ist eine Steigerung des im Auge herrschenden Druckes. Der eigentlichen Krankheit voraus geht anfallsweises Schlechtsehen, wobei die Patienten glauben, Rauch sei im Zimmer oder Nebel draußen. Um die Flamme eines Lichtes erscheint ein Ring in Regenbogenfarben. Nach einigen Stunden kann dies spurlos vorübergehen, um in kürzerer oder längerer Zeit sich zu wiederholen. Zweckmäßig ist es, sich jetzt schon operieren zu lassen, doch pflegen die Patienten sich meist nicht dazu zu entschließen. Da eines Tages setzt unter unerträglichen Schmerzen der Hauptanfall, sehr oft begleitet von Erbrechen, ein. Aus der Tiefe des düsterroten, geschwollenen, knochenharten Auges leuchtet ein grüner Schein, der der Krankheit den Namen gegeben hat. Greift die Behandlung nicht ein, so kann der Anfall tage- und wochenlang dauern und das Sehvermögen größtenteils vernichten.

Die beste Behandlungsart ist die Operation. Es wird ein Stück aus der Regenbogenhaut geschnitten. Ohne Operation geht infolge sich wiederholender Anfälle das Auge völlig zugrunde. Außer diesem akuten, grünen Star gibt es noch einen schleichend und ohne Schmerzen auftretenden, bei dem die Operation nicht so sicher hilft. Einem solchen Auge sieht man von außen nichts Krankhaftes an. Nur mit dem Augenspiegel erkennt man, daß auch hier, wie beim akuten grünen Star, der Sehnerveintritt tief ausgehöhlt ist (Fig. 16). Sehr oft vernichtet diese Krankheit das Sehvermögen eines Auges völlig, ehe der Patient es nur merkt. Es ist nämlich eine sehr häufige Erscheinung, daß Leute lange Jahre an einem Auge wenig oder gar nichts mehr sehen, ohne daß sie eine Ahnung davon haben. Erst zufällig, z. B. wenn ihnen etwas ins andere Auge kommt, merken sie es. Das ist unheimlich, und man kann dem Patienten nicht unrecht geben, der neulich zu mir sagte: „Wenn man so etwas im Auge hat, gehören einem doch auch, bei Gott, Schmerzen, damit man's merkt."

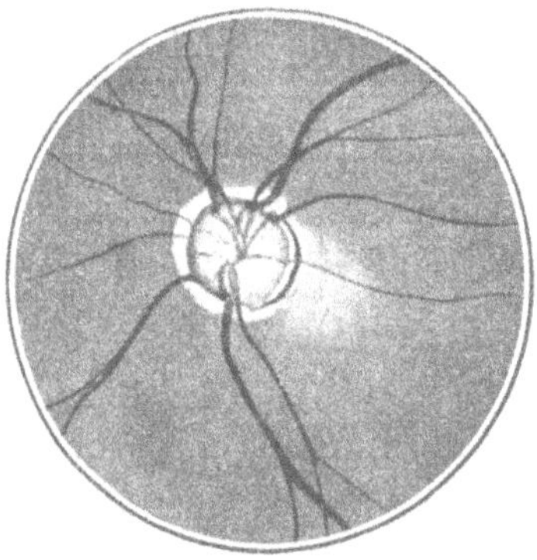

Fig. 16. Aushöhlung des Sehnerveneintritts bei grünem Star.
Die an den Sehnerv grenzende Aderhaut ist geschwunden (weißlicher Ring).
Die Netzhautgefäße knicken am Rande der Grube ab und steigen in die Tiefe.

Diese Krankheit leitet uns über zum **schwarzen Star**, einem Krankheitsbegriff, der jetzt veraltet ist. Man definierte ihn so, daß dabei der Patient nichts sieht, der Arzt aber auch nichts, d. h. man verstand darunter eine Erblindung ohne äußerlich sichtbaren Befund. Die herrliche Erfindung des Augenspiegels von Helmholtz, 1851, hat mit einem Schlage Klarheit in dieses früher so dunkle Gebiet gebracht. Mit Hilfe des Augenspiegels sehen wir jetzt in 4 bis 14facher Vergrößerung den Augenhintergrund sich vor uns in leuchtendem Ziegelrot ausbreiten (Fig. 17). Rosarot liegt vor uns die Scheibe des Sehnerven, aus welcher nach der Peripherie zu in immer feineren Verästelungen die scharlachenen Arterien und karminroten Venen hervortreten. In diesem normalen Augenhintergrund sehen wir nun bei den verschiedenen Augenleiden die mannigfachsten Bilder. Da sehen wir die gelblichen Herde der Aderhautentzündung, die später zu weißen, von schwarzen Farbstoffschollen umrahmten Flecken werden

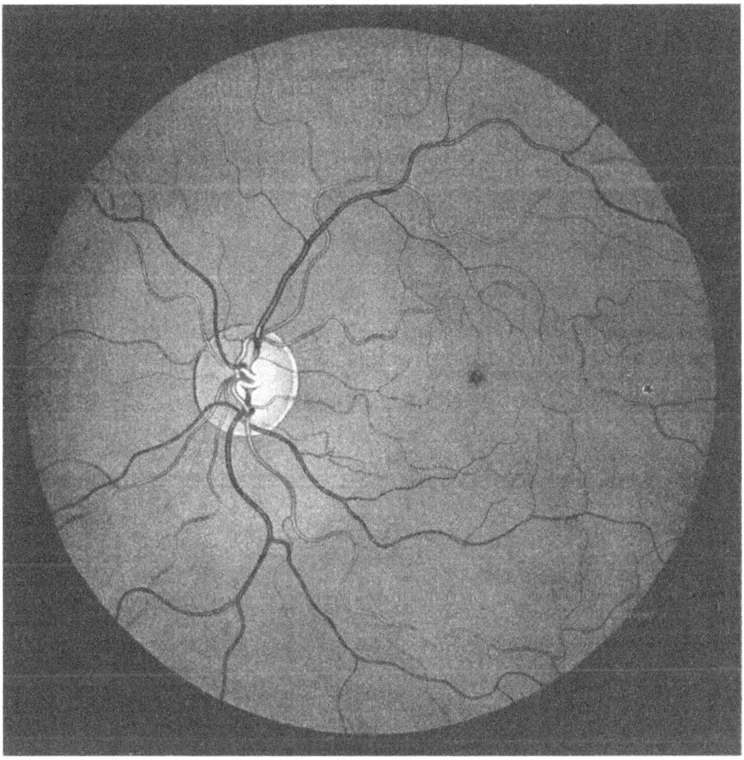

Fig. 17. Normaler Augenhintergrund.

(Fig. 18). Da sehen wir die eigenartigen Veränderungen, welche die hochgradige Kurzsichtigkeit hervorruft (Fig. 19), sehen die abgelöste Netzhaut als grünlich grauen Schleier bei den Bewegungen des Auges auf- und abwogen. Aber auch eine Menge von Krankheitszuständen des Körpers prägen ihre Spuren im Augenhintergrund aus. Einen Spiegel der Seele hat man das Auge genannt, mit noch weit größerem Rechte aber kann man es einen Spiegel des Körpers nennen. Bleichsucht und Blutarmut,

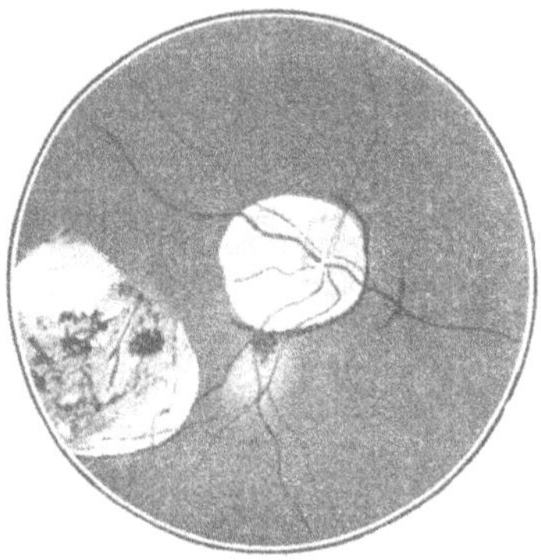

Fig. 18. Augenhintergrund bei höchstgradiger Kurzsichtigkeit.
Um den Sehnerveintritt ist die Aderhaut geschwunden, so daß die weiße Lederhaut sichtbar wird. In der Gegend des gelben Fleckes ausgedehnte alte Aderhautveränderungen.

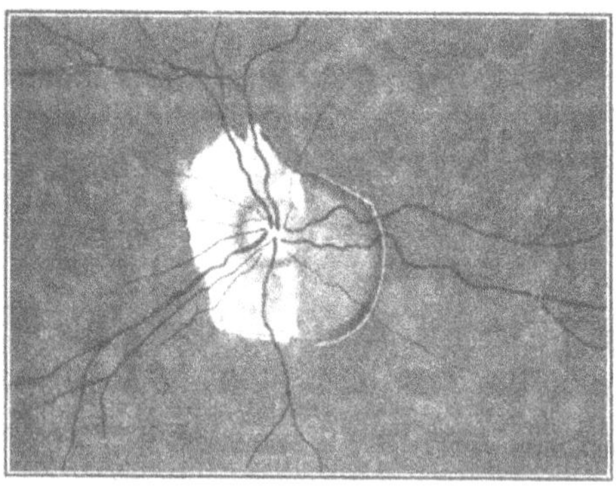

Fig. 19. Sehnerveintritt bei höchstgradiger Kurzsichtigkeit.
An der Ausbiegung der Adern der rechten Seite erkennt man, daß der Augenhintergrund hier ausgebuchtet ist.

Tuberkulose (Fig. 20), Syphilis (Fig. 21), Mißbrauch des Tabaks und Alkohols lassen sich im Augenhintergrund nachweisen (Fig. 22). Bei Miliartuberkulose oder Gehirngeschwulst ist ohne Augen-

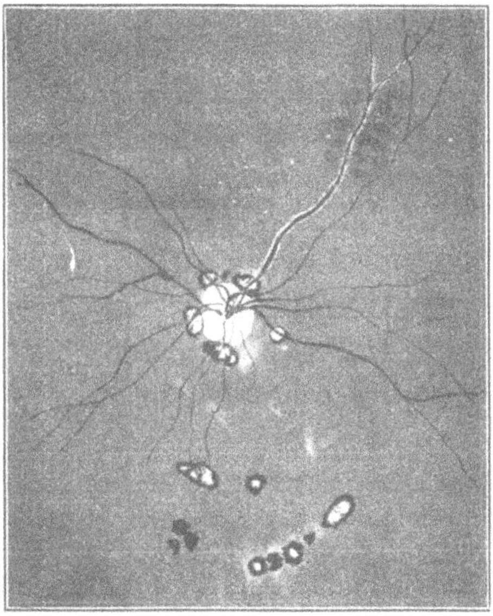

Fig. 20. Alte Erkrankung der Aderhaut wohl durch Tuberkulose, woran das andere Auge später erkrankte.

spiegel überhaupt keine sichere Diagnose zu stellen, und die Erkennung der zahllosen Nerven- und Geisteskrankheiten, wie wäre sie wohl möglich ohne Augenuntersuchung? Schon jahrzehntelang kann die beginnende Rückenmarkschwindsucht am Auge festgestellt werden, bevor sie dem Kranken irgendeine Beschwerde macht.

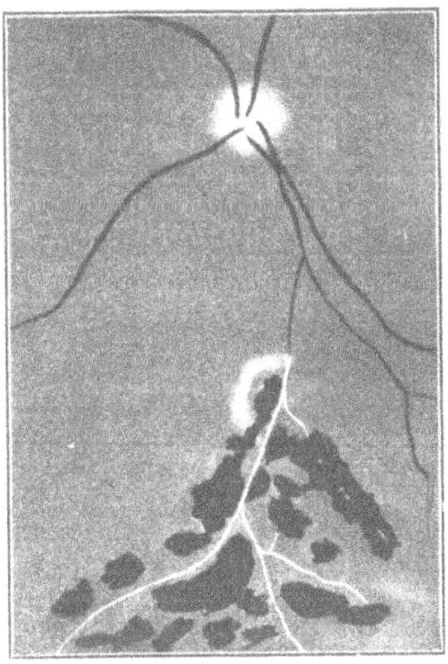

Fig. 21. Erkrankung einer Netzhautschlagader bei Syphilis.
Die Wand der kranken Ader ist weiß. Zahlreiche Blutungen, die oberen beginnen sich aufzusaugen.

Und wie oft wird Nierenleiden und Zuckerkrankheit als zufälliger Befund bei einer aus ganz anderen Gründen vorgenommenen Untersuchung vom Augenarzte festgestellt, allein durch das charakteristische Augenspiegelbild! Daß der Augenarzt die Beziehungen zur Allgemeinmedizin nicht verlieren darf, ist wohl hiernach jedem klar. Das ist eigentlich selbstverständlich, da er ja wie jeder Arzt sein Staatsexamen gemacht hat und erst dann zu seinem Spezialgebiet übergegangen ist. Ich erwähne es auch nur, weil oft der Augenarzt als ein Arzt angesehen wird, dem es aus irgend einem Mangel zu der Erkenntnis des ganzen Menschen nicht gereicht, und der deshalb bloß „auf die Augen" studiert hat.

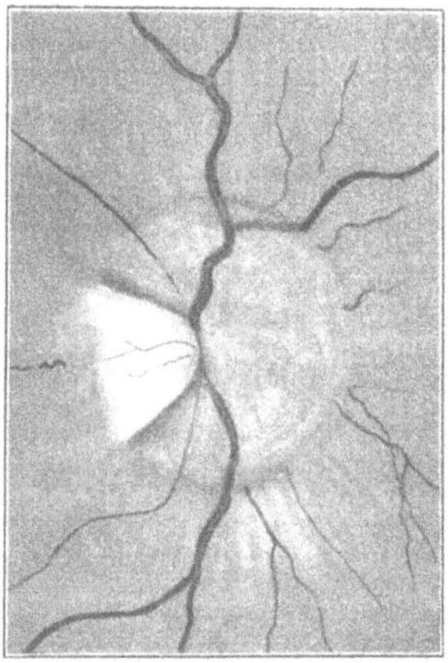

Fig. 22. Starke Schwellung des Sehnerven bei Geschwulst im Gehirn (Stauungspapille).

Man sieht wie die stark gefüllten Blutadern über die Erhöhung steigen. Die Netzhaut ist gestreift.

Trotz der ungeheueren Fortschritte der Augenheilkunde seit der Erfindung des Augenspiegels gibt es leider immer noch eine große Anzahl von Augenerkrankungen, denen wir machtlos gegenüberstehen. Nun vermehre aber niemand deren Zahl noch dadurch, daß er aus Leichtsinn oder Gleichgültigkeit beginnenden Sehstörungen und Augenleiden keine Beachtung schenkt. Es ist ein unheilvoller Glaube, der namentlich bei der Land=

bevölkerung so verbreitet ist, daß eine gefährliche Augenerkrankung notwendig mit Schmerzen und Reizung des Auges verbunden sein müsse. Ein Fremdkörper unter dem oberen Lide peinigt bis zur Raserei und ist doch nicht gefährlich, aber fast alle inneren Augenleiden gehen ohne Beschwerden zu machen einher. Tröste sich auch niemand, wenn er schlecht zu sehen beginnt, mit den Worten: Das bringt das Alter mit sich. Wer sagt denn daß man im Alter schlecht sehen muß? Und die nichtssagende phrasenhafte Redensart: Das sind Schwächen, ist nun vollends das Allerdümmste. Man kann höchstens Geistesschwäche konstatieren, wenn sich jemand mit einer solchen Erklärung für die Abnahme seiner Sehkraft zufrieden gibt. Hüte sich jeder, daß ihm nicht, wenn er endlich zum Augenarzt kommt, das entsetzliche „Zu spät" entgegentönt. Ich übertreibe nicht. Die Bevölkerung der ländlichen Gegenden vor allem kann wirklich nicht oft, nicht eindringlich genug ermahnt werden, aus ihrer Gleichgültigkeit zu erwachen.

„Wie lange haben Sie das Leiden schon", pflege ich zu fragen. Da hörte ich als Assistent in der Großstadt 1, 2 höchstens 8 Tage. Und in meinem jetzigen Wirkungskreise heißt es: „Noch nicht lange, erst 1/4, 1/2, 1 Jahr." Den Rekord hat einer geliefert mit 6 Jahren. Und was kann alles in 8 Tagen schon am Auge verloren gehen?

Bezeichnenderweise hört man aber nach begonnener Behandlung nie mehr das Wörtchen „erst". Da heißt es immer schon 8 Tage, schon 14 Tage in Behandlung.

Ich kann den Unterschied in der Bevölkerung zwischen einer Großstadt und der vorwiegend ländlichen, mit der ich es jetzt zu tun habe, nicht besser charakterisieren, als sie es selbst in ihren Aussprüchen tut.

Der großstädtische Arbeiter sagt: „Herr Doktor, man hat bloß zwei Augen.“ Hier mußte ich öfters hören: „Ein Auge gebe ich gerne verloren, wenn ich nur das andere behalte.“ Der großstädtische Arbeiter will oft in die Sprechstunde bestellt werden, hier heißt es: „So lange man noch ein bißchen was sieht, geht man doch nicht zum Doktor.“

Und muß ich denn wirklich noch den Wert des Auges, die Schrecken der Blindheit schildern? Ich kann es nicht besser als mit den Worten Schillers:

O, eine edle Himmelsgabe ist
Das Licht des Auges. Alle Wesen leben
Vom Lichte. Jedes glückliche Geschöpf,
Die Pflanze selbst kehrt freudig sich zum Lichte.
Und er muß sitzen, fühlend in der Nacht,
Im ewig Finstern. Ihn erquickt nicht mehr
Der Matten warmes Grün, der Auen Schmelz,
Die roten Firnen kann er nicht mehr schauen —
Sterben ist nichts — doch leben und nicht sehen,
Das ist ein Unglück.

Veröffentlichungen des Deutschen Vereins für Volks-Hygiene.

Im Auftrage des Zentralvorstandes
in zwanglosen Heften herausgegeben
von
Sanitätsrat Dr. K. Beerwald, Berlin.

Heft XX.

Jugendfrische im Alter

Von
Dr. K. Beerwald,
Sanitätsrat, Berlin.

(Erstes bis zehntes Tausend.)

München und Berlin.
Verlag von R. Oldenbourg.
1910.

Preis 30 Pfennig.

Von 100 Expl. an 25 Pf. | Von 500 Expl. an 18 Pf.
Von 200 Expl. an 20 Pf. | Von 1000 Expl. an 15 Pf.
Von 2000 Expl. an 12 Pf.

Veröffentlichungen des Deutschen Vereins für Volks-Hygiene.

Im Auftrage des Zentralvorstandes
in zwanglosen Heften herausgegeben
von
Sanitätsrat Dr. K. Beerwald, Berlin.

Heft XX.

Jugendfrische im Alter

Von
Dr. K. Beerwald,
Sanitätsrat, Berlin.

(Erstes bis zehntes Tausend.)

München und **Berlin.**
Druck und Verlag von R. Oldenbourg.
1910.

Wenn wir von jenen Unglücklichen absehen, welche unter dem Drucke widriger Lebensverhältnisse den Tod herbeisehnen, vielleicht sogar sein Eintreten befördern, so streben wir im allgemeinen nach Verlängerung unseres Lebens, wobei trotzdem der kluge Mensch jede Minute mit der Möglichkeit rechnen wird, daß dieser oder jener Zufall seine Erdentage enden kann. Er wird daher stets seine äußeren Verhältnisse für diese Möglichkeit geordnet halten, sein Empfinden und Denken ihr anpassen. Eine solche Vorsicht ist für unsere innere Ruhe außerordentlich vorteilhaft, weil sie in uns einen heiteren Gleichmut entstehen läßt, der uns über manche Schwierigkeit des Lebens hinweghilft und uns stark macht gegenüber Lebensgefährdungen, denen andere unterliegen. Auf diese Weise führt das Bewußtsein unserer irdischen Hinfälligkeit zu einer Erhöhung unserer Lebenskräfte und unterstützt die Bemühungen der Gesundheitspflege, welche den gleichen Zweck verfolgen. Ganz unzweifelhaft ist das Resultat dieser Bemühungen eine Zunahme unserer Lebensdauer geworden, welche am prägnantesten aus folgenden Zahlen erkannt wird: In Berlin kamen auf 1000 Einwohner in den Jahren 1721—1730 40,6 Sterbefälle, in den Jahren 1891—1900 genau die Hälfte, nämlich 20,3; in Preußen überhaupt ging, wenn wir von den Todesfällen im ersten Lebensjahre absehen, vom Jahre 1870 mit 21,4 Sterbefällen auf 1000 über einjährige Einwohner in gleichmäßigem Abfall die Mortalitätsziffer auf 14,8 im Jahre 1900 zurück, demgemäß stieg die mittlere Lebensdauer in allen Altersstufen, nämlich auf 40,5 Jahre bei den Männern von 35,5 in den siebziger Jahren des vergangenen Jahrhunderts, auf 43,9 Jahre bei den Frauen von 38,4, und das siebzigste Lebensjahr wird heute von sehr viel mehr Menschen erreicht als vor 40 Jahren. Außer durch die Gesundheitspflege sind diese bedeutenden Erfolge natürlich auch durch die Änderung der allgemeinen wirtschaftlichen Lage zum Bessern, die glänzende Entwicklung von Technik, Industrie, Verkehrswesen und manches andere Moment, das festzustellen hier nicht unsere Aufgabe sein kann, mit verursacht. Welchen Faktoren aber auch immer wir die durchschnittliche Verlängerung unseres Lebens verdanken, die Tatsache als solche ist vorhanden und an der einzelnen Persönlichkeit liegt es jetzt, den ihr gebührenden Anteil an diesem Fortschritt sich zu eigen zu machen und den ihr zufallenden Gewinn auch wirklich nutzbringend zu verwerten. Denn es kann nicht unseren Wünschen entsprechen, allein die Todesstunde möglichst lange hinauszuschieben, sondern wir wollen während des Lebens gesund und körperlich rüstig sein, vor allem auch die mühsam errungenen höheren Lebensjahre nicht durch Schwäche des Körpers und Geistes beeinträchtigen und uns in ihnen wieder zum unselbständigen Kinde herabdrücken lassen. Und wir können auf des Lebens Höhen bleiben, wenn wir verstehen, uns auf ihnen zu halten. Jeder einzelne ist Herr seines Geschickes, und jeder müßte davon durchdrungen sein, daß auch seine Gesundheit und die Jugendfrische seines Alters nur in seiner Hand liegt, daß die staatlichen Maßnahmen auf dem Gebiete der öffentlichen Gesundheitspflege allein niemals ihm beide sichern können. Wenn der Ausbau der Gesundheitspflege wie bisher fortschreiten soll, wenn wir uns mehr und mehr dem von der Bibel uns gesteckten Ziele nähern sollen, nach dem jedes Menschen Leben 70 Jahre zu währen bestimmt ist, so muß zu der öffentlichen Gesundheitspflege in allen Kreisen unseres Volkes die persönliche treten, welche wir mit Volkshygiene, Volksgesundheitspflege bezeichnen, so muß das Pflichtgefühl des einzelnen erwachen, daß er sein Leben nicht vergeuden darf, sondern es nach den Lehren der Gesundheitspflege, dieser praktischen Ethik, einrichten muß. Dann wird auch unser Alter ein erfreuliches werden, mit Ruhe und heiterer Hoffnung werden wir im Tode den Übergang zu neuem Leben sehen, und nicht wird der Tod uns in Zagen und Verzweiflung finden oder den stumpfsinnigen Greis aus einem zwecklosen Leben zu erlösen brauchen. Mit 74 Jahren schrieb Goethe auf der Heimreise von Marienbad seine „Elegie“, in der er uns eine seiner tiefst empfundenen, von Leidenschaft durchglühten Dichtungen hinterlassen hat; Meyerbeer schuf seine größte Oper, „Die Afrikanerin“, mit 74 Jahren, um aus den Tausenden bekannter arbeitskräftiger Greise auf einige namentlich hinzuweisen, mit 75 Jahren nahm Bismarck gezwungen seine Entlassung, mit 88 Jahren war Moltke noch Generalstabschef der Armee, und ebenso könnten aus der allerjüngsten Gegenwart überreichlich Namen von Männern und Frauen genannt werden, die bis in die achtziger Jahre als Künstler, Parlamentarier, Politiker, Schriftsteller, Beamte rc. eine Zierde ihres Standes, ein Ruhm und Segen für ihr Vaterland waren und sind. Wir haben also sehr wohl in uns die Anlage zur Arbeitsleistung bis in das siebzigste und achtzigste Lebensjahr, und keineswegs ist es notwendig, daß wir das herannahende Alter fürchten, wenn wir uns beizeiten auf dasselbe einzurichten verstanden haben. Manches liegt allerdings in dieser Beziehung außer unserer Macht. Daß Armut und Not unser Leben kürzen können, ist leider nur zu wahr, und gegen sie hilft ebensowenig ein tröstender Rat, als wenn wir dem von Sorgen und Kummer Gedrückten zurufen: Sorge dich nicht, denke an dein Herz und reibe dich nicht zwecklos auf. Des Lebens Elend wird durch die aufopferungsvollste Nächstenliebe ebensowenig jemals beseitigt werden, als diese die kummervoll durchwachten Nächte nehmen, dem Gejagten und Gehetzten Frieden und Erlösung von seiner Pein bringen kann, und banal und lächerlich würde es klingen, wollte der Gesundheitspfleger hier zur Ruhe und Selbstbeherrschung mahnen, wollte er den Hungernden über zweckmäßige Ernährung, den, der in lichtloser Kellerwohnung hausen muß, über den Einfluß von Licht und Luft auf die Gesundheit belehren. Aber neben diesen beklagenswerten Verhältnissen, unter denen, das soll uneingeschränkt zugegeben werden, heute Hunderttausende, ja Millionen unserer Mitmenschen schmachten, bedürfen doch auch die glücklicher Lebenden für ein richtiges Leben noch sehr der führenden Hand, auch sie neigen wissentlich und unwissentlich gar oft zu Lebensfehlern, welche in ihren Konsequenzen sowohl in der Gegenwart als noch mehr in späteren Jahren sich sehr lästig bemerkbar machen können, und nicht vergebens war die Mühe des Gesundheitspflegers, wenn er wenigstens bei diesen letzteren Persönlichkeiten sich Gehör und Folgsamkeit zu erringen wußte, sie die Notwendigkeit seines Wirkens einsahen und sich den ihnen gegebenen Lehren anzupassen befleißigten.

Drei Momente sind es, welche heute nachteilig in das Leben der überwiegend meisten Menschen eingreifen: die Unregelmäßigkeit der Lebensweise, der Bewegungsmangel und unzweckmäßige Ernährung, von welchen dreien wir mit den beiden ersteren als unabwendbaren Tatsachen rechnen und nach ihnen alle Ratschläge einrichten müssen, wenn wir wollen, daß diese nicht als unausführbar zurückgewiesen werden, sondern daß sie tatsächlich als eine Richtschnur dienen.

Unsere gegenwärtigen Lebensverhältnisse unterscheiden sich ganz bedeutend von denen unserer Eltern. Das Hasten und Drängen nach Erwerb und Erfolg hat dem Existenzkampfe Härten gegeben, welche die frühere Behaglichkeit und bequeme Ordnung wohl in allen Kreisen, welche erwerben müssen, mindestens stark vermindert haben, und die erste Folge dieses Strebens nach einem Vorsprung vor den Mitbewerbern ist die Notwendigkeit geworden, die früher so sorgfältig durchgeführte Zeiteinteilung vielfach aufzugeben. Die Bearbeitung seiner Akten zwingt den Beamten oft bis in die Nacht hinein an den Schreibtisch; bis in die Nacht hinein muß der Kaufmann über seinen Büchern und über seiner Korrespondenz sitzen; unruhig und unregelmäßig ist das Leben des Journalisten; der Arbeiter, welcher Überstunden machen muß, welcher Nachtarbeit übernommen hat, — Regelmäßigkeit und Ordnung in seiner Lebensweise ist ihm nur teilweise beschieden, und zu welcher Tag- und Nachtstunde darf wohl mit Bestimmtheit der Arzt Ruhe erhoffen? Daß diese mannigfachen und untereinander so verschiedenen Kopf- und Handarbeiter trotzdem leistungsfähig bleiben, darf wohl als Beweis dafür angesehen werden, daß die peinliche Regelmäßigkeit, vor allem das Einnehmen der Mahlzeit stets zur gleichen Minute, stets zur gleichen Minute das Aufsuchen des Bettes, für die Gesundheit doch nicht die ausschlaggebende Bedeutung hat, welche ihr häufig beigemessen wird. Ja ich möchte sogar das Gegenteil behaupten. Die Behäbigkeit des Philisters, der als Rentier sein sorgenloses Dasein führt, seine oft körperliche und geistige

Schwerfälligkeit, sie beruhen gewiß zu einem Teil auf der großen Ordnungsliebe, welche als roter Faden sein Leben durchzieht und durch welche er seinem Körper und Geist die Beweglichkeit und das Anpassungsvermögen an eine gesunde Unregelmäßigkeit und an die Mannigfaltigkeit der Lebensereignisse raubt. Kein Sprichwort ist für die Gesunderhaltung in allen Berufen so maßgebend als die Worte: „Rast ich, so rost ich", und die wunderbare Eigenschaft unseres ganzen Organismus, jede seiner Muskelgruppen und jedes seiner Organe durch eine in verständigen Grenzen gehaltene Übung und Betätigung zu kräftigen und zu stärken, steckt uns für unsere Lebensführung so weite Grenzen, daß eine nicht übertriebene Unregelmäßigkeit nicht nur nicht als ein Nachteil, sondern wegen der damit zusammenhängenden Übung unserer Lebensfähigkeiten sogar als ein Vorteil betrachtet werden kann. Allerdings dürfen darunter nicht die grundsätzlichen Forderungen der Gesundheitspflege leiden, eine richtige Ernährung und ausreichende Ruhe dürfen dem Körper nicht entzogen werden, sonst geschieht das unbedingt auf Kosten der Körperkräfte, und das Nervensystem versagt die weitere Leistung. Also, um keinem Mißverständnis zu begegnen, es kommt weniger darauf an, wann wir essen, als daß wir richtig und genügend essen, daß eine genügende Erholung der Arbeit folgt, daß die Schlafenszeit nicht verkürzt wird und der Körper in richtiger Verfassung den Schlaf aufsucht, worüber wir später sprechen werden. Auch darf Unregelmäßigkeit nicht mit Unordnung verwechselt werden, welche stets zu tadeln ist, und es ist ferner die durch den Beruf erzwungene Unregelmäßigkeit keineswegs mit jener identisch, die der Vergnügungen halber die Nacht zum Tage macht. Eine derartige Unregelmäßigkeit ist vom gesundheitlichen Standpunkt auf das schärfste zu bekämpfen, nichts verringert so sehr unsere

Lebenstage und führt uns zu frühem Altern als sie, weil sie den Körper seiner besten Lebenskräfte beraubt, ihn erschöpft und gleichzeitig das Edeltum im Menschen, welches selbst unter erschwerten Bedingungen dem Körper die richtigen Wege zu seiner Gesundung und Gesunderhaltung weist, vernichtet.

Bedenklicher als die Unregelmäßigkeit und um vieles nachteiliger für unser Wohlbefinden ist der Bewegungsmangel, zu dem die Gelehrtenberufe ohne Ausnahme an erster Stelle verurteilt sind, der aber auch manchen Handwerker und den Städter als solchen ganz allgemein trifft. Selbst den Gang zum Geschäft gönnt sich in der Stadt schließlich nicht mehr der eifrige Streber, überallhin führen für wenige Pfennige die öffentlichen Fahrgelegenheiten, und nur zu gerne wird von ihnen Gebrauch gemacht, anfangs, um dadurch einige Minuten zu erübrigen, allmählich aber aus der sich jetzt einstellenden ungesunden Bequemlichkeit. In keiner unserer Lebensäußerungen dürfen wir dieser Feindin unserer Gesundheit verfallen, und der bequeme Fettleibige sei für alle ein warnendes Beispiel. Gewiß gibt es auch auf dem Lande beleible Persönlichkeiten, aber nicht annähernd in der Häufigkeit wie in der Stadt; die Korpulenz ist neben unmäßigem Essen eine Folge zu vielen Sitzens, ein Stadtprodukt, weil der Landmann bei der vielfachen durch seinen Beruf bedingten Gelegenheit zur Durcharbeitung seines Körpers und zur Beförderung seines Stoffwechsels nur in Ausnahmefällen zum Fettansatz kommen kann. Und wie hinderlich ist eine solche Beleibtheit, wie schwerfällig wird dadurch der Körper und nicht selten auch der Geist!

„Laßt wohlbeleibte Männer um mich sein,
Mit glatten Köpfen und die nachts gut schlafen.
Der Cassius dort hat einen hohlen Blick;
Er denkt zu viel: Die Leute sind gefährlich.“

Treffender kann der Einfluß abnormen Körpergewichts auf den Geist wohl nicht geschildert werden, als es hier Shakespeare tut, und wenn auch nicht behauptet werden soll, daß jeder Korpulente ein Dummkopf ist, so sollten wir doch stets darauf bedacht sein, unsere jugendliche Schlankheit nicht zu verlieren, weil sie uns mithilft, die Jugend in das Alter zu tragen. Schlankheit und Gelenkigkeit sind sehr wesentlich für ein langes Leben, das selbst in hohen Jahren lebenswert ist, und die Gefährlichkeit eines Sturzes, eines Falles bei älteren Personen würde eine viel geringere sein, wenn die Betreffenden gelernt hätten, gelenkig zu bleiben und durch zweckmäßigen Gebrauch ihrer Glieder die Folgen des Sturzes abzuschwächen. Das ist nicht der letzte Vorzug, den eine regelmäßige tägliche körperliche Bewegung bringt, daß sie uns den Gebrauch unserer Gelenke und Muskeln nicht nur erhält, sondern deren Leistungsfähigkeit noch erhöht, während Nichtbenutzung zur Verkümmerung der Muskeln und Steifheit führt. Energische körperliche Betätigung preßt kräftig das Blut aus den Muskeln bei deren Zusammenziehung zum Zwecke der Arbeit, frisches Blut strömt darauf in reichlicher Menge zu und mit ihm die notwendigen Ernährungsstoffe, vor allem Sauerstoff, dieser Lebensträger par excellence, während das abfließende Blut die Abfallprodukte mit hinfortschwemmt und den Muskel von ihnen gründlich reinigt. Ein so behandelter und geübter Muskel bleibt bis in das hohe Alter von jugendlichem Können, schwer nur vermögen rheumatische Erkrankungen in ihm sich festzusetzen, und mit seiner kraftvollen Ausbildung gibt und erhält er dem Körper die Schönheitsform, welche die Körperpflege der Griechen mit so glänzendem Erfolge anstrebte und dadurch gleichzeitig in deren Bildsäulen ein Schönheitsvorbild für alle Zeiten schuf. Vor einiger Zeit hat man in Berlin sog. Schönheitsabende einrichten wollen, an denen Tänzer und Tänzerinnen fast unbekleidet auftraten, indem die Veranstalter von der Voraussetzung ausgingen, daß der Anblick dieser formvollendeten Körper und ihre Bewegung in graziösen, gehaltenen Tänzen nur künstlerisch erheben, aber alles Sinnliche ausschließen würde. Diese Annahme erwies sich als falsch, da sie eine Vorbildung voraussetzte, von der wir heute noch unendlich weit entfernt sind. Der gute Gedanke in diesen mißglückten Versuchen darf aber nicht verloren gehen, und dieses zu erhaltende oder richtiger zu erwerbende Gute ist eben die Schaffung der angedeuteten Vorbildung, welche darin besteht, daß wir uns wieder gewöhnen, unseren nackten Körper zu betrachten und daß wir nicht ohne weiteres jede Nacktheit als schimpflich und unsittlich bezeichnen. Wer seinen Körper wirklich kennt und ihn täglich sieht, wird schon aus Eitelkeit dessen Verkümmerung und Mißgestaltung zu verhüten suchen; er wird allmählich die ihm von der Natur in demselben mitgegebene Formenschönheit empfinden, und deren Erhaltung und Steigerung wird schließlich unbewußt sein Bestreben. Es ist absolut nicht notwendig, daß mit den Jahren vor allem der Bauch an Umfang zunimmt, daß faltig und schlaff die Haut den Körper umgibt; zur rechten Zeit muß nur die rechte Pflege einsetzen, dann kann auch unser Körper nach hohem Alter noch auf dem Totenbette dem Schönheitsideal entsprechen, als welches der 83 jährige Goethe die Bewunderung seiner Umgebung hervorrief. Wer aber durch tägliche Kontrolle dafür sorgt, daß seine Haut gepflegt, sein Körper rein bleibt, wer dafür sorgt, daß durch genügende Ausarbeitung die nötige Entwicklung der einzelnen Muskelgruppen und die dem Auge erfreulichen Körperformen nicht vernachlässigt werden, der wird bald auch in ethischer, seelischer Beziehung sich jeder Beschmutzung zu entziehen suchen, ihm werden Dinge als ekelhaft erscheinen, welche das dem anderen, der seiner Körperpflege und Körperreinheit weniger Aufmerksamkeit schenkt, nicht sind, und es ist bedauerlich, daß die Pädagogen diese nicht zu bestreitende Tatsache bei der Lösung des von ihnen aufgeworfenen sexuellen Problems so wenig benutzen.

Eine ganze Reihe anderer Störungen unserer Gesundheit muß ebenfalls auf die zu große körperliche Ruhe zurückgeführt werden, und zwar zunächst solche im Zirkulationsapparat. Das Wasser fließt stets bergab, und dieses physikalische Gesetz gilt in einiger Beschränkung auch für das Herz, wenngleich das Hebewerk des Herzens für eine ununterbrochene Durchflutung des Körpers mit der Blutwelle sorgt und das Blut von jedem Herzschlag ebenso durch die Arterien oder Schlagadern des Kopfes wie der Füße getrieben wird. Auf die Venen oder Blutadern aber, welche das verbrauchte Blut aus dem Körper wieder zum Herzen hinaufführen, ist dessen Einfluß bereits ein verminderter, der Rückfluß ihres Blutes zu den regenerierenden Lungen ein verlangsamter und sehr abhängig von der körperlichen Bewegung. Wenn diese fehlt, so treten leicht Blutstauungen ein, die schlaffe Gefäßwand der Blutadern beginnt sich zu erweitern, in der äußeren Haut bilden sich Krampfadern, in der Darmschleimhaut Hämorrhoiden, und dann muß, oft vergeblich, ärztliche Hilfe in Anspruch genommen werden. Und wie leicht wäre doch dem Übel vorzubeugen, wie leicht bei einiger Bewegung die Energie und Ausgiebigkeit des Blutumlaufs zu erhalten gewesen! Das Herz ist das Zentralorgan unseres Lebens, über seine Behütung vor Erkrankung sollte daher jedermann ebenso unterrichtet werden, wie er die Gesetze der Rechenkunst zu lernen pflegt, dann würde er wissen, daß das

Herz, dieser unermüdliche, selbst im Schlafe arbeitende Muskel, wenn es ganz auf sich allein angewiesen ist, auf die Dauer seiner großen physiologischen Aufgabe nicht genügen kann, daß es dazu die Unterstützung des Gefäßsystems braucht, und daß durch Muskeltätigkeit und Bewegung der Blutstrom gefördert werden muß. Das Bedürfnis, sich nach langem Sitzen oder Stehen kräftig zu strecken, beruht allein auf dem instinktiven Verlangen, die Muskeln wieder einmal auszupressen, die so lange abgeknickten oder schlaff gehaltenen Blutgefäße gerade zu stellen, damit die Strömung des Blutes durch sie hindurch erleichtert und befördert werde, gleichzeitig durch tiefe Atmung das venöse Blut nach der Lunge hinaufzusaugen, und schon diese geringe Selbsthilfe kann als Beweis dienen, daß geistige Tätigkeit in körperlicher Ruhe während vieler Stunden nicht den Forderungen unseres Körpers entspricht und auf irgendeine Weise ausgeglichen werden muß. Auch die Arbeit des Herzens selbst ist unter zu ruhigen Verhältnissen keine intensive: da ihm die anregende Übung fehlt, so entwickelt sich nicht selten eine gewisse Schwäche, der Stoffwechsel wird verlangsamt, und bald tritt im Blute eine Ansammlung von Abfallstoffen ein, deren Vorhandensein nicht förderlich ist, die geistige Frische beeinträchtigt und subjektiv als Trägheitsmoment trotz bestem Willen zur Arbeit, als ein sich plötzlich einstellendes Nichtweiterkönnen empfunden wird, wenn nicht bei gleichzeitiger unzweckmäßiger Ernährung, vor allem zu reichlichem Fleischgenuß, auch gichtische Erkrankungen sich sehr schmerzhaft bemerkbar machen.

Außer dem Zirkulationsapparat werden durch Bewegungsmangel in schwerer Weise Lunge und Darm getroffen. In dem bei Oldenbourg in München erschienenen Buche „Das Turnen im Hause" heißt es darüber: „Es ist auch wahrlich kein Wunder, wenn mit der Zeit bei dem Beamten, dem Kaufmann, dem Gelehrten, welche täglich 8, 10 und mehr Stunden über ihren Arbeitstisch gebückt zuzubringen pflegen, sich infolge der solange dauernden ungesunden Körperhaltung eine bleibende Schwäche der Brust ausbildet und die Lunge bei dem Mangel an Übung ihre ursprüngliche Kraft und Ausdehnungsfähigkeit zu verlieren beginnt; es ist kein Wunder, wenn durch das lange Sitzen der Darm in seinen selbständigen Bewegungen erlahmt und jetzt Stuhlbeschwerden mit ihren so mannigfachen Folgeerscheinungen, wie Schwermut, Kopfschmerz ꝛc., sich einstellen." Wie schwer der Organismus unter ungenügender Darmtätigkeit leidet, das hat in letzter Zeit der Direktor des Pasteurschen Instituts in Paris, Elias Metschnikoff, nachgewiesen, der den Dickdarm, das Sammelrohr für die Kotmassen, eine Vergiftungsquelle des Körpers nannte, und dieses Organ geradezu als die Ursache frühen Alterns und frühen Todes bezeichnete. In diesem Darm hausen nämlich Milliarden von Fäulnisbakterien, welche lebhafte Fäulnisprozesse unterhalten, und da die Dickdarmwand nach dem Körper durchlässig ist, so treten Fäulnisgase und Fäulnisflüssigkeiten in den Körper zurück und führen zu einer Selbstvergiftung, welche hauptsächlich auf die Nerven ihren deletären Einfluß ausübt. Nach Metschnikoff sind die Vögel deshalb so beweglich und fröhlich, weil sie des Dickdarms entbehren und die nicht verdauten Speisereste ihren Körper sofort ohne Übergang in eigentliche Fäulnis verlassen, und wir Menschen sollten daraus wenigstens die Lehre ziehen, daß wir durch geeignete Bewegung und zweckmäßige Diät, in welcher mit Recht Metschnikoff einen sehr großen und zwiefachen Wert auf saure Milch legt, jeder Verstopfung und Erschwerung des Stuhlganges vorbeugen. Sehr vielfach leiden darunter auch unsere Frauen, neben anderen Gründen hauptsächlich ebenfalls wegen ihrer körperlichen Untätigkeit, und ihre vielen Klagen über Kopfschmerz, Unbehagen, seelische Depression, ja selbst Lebensüberdruß würden schwinden, wenn sie lieber ihren Körper täglich tüchtig durcharbeiten wollten, als einen großen Teil des Tages auf dem Sofa zu verbringen, mit Lektüre und Kleiderfragen beschäftigt, welche Unsitte trotz aller Ermahnungen zum Hinaus in Wald und Feld! und zur Betätigung an einem Sport besonders von der Mitte ihrer dreißiger Jahre ab noch recht sehr verbreitet ist und dann auch mit die unerwünschte Fettansammlung verschuldet. — Bei der Besprechung der Nachteile, welche Bewegungsmangel dem Verdauungstraktus bringt, darf die Leber nicht unerwähnt bleiben, welche wie eine sorgsame Hausfrau alles kontrolliert, was aus den eigentlich verdauenden Organen in den Körper übertreten soll, das Schädliche, z. B. Gifte, möglichst zurückhält, aber auch in ihrer Vorratskammer von dem zugeführten Zucker aufspeichert für etwaigen späteren Bedarf. Ein starker Blutstrom geht von Magen, Darmkanal, Milz und Bauchspeicheldrüse durch die Leber nach dem Herzen, frisch beladen mit Nährstoff für jede Zelle, damit deren Arbeit nicht stocke, und aus der Leber heraus tritt die Galle, reich an Salzen und mancherlei Stoffen, welche für den Verdauungsprozeß im Dünndarm erforderlich sind. Diese größte und blutreichste Drüse des Körpers kann nicht ohne mechanische Anregung bleiben, Bewegung und körperliche Betätigung müssen auf sie einwirken, wenn die sie durchströmenden, etwas dickflüssigen Säfte nicht stagnieren sollen, und nur unter dieser Voraussetzung kann sie ihren lebenswichtigen Funktionen nachkommen, nur unter dieser Voraussetzung erfolgt keine Ausscheidung fester Stoffe in ihr, wodurch schließlich die so gefürchteten Gallensteine entstehen. Auch andere Störungen in der Leber können auftreten, vor allem, wenn sich zu übergroßer körperlicher Ruhe der Alkoholmißbrauch gesellt, was nach dem Gesagten nur zu erklärlich ist, da der Alkohol bei seinem Übertritt in den Körper zuerst die Leber passiert, für deren Zellen er nichts weniger als ein Vorteil ist. Ihr Stoffwechsel darf daher nicht abgeschwächt und verlangsamt werden, jeder Stauung in ihr ist vorzubeugen, weil sonst lebensgefährliche und schmerzhafte Krankheiten die unausbleibliche Folge sind, und wem nicht „eine Laus über die Leber laufen" soll, wer nicht in seiner Gemütsstimmung unter ihrem Einfluß leiden will, der sorge dafür, daß er durch tägliche systematische Beugeübungen den Säftestrom in ihr und durch sie lebhaft und beschleunigt erhält.

Sehr interessante Funde haben die Forscher über die Einwirkung von Tätigkeit und Ruhe auf die Lunge gemacht, und es wurde als Regel erkannt, daß mit der Ruhe die Atemgröße abnimmt, um in relativem Verhältnis zur Muskelarbeit zu steigen. Mit anderen Worten, unsere Atmung ist in der Ruhe die schwächste, bei jedem Atemzug streicht dann $^1/_2$ l Luft durch die Lunge, bei 15 Atemzügen in der Minute $7^1/_2$ l, und 60 mal soviel, das sind 450 l, in der Stunde. Schon der „behagliche Spaziergang", wenn wir in langsamem Tempo dahinschlendern, läßt die ein- und ausgeatmete Luft um das $2^1/_2$ fache ansteigen, bei mäßigem Wandern konnte Zuntz das 4 fache von der in der Ruhe vorhandenen Lungenventilation nachweisen, und bei schnelleren Bewegungen treten noch höhere Werte in die Erscheinung. Welchen Vorteil diese vertiefte Atmung dem Körper bringt, mögen wiederum einige Zahlen erklären. Die eingeatmete Luft enthält 21% Sauerstoff, die ausgeatmete 16% und $4^1/_2$% Kohlensäure. Ohne Sauerstoff ist aber kein tierisches Leben möglich, und wie auf einem großen Strome schwimmen im Blute Lastschiffe, die konkaven roten Blutkörperchen, welche sich in der Lunge mit Sauerstoff beladen und diesen unter der Arbeit des Herzens zu der fernsten Körperprovinz, zu jeder Zelle führen, so deren Leben und ihre Arbeit ermöglichend. Als Abfallprodukt dieser Arbeit, als eine Art Asche ist die Kohlensäure anzusehen, welche nach Abgabe des Sauerstoffs vom Blut aufgenommen, durch die schon vorher erwähnten Venen zur Lunge geführt und durch Ausatmung aus dem Körper entfernt wird. Dieser Vorgang wiederholt sich mit jedem Atemzug, und es ist ohne weiteres klar, daß Sauerstoffaufnahme und Kohlensäureabgabe durch die Lunge zunehmen müssen, wenn deren Tätigkeit wächst. Es ist aber ebenso wichtig, daß in reichlicher Menge Sauerstoff zugeführt, als daß die bei der Arbeit von der Zelle abgegebene Kohlensäure entfernt wird, deren Ansammlung im Körper den normalen Ablauf der Lebensvorgänge beeinträchtigt. Nicht allein in späteren Jahren, schon in der Gegenwart macht es sich störend bemerkbar, wenn falsches körperliches Verhalten und oberflächliche Atmung eine Verlangsamung oder Verminderung der Verbrennungsvorgänge im Körper zur Folge haben, und unter anderem beruht die so weit verbreitete Blutarmut mit ihrem Mangel an Energiewerten nicht aus letztem Grunde auf diesen Tatsachen. Es ist erstaunlich, wie schnell sich oft die jungen Mädchen, welche den größten Teil der Blutarmen stellen, erholen, kraftvoll und leistungsfähig werden, wenn man sie auf das Land bringt und hier vorsichtig zu täglicher körperlicher Betätigung anhält, während Landmädchen, welche durch Übersiedlung in die Stadt dem Landleben und dem anregenden Einfluß der Landluft entzogen werden, sehr häufig schwerer Blutarmut verfallen. Durch die ungenügende Atmung leidet außerdem die Lunge direkt. Nur bei tiefer Inspiration erweitern sich auch die Lungenspitzen, welche sich sonst kaum an der Durchlüftung der Lunge beteiligen und durch ihre Untätigkeit den Krankheitskeimen, vor allem den Tuberkelbazillen, Gelegenheit geben, sich in ihnen anzusiedeln und dort ihr vernichtendes Werk zu beginnen. Jetzt wird es verständlich werden, weshalb so viele Leute an Spitzenkatarrhen erkranken, und wenn man ferner bedenkt, wie versteckt diese oberen Lungenspitzen liegen und daß sie der ärztlichen Kunst viel schwerer zugänglich sind, als die mittleren und unteren Lungenpartien, so wird es auch jeder verstehen, daß diese Katarrhe hartnäckig der Behandlung trotzen und schwer zu beseitigen sind. Also auch hier spielt wieder das rechtzeitige Verhüten die Hauptrolle, und die große Mühe, welche hinterher die Bekämpfung der Krankheit erfordert, steht in keinem Vergleich zu der kleinen Mühe, durch welche sie zu vermeiden war.

Wenn ich jetzt zu dem dritten, für unser Leben nachteiligen Moment, der unzweckmäßigen Ernährung, komme, so komme ich damit zugleich zu dem positiven Teil dieser Besprechung. Die wissenschaftliche Forschung hat gemeinsam mit der Erfahrung einige ganz bestimmte Forderungen aufstellen müssen, deren Nichtachtung unweigerlich zu Schädigungen des Körpers und Kürzung des Lebens führt, deren genaue Befolgung aber als Lohn einen jugendlich frischen Körper in jedem Stande und Beruf bis in die Jahre des Alters zu geben vermag. Diese Forderungen stellen an unsere Willenskraft oder gar an unser Entsagungsvermögen keine außergewöhnlichen Ansprüche; denn die Gesundheitspflege ist eine Verschönerung des Lebens, sie verdunkelt es nicht, sondern sie erhellt es, und sie weiß sehr wohl, daß der größte Gesundheitsquell für uns Menschen die Freude und echte Fröhlichkeit sind. Ein Leben aber, das unter allen möglichen

Verboten ängstlich und mühsam dahingeschleppt wird, ist freudelos, es wird eine Last, die man wohl einige Zeit erträgt, um dann mit der Einengung auch alle Klugheit von sich zu werfen und um so toller das angeblich Versäumte nachzuholen. Zu frohsinnigem Genuß des Lebens führt uns die Gesundheitspflege, nicht zur Entsagung, und die Traube, die am Weinstock reift, sie reift, um uns zu erfreuen. Daher sei nicht nur, um Sorgen und Not weniger schwer erscheinen zu lassen, sondern auch in der Stunde der Erholung nach des Tages Arbeit gerne dann und wann dem Manne ein Glas Wein oder Bier gestattet. Indessen nur dann und wann!! Die müßige, von den Abstinenten und ihren Gegnern öfters erörterte Frage, ob wohl Scheffel und mancher andere sanges- und weinfrohe Dichter uns seine Lieder voll Sonnenschein und tiefer Poesie hinterlassen hätte, wenn während seines Lebens nur Wasser sein Getränk gewesen wäre, will ich hier nicht von neuem aufwerfen; das aber muß doch den Abstinenten zugestanden werden, daß das Genie keiner alkoholischen Pseudo-Begeisterung bedarf, daß der Alkohol für den geistigen Arbeiter eher ein Hemmnis ist, und daß für den Handarbeiter dasselbe gilt. Es ist aber auch ein gewaltiger Unterschied zwischen dem maßvollen Genuß eines Glases Wein oder Bier und dem Unmaß oder dem gewohnheitsmäßigen Trinken! Nirgends ist die Gewohnheit tadelnswerter, und der Mann, welcher täglich ein bis mehrere Stunden am runden Stammtisch zu verbringen pflegt in manchmal recht ödem Geschwätz und superklugem Politisieren, betrügt sich doppelt, weil er diese Zeit einer viel schöneren, Körper und Geist erfrischenden und gesünderen Erholung widmen könnte und sich allmählich durch den regelmäßigen Alkoholgenuß dieselben körperlichen Schädigungen zufügt, denen der ausgesprochene Trinker in kürzerer Zeit erliegt. Auf experimentellem Wege hat man gefunden, daß 30—40 g Äthylalkohol im Laufe eines Tages keinen Nachteil bringen, und diese Menge entspricht etwa 1 Liter hellen Bieres, Pilsener Bieres oder Spatenbräu, welche sämtlich ca. 3,50% Alkohol enthalten, während Moselwein 12%, Rheinwein ca. ebensoviel, französische Rotweine 9,40% und die Südweine zwischen 15 und 20% haben; in den Branntweinen steigt der Prozentsatz auf 35 bis 75 und macht z. B. im Kognak 50% aus. 60 g Kognak würden also die wahrscheinlich zulässige Menge Alkohol pro Tag erschöpfen; ich sage ausdrücklich „wahrscheinlich zulässige", denn ich bin überzeugt, daß selbst ein in solchen Grenzen gehaltener täglicher Alkoholgenuß für den Körper nachteilig ist. Jeder Mensch steckt in seiner eigenen Haut, es wäre durchaus verkehrt, alle in die gleiche Schablone zwingen zu wollen, aber das gilt für alle, daß wir niemals die Sklaven von Gewohnheiten werden dürfen. Auch scheint es, daß der Alkohol in der verdünnteren Form von Wein oder Bier weniger schädigt, als in der konzentrierten des Branntweins, und vor diesem letzteren ist ganz besonders zu warnen, wenn er etwa im Winter ein Wärmeträger sein soll. Ein Gefühl der Wärme zieht allerdings durch den Körper mit dem Branntwein, den wir in kalten Tagen zu uns nehmen, aber nur auf Kosten des Körpers, in welchem der Verbrennungsprozeß für einige Zeit beschleunigt wird, so daß vermehrte Wärme entstehen muß, die aber bald an die kalte Außenluft entweicht; nach diesem Verlust tritt noch stärkeres Frostgefühl als vorher ein, und wegen der vermehrten Abnutzung des Körpers machen sich jetzt außerdem Ermüdung und Schwäche sehr empfindlich bemerkbar. Der Alkohol ist vergleichbar einem zweischneidigen Schwerte, er kann uns ein Freund, ein lieber Genosse und ein hinterlistiger, schweren Schaden bringender Feind sein, und wir wollen uns im Verkehr mit ihm stets seiner Charaktereigenschaften erinnern und dafür sorgen, daß er allein ein Freund und Bringer berechtigter Freude bleibe.

Nicht zu gleich ängstlicher Vorsicht sind wir, um auch dieser Genußmittel zu gedenken, dem Kaffee und Tee gegenüber verpflichtet, gesunde, in ihrem Nervensystem nicht überreizte Menschen vorausgesetzt und ferner vorausgesetzt, daß auch mit diesen Getränken kein Mißbrauch getrieben wird. Der Wein macht Toaste, der Kaffee Kritiken, und der Tee spielt Schach, mit diesen wenigen Worten zeichnet Sonderegger in vortrefflicher Weise die Wirkung dieser drei Getränke, von denen sich zu produktiver Geistesarbeit der Tee am besten eignet. Nur nicht zu spät des Abends und dann nicht stark und nicht zu viel! Wie sehr der Mensch ganz zweifellos solcher Anregungen bedarf, beweist schon die Tatsache, daß nicht wir die Entdecker und Erfinder von Kaffee, Tee und Tabak waren, sondern Völker, welche unter um Vieles ruhigeren und einfacheren Bedingungen lebten, und darum sollen sie auch uns, die wir in unvergleichlich schwererem Lebenskampfe stehen, nicht verboten werden. Eine Tasse Kaffee, eine Zigarre nach dem Diner sind sogar Beförderer der Verdauung, können also eine beschränkte Empfehlung beanspruchen; doch ist es weniger empfehlenswert, schon nüchtern mit der Zigarre zu beginnen oder gar mit der Zigarette und deren Rauch dann noch zu verschlucken. Das führt unweigerlich zu Magenkatarrhen, besonders wenn solch unverständiger Raucher 50 und mehr Zigaretten am Tage hinunterqualmt, was in den Übertreibungen der Gegenwart keineswegs mehr eine Seltenheit ist. Wer solcher Anregung bedarf, tut entschieden besser, sie beim Tee zu suchen, und wenn auch der leidenschaftliche Raucher höchstens sich, niemals, wie der Trinker, zugleich seine Familie zugrunde richten und die Gesundheit seiner Nachkommen zerstören wird, so ist doch auch diese Selbstvernichtung wenig zu entschuldigen und zeigt mindestens von keiner mannhaften Charakterstärke. Der Vormittag soll rauchfrei bleiben, das sei für jeden Raucher das erste Gebot, damit nicht durch den unwillkürlich mit dem Speichel verschluckten Tabaksrauch der Appetit zum Mittag leidet, und wenn auch einzelne das Gegenteil behaupten, so macht diese Ausnahme nicht die Regel. Aus demselben Grunde ist auch der Kaffee am Vormittage, ich spreche nicht vom Morgen, nicht bedingungslos zu gestatten, der Frühschoppen aber in jeder Form verwerflich, da unter den Genußmitteln, welche trotz ihrer Berechtigung immerhin nur eine mehr untergeordnete Bedeutung haben, niemals eine so wichtige physiologische Lebensäußerung leiden darf, wie sie der Appetit zweifellos ist. Denn der Appetit ist die Vorbedingung unserer Ernährung, und indem wir diese erwähnen, berühren wir mit ihr eines der maßgebendsten Fundamente unseres Lebens und unserer Gesundheit. Schon im Anfang habe ich angedeutet, daß wir keineswegs mit vollkommener Regelmäßigkeit unsere Mahlzeiten täglich zu der gleichen Stunde einnehmen müssen, daß vielmehr dem Berufsleben hier sehr wohl gewisse Konzessionen gemacht werden können, obgleich es natürlich aus mehreren Gründen das beste bleibt, in der Stunde der Mahlzeiten nicht zu unregelmäßig zu sein. Zu sehr ausgehungert darf der Mensch überhaupt nicht werden, und wer seine Hauptmahlzeit zu weit hinausschieben muß, darf kleine Zwischenmahlzeiten, die ja überall ohne besondere Vorbereitung möglich sind, nicht vergessen. Die vielfach im Ausland geübte Sitte, sich um 12 Uhr mittags mit einem Frühstück zu begnügen und die Hauptmahlzeit auf das Ende der Tagesarbeit zwischen 6 und 7 Uhr zu verlegen, hat sehr viel für sich, sowohl vom gesundheitlichen als gesellschaftlichen Standpunkt, und unter anderm ist es sehr zu bedauern, daß der Anfang unserer Theater und Konzerte meistens nicht vorher das Einnehmen der Mahlzeit gestattet. Nach 10 oder gar 11 Uhr abends noch größere Speisemengen dem Magen zuzuführen, muß den Schlaf beeinträchtigen, weil das bis in die Nacht hinein arbeitende Verdauungsorgan ebenso die Ruhe im Körper stört, wie es ein die Nacht hindurch fortgesetzter lärmender Fabrikbetrieb für den umgebenden Stadtteil tut. Es wäre daher zu wünschen, daß Schaustellungen nicht vor 1/29 Uhr angesetzt werden, damit jeder Besucher sich zweckmäßig darauf einrichten kann, und dazu gehört unbedingt das Einnehmen der letzten Tagesmahlzeit, mag diese als Hauptmahlzeit, mag sie als Abendmahlzeit gelten, wodurch auch die Freude an der Vorführung entschieden erhöht wird, weil sich dann nicht der hungrige Magen hinderlich bemerkbar macht. Also nicht zu spät essen, zwischen der letzten Mahlzeit und dem Aufsuchen des Bettes müssen mindestens drei Stunden liegen, aber auch mit Ruhe essen und richtig essen, das ist für unsere Ernährung die erste Bedingung. Wir brauchen in der Aufregung und Aufreibung der Arbeit Ruhepausen, welche wir beliebig legen können, welche aber vorhanden sein müssen, und die passendsten Zeiten dafür sind unsere Mahlzeiten. Selbst der beschäftigteste Mann muß sich zu denselben Ruhe gönnen, das Essen darf nicht hinuntergeschlungen werden, schon weil das kein Vorteil für den Magen ist und die Ausnutzung des Genossenen sowie seine Verwertung für den Körper sehr erschwert, und man soll lieber die Mahlzeit jeden Tag nach dem zeitlichen Können der Teilnehmer von neuem vereinbaren, als daß sie ruhelos gestaltet wird. Gladstone werden ja für sein hohes und dabei körperlich und geistig frisches Alter mehrere Ursachen nachgesagt: er hätte es seinem täglichen Holzzerkleinern im Freien zu verdanken gehabt, aber die Ursache wäre auch gewesen, daß er keinen Bissen verschluckt hätte, ohne ihn 60 mal zu kauen. Nun ist es nicht nötig, daß wir unsere Mahlzeiten durch Zählübungen veröden, aber ausreichend gekaut und eingespeichelt muß jeder Bissen in den Magen gelangen, wenn er wirklich dem Körper nützen soll, da für uns nicht nur in Betracht kommt, was wir essen, sondern auch was wir verdauen. Ruhe und fröhliche Geselligkeit sind nicht minder Würzen der Mahlzeit als die in der Küche üblichen, selbst beim einfachsten Mahl soll eine Blume den Tisch zieren, und wer bei seinen Mahlzeiten gewisse Äußerlichkeiten und Formen liebt, z. B. Wechseln des Kleides, wird ihre Fähigkeit, Ruhepausen und Ruheträger zu sein, wesentlich verstärken. Diese scheinbar nebensächlicheren Ratschläge sind ebenso wichtig als die Auswahl der einzelnen Nahrungsmittel, ihre Zusammensetzung und ihre Zubereitung. Ausführlich diese letzteren zu behandeln, erübrigt sich an dieser Stelle um so mehr, als Kochschulen und Kochbücher dafür reichlich vorhanden sind, neben denen und trotz denen stets die individuellen Verhältnisse zuletzt doch mehr den Ausschlag geben werden als alle allgemeinen Regeln. Ein jeder esse, was ihm schmeckt, und wenn auch bisweilen bei einer Mahlzeit mehr die Forderungen des Lustgefühls als die des Körpers befriedigt werden, so gleicht das meistens die nächste Mahlzeit wieder aus; nur eines darf nie vergessen werden, daß wir, um der feinen Unterscheidung des Franzosen zu folgen, wohl Gourmets, aber niemals Gourmands sein dürfen. Die Mengen, welche zur Stillung des Appetites genügen, unterliegen neben dem physiologischen Körperbedürfnis auch der Gewohnheit, der Vielfraß als solcher wird erzogen oder erzieht sich selbst dazu, und so unangenehm er für jede Gesellschaft wird, ebenso anerkennenswert scheint mir der Feinschmecker. Es ist vollkommen verkehrt, die Verfeinerung des Geschmackes als etwas Unwürdiges zu betrachten, die Ausbildung der Zunge als Geschmacksträger hat auch eine ästhetische Bedeutung, und es ist bedauerlich, wenn ein schön zubereitetes und schön serviertes Gericht keine Freude hervorruft. Allerdings dürfen wir nicht in Abhängigkeit zu den Gelüsten unseres Magens geraten, der vornehme Mensch bleibt Herr auch über diese Begehrlichkeiten; aber Knechtschaft und Anerkennung des Guten, das uns auf den Tisch gebracht wird, ist zweierlei, und unsere Kochkunst würde schon viel mehr dem Begriffe „Kunst" sich nähern und damit die Mannigfaltigkeit unserer Speisen sowie angenehme Abwechslung in den Gerichten, welche die Gesundheitspflege als sehr wesentlich und keineswegs gleichgültig für die Ernährung erkannt hat, würden viel größere sein, wenn nicht in verkehrter Auffassung so lange Zeit die Freude an der Mahlzeit als etwas Verächtliches gegolten hätte. Selbst unser treuester Begleiter, der Hund, ist oft recht wählerisch in seinem Essen: wenn er die aromatischen Düfte des Bratens wittert, ist er nur schwer zu seinem einfachen Futter zu bewegen, und warum sollten nicht mit noch mehr Berechtigung wir denkenden Menschen im Essen das Bessere dem Guten vorziehen und es herzustellen bestrebt sein, ganz abgesehen davon, daß Schmackhaftigkeit eine unerläßliche Forderung für jede Mahlzeit ist, welche bekömmlich sein soll. Je mehr wir in zulässiger Weise dem Leben Freuden abzugewinnen wissen, desto klüger sind wir in seiner Benutzung, und unsere Mahlzeiten können und sollen für uns Freudenzeiten sein. Nur vor der übertriebenen Verwendung des Fleisches, bei ihnen muß eine nachdrückliche

Warnung ausgesprochen werden. Es haben in dieser Beziehung seit einigen Jahrzehnten falsche Auffassungen Platz gegriffen, und das Fleisch hat eine Überschätzung erfahren, welche für die allgemeine Gesundheit nicht gleichgültig geblieben ist; der vorher erwähnte Bewegungsmangel mit seinem verlangsamenden Stoffwechsel kann gewisse Zerfallbestandteile des Fleisches im Körper zurückhalten, welche zu den in den verschiedensten Organen und den verschiedensten Körperteilen auftretenden gichtischen Erkrankungen führen und vielleicht auch mit die als so verhängnisvoll bekannte Aderverkalkung veranlassen. Wie wir wissen, sind es drei Stoffe, welche in unseren Nahrungsmitteln vorhanden sein müssen: Die Kohlenstoffe in dem Zucker, den Getreidekörnern und ihren Produkten, den Hülsenfrüchten, dem Gemüse und dem Obst; die Fette, deren Quellen nicht näher bezeichnet zu werden brauchen; und die Eiweißkörper im Fleisch, Fisch, Ei, Milch, Käse, aber auch in den Körner- und Hülsenfrüchten. Mehrfach ist also das Vorkommen des Eiweißes, und wenn Flügge behauptet, daß der Mann am Tage in seinen Mahlzeiten zusammen 80 g Eiweiß, 50 g Fette und 500 g Kohlenstoffe oder Kohlehydrate, wie die Wissenschaft sagt, aufnehmen muß, so können wir uns für unseren Eiweißbedarf neben Fleisch und Fisch, welche in ihren nachteiligen Eigenschaften für den Organismus als gleichwertig zu betrachten sind, sehr wohl auch an Ei, Milch und Käse halten. Vor allem ist der letztere in der Form des weißen Käses oder Quark eines der vorzüglichsten Nahrungsmittel, von dem wir einen viel ausgedehnteren Gebrauch machen sollten, und ebenso sollte auch als eine zweckmäßige Eiweißernährung die Benutzung des geriebenen harten Käses zu Reis- und anderen Suppen resp. Speisen nach italienischer Art in allen Kreisen bei uns üblich werden. Täglich eine Fleischmahlzeit ist im allgemeinen nicht zu überschreiten, und nur bei einer genügenden täglichen körperlichen Ausarbeitung auf Jagd, Wanderung, beim Sport ꝛc. werden auch größere Fleischmengen keinen Schaden bringen. Es ist nun Aufgabe der klugen Hausfrau, auch aus den anderen Nahrungsmitteln so schmackhafte Speisen herzustellen, daß diese gern genossen werden und das Verlangen nach mehr Fleisch nicht sich einstellt, bei welcher Gelegenheit die von den Laien mit Vorliebe und zur Selbsttäuschung gemachte Unterscheidung zwischen dunklem und hellem Fleisch als unhaltbar zurückzuweisen geboten sein dürfte. Helles Fleisch rangiert auf derselben Stufe wie dunkles, vielleicht ist das so bevorzugte helle Hühnerfleisch für die gichtische Anlage das gefährlichste, und wer zum Leben in der Stadt verurteilt ist, der tut am besten, wenn er an einem Tage in der Woche sowohl Fleisch als Fisch ganz ausfallen läßt, dafür aber reichlich Salate, Obst und Gemüse genießt. Nichts wäre verkehrter, als wenn wir uns dem extremen Vegetarianismus anschlössen; aber die genannten vegetabilischen Nahrungsmittel *müssen* in unserer Ernährung die ihnen gebührende Stellung einnehmen, damit unser Blut dünnflüssig bleibe und lästige Fettansammlungen uns verschonen, und wer darauf achtet, wird sich viel Leid ersparen und sich in vieler Beziehung wohler und leistungsfähiger fühlen, als wer dagegen sündigt. Und hat das Essen geschmeckt, dann etwas Ruhe. Ein voller Bauch studiert nicht gern, weil die Blutwelle in unserem Körper besonders reichlich dorthin fließt, wo Arbeit stattfindet, in der Zeit der Verdauung demnach nach den für dieselbe bestimmten Unterleibsorganen; dadurch wird aber das Gehirn blutarm, es kommt in den Zustand der Ermüdung, und wir wünschen Ruhe. Dieselbe sucht jede Kreatur, nachdem sie ihren Hunger gestillt, und uns Menschen soll sie auch nicht verwehrt werden, sie darf aber nicht in Schlaf ausarten. Wer in der Tagesmitte das Verlangen nach Schlaf hat, soll vor dem Essen schlafen, nur solcher Schlaf wird erquicken und gleichzeitig den Appetit heben; dem Schlafe nach der Mahlzeit fehlt meistens die Erquickung, mit benommenem Kopf erwachen wir aus ihm, denn Schlaf und Verdauung stören sich, wie vorhin erwähnt wurde, gegenseitig. Der Tagesschlaf wird neben Blutarmen und Schwachen hauptsächlich für jene Persönlichkeiten erforderlich sein, welche bisweilen einen Teil der Nacht ihren Arbeiten opfern müssen, und unter diesen Verhältnissen wird es von Wichtigkeit, die richtige Tageszeit zu wählen, damit der Schlaf auch seinem Zwecke entspricht. Der Schlaf ist der Regenerator unseres Nervensystems, in ihm sammeln wir Kraft zu neuer Arbeit, neuem Schaffen und neuen Gedanken, und das alte Sprichwort: „Morgenstunde hat Gold im Munde" möchte ich so auffassen, daß frisch, arbeitsfroh und arbeitsfähig am Morgen erwacht, wer zeitig am Abend vorher schlafen gegangen ist. Wenn behauptet wird, dieser oder jener berühmte Mann ist mit 3 bis 4 Stunden Schlaf in 24 Stunden ausgekommen und hat trotzdem das Alter des Greises erreicht, so kann solche Behauptung niemals eine allgemeinere Bedeutung haben, und vor allem darf sie keine Entschuldigung für Nachtschwärmerei sein. Unter normalen Lebensbedingungen brauchen wir heutigen Menschen acht Stunden Schlaf, und wenn diese acht Stunden nicht ganz in die Nacht fallen, wenn ein Teil der letzteren mit Wachen verbracht werden mußte, so daß wir am Tage den Schlaf nachholen müssen, dann gehören auch neun, selbst zehn Stunden dazu, um das organische Gleichgewicht wieder herzustellen. Die Tiefe und damit die Regenerationskraft unseres Schlafes ist nämlich sehr abhängig von der Stille und Dunkelheit in der uns umgebenden Natur; wenn der Tageslärm bereits wieder einsetzt, wenn das Tageslicht selbst durch das geschlossene Auge seine Reize in das ruhende Hirn trägt, dann ist der beste Schlaf, der traumlose Schlaf, nicht mehr möglich: langsam beginnt die Blutwelle in das Gehirn zurückzukehren, sie umspielt, vorläufig noch in geringer Menge, dessen Zellen und weckt diesen und jenen Gedanken, diese und jene Erinnerung, welche sich dann mangels Leitung durch den ordnenden Verstand zu den phantastischen Träumen in den Morgenstunden gestalten. Dieselben Störungen beeinträchtigen auch den Tagesschlaf, trotz allem Verdunkeln des Zimmers und dem möglichsten Ausschalten von Lärm und Geräusch sind sie am Tage niemals ganz zu beseitigen und verhindern die vollkommene Blutleere des Gehirnes. Wenn nun dazu noch der Zustand lebhafter Verdauung kommt, so erübrigt sich wohl jeder weitere Beweis, daß unter solchen Erschwerungen die notwendige Erholung nach dem Schlaf am Tage nur zu häufig ausbleiben wird; unruhig wälzt sich der Schläfer auf dem Lager umher, und darum war ich berechtigt, die Wahl der richtigen Zeit zu fordern, damit der Tagesschlaf wenigstens nicht auch noch unter dem Nachteil der Verdauung leide. Blutleer also ist das Gehirn im Schlafe, und da wir gehört haben, daß Arbeit Blutfülle in dem arbeitenden Körperteil zur Folge hat, so muß ein arbeitendes Hirn blutreich sein und damit wenig geeignet, um den Schlaf sich einstellen zu lassen. Das mögen unsere nächtlichen Kopfarbeiter sich doch bestens merken, und es ist ganz unmöglich, nach angestrengter geistiger Arbeit einzuschlafen, wenn unmittelbar darauf das Bett aufgesucht wird. Zwischen diesem Zustande lebhafter Tätigkeit und dem vollkommener Ruhe muß ein Übergang geschaffen werden, die Blutwelle muß wieder zurückgeführt werden in den Körper, und man soll daher, wenn irgend möglich, nach Beendigung der Abendarbeit durch einen kleinen Spaziergang sich auf den Schlaf vorbereiten oder wenigstens durch eine gleichgültige Unterhaltung oder Lektüre, welche die erregten, im Reizzustande befindlichen Gehirnzellen abtönen lassen. Ungenügender und unterbrochener Schlaf macht uns nervös und ruhelos, er bringt uns frühes Alter, verkürzt unser Leben um Jahre, und das auf seine Kosten Geschaffene würde in den hellen lichten Morgenstunden vielleicht noch besser ausgefallen sein, weil nicht das überreizte, sondern das erfrischte, ausgeruhte Gehirn seine größte Schaffenskraft zu entfalten vermag, ebensowohl bei den Rechnungen und Dispositionen des Kaufmannes, als bei den wissenschaftlichen Forschungen des Gelehrten sowie den schöpferischen Gestaltungen des Dichters und Künstlers, und die von dem Kopfarbeiter so geschätzte Stille der Nacht gleicht in seinem Können nicht die schwindende Leistungsfähigkeit der Gehirnzellen aus. Niemand verletzt ungestraft die ewigen Gesetze der Natur, auf Arbeit soll Erholung, auf Ruhe soll Bewegung folgen. Wer sich nicht den nötigen Schlaf, die nötige Erholung nach der Arbeit gönnt, wer über die ihm gesteckten Grenzen und über seine Kräfte hinaus ihm nicht gestatteten Ziele zustrebt, indem er dieses unter Aufopferung von Schlaf, Erholung und wahrer Lebensfreude dennoch glaubt erreichen zu können, der bricht unbedingt zusammen; vergebens war sein Schaffen und Entbehren, bevor er den Gipfel erklommen, stürzt ihn die Gottheit in hartem Fall zu Boden. Weises Begnügen wird stets am weitesten führen, es wird uns die innere Harmonie und unserer Arbeit die sichersten Erfolge geben, es wird aber auch verhüten, daß wir unseren Körper durch Überarbeit, durch krankhaften, unberechtigten Ehrgeiz schwächen, Herz und Nerven zerstören, und es wird uns in verständigem Wechsel nach der Arbeit die ausgleichende Erholung nicht vernachlässigen lassen; denn für diese genügt der Schlaf allein nicht, noch andere Ruhepausen müssen ihn unterstützen, wenn die Erholung des Körpers eine ganze und die Erneuerung der durch die Arbeit verbrauchten Körperkräfte eine befriedigende sein soll. Wohl ist der Schlaf imstande, die aus der Arbeit resultierenden Reize aus dem Körper zu entfernen und diesen zu erfrischen, aber wie schon daneben die Mahlzeiten als weitere Ruhezeiten gefordert werden mußten, so verlangt eine vollständige Erholung gebieterisch zwischen der geistigen Betätigung im Wechsel auch die körperliche, Spaziergänge, Spiele im Freien und Leibesübungen müssen jeden Tag unternommen werden, und damit erreichen wir gleichzeitig wenigstens eine teilweise Beseitigung der aus dem Bewegungsmangel entspringenden organischen Schädigungen. Wer sich einen gesunden Körper erhalten, wer bis in seine späten Lebensjahre regsam und arbeitsfähig bleiben will, der muß für tägliche ausreichende körperliche Beschäftigung sorgen, der muß dafür sorgen, daß sein Stoffwechsel ein reger, die Blutzirkulation eine beschleunigte ist, und die Behauptung: „ich habe dazu keine Zeit" ist nirgends verhängnisvoller als hier. Jeden Morgen, jeden Abend müssen 10 Minuten zur Verfügung stehen, um zu Hause mit entblößtem Körper systematische Freiübungen zu machen, welche sowohl den Oberkörper als den Unterkörper durcharbeiten und gelenkig erhalten, ohne daß man dabei auf das System des Herrn Müller oder Kunze schwört, sondern allein unter Berücksichtigung der speziellen individuellen Bedingungen. Diese täglichen Übungen soll niemand unterlassen, welchen Geschlechtes, Alters und Berufes er auch sei, aber wer das irgend kann, der soll außerdem sich täglich

1—2 Stunden im Lawn-Tennis oder Kricketspiel im Freien tummeln, er soll reiten, rudern und nicht zum mindesten Radfahren. Die ungehörige Benutzung des Rades zu ebenso zwecklosen wie verwerflichen Wettkämpfen darf uns die Freude nicht nehmen an diesem vorzüglichen Beförderungsmittel, das uns am schnellsten und bequemsten mit der freien Natur wieder in Verbindung zu bringen vermag, und wer es vermeidet, mit eingedrückter Brust über die Lenkstange gebeugt in unsinnigem Tempo dahinzufliegen, wer sich in verständiger Fahrt von seinem Rade hinaustragen läßt in Feld und Wald, um dort in schöner Umgebung Erholung zu suchen, der wird von demselben niemals Schaden, sondern nur Gewinn haben. Indessen auch jene, welche für ihre mit Bewegung verbundene Erholung kein Geld zu verausgaben in der Lage sind, können sich solche mühelos verschaffen, wenn sie jeden Tag, auch bei weniger gutem Wetter, einen Spaziergang in den Anlagen der Stadt oder ihrer Umgebung machen, nur müssen diese darauf achten, daß ihren Spaziergang nicht die Gewohnheit beherrscht, sondern die Windrichtung. Man soll jene Gegend aufsuchen, aus der der Landwind in die Stadt weht, um in dieser reineren Luft auch die Lunge gehörig auszulüften, und tiefe Ein- und Ausatmungen mögen dieses Bestreben unterstützen. Daß dieses noch viel intensiver auf Wanderfahrten geschieht, die uns wochenlang mit dem Stocke in der Hand und dem Ränzel auf dem Rücken durch Gottes schöne Welt führen, bedarf keines Beweises, und es ist erfreulich, daß diese Fahrten wieder Anklang zu finden beginnen. Der Wanderer hat ja viel mehr von der Natur, als wer stolz im Eilzug oder in dem staubaufwirbelnden Automobil die Gegend durchrast, und jeder im Fronleben tätige Mensch müßte neben der täglichen Erholungsstunde in jedem Jahre

3—4 Wochen gänzlich die Berufsarbeit niederlegen, um auf fröhlicher, nicht mit Anstrengungen und Strapazen verbundener Wanderfahrt seiner körperlichen Gesundheit und dem Ausgleich der in den anderen 11 Monaten erlittenen Schädigungen des Organismus zu leben. Nicht bis Syrakus brauchen uns diese Fahrten zu führen, aber Philander von Sittewalds Worte seien ihr Leitmotiv und das Gebirge ihr Ziel. Auch das Meer hat seine großen Vorzüge, doch mehr für die in der Entwicklung befindlichen Personen, für Blutarme und für Rekonvaleszenten; die höheren Lebensalter und die zu sitzender Tätigkeit verurteilten Städter gehören in das Gebirge mit seiner reinen stärkenden Luft, mit seinem Waldesrauschen, der unvergleichlichen Schönheit seiner Formen und seinem fortwährenden Anreiz zu Ausflügen und Wanderungen. Das Gebirge ist für unsere Beamten, Gelehrten ꝛc. ꝛc. ein rechter Gesundungsquell, und wer nicht in übertriebenen Kletterpartien die ihm gebotenen Vorteile mißbraucht, wird gestärkt in seinen Beruf zurückkehren und mit klareren Augen, mit richtigerer, glücklicherer Beurteilung, mit schnellerer Entschließung seine Arbeiten wieder aufnehmen. Und wenn dann die Jahre entfliehen und das Alter naht, so mögen die Berge uns wieder Verjüngung bringen und ein Hinweis sein, wie wir uns auch den letzten Teil dieses Daseins lebensfroh und lebensfreudig gestalten können. Hauptsächlich durch die uns aus ihnen zuströmenden Lebensreize und durch die Ausarbeitung unseres Körpers auf kleineren oder größeren Touren im Gebirge wirkt dieser Jungborn so wohltätig auf uns ein; denn die Arbeit ist in jeder Altersphase des Menschen ein Antrieb für das Leben, indem sie neue Energiewerte in dasselbe hineinträgt. Niemand kann ohne Arbeit leben, weder der Jüngling, noch der Mann, noch der Greis, und wer sie meidet, wer nutzlos lebt, der fällt körperlich und geistig zusammen, weil er des Lebens Halt und Stütze verloren hat. Noch einmal sei daher an die Worte erinnert: „Rast' ich, so rost' ich." Ihrer möge man stets gedenken, ihrer möge man gedenken auch in des Lebens Spätjahren, und wer dann frei sein will von der bisherigen Tages- und Erwerbsarbeit, der suche dafür eine Neigungsarbeit, nur gehe er niemals müßig, damit nicht in ihm das Gefühl entstehe, daß er zwecklos lebt. Freilich, die Jugendfrische in unserem Alter ist auch davon abhängig, daß wir die schon um viele Jahre früher liegenden ersten Alterserscheinungen nicht verkennen und ihnen zu widerstehen wissen, weil sonst ein grausames Alter über uns Herr wird, das uns in unserer Eigenart zerbricht und uns jeden Lebenswert raubt. Wenn um die Wende der 50er Jahre, manchmal noch früher, Bequemlichkeit sich einfindet, die Neigung zum Nachmittagsschlaf auch ohne vorherige Nachtarbeit zunimmt und die Leibesmitte sich rundet, dann sollen wir solchen Neigungen trotzen, wir dürfen uns nicht gehen lassen, und jeder sei überzeugt, daß er mit einiger Energie Sieger bleiben wird. Für sein Alter und dessen Lebenskraft ist jeder Mensch selbst verantwortlich, ohne daß wir allerdings ein Opfer der Ängstlichkeit werden und die Gewinnung eines gesunden Alters als unseren einzigen Lebenszweck betrachten dürfen. Die gesundheitlichen Regeln, die für uns bestimmend sind, müssen sich vielmehr ganz unauffällig in unser Leben einpassen, sie dürfen sich uns niemals lästig aufdrängen, sondern sie müssen uns zu selbstverständlichen lieben Gewohnheiten werden, deren wir uns freuen, und deren Befolgung uns keine Mühe macht. Wer das erreicht, und das ist bei einigem Willen nicht schwer, wer gewissermaßen aus eigenem Antriebe den Schädlichkeiten, die auf seinem Lebenswege an ihn herantreten, zu begegnen, sein Leben richtig zu gestalten weiß, der wird bis in die hohen Lebensjahre sich körperliche Rüstigkeit bewahren und geistige Leistungsfähigkeit, ja er wird die letztere auf Grund seiner Lebenserfahrung dann zu einer noch wertvolleren als bisher machen, weil sie eine abgeklärtere wird. Daß der Greis geistig minderwertig zu sein braucht, ist wahrlich nicht nötig, die Lebensfackel kann hell-leuchten, so lange ihr Brennstoff noch nicht verzehrt ist, und daß jedem von uns dieses volle Lebenslicht beschieden sei, ist der herzliche Wunsch des Verfassers dieser Zeilen.

www.ingramcontent.com/pod-product-compliance
Lightning Source LLC
LaVergne TN
LVHW010654300926
849161LV00005B/1123
* 9 7 8 3 4 8 6 7 3 2 4 2 9 *